Colloquial Navaho

A Dictionary

Robert W. Young
& William Morgan

HIPPOCRENE BOOKS, INC.
New York

Originally compiled in 1951 by Robert W. Young and William Morgan, Education Branch, United States Indian Service, Department of the Interior.

Hippocrene paperback edition, 1994.
Second printing, 1998.

For information, address:
HIPPOCRENE BOOKS, INC.
171 Madison Avenue
New York, NY 10016

ISBN 0-7818-0278-4

Printed in the United States of America.

FOREWORD

The present book is a companion volume to The Navaho Language, and deals largely with certain types of extended word meanings used in colloquial Navaho. These are either in the form of unit words or in the form of groups of words which function as a unit to express a given meaning not necessarily apparent by analysis of the the conventional signification of the components. Such extensions of meaning are the result of a variety of analogies and metaphors, and we often refer to such composites as "idiomatic expressions." The examples given below will illustrate.

In Navaho the verb stem -diz refers to a twisting action. It possesses this basic meaning in the form 'adiz, she is spinning (i.e. twisting yarn). If this stem is modified by the derivational prefix ha, up out, we have the form háádiz, I twisted it up out, as in gah háádiz, I caught the rabbit (by twisting a stick against it as it lay in a hole, winding fur and skin around the stick, and then extracting the animal). The noun (gah, rabbit) may be represented by the indefinite third person object pronoun 'a-, something, someone, to produce ha'íídiz, I went rabbit-hunting and caught (a rabbit in the manner described — i.e. I twisted something out). The meaning of ha'íídiz is then extended by placing before it the postposition bá, for him or them, as in bá ha'íídiz, I accomplished something for their benefit.

The stem -giz refers to the action of turning or screwing something, as háágiz, I unscrewed it; I turned it (a faucet) on. But the expression 'ayóo na-

1

nasgız, meaning literally I am a great one to go a-bout screwing things up tight, has the extended sig-nification of I am a great schemer.

The stem -t'i' refers to the concept of extension in or of a slender line (a wire, for example). But when one says bihodiiłt'i', I caused spacial or imper-sonal it (-ho-) to extend to him as a slender line, the actual meaning is, I got him into trouble.

The stem -tą refers to the movement or to the handling of a single slender stiff object, as a pole for example. Thus sitą, it lies (in position), and with indefinite 'a-, something, as subject we have 'aztą, something slender and stiff lies in position. With sits'ą́ą́jí, on the side away from me, the expression sits'ą́ą́jí 'aztą, literally meaning on the side away from me there lies something slender and stiff, has the actual signification of, I am unlucky.

The Navaho verb stem expresses only a general-ized concept, the meaning of which is variously mod-ified by a variety of variously combined derivational prefixes to express concepts of action, state, etc., and such derivational forms can often further extend meaning analogically or metaphorically to produce special signification within a given context. This process is probably a common feature of all lang-uages, especially in their colloquial forms. We are familiar with such forms in English, as in "he hit the nail on the head," which may function either with its literal meaning, or in an extended meaning, "he was precisely correct; he guessed correctly, etc." This process greatly increases the vocabulary of spoken English, and often functions to provide for subtle distinctions or shades of meaning. In Navaho the process of modifying the generalized significa-tion of the verb stems by various combinations of the derivational prefixes, and that of extending such derived meanings, combine to make it possible for the language to build an enormous vocabulary based on a relative handful of verbal stems.

In many instances, therefore, the face value of a word as it appears in a given context is not always its actual semantic value in that context. In one situation shił naaldloosh may mean I am riding about on it (a horse, and at a trot), while in another the same term may convey the meaning, I am drunk.

Likewise, in one instance bá yízeez may be taken at its face value, viz. I singed it for him, while in another context it is used in the extended meaning of I hurt his feelings; I upset him; I got his goat, etc.

Many of the extended word meanings and other expressions listed in this book are highly commonplace. The Navaho speaking child learns to express a given concept in a given manner in his own language, but it may require years of experience before he discovers English equivalents or approximations with which to express the same concepts satisfactorily in English. Until he has acquired a profound knowledge of colloquial English, he feels thwarted and frustrated in his attempts to satisfactorily express himself in his everyday intercourse with English speaking people. It is our hope that this book may be of use to Navahos learning English, by providing them with English equivalents for Navaho expressions which they might otherwise require years to learn.

All of the entries in the present book were taken from Navaho texts, written or oral. A real effort was made to provide one or more colloquial English terms as rough equivalents of the Navaho. However, exact equivalents are rare between the two languages.   In many instances a given term may only be used with reference to a specific situation, and we have provided several examples with each entry in an effort to indicate the type of context in which the term in reference may be used.   In many cases even basic nouns do not exactly correspond in meaning between Navaho and English.   We can translate tó either as water or as liquid; diné either as man, person or Navaho, etc.   The vocabulary of one language, even when the two forms of speech are related, does not have a counterpart, unit for unit, in another language.   In many instances a translation will be only an approximation to what was actually said in the original.   When the languages are totally unrelated, and especially if they pertain to ethnic groups which do not share the same general culture, translation from the one into the other language becomes largely a matter of approximation.   This is a fact which many overlook in speaking or writing material for interpretation into such a language as Navaho.   Speakers must bear in mind the fact that only their ideas, not their words, will be translated or re-expressed in terms of Navaho.   Some English speaking orators make such an effort at eloquence that, in their preoccupation, they neglect to convey an idea.   Such utterances cannot be interpreted into Navaho.

In general, no effort has been made to provide English translations of the entries in this book from the literary form of our language.   Rather, we have made an endeavor to choose our approximations from the vocabulary of colloquial spoken English. As Bernard Bloch and George L. Trager so aptly observe in their Outline of Linguistic Analysis, "A language is the way people talk, not the way someone thinks they ought to talk."

In the present book the entry form varies from that used in The Navaho Language. In the English-Navaho section the entries are in the form of the English infinitive. Following the main entry, and inter-parentheses, one or more alternative English expressions are given, followed by the Navaho term, usually given (in the case of verbs) in the first person singular, and so translated. Wherever possible or practical, the literal meaning of the Navaho term is given parenthetically for the benefit of non-Navahos who may use this book in studying the Navaho language.

Following the entry and the definitions, the principal paradigms of the Navaho verb are given in smaller type. With a few minor exceptions these are treated in exactly the same manner as in The Navaho Language. One minor change has been to indicate variations of the stem initial consonant where such occur in the first person duo-plural. For instance, the stem -laa (perfective), referring to the concept "make" becomes y-initial in the first person duo-plural and in the passive voice forms. Thus 'íinilaa, you (sgl) made it; but 'íilyaa, we made it, and 'ályaa, it was made. The d-stem classifier, as well as the d of certain first person plural forms, undergoes characteristic changes before certain of the stem initial consonants. For example, d remains as such before stem initial l, as in diid-leeł, we will become. We have indicated this fact by diid instead of dii, in the paradigms. (For a discussion of such changes of the stem classifier, see The Navaho Language, p. IV, under the heading Alterations of the Stem Initial Consonant.)

The abbreviations employed to indicate mode,

V

aspect or tense in connection with the paradigms are defined and briefly treated herewith:

F. — future tense. Thus, naa deesh'ááł, I'll bring it (a single roundish bulky object) to you. The future tense forms are also used in an obligatory sense approaching that of an English imperative, as in shaa díí'ááł, you'll bring it to me; bring it to me.

I. — imperfective mode (momentaneous or semelfactive in aspect). This form is usually translatable by an English present, or by use of such a phrase as "in the act of." Thus, naa nish'aah, I am giving it to you (a single roundish bulky object); I am in the act of giving it to you. The imperfective mode form is required after t'ah doo, still not, not yet, and after k'adée, nearly. Thus, t'ah doo naa nish'aah da, I haven't given it to you yet; and k'adée naa nish'aah, I am about to give it to you. The imperfective is also used as an immediate imperative, as sha ní'aah, give it to me.

CI. — continuative (aspect of the) imperfective (mode), translatable as a cursive present in English. Thus, naash'á, I am carrying it about. This form can be used either as a positive or as a negative imperative, as béésh nani'á, you are carrying a knife; carry a knife; and t'áadoo béésh nani'áhí, don't carry a knife (i.e. don't be carrying a knife).

Prog. — progressive mode, translatable as a gerund with "to be" in English. Thus, yish'ááł, I am carrying it along; I am going along with it.

N. — neuter, translated as a present in English. Thus, yíníshtą', I am holding it; I have ahold of it; sédá, I am seated; I am sitting; nishłį, I am.

VI

P. — perfective mode. Where more than one perfective mode form is given, one of which is a si-perfective, the latter is distinguished as SP. (si-perfective). The perfective mode forms of Navaho are translated by the various past tense forms of English. Thus, baa ní'á, I gave it to him; I have given it to him; and bąąh séł'á, I left it with him as security (lit. I have placed it in position beside him where it remains). Or tsé'naa ni'nííkǫ́ǫ́', I swam across (i.e. I arrived across by swimming); SP. tsé'naa ni'séłkǫ́ǫ́', I have swum across (i.e. I am in a state of having performed the act).

U. — usitative mode, translatable as a simple present in English, with or without such adverbs as "usually, customarily." Thus, haash'ááh or haash-'ááh łeh, I (usually, customarily or always) take it out. The usitative mode of Navaho uses the prefix complex of the corresponding imperfective mode, but with the iterative stem. This latter is the stem form given with the paradigm identified as the repetitive (R.), and therefore the usitative mode forms are not usually given.

R. — iterative mode. The letter R. is used as identification to avoid confusion with the imperfective. The Navaho iterative is characterized by the prefix ná-, repeatedly; again and again. It is translatable as an English present, especially in conjunction with such adverbials as repeatedly; time after time; one time after another; again and again, etc. Thus, hanásh'ááh, I take it out repeatedly, etc.

O. — optative mode, translatable in older English with the term "would that," and at present by some such expression as "I wish that." Thus, baa wósh'ááł laanaa, I wish that I might give it to him.

Also, the optative expresses inability to perform the act denoted by the verb in the expression doo wósh-'áář 'át'ée da, I cannot give it to him; and a negative imperative with lágo or t'áá ká, as in baa wóó-'áář lágo or t'áá ká baa wóó'áář, don't give it to him.

Other abbreviations used are: Cp., compare; V., see; ib., the same as; sgl., singular; d:, dual; pl., plural; dpl., duo-plural; IP., inchoative perf.

The verb paradigms are given in the following sequence with regard to person: 1st singular, 2nd singular, ordinary 3rd singular or duo-plural, the so-called appreciative (3a.) 3rd person singular and duo plural, the 1st person duo-plural, and the 2nd duo-plural. Except in a few instances we have not given the passive voice forms in this book; where given they follow the paradigm of the active voice in a separate parenthesis. The two types of passive voice forms are regularly constructed as explained in The Navaho Language, pp. 51 - 53.

We give herewith a paradigm as it will be found in the ensuing vocabulary, and reconstruct it below by way of illustration.

F. 'ádee ha-didees-dzih (didíí, didoo, zhdidoo, didii, didooh)

This is equivalent to:

1. 'ádee hadideesdzih, I shall promise.
2. 'ádee hadidíídzih, you will promise.
3o. 'ádee hadidoodzih, he, she, they will promise.
3a. 'ádee hazhdidoodzih, he, she, one, they, people will promise.

1. 'ádee hadidiidzih, we will promise.

2. 'ádee hadidoohdzih, you (two or more) will promise.

It will be noted from the above that the stem and all other elements set off by hyphens remain constant throughout the paradigm. Only those elements between the hyphens, as it were, undergo inflectional changes.

In the second section of this book the Navaho term is entered first, followed by definitions, the first of which is always the key entry form on the English-Navaho side. The Navaho term, if it is a verb, is entered in the 3a. person (provided it is conjugated for that person) of the imperfective mode. It is translated as an English infinitive. Although the 3a. person does not correspond to an English infinitive, it was chosen as the entry form because it is readily intelligible even out of context.

Thus, the entry bizhdiilkaal is translated as "to apply oneself to it; to put effort into it," although the form is more accurately translated as "he, she, they, one or people apply him- (her-, them-, one-) self to it, etc." The same entry will be found on the English-Navaho side under "apply oneself to it, to."

If a postposition is used with a verb entered on the Navaho-English side as the 3a. person (ji-, -zh-) as subject, and the pronoun of the postposition is the object of the verb, the 3o. person is used as the pronoun of the postposition; not the 3a. Thus, the entry bąąh ji'į, to be against it (lit. he is against it for him), not hąąh ji'į.

But when the subject of the verb is impersonal "it" (ho-, ha-) or 3o. it, and the person affected is expressed by the pronoun of the postposition, the latter is entered as the 3a. form. Thus, hoł hodik'ą, to be lonely (lit. impersonal it or things is (are) slanted with one); not bił hodik'ą. Similarly, hoł t'áá 'áko, to agree to it; not the entry form bił t'áá 'áko.

It will be noted that many of the ensuing entries are composed of a verb plus a postposition, the latter being used either as a derivational prefix on the verb proper, or being used with the verb. The pronoun of the postposition is thus the object of the verb in most cases, and is translated often as the subject in English. Thus, 'áhí shik'iildo (shik'i-, on me), the fog enveloped me; I was enveloped by fog; shił bééhózin (shił, with me, in my company), I know it. For easy reference we list herewith the personal pronouns as they occur prefixed to the postpositions (and in the same form to the nouns also as possessive pronoun prefixes).

It should be remembered that the 3o. form (yi-) must be used with the ordinary third person form of the verb whenever the noun representing the subject of the verb precedes the noun representing the object. Thus, 'azee'ííł'íní 'ashkii yi-ghádi'níłdláád, the doctor x-rayed the boy; or 'ashkii 'azee'ííł'íní bi-ghádi'níłdláád, the doctor x-rayed the boy. But 'azee'ííł'íní 'ashkii bi-ghádi'níłdláád, the boy x-rayed the doctor.

Type A, low tone. Given herewith in conjunction with the postposition -k'i, on; upon.

NUMBER

PERSON	SINGULAR
1. —— shi-k'i,	on me.
2. —— ni-k'i,	on you.

3. —— bi-k'i,   on him; on her; on it.
3o. —— yi-k'i,   he, she, it on him, her, it.
3a. —— ha-k'i,   on him, her, one.
3i. —— 'a-k'i,   on someone; on something.
Reflex. —— 'á-k'i,   on self.

DUO-PLURAL

1. —— nihi-k'i,   on us.
2. —— nihi-k'i,   on you.
3. —— bi-k'i,   on them.
3o. —— yi-k'i,   he, she, it, they on them.
3a. —— ha-k'i,   on them.
Recip. —— 'ał-k'i; 'ahił-k'i,   on each other.

Type B, high tone. Given herewith in conjunction with the postposition -ká, for; after (in the sense of " he called for me; he ran after me").

NUMBER

PERSON   SINGULAR

1. —— shí-ká,   for me.
2. —— ní-ká,   for you.
3. —— bí-ká,   for him, her, it.
3o. —— yí-ká,   he, she, it for him, her, it.
3a. —— há-ká,   for him, her, one.
3i. —— 'á-ká,   for something; for someone.
Reflex. —— 'á-ká; 'ádí-ká,   for self.

DUO-PLURAL

1. —— nihí-ká,   for us.
2. —— nihí-ká,   for you.
3. —— bí-ká,   for them.
3o. —— yí-ká,   he, she, it, they for them.

XI

3a. —— há-ká, for them.
Recip. —— 'áł-ká; 'ahíł-ká, for each other.

Type C. The consonant of the pronoun is join-
ed directly to the vowel of the postposition. Given
herewith in conjunction with the postposition -á, for;
for the benefit of; in behalf of.

NUMBER

PERSON   SINGULAR

1. —— sh-á, for me.
2. —— n-á, for you.
3. —— b-á, for him, her, it.
3o. —— y-á, he, she, it for him, her, it.
3a. —— h-á, for him, her, it, one.
3i. —— '-á, for something; for someone.
Reflex. —— 'ád-á, for self.

DUO-PLURAL

1. —— nih-á, for us.
2. —— nih-á, for you.
3. —— b-á, for them.
3o. —— y-á, he, she, it, they for them.
3a. —— h-á, for them.
Recip. —— 'ah-á, for each other.

The use of 12pt. type has been dictated by nec-
essity; it is the only size in which both Navaho and
English can be set together in the same line, due to
mechanical limitations.

XII

—A—

ABOVE (over; beyond; in excess of), deigo hodees-'áago (lit. spacial it has started to extend upward).
   Dibé hastą́ą́dóó deigo hodees'áago danihilį́į' dooleeł, You (pl) can have all the sheep above six (i.e. in excess of six).
   'Áłchíní hastą́ą́ binááhaidóó deigo hodees'áago t'áá 'ałtso da'ółta'go yá'át'ééh, All children above six years of age should be in school.

ACCOMPLISH SOMETHING FOR HIM, TO (V. to catch it), bá ha'ííłdiz, I accomplished something for him (lit. I caught something for him by twisting it out with a stick).

F. bá ha'dees-dis (ha'dííł, ha'dooł, hazh'dooł, ha'diil, ha'dooł)
I. bá ha'as-díís (ha'íł, ha'ał, ha'jił, ha'iil, ha'oł)
P. bá ha'ííł-diz (ha'ííníł, ha'ííł, ha'jííł, ha'iil, ha'ooł)
R. bá ha-ná'ás-dis (ná'íł ná'áł, ń'jíł, ná'iil, ná'ół)
O. bá ha'ós-díís (ha'óół, ha'ół, ha'jół, ha'ool, ha'ooł)

   Ha'át'éhégi da shidine'é bá ha'deesdis, I will accomplish something for my people.
   'Ólta' nihá yókeedgo łahgo nihá ha'ííłdiz, He accomplished something for us when he asked for schools.
   Kót'éego dó' ha'át'éhégo da nihidine'é bá hada'diildisísh łí, It might be that in this way we can accomplish something for our people.
   Nihinant'a'í danilíinii ha'át'éegi nihá hada'asdiz, What have your leaders accomplished for you?

ACQUAINTED WITH HIM, TO BECOME (meet him; know him), bił 'ahééhoniszin, I know him (lit. I know things about each other with him). (The sense is one of mutual acquaintance, as indicated by the reciprocal 'ahéé-, about each other.)

1

F. bił 'ahéého-dees-ziįł (dííl, dool, zhdool, diil, dooł)
I. bił 'ahéé-hoos-ziįh (honíl, hool, hojool, honiil, honoł)
N. bił 'ahéé-honis-zin (honíl, hól, hojíl, honiil, honoł)
P. bił 'ahéé-hosis-ziįd (hosíníl, hoos, hojoos, hosiil, hosooł)
O. bił 'ahéé-hoos-zíį' (hoól, hool, hojool hool, hooł)

Nizhé'é bił 'ahééhoniszin, I am acquainted with your father (and he with me); I know your father (and he knows me). (Cp. Nizhé'é bááhasin, I know your father (but he may not know me).

T'áá 'íídą́ą́' nił 'ahééhosisziįd sha'shin nisin, I think I've already met you.

ADAPTABLE (flexible; capable of being changed to meet new conditions), t'áá nayínéełt'ahí.

Díí k'ad beehaz'áanii Naabeehó dine'é bá 'ánáánályaaígíí t'áá nayínéełt'ahí daaníigo yaa halne', They say that the new Navaho law code is adaptable.

ADDED TO, TO BE (to be swelled; to be increased by being added to), bíhiniidee', it was added to it (lit. they (plural objects) fell against it one after another).

F. bíhidínóodah   I. bíhiniidééh   P. bíhiniidee'   R. bínáhiniidah
O. bíhinoodééh

Neeznáá nááhaiídą́ą́' shilį́į' bíhiniidéehgo hodeeshzhiizh, 'éí bąą k'ad shilį́į' t'óó 'ahayóí, Ten years ago I started adding to my horses, so now I have a lot of them (lit. Ten years ago there began a period when my horses were being added to, so now I have many horses.).

'Astsidgo béeso shaa hinidéhígíí łahjí béeso bee hinishnáanii bínááhiniidééh, I add to my income by silversmithing.

2

Béeso bá hooghan góne' béeso séłnilígíí shį́įgo naashnishgo t'áá bíhiniidéehgo 'íínísin, 'áko 'éí haigo naanish 'ádaadingo chonáosh'įįh, I keep building up my bank account in the summer while I am working, and use this money in the winter when there is no work.

ADULTERY, TO COMMIT, 'adíílá, I committed adultery. (V. lééł, a stem which refers to the handling of a single slender flexible object.)

(Also baa 'adideeshłééł, or baa'dideeshłééł, I'll commit adultery against him. And 'aa'dideeshłééł, I will commit adultery.)

F. 'adideesh-łééł ('adidíí, 'adidoo, 'azhdidoo, 'adidiid, 'adidooh)
Cl. 'adish-łé ('adí, 'adi, 'azhdi, 'adiid, 'adoh)
P. 'adíí-lá ('adííní, 'adíí, 'azhdíí, 'adiid, 'adoo)
R. ń'dísh-dlééh (ń'dí, ń'dí, nízh'dí, ń'dii, ń'dóh)
O. 'adósh-łééł ('adóó, 'adó, 'azhdó, 'adood, 'adooh)

'Adishłéé ńt'éé' shi'diiltsą, I was caught in the act of committing adultery.

Bik'is yaa 'adííláago biniinaa 'awáalya góne' yah 'abi'doolt'e', He was sent to jail for committing adultery against his brother.

Doo 'azhdilée da, Don't commit adultery.

AGAINST, TO BE (to be opposed to; to be adverse to; to keep him from; to prevent him), baąh yish'į́, I am against it (lit. I am repulsed by its being on him).

N. yish-'į́ (ni, yi, ji, yiit, woh)

Sha'áłchíní 'ólta' baąh yish'į́, I am against school for my children.

T'áadoo 'ólta' baąh daah'íní, Don't keep them from (going to) school.

3

Shimá tódiłhił shąąh yi'į, My mother is against my drinking whisky; my mother doesn't want me to drink whisky.

Tódiłhił yish'į, I am against liquor.

AGREE TO, TO (to be all right with one), shił t'áá 'áko, I agree; I think it's all right.

F. shił t'áá 'ádooko   N. shił t'áá 'áko   P. shił t'áá 'íiko
R. shił t'áá ná'iíko   O. shił t'áá 'óoko

Díí chidí táadi neeznádiin béeso bą́ą́h 'ílį ha'nínígíí haa yit'éego baa ntséhkees, 'ashiiké, Boys, what do you think about this car being valued at $300.00? Shí shił t'áá 'áko, The price is all right with me.

Nishą' 'éí haa yit'éego baa ntsíníkees, What do you think? Bikee' ła' bąąh ninááná'nilgo t'éiyá shí shił t'áá 'ádooko, I'll agree only if they put a new set of tires on it.

ALL ALIKE (indiscriminately; as equals), doo ła' nahdigóó, all alike (lit. not one off to one side).

Doo ła' nahdigóó baa ntséskees, I consider them all alike (as equals); I don't discriminate against any of them.

Shik'éí doo ła' nahdigóó baa ntséskees, I treat my relatives all alike; I do not single out any of my relatives as less worthy of my consideration.

ALL AT ONCE (all at one time), t'ááłahjį'.

Tsinaabąąs táadi neeznádiin béeso bą́ą́hílį́į́ lá, ndi t'ááłahjį' 'ałtso bik'é na'nílá, The wagon cost three hundred dollars, but I paid it all at once.

ALL DAY, (all day long; the whole day; the whole day through), shá bíighah.

Shá bíighah t'áá kǫ́ǫ́ sédá, I sat here all day long.

ALL GO AT ONCE, TO (go simultaneously; go in a body), 'ałtso 'ałyah diilnii', we all went at once (lit. we all reached under one another).

F. 'ałtso 'ałyah didiil-nih (didooł, didool, dizhdool)
I. 'ałtso 'ałyah diil-nííh (dooł, diil, jidiil)
P. 'ałtso 'ałyah diil-nii' (dooł, diil, jidiil)
R. 'ałtso 'ałyah ńdidiil-nih (ńdidooł, ńdidiil, ńdizhdiil)
O. 'ałtso 'ałyah dool-nííh (dooł, dool, shdool)

Naakits'áadah bik'i dah yizkéęzgo Bilagáana naaltsoos 'ál'íní góne' ndaalnishígíí tł'óó'góó 'ałtso 'ałyah didiilnii', When twelve o'clock came the white people who work in the office all started going out at once (in a body).

Kintahgóó t'áá ká 'ałtso 'ałyah doołnííh lágo, Don't all go to town at once.

ALMOST AS GOOD AS (almost on a par with), t'óó bit'áhájį' 'át'é (lit. it is just right next to it). (Cp. bit'áahjį', right beside it. Kǫ' doo bit'áahjį' jidóya' 'át'éégóó bits'áhonigah, The fire is too hot to get close to.)

Bilagáana bichidí shichidí yígíí t'óó bit'áhájį' 'át'é, My car is almost as good as the white man's car (lit. is right next to it).

ALMOST LIKE (nearly similar to), t'óó bit'áhájį' 'át'é. (V. almost as good as.)

Bighan shighanígíí t'óó bit'áhájį' 'át'é, His home is almost like mine (or almost as good as mine).

Nílátsíní shíhígíí t'óó bit'áhájį' 'át'éé lá, Well, your bracelet is almost like mine.

5

ALONG THIS LINE (in this connection), kwiidí (lit. right here. Kwiidí=kwe'é, right here.)

Ndadilniihii díí hastiin bąąh dah haz'ánígíí dziłk'ijí bik'ihojíítáalgo t'éiyá yá'át'ééh ńdoodleeł lá daaní. 'Áko hastóí kwiidí yéédahósinii bich'į' danízaad dóó t'áadoo bee bich'į' hodót'éhé da, The hand-tremblers said that the patient would recover only if the Mountain Chant were held for him. But the medicine men who have knowledge along this line live far away, and there is no transportation available.

ALONG WITH IT (side by side with it; together with it), booshk'iizh ńt'i'go (lit. stretching like a long slender object by its side).

'Ałk'idą́ą́' nihí da'ííníilta'dą́ą́' 'éí naanish bídahoo'aahígíí booshk'iizh ńt'i'go naaltsoosígíí bídahoo'aah ńt'éé', When we went to school in the old days, vocational training was given right along with the academic work.

AND UP (and beyond), dóó deigo hodees'á (lit. it extends from — on upward).

Tł'óo'di da'ólta'ígíí 'áłchíní naakits'áadah béédááhai dóó deigo hodees'áhígíí t'éiyá bá 'ádaat'é, The off-reservation schools are for children aged twelve and up.

(Cp. Dził bine' dóó kéyah yá'áhoot'éehgo hodees'á, Good land begins (extending) on the other side of the mountain.)

ANYONE WHO COMES (all comers), t'áá yigááł shį́į́ (lit. just he is walking along probably).

T'áá yigááł shį́į́ kwii 'adooyį́įłgo bá haz'ą́, Anyone who comes can eat here.

T'áá yigááł shį́į́ díí naaltsoos kingóó shá yidooł-
tsos nisingo 'atiingi ch'ééh sédá, I'm sitting here
by the road waiting for anyone who may come a-
long to take this letter to town for me — but so far
no luck.

ANYWAY (anyhow; nevertheless), t'óó t'áá káa da.
Doo bik'idi'deeshtį́į́ł da ndi t'óó t'áá káa da
'áłah 'aleehgóó náádeeshdááł, Even though I
can't understand it I'm going to the meeting a-
gain anyway (just to see what happens).

APART, TO TAKE IT, 'ahánínil, I took it apart.

F. 'ahá-deesh-nił (díí, idoo, zhdoo, dii', dooh) ('anádoo'nił)
I. 'ahásh-nííł ('ahání, 'aháyí, 'aháji, 'aháii, 'aháh) ('ahá'nííł)
P. 'ahání-nil ('aháíní, 'aháiní, 'aházhní, 'ahánii', 'ahánoo) ('aháá'nil)
R 'ahá-násh-'nił (náni, néí, ńji, néii, náh) ('aháná'nił)
O. 'aháosh-nííł ('aháóó, 'aháyó, 'ahájó, 'aháoo', 'aháooh) ('aháó'nííł)

Na'alkidí sits'ą́ą́' nináánáltłago t'óó 'ahádeesh-
nił, When my watch stops again, I'll just take it
apart.

Chidí bitsiits'iin biyi'di lá haa yit'éé lá niidzingo
'ahánii'nil, We wanted to see what the inside of a
car motor looked like, so we took it apart.

Shibee'eldǫǫh t'áá 'ał'ąą sinil, My gun is apart.

APPLY ONESELF TO IT, TO (to put effort into it;
to stay with it; to give it all of one's attention),
bidiishkaal, I am applying myself to it.

N. bidiish-kaal (bidinil, yidiil, bizhdiil, bidiil, bidooł)

Naalyéhé bá hooghandi ch'iyáán bee shąąh
háá'áhígíí t'éiyá bidiishkaal, I'm giving all of my
attention to the bill I owe at the store; I'm doing
everything I can (to take care of) (about) the bill I
owe at the store.

T'ahdoo yéigo diłk'áásdą́ą́' nisingo kin 'áshłéhígíí t'éiyá bidiishkaal, I'm giving my full attention to (finishing) the house I am building before the cold weather comes; I am working hard on the house I am building (to finish it) before the cold weather comes.

ARGUE WITH HIM, TO (to have a dispute with him; to persuade him; to come to agreement with him), bił 'ałgha'disht'ááh, I am arguing with him (lit. I am forcing acquiescense to each other with him ⟨ 'ałgha-, through each other; -'(a)disht'ááh, I am causing something roundish and bulky to be given up by talking). Bighadi'nisht'ą́, I convinced him (lit. I talked him into giving up something roundish and bulky ⟨ bigha-, through him; -di'nisht'ą́, I caused something roundish and bulky to be given up by talking. The distinction between "argue" and "convince" is a different aspect of the same idea in Navaho. One argues in order to convince. Thus, the continuative imperfective forms most nearly serve to translate the English term "argue" while the perfective translates "convince.")

F. bił 'ałgha-di'deesh-t'ááł (di'díí, di'doo, dizh'doo, di'dii, di'dooh)
CI. bił 'ałgha-'dish-t'ááh ('dí, 'di, zh'di, 'dii, 'doh)
P. bigha-di'nish-t'ą́ (díí'ní, 'dee, zh'dee, di'nii, di'nooh)
R. bił 'ałgha-ń'dísh-t'ááh (ń'dí, ń'dí, nízh'dí, ń'dii, ń'dóh)
O. bił 'ałgha-'dósh-t'ááł ('dóó, 'dó, zh'dó, 'doo, 'dooh)

Bilagáana Arizona dóó New Mexico biyi' 'aláą́-jį' bídahólníhígíí Wááshindoon yił 'ałghada'dit'áahgo biniinaa Naabeehó dine'é Social Security wolyéego bee 'áká 'aná'álwo'ígíí doo bich'į' 'ąą 'álnééh da, Due to the fact that the Arizona and New Mexico officials are arguing with the Federal Government, the Navaho people are not getting any help from Social Security.

Nááts'ózí bitsii' daashbizhígíí 'ałghada'di-t'áahgo biniinaa t'áá bí bisiláago 'ałch'į' niná-deis'nilgo da'ahigą, Due to the fact that the Chinese are in dispute with one another, their soldiers are killing one another.

ARMED FORCES, FROM (TO) THE, siláagotahdę́ę́', (lit. from among the soldiers).

'Ashdla' nááhaiídą́ą́' siláagotahdę́ę́' hágo shi'-doo'niid, Five years ago I was called to the Armed Forces (lit. five years ago I was told come here from among the soldiers).

AS FAR AS, bíhoneel'ą́ągo (lit. impersonal it being proportionate to it).

Na'nízhoozhí t'áá bíhoneel'ą́ągo nahóółtą́ą́ lá, It rained as far as Gallup (but not beyond).

Naabeehó dine'é Wááshindoon bisiláogo bił 'ałk'iidiijah daaníigo t'áá ńléí Tsé Bii' Ndzisgai hoolyéhígíí bíhoneel'ą́ągo yee 'ahii' naanáákah, When the Navahos proposed to fight with the Federal troops, the rumor of this intent spread as far as the Monument Valley.

AS FAR BACK AS ONE CAN REMEMBER (way back; long ago), t'áá ńléídę́ę́' (lit. just from away off yonder).

T'áá ńléídę́ę́' shaa 'áhályą́ągo hoolzhiizh, He has been taking care of me as far back as I can remember.

T'áá ńléídę́ę́' kwii tó háálį́į́ lágo yiiłtsą́, I have seen a spring running here since as far back as I can remember.

9

AS LONG AS (I) LIVE (to my dying day), ni'nı́łdı̨ı̨d bijı̨́ı̨jı̨', as long as I live (lit. until the day on which I cease to survive).

F. n'deesh-dı̨ı̨ł (n'dı́ı́ł, n'dooł, nizh'dooł, n'diil, n'dooł)
I. ni'nish-dı̨ı̨h (ni'nı́ł, ni'ı́ł, n'jı́ł, ni'niil, ni'noł)
P. ni'nı́ł-dı̨ı̨d (ni'ı́ı́nı́ł, ni'nı́ł, nizh'nı́ł, ni'niil, ni'nooł)
O. ni'ósh-dı̨ı̨h (ni'óół, ni'ół, n'jół, ni'ool, ni'ooł)

Ni'nı́łdı̨ı̨d bijı̨́ı̨jı̨' kwe'é naasháa dooleeł, I'll live here as long as I live.

Ni'nı́łdı̨ı̨d bijı̨́ı̨jı̨' dı́ı́ naaltsoos naastsoos dooleeł, I'll keep this paper as long as I live.

(Cp. 'Adą́ą́dą́ą́'jı̨' hastiinę́ę ni'nı́łdı̨ı̨d, Yesterday the man died; he survived until yesterday.)

AS TIME GOES ON (with the passage of time), nááś yidiiską́ą́góó (lit. as nights follow one another forward; as nights repeatedly pass forward in time).

Nááś yidiiską́ą́góó shı̨́ı̨ haa yit'éego yiikah dooleeł, How will we be getting along as time goes on?

AT AN EARLY AGE (in their tender years; in their formative years), t'ah dadit'ódígo (lit. while they are still soft or tender).

Bilagáana ba'áłchíní t'ah dadit'ódígo 'ólta'jı̨' ndayiinı́ı́ł, The white people place their children in school at an early age.

AT EASE, TO BE (to be unworried; to be unconcerned), doo 'anáhóót'i'góó (lit. spacial or impersonal it does not encircle. Reference is to the feeling of unconcern that one has when he is secure.)

Doo 'anáhóót'i'góó naashá, My mind is at ease; I am unworried (because I am prepared for any emergency that may arise).

Naghái diné doo 'anáhóót'i'góó naaghá nahalin, That man seems to be at ease; that man looks unworried.

Yá'át'ééh sha'shin doo 'anáhóót'i'góó njigháago, It must be nice to be completely at ease; it must be nice to have no worries.

AT HOME, TO BE (in the absence of other members of the family, to guard the hogan), hook'ee sédá, I am at home watching the place. (Cp. hook'eeghan, a hogan which has been abandoned because of death; hook'ee lá héii, it's empty (as one exclaims upon looking into a hogan, room, etc. and finding it empty.)

Naalyéhé bá hooghangóó 'ada'iisdée'go t'áá sáhí hook'ee sédá, Everyone went to the store so I am home alone.

K'adísh hook'ee sidá, Is he watching the place?

AT NO COST (without charge; free of charge), t'áadoo bą́ą́hílínígóó (lit. without its having a value).

T'áadoo bą́ą́hílínígóó 'azee'ííł'íní 'azee' nąąh 'íidooliíł, The doctor will treat you free of charge.

Díí chidí t'áadoo bą́ą́hílínígóó shaa yít'ą́,I got this car at no cost.

Chidí nits'ą́ą́' yíchxǫ'go t'áadoo bą́ą́hílínígóó ná hasht'éédoolniíł, If your car breaks down it will be fixed for you free of charge.

AT THE VERY BEGINNING OF SPRING, dąąjį' ch'ééhoolzhiizh (lit. time moved back out as far as spring).

F. ch'ínáhodoolzhish I. ch'ínáhálzhíísh P. ch'ééhoolzhiizh
R. ch'ínáhálzhish (ch'ééhálzhish) O. ch'ínáhólzhíísh

Dąąjį' ch'ééhálzhishgo dá'ák'ehgóó nináhwiishdla', I always start plowing at the very beginning of spring.

K'adę́ę dąąjį' ch'ééhálzhíísh, It's almost the beginning of spring.

11

ATTACH IT TO IT, TO (to fasten it to it; with 'ał-háąh, to each other, the meaning is to fasten them together, attach them to each other), bigháąh hidéłhan, I attached (fastened) it to it. 'Ałháąh hidéłhan, I attached (fastened) them together.

F. bigháąh hidideesh-háą́ł   (hididííł, yidiyooł, hizhdiyooł, hididiil, hididooł)
I. bigháąh hidish-han   (hidíł, yidiił, hizhdiił, hidiil, hidoł)
P. bigháąh hidéł-han   (hidíníł, yidiis, jidiis, hideel, hidisooł)
R. bigháąh ná-hidish-háąh   (hidíł, yidiił, hizhdiił, hidiil, hidoł)
O. bigháąh hidósh-han   (hidóół, yidiyół, hizhdół, hidool, hidooł)

Béésh da'ahólzha'í nástáán bigháąh hididííł-háą́ł dóó chidítsoh biih dííloh, Attach a chain to the log and hoist it into the truck.

Díí tł'ółígíí doo bíighah dago t'áá ni nitł'ólígíí bigháąh didííłháą́ł, If this rope does not reach it (is not long enough) attach your own rope to it.

Shitł'óól 'ałts'íísí lágo biniinaa béésh 'ałts'óózí ła' bigháąh hidéłhango 'índa tó hahadleehdéę' tó ła' háálo', My rope was too short so I attached a piece of wire to it and pulled up some water from the well.

ATTACH IT TO THE END OF IT, TO (a slender stiff object) (to fix it on it; to affix it to it), bigháąh détsi, I attached it to the end of it.

F. bigháąh didees-tsih   (didíí, yididoo, jididoo, didii, didooh)
I. bigháąh dis-tsééh   (dí, yidi, jidi, dii, doh)
P. bigháąh dé-tsi   (díní, yideez, jideez, dee, disoo)
R. bigháąh ńdís-tsih   (ńdí, néidi, nízhdí, ńdii, ńdóh)
O. bigháąh dós-tsééh   (dóó, yidó, jidó, doo, dooh)

Bikáá'adání bijáád k'é'éltǫ'go díí béésh bigháąh distsééh, The table leg broke off, so I am attaching this piece of pipe to it.

12

ATTRACT, TO (to draw; to pull), 'ách'į' kwíyiilaa, it attracted it to itself (lit. it made it toward itself).

F. 'ách'į' kódeidoolííł (kódeidoolnííł)
I. 'ách'į' kódeilééh (kódeilnééh)
P. 'ách'į' kódayiilaa (kódayiilyaa)
U. 'ách'į' kódeił'į (kódeil'į)
O. 'ách'į' kódayólne' (kódayóle')

To attract one another.

F. 'ách'į' kóda'ahidoolnííł I. 'ách'į' kóda'ahilééh P. 'ách'į' kóda'ahiilyaa CI. 'ách'į' kóda'ahil'į R. 'ách'į' kónda'ahiil'įįh O. 'ách'į' kóda'ahólne'

Béésh ná'iiláhí béésh ła' 'ách'į' kwíyiilyaa, The magnet attracted a piece of metal to itself.

AUTHORITY ON IT, TO BE AN — (in the sense of knowing how to counteract it; to know how to counteract it), be'ashniih, I am an authority on it (and thus know how to counteract it).

N. be'ash-niih (be'í, ye'e, be'ji, be'ii, be'oh)

Díí 'azee'ííł'íní 'ats'íís naałdzid wolyéii ye'aniih jiní, This doctor is said to be an authority on cancer (i.e. knows how to cure cancer).

Díí hastiin 'iiníziin 'ayóo ye'aniih bidi'ní, It is said that this man is an authority on sorcery (and knows how to counteract it).

AVOID LOOKING AT HIM, TO (give him a cold shoulder; to ignore him; to snub him), bínii'oh daséghal, I avoided looking at him (bínii'oh, out of sight of him; daséghal, I shifted my glance).

F. bínii'oh da-deesh-hał (díí, doo, zhdoo, diig, dooh)
CI. bínii'oh daash-hal (dani, daa, daji, deiig, daah)
P. bínii'oh dasé-ghal (dasíní, daaz, dajiz, dasiig, dasoo)
R. bínii'oh ńdaash-gał (ńdani, ńdaa, ńdaji, ńdeiig, ńdaah)
O. bínii'oh dawósh-haał (dawóó, dawó, dajó, daoog, dawooh)

Kintahdi bidááh níyáa ndi shínii'oh daaghalgo shíighah dah diiyá, I met him in town yesterday, but he gave me the cold shoulder and just passed me up (without looking at me).

Ha'át'éego lá shínii'oh danighal? Shich'į'ísh náháchį', Why do you avoid looking at me? Are you angry with me?

AWAY FROM (in an area apart), t'áá 'ats'áhoní-'ąądi (lit. where space extends away from).

Kintahdóó t'áá 'ats'áhoní'ąądi 'atah kééhasht'į, I am one of those who live away from town.

Ndáá'dóó t'áá 'ats'áhoní'ąądi da'iilghaazh, We took a nap out away from the Squaw Dance.

AWFULLY, TO BE (big, long, heavy, etc.) (to be excessively long, big, etc.; to be too long, etc.), doo shóhoot'éégóó; doo shó— da.

Doo shónéelt'e' da, There's an awful lot of them; there's too many of them.

Doo shónéelą́ą' da, There's an awful lot of it; there's too much of it.

Doo shóníłnéez da, It's awfully long; it's too long.

Doo shóníldíil da, It's awfully big; it's too big.

Doo shónízáad da, It's awfully far; it's too far.

Doo shóníłdáas da, It's awfully heavy; it's too heavy.

Doo shóníłteel da, It's awfully wide; it's too wide (broad).

Doo shóníłtsxoh da, It's awfully big; it's too big.

Doo shóhoot'éégóó (or doo chohoo'íígóó) deesdoi, It's awfully hot; "it's hotter than heck."

14

Díí nástáán tsinaabąąs bikáá' dah deeshtį́į́ł nisin ńt'éé' doo shóníłdáas da lá, I wanted to lift this log onto the wagon, but it's too heavy.

AWFULLY (terribly; extremely), doo 'asht'é'égóó (ib. doo 'asohodoobéézhgóó).

Ńléí Hoozdo hoolyéedi 'ałné'é'áahgo doo 'asht'é'égóó náhoniigah, It gets awfully hot in Phoenix at noon.

Hastiin ná'ádlį́į́hgo shik'inéilwo', 'áko k'ad doo 'asht'é'égóó bik'ee ntsinisdzá, When my husband drinks he quarrels with me, and I'm awfully fed up with it.

— B —

BAD HUMOR, TO BE IN A (to be in no mood to be disturbed; to be out of sorts), ts'ádeeshnih (ts'á- ⟨ -ts'ą́ą́', away from; -deeshnih, I made a motion). (Cp. to be a nuisance to.)

N. ts'ádeesh-nih (ts'ádííl, ts'ádool, ts'ázʰdool, ts'ádiil, ts'ádooł)

Díí jį́ naat'áanii t'áá́łá'í ts'ádoolnih jiní, They say that the Superintendent is in no mood to be disturbed today.

Shilį́į' ts'ádoolnihgo biniinaa łééchąą'í yiztał, My horse is in a bad humor so he kicked the dog.

Ts'ádeeshnih, t'áá 'áłtsé shaa níjíst'įid shį́į́ ch'íhodiyeeshhą́ą́ł, I'm in a bad humor, and the first person who bothers me gets thrown out.

BALK AT IT, TO (to decide against it; to decide not to), ni' nahosé'ą́, I balked; decided not to.

F. ni' nahwii-deesh-'ááł (díí, doo, zhdoo, diit', dooh)
I. ni' nahwiish-'á (nahó, nahwii, nahojii, nahwiit', nahoh)

15

P. ni' nahosé-'ą̹   (nahosíní, nahwiiz, nahojiiz, nahosiit', nahosoo)
R. ni' niná-hwiish-'aah   (hó, hwii, hojii, hwiit', hóh)
O. ni' naho-yósh-'ą́ą́ł   (yóó, yó, jiyó, yoot', yooh)

Díí jį̹ Lók'a'jígaigóó deesháá£ nisin n̦t'éé' n̦díchxíił̹go biniinaa t'áá bíyó ni' nahwiish'á, I wanted to go to Lukachukai today, but since it keeps snowing off and on I'm just a bit hesitant about it (lit. I balk a little at it).

Shidá'í Hoozdo hoolyéedi nda'anishígóó bił dé'-áázh n̦t'éé' sits'ą́ą́' ni' nahwiiz'ą̹, I was going to go to Phoenix with my uncle to work, but he kept balking on it (i.e. changing his mind and deciding now to go, now not to go).

BALKY, TO BE, ni' nahwiiz'ą̹, it is balky; it doesn't know whether to go or not.

F. ni' nahwiidoo'ááł   I. ni' nahwii'á   P. ni' nahwiiz'ą̹
R. ni' nináhwii'aah   O. ni' nahoyó'ááł

Chidí t'áá bíyó ni' nahwii'áago Na'nízhoozhídi shił yílwod, I barely made it to Gallup because the car was so balky (didn't want to go).

BAND TOGETHER, TO (to move in with; to join), 'ahiih yii'ná, we banded together (lit. we moved into each other).

F. 'ahiih dii'-nééł   (dooh, doo, shdoo)
I. 'ahiih yii'-nééh   (woh, yi, ji)
P. 'ahiih yii'-ná   (woo, yí, jíí)
R. 'ahiih néii-'nééh   (náh, ná, n̦jí)
O. 'ahiih woo'-nééh   (wooh, wó, jó)

Naasht'ézhí dízdiin yilt'éego bił 'ahiih yii'náá dóó Naakaiitahgóó ndasiibaa', We banded together with forty Zunis and went on a raid among the Mexicans.

Dził̹ghą́ą́'di Hastiin Nééz ba'ał̹chíní bił 'ahiih

16

yii'ná, We moved in with Mr. Long's family on the mountain-top.

BAPTIZE HIM, TO, bitsiit'áá tó 'áshłaa, I baptized him (lit. I made water on his crown).
'Éé' neishoodii sitsiit'áá tó 'áyiilaa, The priest baptized me.
Ha'át'ííshą' biniiyé 'éé' neishoodii hatsiit'áá tó 'ádeile' łeh, Why do priests baptize people?
Nitsiit'áásh tó 'ályaa, Have you been baptized?
Nitsiit'áásh tó 'ádoolnííł, Do you want to be baptized?
Nitsiit'áásh tó 'áshłééh, Shall I baptize you?

BARELY ANYTHING (barely a thing; a mere pittance; practically nothing), t'áá 'ayáhágo.
T'ááłá'í ńdeezidjį' Bilagáana ła' bá nishíshnish. T'áá bighan bii' shighango yee shaa honiłnéé nít'éé', dóó t'áá bí bighangi ná'áshdįįhgo 'ałdó' yee shaa honiłnéé ńt'éé', 'áko 'éí 'ákwii biniiyé béeso ła' sits'ą́ą́' nínéidii'nilgo t'áá 'íiyisíí t'áá 'ayáhágo shich'į' naalyá silį́į́', I worked for a white man for a month, rooming and boarding at his place. This was deducted from my wages, leaving barely anything (practically nothing).

BARELY MAKE IT (just barely manage to accomplish), t'áá tídzí'ahí da.
'Atiin doo yá'áhoot'ééh dago biniinaa t'áá tídzí'ahí da chidí dziłtis ńdaajah, Because of the bad roads, cars can just barely make it over the mountain.
Chidí sits'ą́ą́' náchxǫǫhgo biniinaa t'áá tídzí'ahí da tó bee niníyį́, I just barely made it hauling the water because the truck kept breaking down.

17

BARK AT IT, TO (START TO), neił'in, he is barking at it; néidiił'įid, he started to bark at it.

F. néididooł'įįł   I. néidiił'įih   Cl. neił'in   P. néidiił'įįd
R. ninéíł'įih   O. néidooł'įih

Tł'é'íiłní'ęędą́ą́' łééchąą'í ha'át'íí shį́į́ néidiił-'įįd, Last night at midnight I heard the dog when he started barking at something.

Łééchąą'í nashił'in, The dog is barking at me.

BARREN, TO BE (to have no children), doo 'ajiłchíi da, she is barren (lit. she does not give birth).

N. 'ash-chí ('íł, 'ał, 'ajił, 'iil, 'oł)

'Aa 'adiniih wolyéhígíí doo 'ajiłchíi da 'áhooł-'įįh, Gonorrhea makes a person barren.

'Asdzání doo 'ałchíi dago biniinaa t'óó yits'á-nádzá, He divorced his wife because she was barren.

Hastiintsoh be'esdzáán doo 'ałchíi da; 'éí bąą ba'áłchíní 'ádin, Mr. Tso's wife is barren; that's why he has no children.

BASHFUL, TO BE (to hang back out of bashfulness; to be reticent), 'ádíká sísti', I am bashful (lit. I am hesitant about myself. 'Ádíká, for oneself.)

F. 'ádíká deesh-tiił   (díí, doo, zhdoo, dii, dooh)
N. 'ádíká sís-ti'   (síní, s, jís, sii, soo)
P. 'ádíká sís-tiid   (síní, s, jís, sii, soo)
R. 'ádíká násh-tiih   (nání, ná, ńjí, néii, náh)
O. 'ádíká wosh-tiih   (óó, oo, jó, oo, ooh)

'Ádíká sísti'go biniinaa t'áadoo łą'í 'ííyą́ą́' da, I was so bashful that I didn't eat much.

'Ádíká jísti'go biniinaa k'asdą́ą́' dichin hwiisxį́, He almost starved to death because he is bashful.

(Cp. Bił yah 'adeesháłígíí bíká sísti', I hate to go in to see him; I'm so bashful toward him.)

18

BEAT HIM, TO (with a club) (to club him), bił niznííhaal, I beat him with a club; clubbed him.

F. bił nizhdeesh-hał (nizdííł, nizdooł, niizhdooł, nizdiil, nizdooł)
I. bił nizhnish-haał (niznił, ndzíł, niijíł, nizniil, niznoł)
P. bił nizníł-haal (ndzííníł, niznííníł, niizhníł, nizniil, niznooł)
R. bił ninájísh-hał (ninádzíł, ninádzíł, ninéíjił, ninádziil, ninádzół)
O. bił nijósh-haał (ndzóół, ndzół, niijół, ndzool, ndzooł)

Díí hastiin ná'ádlį́įhgo be'esdzáán yił ninádzíł-hał, This man beats his wife with a club every time he gets to drinking.

Gah nihaa tsístł'aaswod dóó bił nizniilghaal, We cornered the rabbit and clubbed him to death.

BEAT HIM, TO (with one's fists), bił nizníłts'in, I beat him up; I gave him a beating.

F. bił nizhdees-ts'į́į́ł (nizdííł, nizdooł, niizhdooł, nizdiil, nizdooł)
I. bił nizhnis-ts'in (niznił, ndzíł, niijíł, nizniil, niznoł)
P. bił nizníł-ts'in (niníízníł, nizníł, niizhníł, nizniniil, nizninooł)
R. bił ninájís-ts'į́įh (ninádzíł, ninádzíł, ninéíjił, ninádziil, ninádzół)
O. bił njós-ts'in (ndzóół, ndzół, niijół, ndzool, ndzooł)

Tł'éédą́ą́' shinááł diné ła' bił niníízníłts'in, I saw you beating up a man last night.

Diné shee 'aneez'į́'ę́ę bik'ínoo'áazhgo bił niz-doołts'į́įł, When you find him, beat up that man who robbed me.

BEAT HIM (AT IT), TO (to win over him, in a game, in appearance, quantity, etc.), baa honéłná, I beat him (at it); I got an edge on him.

F. baa ho-dínéesh-nééł (dínííł, dínóoł, zhdínóoł, díníil, dínóoł) (ho-dínóonééł)
I. baa honish-né (honíł, honił, hozhnił, honiil, honoł) (honiné)
PROG. baa honéesh-nééł (honííł, honóoł, hozhnóoł, honíil, honóoł) (honéenééł)
P. baa honéł-ná (honíníł, honees, hozhnees, honeel, honooł) (ho-neezná)

19

R. baa náhonish-nééh (náhoníł, náhonił, náhozhnił, náhoniil, náho-noł) (náhoninééh)

O. baa honósh-nééł (honóół, honół, hozhnół, honool, honooł) (honónééł)

Checkers bee naa honishné, I'm beating you at checkers.

'í'noolingi naa honéłná, I've got you beat for looks.

'Ahadidiit'ash dóó háí hodínóołnééł, Let's run a race and see who wins.

T'áálá'í béeso bee naa honéłná, I have you beat by one dollar (i.e. I have one dollar more than you have).

BEAT ONE'S WIFE (OR HUSBAND), TO, 'iyíízą́ą́', I beat my wife.

F. 'ii-diyees-sį́į́ł (diyíí, diyoo, zhdiyoo, diyiid, diyooh)

Cl. 'iis-są́ ('ii, 'ii, 'ajii 'iid, 'ooh)

P. 'iyíí-zą́ą́' ('iyíní, 'ayíí, 'ajíí, 'iyiid, 'iyoo)

R. ná'iis-sį́į́h (ná'ii, ná'ii, ń'jii, ná'iid, ná'ooh)

O. 'iyós-są́ą́' ('iyóó, 'iyó, jiyó 'iyood, 'iyooh)

Naanishdę́ę́' nádzáago 'iyíízą́ą́' ha'níigo baa ch'íhoot'ą́, When he came back from work it was said that he beat his wife.

Hastiin Nééz t'áá ná'ádlį́į́h bik'eh ná'iizį́į́h, Mr Nez always beats his wife when he drinks.

Doo 'ajiizą́ą da, One shouldn't beat his wife.

BECAUSE OF HIM (because he will give me backing; because he is something in my favor), biniit'aa.

Shínaaí biniit'aa doo sisti' da, I'm daring because of my big brother.

Díí naaltsoos biniit'aa kǫ́ǫ́ na'nishkaad, I herd my sheep here on the authority of this paper (i.e. I am not afraid to graze them here because I have the backing of this paper).

20

Díí naadą́ą́' t'ah doo danit'ánígíí biniit'aa t'áá kǫ́ǫ́ shighan,   The fact that my corn has not yet ripened justifies my still being here.

Chidí biniit'aa béeso sha'í'nil,   I was lent money on my car (as collateral).

BECKON TO HIM, TO   (to motion him; to make motions at him; to use gestures; to gesture at him) bí'dégish,   I beckoned to him (with a single gesture);   nabí'shégizh, I beckoned to him (with repeated gestures).

F. bídi'deesh-gish (bídi'díí, yídi'doo, bízhdi'doo, bídi'dii, bídi'dooh)
I. bí'dísh-gish (bí'dí, yí'dí, bízh'dí, bí'dii, bí'dóh,)
P. bí'dé-gish   (bí'díní, yí'deezh, bízh'deezh, bí'dee, bí'dishoo)
R. bíń'dísh-gish (bíń'dí, yíń'dí, bínízh'dí, bíń'dii, bíń'dóh)
O. bí'dósh-géésh (bí'dóó, yí'dó, bízh'dó, bí'doo, bí'dooh)

F. na-bí'deesh-gish (bí'díí, yí'doo, bízh'doo, bí'dii, bí'dooh)
Cl. na-bé'ésh-gizh (bí'í, yé'é, bí'jí, bí'ii, bí'óh)
P. na-bí'shé-gizh (bí'shíní, yé'ézh, bí'jízh, bí'shii, bí'shoo)
R. na-bíná'ásh-gish (bíná'í, yíná'á, bíná'jí, bíná'ii, bíná'óh)
O. na-bí'ósh-gizh (bí'óó, yí'ó, bí'jó, bí'oo, bí'ooh)

Shí'deezhgishgo ch'íníyá,   I went out when he beckoned to me.

Hastiin biye' ch'inílyeed yiłníigo yí'deezhgizh, The man beckoned to his son to run out; the man made a sign to his son telling him to run out.

Ch'iyáán 'ííł'íní k'ad da'ohsą́ níigo nihí'deezhgish,   The cook motioned to us to start eating.

Nashé'ézhgizhgo ch'íníyá,   I went out when he beckoned to me (made motions to me).

Hastiin 'ayóo bijééhkał léi' t'óó nabé'éshgizhgo 'índa yik'i'diitą́, I had to use gestures in order to make the deaf man understand.

BECOME, TO (to be), hasin, there is;   hóósįid, there came to be, (impersonal) it became.   (The

21

pronoun subject is ho-, impersonal or spacial it.)

F. hodoosįįł   I. hasįįh   P. hóósįįd   N. hasin
R. náhásįįh   O. hósįįh

Shiniinaa naanish hóósįįd, I caused a lot of work (lit. on my account work became).

T'áadoo ńda'neest'ą́ą dago biniinaa haidą́ą́' dichin hóósįįd, Due to the crop failure there was famine last winter.

Ha'át'íí lá bich'į' tsį́į́ł hóósįįd, What caused this rush (you say as you see people rushing by).

BECOME HOPELESS, TO (conditions) (to become serious), doo bííchįįd da, conditions became hopeless; conditions became serious.

F. doo bidoochįįł da   IP. doo bi'niichįįd da   P. doo bííchįįd da
R. doo nábíchįįh da   O. doo bóchįįh da

Dichin bik'ee doo bííchįįd da, On account of famine, conditions have become hopeless.

Dibáá' bik'ee doo bííchįįd dago biniinaa dził bąąh hasii'ná, We moved up the mountain because conditions became serious with regard to drinking water.

BECOME SUDDENLY QUIET, TO (reference is to a group of people who are talking, and who suddenly become quiet as when a speaker rises to talk to them, or something occurs to hush them), ch'ał baa tóó 'ííłne', I surprised the people by my appearance, and they suddenly became quiet (lit. I threw into the water at the frogs—and made them dive and hush). (The people are surprised into becoming quiet, just as frogs in a pond suddenly hush when one throws a stone into the water.)

F. ch'ał baa tóó 'adeeshniił ('adííł, 'adooł, zh'dooł, diil, dool)

22

I. ch'ał baa tóó 'ash-ne'   ('íł, 'ał, 'ajił, 'iil, 'ooł)
P. ch'ał baa tóó 'ííł-ne'   (i'íníł, 'ííł, 'ajííł, 'iil, 'ooł)
R. ch'ał baa tóó níná-'ásh-niih   ('íł, 'áł, 'jíł, 'iil, 'ół)
O. ch'ał baa tóó 'ósh-ne'   ('óół, 'ół, 'ajół, 'ool, 'ooł)

'Áłah 'íl̨įgi níyáá n̓t'éé' ch'ał baa tóó 'ajííłne'-
iigi 'ádaadzaa, People suddenly became quiet
when I appeared at the meeting.

'Áłah 'íl̨įgóó diit'ashgo 'áadi ch'ał baa tóó 'a-
diilniił, Let's go to the meeting and give the
people a surprise (or dumbfound the people).

BECOME UNBEARABLE, TO (to become intoler-
able), doo 'asohodéé'įįd da, it became unbear-
able. Doo 'asohodéébéezh da, It became unbear-
able; intolerable.

F. doo 'asohodidoo'įįł da   I. doo 'asohodi'įįh da   P. doo 'asoho-
déé'įįd da   R. doo 'asonáhodi'įįh da   O. doo 'asohodó'įįł da
F. doo 'asohodidoobish da   I. doo 'asohodibéesh da   P. doo 'aso-
hodéébéezh da R. doo 'asonáhodibish da   O. doo 'asohodóbéesh da

Dandáá'góó 'ashiiké be'ádadíláhígíí doo 'aso-
hodéé'įįd ('asohodéébéezh) da, The mischief of
boys at War Dances has become unbearable.

Hoozdo hoolyéedi shį́įdą́ą́' kǫ' na'ałbąąsii bitiin
'atah binaashnish n̓t'éé' 'áko 'ałné'é'áahgo hado
bik'ee doo 'asohodi'įįh ('asohodibish) da, Last
summer I worked with a railroad gang at Phoenix,
and at noon the heat would become unbearable.

BEFORE MANY DAYS, t'áadoo lą'í yiłkaahí (lit.
without many nights being in the act of passing).
Yéigo bąąh dah hoo'a' dóó t'áadoo lą'í yiłkaahí
bizéé' hazlį́į', He became very sick, and before
many days he died.
Yiską́ągo kingóó déyá, 'áko ndi t'áadoo lą'í yił-
kaahí nídeeshdą́ą́ł, I'm going to town, but I'll bə
back before many days.

23

T'áadoo lą'í yiłkaahí 'aho'niiłtą, Before many days it rained.

BEGIN, TO (a long period of warfare), 'ana hodineesdlį́į', a long period of warfare began (lit. war began and continued prolongedly).

F. 'ana hodínóodleeł   I. 'ana hodinidleeh   P. 'ana hodineesdlį́į'
R. 'ana náhodinidleeh   O. 'ana hodinódle'

Bináá'ádaałts'ózí kéédahat'į́idi 'ana hodineesdlį́į', A long period of warfare began in China.

BEGIN, TO (to start; to commence), ch'íhoníyá, it began; started; commenced (lit. impersonal it went horizontally out).

F. ch'íhodoogááł   I. ch'íhógháah   P. ch'íhoníyá
R. ch'ínáhádááh   O. ch'íhóya'

Jooł bee ńdazhdiine'gi ch'íhógháahgo 'áádę́ę́' dah ńdiikai, They (we) started back just as the ball game began.

BEGIN TO TELL, TO (to open a narration; to begin the story), 'aho'niishne', I began to narrate.

F. 'aho-dí'néesh-nih (dí'nííl, dí'nóol, zhdí'nóol, dí'níil, dí'nóoł)
I. 'aho-'niish-nííh ('niil, 'niil, zh'niil, 'niil, 'nooł)
P. 'aho-'niish-ne' (ni'nil, 'niil, zh'niil, 'niil, 'nooł)
R. 'anáho-'niish-nih ('niil, 'niil, zh'niil, 'niil, 'nooł)
O. 'aho-'noosh-nííh ('nóól, 'nool, zh'nool, 'nool, 'nooł)

'Ádahóót'į́idígíí yee shił 'aho'niilne' ńt'éé' ła' nihaazhníyáago t'óó 'ánéísį́id, Just as he began to tell us what happened, someone came up and he stopped.

T'áadoo hooyání bąąhági 'áhóót'įidii bee bił 'aho'niishne', I began to tell him about the accident.

T'áá shí 'ádaa 'ahodí'néeshnihji' hoolzhishgo sits'ą́ą́' dah diilwod, Before I could start telling him about myself he left me.

24

BEHAVE, TO (to act properly), 'a'át'e' bee 'ádaa 'áháshyą́, I behave (well) (lit. I take care of myself with regard to faults).

N. 'a'át'e' bee 'ádaa 'áhásh-yą́ ('áhól, 'áhál, 'áhojil, 'áhwiil, 'áhół)

'A'át'e' bee 'ádaa 'áháyą́ągo bíhooł'ą́ą́', I learned to behave; I learned to control my behavior.

BEHIND IN, TO GET, shaa dááhodiildoh, I got behind (lit. spacial it moved in on me and set up a barrier).

F. shaa dááhodidooldoh I. shaa dááhodiildóóh P. shaa dááhodiildo
R. shaa dánáhodiildoh O. shaa dááhodooldóóh

Hooghangóó nináshdáago biniinaa 'atah 'íí-níshta'ą́ądi shaa dááhodiildo lá, While I was visiting at home, I got behind on my school work.

T'ah doo shaa dááhodiildóóhdą́ą́' k'idi'deesh-łééł nisingo t'óó k'ida'dilye'jį' 'ahoolzhiizhígo naanishdę́ę́' nánísdzá, I came back home from work early in the season so I wouldn't get behind with my planting.

T'ah ndi sits'ą́ąjį' hooldoh, I'm still continuously getting farther behind; it's still gaining on me (as my work).

Shaa dááhodiildo ńt'éé' t'ah ndi t'áá 'ákót'é, I got behind and I'm still that way; I'm still behind.

BELT, FROM HIS, bitsist'a.
Tádídíín bitsist'a déłtsooz, From hs belt there hangs a pollen bag.
Saad bitsist'a dadénil, He has his speech all prepared (lit. words hang from his belt).

BEND IN THE MIDDLE, TO (to bow in the middle), 'ahą́ą́h niijool, it bent (bowed) in the middle.

25

F. 'aháàh dínóojoł   I. 'aháàh niijooł   P. 'aháàh niijool
R. 'aháàh nániijoł   O. 'aháàh noojooł

Chá'oł yáázh bąąh hasis'na' ńt'éé' 'aháàh nii-
jool,   The young pinyon tree bent in the middle
when I climbed it.

Tsídii díí ch'il yikáá' dah ńdanidaahgo 'aháàh
nániijoł,   When birds light on this plant it bows
over in the middle.

BE ON PINS AND NEEDLES, TO (to be literally sit-
ing on the edge of one's chair from excitement,
worry or fear; to hold one's breath in anxiety; to be
anxious about),   'ádił ninisdzil, I am on pins and
needles; I am tense and anxious.

F. 'ádił ndees-dzil   (ndííl, ndool, nizhdool, ndiil, ndooł)
I. 'ádił ninis-dzííł   (niníl, niil, njíl, niniil, ninooł)
P. 'ádił ninis-dzil   (nííníl, niil, njíl, niniil, ninooł)
R. 'ádił ninás-dził   (ninánil, ninál, ninájíl, ninéiil, nináł)
O. 'ádił noos-dzííł   (noól, nool, njól, nool, nooł)

Shiyáázh ná'ádljįhgo haada wóne' lágo nisingo
kodóó hááhgóóshjį 'ádił ninisdzííł łeh, My son
drinks, so I am on pins and needles for fear some-
thing may happen to him.

'Atiingóó 'ayóo hashtł'ish léi' biniinaa 'ádił ni-
nisdzíiłgo Lók'aah Nteeldi t'áá sáhí shił 'ílwod,
Since I was by myself and the road was very muddy
I was on pins and needles all the way to Ganado.

BE RIGHT UP WITH HIM, TO (to be on an equal
footing with him),   t'áá bee 'íighah (bíighah) nilį,
he is right up with (him) (lit. just by means of it he
is equivalent to him).

Dibé shee hólónígíí beego diné da'ííłta'ii naa-
nish yee béeso baa dahinidéhígíí t'áá bee 'íighah
nishłįįgo béeso shaa hinidééh, With the sheep I

26

have I am right up with the educated man in the matter of income.

Háadi da hastóí yádaałti'ii bee bíighah nishłį́į dooleeł biniiyé saad wólta' bíhoosh'aah, I am learning to read in order to be on an equal footing with the orators.

BESIDE HIM, biná.

Shimá shiná sizį́, My mother is standing beside me.

T'ah nahdę́ę́' yódí t'áá shiná siláá ńt'éé', I used to have valuable possessions not too long ago (lit. not too long ago valuable goods lay right beside me).

BEST, TO BE (to be better; to be greater), bee 'anistis, I am better; I am greater (lit. I am over). (Cp. bitis, over him.)

Diné dį́į' bił da'íínishta' ńt'éé', díí naaltsos wólta'ígíí shí bee 'anistis lá, I had four classmates when I went to school, but I'm the best reader.

Díí tooh ńlínígíí bąąh góyaa kéédahwiit'íinii k'é'dílyéehgi bee da'niitis háálá tó nihá hóló̜, 'éí bee 'át'é, We who live along this river are better farmers (i.e. raise more crops) because we have water.

BE UP, TO (one's time) (be over; to be time), shiyaa 'ahooldo, my time is up; it is time for me to (lit. impersonal it has floated or wafted under me).

F. shiyaa 'ahodooldoh   I. shiyaa 'ahaldóóh   P. shiyaa 'ahooldo
R. shiyaa 'anáháldoh   O. shiyaa 'ahóldóóh

Kin bik'é niná'áshdléhę́ę biniiyé t'áadoo béeso ła' shóost'eehé shiyaa 'ahooldo, It is time to pay the house rent, and I have no money.

T'áadoo 'ałtso k'i'dishłéhé shiyaa 'ahooldo,

27

The planting season is over and I haven't finished my planting.

BEWILDERED, TO BE (to be puzzled; to be perplexed), t'óó bił haada (lit. it is merely "I wonder how it is" with him).

T'óó shił haada, I am bewildered.

Ha'át'íísh bąą (or biniinaa) t'óó nił haada, What are you puzzled about?

Nááts'ózí diné bizaad doo deidiits'a' dago t'óó bił daahaadago 'ashiiké 'ałch'į' dahalne' ńt'éé', Since the Japanese could not understand Navaho they were bewildered when the boys talked to one another (in Navaho).

BIG, TO BECOME, yítsoh, it became big. (Cp. the noun suffix -tsoh, big, as in łį́į́'-tsoh, big horse.)

F. dootsoh   IP. bi'niitsoh   P. yítsoh   R.nátsoh   O. wótsoh

T'áá 'ákwíí ghaaí kwii nihee yas nátsoh, We get a big snow here every year.

BIG-(BODIED), TO BE, 'ayói 'áásts'íís, I am big-bodied. -ts'íís may be replaced by the following stems: -be', big-busted; -jaa', big-eared; -bid, big-bellied; -tł'aa', big-buttocked; -jáád, big legged; -kee', big-footed; -chį́į́h, big-nosed.

N. 'ayói 'áás-ts'íís ('ííníl, 'áál, 'ájool, 'iil, 'áał)

'Ayói 'áálkee' léi' biniinaa ké t'áá 'ałtso doo dabíighah da, His feet are so big that he can't find shoes to fit him.

BLAME, TO BE TO, t'áá shíhí 'iisdzaa (lit. I myself did it); t'áá shíhí 'asésiih (lit. I myself made the mistake).

28

t'áá shíhí (nihí, bíhí, hóhí, nihíhí, nihíhí)

P.'iis-dzaa ('íini, 'á, 'ájii, 'íi, 'óoh)

P. 'asé-siih ('asíní, 'as, 'ajis, 'asiil, 'asooh)

'Íínídlą́ą́'go béeso 'ałtso yóó' 'íínínil lá; t'áá nihí 'íinidzaa, You got drunk and lost all your money; you're to blame.

Bee nich'į' 'ańdahazt'i'ii t'áadoo 'ałtso baa hwíínílne' da lágo biniinaa 'áká 'e'elyeed yíníkeed yę́ę t'áadoo bee lą́ 'azlį́į' da lá; 'ákwii t'áá nihí 'asínísiih, Your appeal for help received no attention because you failed to give full information about your problems; that's your mistake (you are to blame).

BLESS IT, TO (a hogan) (to dedicate it), hooghan da'shédlish, I blessed the hogan. (Cornmeal or pollen is dabbed on four logs especially placed for this purpose at the cardinal points. The logs are placed horizontally and sunwise, lying in the direction in which they grew.)

F. hooghan da'deesh-dlish (da'díí, da'doo, dazh'doo, da'dii, da'dooh)

Cl. hooghan da'iish-dlish (da'ii, da'ii, da'jii, da'ii, da'ooh)

P. hooghan da'shé-dlish (da'shíní, da'azh, da'jizh, da'shii, da'shoo)

R. hooghan ńda'iish-dlish (ńda'ii, ńda'ii, ńda'jii, ńda'ii, ńda'ooh)

O. hooghan da'oosh-dlish (da'óó, da'oo, da'jó, da'oo, da'ooh)

Shizhé'é hooghan 'ałtso 'áyiilaago shimá da'-azhdlish dóó 'índa héél yah 'adahaajaa', When my father finished building the hogan my mother blessed it, and then we moved in our belongings.

BLOCK HIM, TO, bich'ą́ą́h niníyá, I blocked him (lit. I stopped in his way). Bich'ą́ą́h ni'íldee', he was blocked (lit. indefinite people stopped in his way (obstructing him).

F. bich'ą́ą́h ndeesháál (ndíínááł, ndoogááł, nizhdoogááł) D. ndii-

29

t'-ash (ndooh, ndoo, nizhdoo) PL. ndii-kah (ndooh, ndoo, nizh-
doo)

I. bich'ą́ą́h ninisháah (ninínáah, niigháah, njígháah) D. niniit'-aash
ninoh, nii, njí) PL. ninii-káah (ninoh, nii, njí)

P. bich'ą́ą́h niní-yá (nííní, niní, nizhní) D. niniit'-áázh (ninoo, ni-
ní, nizhní) PL. ninii-kai (ninooh, nii, njí)

R. bich'ą́ą́h ninásh-dááh (ninání, niná, ninájí) D. ninéiit'-ash (ni-
náh, niná, ninájí) PL. ninéii-kah (nináh, niná, ninájí)

O. bich'ą́ą́h noosha' (noóya', nooya', njóya') D. noot-'aash (nooh,
noo, njó) PL. noo-káah (nooh, noo, njó)

TO STAND BLOCKING HIM
N. bich'ą́ą́h sé-zį́ (síní, si, ji, siid, soo)

TO BE BLOCKED
F. bich'ą́h n'dooldah I. bich'ą́ą́h ni'íldééh P. bich'ą́ą́h ni'íldee'
R. bich'ą́ą́h niná'áldah O. bich'ą́ą́h ni'óldééh

Hastiin léi' shich'į̇' dah diilyeed ńt'éé' bich'ą́ą́h
ni'íldee', Some man started for me, but he was
blocked.

Shito' yę́ęjį' hastiin léi' łį́į' baa yijah ńt'éé' bi-
ch'ą́ą́h niníyá, Some man was driving his horses
to my water hole, but I blocked his way.

BLOOD SAMPLE FROM HIM, TO TAKE A, bidił
háałt'óód, I took a blood sample from him (lit. I
sucked or pumped out his blood).

F. bidił hadeesh-t'oł (hadííł, haidooł, hazhdooł, hadiil, hadooł)
I. bidił haash-t'ood (hanił, haił, hajił, haiil, haał)
P. bidił háář-t'óód (háíníł, hayííł, hajííł, haiil, haooł)
R. bidił hanásh-t'o' (hanáníł, hanéíł, hańjíł, hanéiil, hanáł)
O. bidił haoosh-t'ood (haóół, hayół, hajół, haool, haooł)

Dąądą́ą́' 'azee'ííł'íní shidił hayííłt'óód, Last
spring the doctor took a sample of my blood.

BOARD AND ROOM, bii' hooghanígíí dóó 'adą́ągi
(lit. in which there is a home and people eat).

Bii' hooghanígíí dóó 'adą́ągi t'ááłá'í nínádízi'go
naadiin béeso bik'é nahashłéh, I pay twenty dol-

30

lars a month for board and room.

Sizeedí ba'ałk'ee shighan dóó ba'ałk'ee ná'ásh-
dįįhgo bik'é bich'į' ni'iishłéh, I board and room
at my cousin's.

Naadiin béeso náhidizíidgo sha'ałk'ee ná'ídįįh
dooleeł, You can board at my place for twenty
dollars a month.

Kwii shighan dóó t'áá kwii ná'áshdįįhgoshą' dí-
kwíí sits'áhinidéeh dooleeł, For how much can I
get board and room here?

Díkwíishą' naa náhábįįh kwii ná'ídįįh dóó t'áá
kwii nighango, How much do you pay for board
and room here?

Nagháíí kin naanáz'áhígóó ba'ałk'ee da'jiyą́ą́
dóó ba'ałk'ee dahaghanígíí ła' bighan, There's a
boarding and rooming house right around that
corner.

Na'nízhoozhídi ba'ałk'ee ńdahwiilkááh dóó ba-
'ałk'ee da'jiyáanii 'ayóo da'ílį́, Room and board
is very expensive in Gallup.

BOOST HIM UP, TO (to give him a boost), biké-
tł'á 'iiyil, I boosted him; I gave him a boost (lit.
I pushed on the bottoms of his feet).

F. bikétł'á 'iideesh-hił ('iidíí, 'iidoo, 'iizhdoo, 'iidiig, 'iidooh)
CI. bikétł'á 'iish-hííł ('ii, 'ii, 'jii, 'iig, 'ooh)
P. bikétł'á 'ii-yil ('iini, 'ii, 'jii, 'iig, 'oo)
R. bikétł'á ná'iish-hił (ná'ii, ná'ii, ná'jii, ná'iig, ná'ooh)
O. bikétł'á 'oosh-hííł ('oó, 'oo, 'joo, 'oog, 'ooh)

Shínaaí shikétł'á 'iiyilgo łį́į́' bikáá' hasis'na',
My older brother boosted me and I got up on the
horse's back.

BORDER AROUND IT, TO HAVE A —, bibąąh 'a-
héé'nít'i', it has a border around it (lit. there is

31

extension around its edge in a slender line).

Díí diyogí bibąąh 'ahéé'nít'i',   This rug has a border (around it).

BOUNCE, TO (a ball),   nikídeests'id,   it bounced (lit. it fell against a surface).

F. nikídidoolts'ił   I. nikídílts'i'   P. nikídeests'id
R. nikíńdiilts'i'   O. nikídoolts'id

Tsé deigo 'iiyííłhan ńt'éé' hooghan bighąą'gi nikídeests'id, he threw the stone up into the air and it bounced on the roof.

Hoodzooígíí tł'óó'jígo jooł nikíńdiilts'i'go łahjí danilínígíí bíí' yileeh,   When the ball bounces outside of the line it goes to the other player (or team).

Jooł bich'į' 'ahííłhan ńt'éé' t'áá bich'į'gi nikídeests'id, I threw the ball at him, but it fell short.

BOUNCE IT, TO (as a ball),   nikídéłniih,   I bounced it; I made it bounce (lit. I made it fall against a surface).

F. nikí-dideesh-niił   (didííł, ididooł, zhdidooł, didiil, didooł)
I. nikídiish-niih   (nikídiił, nikíidił, nikízhdiił, nikídiil, nikídooł)
CI. nikídísh-niih   (nikídíł, nikíidił, nikízhdíł, nikídiil, nikídół)
P. nikídéł-niih   (nikídíníł, nikíidees, nikízhdees, nikídeel, nikídooł)
R. nikí-ńdiish-niih   (ńdiił, néidiił, nízhdiił, ńdiil, ńdooł)
O. nikídósh-niih   (nikídóół, nikíidół, nikízhdół, nikídool, nikídooł)

'Ashkii jooł nikíidiłniihgo sizį, The boy is standing and bouncing the ball.

'At'ééd tsits'aa' yikáa'gi jooł nikínéidiiłniih, The girl is bouncing the ball on the box.

BRAG ABOUT ONESELF, TO, 'ádaa hash'niih,   I am bragging about myself (lit. I am praising myself.) (V. to praise him.)

F. 'ádaa hodeesh-'nih   (hodíí, hodoo, hozhdoo, hodii, hodooh)
CI. 'ádaa hash-'niih   (hó, ha, hoji, hwii, hoh)

32

P. 'ádaa hosis-'nih (hosíní, has, hojis, hosii, hosoo)
R. 'ádaa náhásh-'nih náhó, náhá, náhoji, náhwii, náhóh)
O. 'ádaa hósh-'nih (hóó, hó, hojó, hoo, hoo)

T'áadoo 'ádaa hó'niihí dooleełę́ę, I wish you'd quit bragging about yourself.

'Ádaa hó'niihígíí t'éiyá baa naniná, All you ever do is brag about yourself.

BREAK, TO (AT POOL), 'adiiłtaa', I broke (lit I caused something indefinite to shatter by dropping or striking it a blow).

F. 'adideesh-tah ('adidííł, 'adidooł, 'azhdidooł, 'adidiil, 'adidooł)
I. 'adiish-tááh ('adiíł, 'adiíł, 'azhdiíł, 'adiil, 'adooł)
P. 'adiíł-taa' ('adiníł, 'adiíł, 'azhdiíł, 'adiil, 'adooł)
R. 'ańdiish-tah ('ańdiíł, 'ańdiíł, 'anízhdiíł, 'ańdiil, 'ańdooł)
O. 'adoosh-tááh ('adoół, 'adooł, 'azhdooł, 'adool, 'adooł)

Hágoshį́į, ni k'ad 'adiiłtááh, Go ahead, you break.

Háíshą' k'ad 'adiiłtááh, Whose break is it?

'Ániid shí 'adiiłtaa'; k'ad ni naa hoolzhiizh, I broke before; now it's your turn.

BREAK IT, TO (a law or treaty) (to violate it), bee haz'áanii k'íiníti', he broke the law (k'íiníti', he broke a slender stiff object).

F. k'ídeesh-tih (k'ídíí, k'íidoo, k'ízhdoo, k'ídii, k'ídooh)
I. k'ínísh-tííh (k'íní, k'íí, k'íjí, k'ínii, k'ínóh)
P. k'íní-ti' (k'íní, k'íiní, k'ínii, k'ínoo)
R. k'ínásh-tih (k'ínání, k'ínéí, k'íńjí, k'ínéii, k'ínáh)
O. k'íosh-tííh (k'íóó, k'íyó, k'íjó, k'íoo, k'íooh)

Beehaz'áanii k'íjítihgo 'awáalya bą́ą́hílį́, It's jail if you break the law; it means jail if you break the law.

BREAK IT OFF, TO (to snap it off), yíti', I broke it off (a single slender stiff object).

33

F. deesh-tih (díí, yidoo, jidoo, dii, dooh)
I. yish-ti' (ni, yi, ji, yii, woh)
P. yí-ti' (yíní, yiyíí, jíí, yii, woo)
R. násh-tih (nání, néí, ńjí, néii, náh)
O. wósh-ti' (wóó, yó, jó, woo, wooh)

Díí 'ashkii t'áadoo biniiyéhégóó naadą́ą́' ła' yiyííti', This boy broke off an ear of corn for no reason at all.

Níyol díí ńdíshchíí' yiyííti', The wind broke off this pine branch.

T'óó 'ahayóí yidzaazgo yas tsin yiyííti', The heavy snow broke off the limb.

BREAK OUT, TO (laughter), dlo haaltǫ', laughter broke out (haaltǫ', it broke — as a timber under a strain).

F. hadooltǫǫł I. haaltǫǫh P. haaltǫ' R. hanáltǫǫh
O. haooltǫ'

Diné 'áłah nilínígíí bidááhdę́ę́' niníyáago dlo haaltǫ', Laughter broke out when I stood up before the assembled people.

BREAK THEM OFF, TO (slender stiff objects), héti', I broke them off (one after another).

F. hideesh-tih (hidíí, yidiyoo, hizhdiyoo, hidii, hidooh)
I. hish-tííh (hí, yiyii, jii, hii, hoh)
P. hé-ti' (híní, yiyiiz, jiiz, hii, hoo)
R. náhásh-tih (náhí, náyii, ńjii, náhii, náhóh)
O. hósh-tííh (hóó, yiyó, hijiyó, hoo, hooh)

Kin bąąhdę́ę́' tin ndaaz'áhą́ą héti', I broke off the icicles that were hanging from the roof.

Chéch'il dibé bá hidiitih, Let's break off some oak for the sheep.

Naadą́ą́' 'ashdla'go yiyiizti' dóó nihá yist'é, She broke off five ears of corn and roasted them for us.

34

BREAK THE SPELL ON HIM, TO, háábíyááłti', I broke the spell on him (by performing for his benefit a ceremony designed to break the spell cast on him by witchery. This spell breaking ceremony is usually followed by Blessing Way or some other ceremony. Literally the form given here means, "to talk him back out of the grave." See "to cast a death spell on him.")

F. háá-bíyádeesh-tih   (bíyádííł, yíyádooł, bíyázhdooł, bíyádiil, bíyá-dooł)   (háábíyádootih)

Cl. háá-bíyásh-tééh   (bíyáníł, yíyáł, bíyájíł, bíyéiil, bíyáł)   (háábí-yátééh)

P. háá-bíyááł-ti'   (bíyéíníł, yíyááł, bíyájííł, bíyéiil, bíyáooł)   (háá-bíyááti')

R. háábíyá-násh-tih   (nánił, náł, nájíł, néiil, náł)   (háábíyánátih)

O. háá-bíyáoosh-tééh   (bíyáóół, yíyáooł, bíyájół, bíyáool, bíyáooł)   (háábíyáootééh)

Díí hastiin háá'íyátééh wolyéhígíí t'áá 'íiyisíí bił bééhózin, This man knows the spell breaking ceremony well.

Bichaii háá'íyátééh wolyéhígíí bá 'áyiilaa, His grandfather performed the spell breaking ceremony for him.

BRING IT OUT, TO (to him, them) (a fact or point), bił ch'íní'ą́, I brought it out to him (lit. I carried a single roundish, bulky object out with him).

F. bił ch'ídeesh-'ááł (ch'ídíí, ch'iidoo, ch'ízhdoo, ch'ídiii', ch'ídooh)

I. bił ch'ínísh-'aah (ch'íní, ch'íní, ch'íí, ch'íjí, ch'íniit', ch'ínóh)

P. bił ch'íní-'ą́ (ch'ííní, ch'iiní, ch'ízhní, ch'íniit', ch'ínoo)

R. bił ch'í-násh-t'ááh (nání, néí, ńjí, néii, náh)

O. bił ch'óosh-'ááł (ch'óó, ch'íyó, ch'íjó, ch'óot, ch'óoh)

Nihidine'é t'óó 'ahayói bąąh dah nahaz'ą dishníigo bił ch'íní'ą́, I brought out to them the fact that many of our people are sick.

Kéyah nihá náhásdzooígíí bikáá' t'áá 'áníiltso

go doo nihíhóoghah da níigo ch'íiní'ą́, In his talk he brought out the fact that there isn't enough room for all of us on the reservation.

Ha'át'íí lá níigo nił ch'íhoní'ą́, What was the point of his talk?

BRING IT, TO (to carry it; to give it) (a single round bulky object, successive times one after another), hé'ą́, I brought it one time after another, or one bulky object after another. (The same prefix complexes are used with the other 'handle' stems.)

F. hideesh-'ą́ą́ł (hidíí, yidiyoo, hizhdoo, hidiit, hidooh)
I. hish-'aah (hí, yii, jii, hiit, hoh)
P. hé-'ą́ (híní, yiiz, jiiz, hiit, hoo)
R. náhásh-'ą́ą́h (náhí, náyii, ńjii, náhiit, náhóh)
O. hósh-'ą́ą́ł (hóó, yiyó, jiyó, hoot, hooh)

THE "TO HANDLE" STEMS ARE:

'ą́ą́ł, 'aah, 'ą́, 'ą́ą́h, 'ą́ą́ł, A SINGLE ROUNDISH BULKY OBJECT.
jih, jááh, jaa', jih, jááh, A LARGE NUMBER OF SMALL OBJECTS.
yéél, yeeh, yį́, gééh, yéél, A BURDEN, PACK OR LOAD.
łjoł, łjooł, łjool, łjoł, łjooł, NON-COMPACT MATTER.
kááł, kaah, ką́, kááh, kááł, MATTER IN AN OPEN CONTAINER.
lééł, lé, lá, dlééh, lééł, ONE SLENDER FLEXIBLE OBJECT.
nił, nííł, nil, 'nił, nííł, SEVERAL OBJECTS.
łtééł, łteeh, łtį́, łtééh, łtééł, A SINGLE ANIMATE OBJECT.
tį́į́ł, tįįh, tą́, tį́į́h, tį́į́ł, A SINGLE SLENDER STIFF OBJECT.
tłoh, tłeeh, tłéé', tłoh, tłeeh, MUSHY MATTER.

Tł'oh bida'astł'ónígíí t'áálá'í ní'ánígo yah 'ahish'aahgo wónáásdóó tł'oh bá hooghan góne' hadéébįįd, I carried bales of hay inside (one after another) until the hay barn was full.

BRING IT UPON ONESELF, TO, 'ách'į' yish'aad, I brought it upon myself (lit. I sent it toward myself).

F. 'ách'į' deesh-'aał (dííl, yidool, jldool, diil, dooł)
I. 'ách'į' yish-'aah (nil, yil, jil, yiil, woł)

P. 'ách'į' yish-'aad   (yíníl, yool, jool, yiil, wooł)
R. 'ách'į' násh-'aah   (náníl, néíl, ńjíl, néiil, náł)
O. 'ách'į' wósh-'aał   (wóól, yól, jól, wool, wooł)

'Ajoodlą́ą́'go biniinaa t'áá hó siláago 'ách'į' jool'aad, He brought the police on himself, with his drinking.

T'áá shí łééchąą'í 'ách'į' deesh'aał dóó bits'ą́ą́jį' ńdideeshwoł, I'll bring the dog on myself and then I'll start running.

BROKE, TO BE,   k'í'nishtǫ', I am broke (lit. I am broken in two — probably a direct translation of English slang).

N. k'í'nísh-tǫ' (k'í'ííníl, k'é'él, k'í'jíl, k'í'niil, k'í'nół)

Tsinaabąąs t'áadoo ła' nahashniihí k'í'nishtǫ', I was broke before I bought the wagon.

K'í'niiltǫ'go biniinaa chidí yę́ę́ nihaa nahaaznii', We sold our car because we were broke.

Naalyéhé bá hooghan 'áhodiilnííł dii'níí ńt'éé' t'áá bich'į'jį' k'í'niiltǫ', We planned to put up a trading post, but we went broke before we could do so.

BROTHER (OR SISTER), TO BE HIS (THEIR),   bił háí'áázh, I am his brother (or sister) (lit. I came out with him).

P. D. bił háí- (háá-) 'áázh (háíní, háá, hajíí, haiit, haoo)
PL. háí-jéé' (háíní, háá, hajíí, haii, haoo,)

Díí diné t'áá 'íiyisíí bił háá'áazhgo biniinaa tł'ízí 'ashdla'áadahgo t'áadoo bik'éhégóó baa nínil, Because this man is my real brother I gave him fifteen head of goats free of charge.

Bił háíjéé' danilínígíí 'asdzání naaki, diné 'éí táníilt'é, There are three of us boys, and two girls in the family.

37

BRUSH AWAY, TO (evil), bik'i na'ashhaał, I am brushing away evil from him (lit. I'm sweeping or moving a club-like object over him). (A person takes an ńdiitį́į́h, a broom made of eagle wing feathers tied together at the quills, and brushes over a sick or moribund person. From the east, south, west and north side of the fire one takes ashes on the broom, brushes through the air over the patient and thence to the door where one blows the accumulated evil from the broom and out the door. One begins at the back side of the hogan, brushing on first the north side and then on the south side. This ceremony may be kept up night and day to save a moribund.)

   F. bik'i n'deesh-hał   (n'dííł, n'dooł, nizh'dooł, n'diil, n'dooł)
Cl. bik'i na'ash-haał   (na'íł, na'ał, n'jíł, na'iil, na'oł)
  P. bik'i ni'séłhaal   (ni'síníł, na'as, n'jis, ni'siil, ni'sooł)
  R. bik'i niná'ásh-hał   (niná'íł, niná'áł, niná'jíł, niná'iil, niná'ół)
  O. bik'i na'ósh-haał   (na'óół, na'ół, n'jół, na'ool, na'ooł)

Hastiin léi' daatsaahgo tł'éédą́ą́' tł'éé' bíighah bik'i na'ashhaałgo yiską́, The man was very sick so I spent the whole night brushing over him.

BUDGE, TO REFUSE TO —, ninishtee', I refused to budge. (V. to stall; to run.)

  F. ndeesh-tih   (ndííl, ndool, nizhdool, ndiil, ndooł)
  I. ninish-tééh   (niníl, niil, njíl, niniil, ninoł)
  P. ninish-tee'   (nííníl, niil, njíl, niniil, ninooł)
  R. ninásh-tih   (nináníl, ninál, ninájíl, ninéiil, nináł)
  O. noosh-tééh   (noól, nool, njól, nool, nooł)

Ch'ééh dah shijił'áago ninishtee', They tried to get me to do something but I wouldn't budge.

BUMP INTO IT, TO (to collide with it), bídégoh, I bumped into it.

F. bídideesh-goh (bídidíí, yídidoo, bízhdidoo, bídidii, bídidooh)
I. bídiish-goh (-geeh) (bídii, yídii, bízhdii, bídii, bídooh)
P. bídé-goh (bídíní, yídeez, bízhdeez, bídee, bídisoo)
R. bíńdiish-goh (bíńdii, yíńdii, bínízndii, bíńdii bíńdooh)
O. bídoosh-goh (-geeh) (bídóó, yídoo, bízhdoo, bídoo, bídooh)

Chidí tsé shił yídeezgoh, I hit a rock with my car; I collided with a rock.

Dibé yázhí biyah hodéłhiz ńt'éé' bimá yídeezgoh, The lamb bumped into its mother when I scared it.

Hastiin tł'óó'góó ch'égháah ńt'éé' dáádílkał yídeezgoh, The man bumped into the door when he was going out.

Sitsiits'iin bee tsin bídégoh, I bumped my head on the tree.

BURDENSOME, TO BE (to be a fright), biyah hóyéé', it is burdensome; it's a fright (lit. things are terrible under it).

N. biyah hóyéé'

Taxes biyah hóyéé', Taxes are burdensome.

Na'aldloosh bi'oh 'ańdaalne'ígíí biyah hóyéé' lá daaní Naabeehó, The Navahos say that stock reduction is a fright.

BURNED UP ABOUT IT, TO BE (to become angry about it; to be incensed by it), bik'ee nisistááł, I was burned up about (over) it.

F. bik'ee ndeesh-tał (ndííl, ndool, nizhdool, ndiil, ndooł)
CI. bik'ee naash-tal (nanil, naal, njil, neiil, naał)
P. bik'ee nisis-tááł (nisíníl, naas, njis, nisiil, nisooł)
R. bik'ee ninásh-tał (ninánił, ninál, ninájíl, ninéiil, nináł)
O. bik'ee ńdoosh-taał (ńdoól, ńdool, nízhdool, ńdool, ńdooł)

Niláahgo Bilagáana bizaad shił bééhózin shijiníigo biniinaa bik'ee nisistááł, It burned me up

39

to have him say that he knows English better than
I do.

BY HAND, t'áá yílá bee (lit. just with the hand).
   Díí bikáá' 'adání t'áá yílá bee 'ályaa, This ta-
ble was made by hand; was handmade.
   Díí ts'aa' Kiis'áanii t'áá bíla' yee 'ádayiilaa,
This basket was handmade by the Hopis; the Hopi
made this basket by hand.

— C —

CACHE IT, TO, nooh shéłchį, I cached it (lit. I
   caused it to be in a hiding place; I put it into a
   hiding place or cache). (noo', cache; hiding place.
   nooh, into a cache or hiding place.)

   F. nooh deesh-chííł (dííł, yidooł, jidooł, diil, dooł)
   I. nooh yish-chí (nił, yił, jił, yiil, woł)
   P. nooh shéł-chį (shíníł, yish, jish, shiil, shooł)
   R. nooh násh-chííh (náníł, néíł, ńjíł, néiil, náł)
   O. nooh wósh-chííł (wóół, yół, jół, wool, wooł)

   Kóhoot'éédą́ą́' díí tsin biyaagi béeso ła' nooh
shéłchį, I cached some money under this tree last
year.
   Hazééstsʼósii díí nástáán yiiʼ neeshchʼííʼ nooh
néíłchííh, A chipmunk always caches nuts in this
log.
   Shinaadą́ą́ʼ noo' siyį́, My corn is cached.

CACHE, TO MAKE A, nooh hoshéłchį, I made a
   cache (lit. I put something into a cache).

   F. nooh hodeesh-chííł (hodííł, hodooł, hozhdooł, hodiil, hodooł)
   I. nooh hash-chí (hół, hał, hojił, hwiil, hooł)
   P. nooh hoshéł-chį (hoshíníł, hash, hojish, hoshiil, hoshooł)
   R. nooh náhásh-chííh (náhół, náháł, náhojił, náhwiil, náháł)
   O. nooh hósh-chííł (hóół, hół, hojół, hool, hooł)

Kóhoot'éédą́ą́' tsétahdi nooh hoshéłchį́į́ ńt'éé' 'adą́ą́dą́ą́' ch'ééh hanétą́ą́', Last year I made a cache among the rocks, but yesterday I couldn't find it.

Cháshk'eh góyaa nooh hashchíí ńt'éé' shizhé'é hashideel'į́į́', I was making a cache down in the arroyo when my father caught me.

CAMP, TO (a family or group of people moving with their household), dah yii'néét, we camped; we paused while moving with our household. (Cp. dah 'eesbąs, I am parked in a wagon. The term dah, up at an elevation, off, is used in conjunction with the progressive mode forms, or with other tense-mode forms of verbs of action to render a static concept: dah 'adideesbąs, I will park in a wagon; dah 'eesbąs, I am parked in a wagon; tsinaabąąs dah dideesbąs, I will park the wagon; dah 'eeshdlį́į́ł, I am drinking, I am on a spree; dah yishtééł, I am holding one animate object up; dah yiikah, we exist, support ourselves as a group or family; dah 'oo'néét, family group — because they pause as a unit or group in moving).

PROG. dah yii'-néét (woh, yi, joo)

Nihí Naabeehó daniidlíinii díkwíigo shį́į́ dah yii'néét, We Navahos exist as a number of camps (or families).

Dziłghą́ą́'góó dee'náá ńt'éé' dziłtsį́igi tó nihich'ą́ąh 'íígo'go biniinaa t'óó cháshk'eh bidáá'dóó dah yii'néełgo 'i'íí'ą́, We were moving up onto the mountain, but a wash which was flowing water barred our way so we camped (paused) all day at its edge.

CARRY A JAIL SENTENCE, TO, 'awáalya bą́ą́hílį́,

41

it carries a jail sentence (lit. it is equivalent to jail).

Tódiłhił náhásdzo biyi' góne' yah 'adajiijáhígíí t'éiyá 'awáalya bą́ą́hílį́, The introduction of liquor onto the reservation carries a jail sentence.

Kwii da'jidlą́ągo 'awáalya bą́ą́hílį́, Getting drunk here carries a jail sentence.

CARRY IT ON, TO, (a ceremony, policy, or other activity), hweeshłáá, I am carrying it on (lit. I am causing it to go along).

PROG. hweesh-łáá́ (hwíí(ł), hoo(ł), hojoo(ł), hwiid(l), hooh(ł)

'Éé' neishoodii háni'dii t'áá hweeshłáá́ níigo diné yitahgi niiltee', The missionary refused to go, saying that he wanted to carry on his work among the people.

Nihilą́ąjį' jizíinii t'áá 'ákót'éego hojoołáá́ dooleeł biniiyé hwee hanáádasiidzíí', We re-elected our leader so he could carry on for us.

CARRY IT TO THE FINAL DAY, TO (to finish it, with reference to a ceremony), bííłjįįd, I carried it to the final day; I finished it (a ceremony). (Cp. jį́, day.)

F. bideesh-jįįł (bidííł, yidooł, bizhdooł, bidiil, bidooł) (bidooljįįł)
Cl. binish-jį́ (biníł, yiyííł, bijíł, biniil, binoł) (bijį́)
P. bííł-jįįd (bííníł, yiyííł, bijíł, biil, booł) (bííłjįįd)
R. nábísh-jį́įh (nábíníł, náyíł, nábijił, nábiil, nábół) (nábíjį́įh)
O. bósh-jįįh (bóół, yiyół, bijół, bool, booł) (bójįįh)

Hahgoshą' yiyííłjį́, When will his final day be (on the ceremony)?

CARRY IT TO ITS FINAL NIGHT, TO (to finish it, with reference to a ceremony), bííłtł'éé', I carried it to its final night; I finished it.

F. bideeshtł'eeł   Cl. hinishtł'ę́ę́'   P. bííłtł'éé'
R. nábíshtł'eeh   O. bóshtł'éé'

Hastiin Yázhí bighandi binishtł'éé' ńt'éé' náá-
náłahdą́ą́' hágo shi'di'níigo hane' shaa yít'ą́, I
was on the final night (of the ceremony) at Mr.
Yazzie's when word was brought to me that I was
wanted elsewhere.

CARRY ON TRADE (WITH THEM), TO (to trade
with; to patronize), bił 'ahaa na'iishniih, I carry
on trade with him; I trade with him (lit. I buy from
each other with him).

N. bił 'ahaa nda'iish-niih (nda'iil, nda'iil, nda'jiil, nda'iyiil, nda'iyoł)

Naabeehó dine'é dóó Kiis'áanii t'áá shiidą́ą́'dii
'ahaa nda'iilniih, The Navahos and the Pueblos
have been carrying on trade with each other for a
long time.

Nihí Na'nízhoozhídi naalyéhé yá naazdáhí da-
nilínígíí t'éiyá bił 'ahaa nda'iyiilniih, We patron-
ize only the traders in Gallup.

Naabeehó dóó Naakaii łį́į́' 'ahaa ndayiilniih,
The Navahos and the Mexicans trade horses with
each other.

CAST A DEATH SPELL ON HIM, TO (to talk him
into the grave; to put a curse on him), łeeh bí-
yáátti', I cast a death spell on him. (This is a
ceremony designed to kill or weaken an enemy.
In former times it was apparently performed as
a preliminary to an attack. In an account of an
ancient attack on Oraibi it is said that an arrow
feathered with buzzard feathers was first shot
over the village to determine whether or not the
death spell had been effective, and whether or
not conditions augured well for the attack. The
arrow passed over without a wobble, which indi-
cated that the attack would be successful. See

43

also "to break the spell on him.")

F. ɫeeh bíyádeesh-tih (bíyádííɫ, yíyádooɫ, bíyázhdooɫ, bíyádiil, bí-yádooɫ) (ɫeeh bíyádootih)

Cl. ɫeeh bíyásh-tééh (bíyáníɫ, yíyáɫ, bíyájíɫ, bíyéiil, bíyáɫ) (ɫeeh bí-yátééh)

P. ɫeeh bíyááɫ-ti' (bíyéíníɫ, yíyááɫ, bíyájííɫ, bíyéiil, bíyáooɫ) (ɫeeh bíyááti')

R. ɫeeh bíyánásh-tih (bíyánáníɫ, yíyánáɫ, bíyánájíɫ, bíyánéiil, bíyá-náɫ) (ɫeeh bíyánátih) (U. ɫeeh bíyátih)

O. ɫeeh bíyáoosh-tééh (bíyáóóɫ, yíyáooɫ, bíyájóɫ, bíyáool, bíyáooɫ) (ɫeeh bíyáootééh)

'Aɫk'idą́ą́' 'ana'í nilíinii 'áɫtsé ɫeeh bíyátihgo 'índa bich'į' dah 'adiinééh ńt'éé' jiní, Long ago the Navahos are said to have first cast a death spell on the enemy before moving against him.

CATCH COLD, TO, shiih yíɫk'aaz, I caught cold (lit. coldness moved into me). (V. to get chilled.)

F. shiih dooɫk'as I. shiih yiɫk'áás P. shiih yíɫk'aaz U. shiih yiɫk'as
R. shiih náɫk'as O. shiih wóɫk'áás

Sidogo hazhdít'éego doo hwiih yiɫk'áas da, If one dresses warmly he will not catch cold.

Hwiih yiɫk'asgo ɫahda yéigo hąąh dah hooɫ'aah, Sometimes when one catches cold he gets very ill.

CATCH IT, TO (to twist it out), hááɫdiz, I twisted it out; I caught it (by twisting it out). Reference is to a mode of rabbit hunting wherein a rough-pointed stick is twisted against the animal as it lies in a hole. The fur and skin is twisted onto the end of the stick, and the rabbit is thus pulled out.

1. Indefinite object ('a-, something): to go hunting or catch rabbits (in this manner).

F. ha'-dees-dis (ha'dííɫ, ha'dooɫ, hazh'dooɫ, ha'diil, ha'dooɫ)
I. ha'as-díís (ha'íɫ, ha'aɫ, ha'jiɫ, ha'iil, ha'oɫ)
P. ha'íɫ-diz (ha'ííníɫ, ha'ííɫ, ha'jííɫ, ha'iil, ha'ooɫ)

44

R. ha-ná'ás-dis (ná'ił, ná'áł, ń'jíł, ná'iil, ná'ół)
O. ha'ós-díís (ha'óół, ha'ół, ha'jół, ha'ooı, ha'ooł)

2. Definite object : to catch it (in this manner).

F. hadees-dis   (hadííł, haidooł, hazhdooł, hadiil, hadooł)
I. haas-díís   (hanił, haił, hajił, haiil, haał)
P. hááł-diz   (háíníł, hayííł, hajííł, haiil, haooł)
R. hanás-dis   (hanáníł, hanéíł, hańjíł, hanéiil, hanáł)
O. haoos-díís   (haóół, hayół, hajół, haool, haooł)

Łahásh t'áá gah hahíníłdiz, Have you ever caught rabbits by twisting them out?

Tį', hadi'yiildis, Let's go rabbit-catching.

Gah 'a'ą́ą́lwodgo yiiłtsą́ dóó hááłdiz, I saw a rabbit run into a hole and I twisted him out.

CATCH UP WITH HIM, TO (to overtake him), **bínísá,** I caught up with him; I overtook him.

F. bídeesh-łááł   (bídííł, yídooł, bízhdooł)   D. bídiil-'ash (PL. -kah)
bídooł, yídooł, bízhdooł)
I. bínísh-łááh   (bíníł, yéł, bíjíł)   D. bíniil-'aash (PL. -kááh) (bínół,
yéł, bíjíł)
P. bíní-sá   (bííní, yíní, bízhní)   D. bíniil-zá (or -'áázh)   (PL. -kai)
(bínooł, yíníł, bízhníł)
R. bínásh-łááh   (bínáníł, yínáł, bíńjíł)   D. bíniil-'ash (PL. -kah)
(bínáł, yínáł, bíńjíł)
O. bóosh-łááh   (bóół, yóoł, bíjół)   D. bóol-'aash (PL. -kááh) (bóoł,
yóoł, bíjół)

Dził bine'di łį́į́' bínísá, I caught up with the horse over on the other side of the mountain.

Shiba' yínááł, kindi shį́į́ ńdeeshłááł, Go ahead, I'll probably catch up with you at the trading post.

Shash béégashii ła' nihits'ą́ą́' yiyiisxį́į́ lá, 'áá-dóó ndiniilt'éego dah diilkáá' dóó t'áá yiilkahgo dziłghą́ą'di bíniil'áázh, A bear killed one of our cattle. Two of us trailed him and overtook him on the mountain top.

45

CATCH UP WITH THEM, TO (with reference to a large group of people; a tribe, or a mob), hóznítteel, they caught up with them.

F. hózdooltił PROG. dzooltił I. hódzíłteeł P. hózníłteeł
R. hóndzíłtił O. hodzółteeł

Ha'a'aah biyaadę́ę'go Naakaii nihíznítteel, Mexicans caught up with us from the east.

CAUSE HIS DEATH, TO, bizéé' sist'iid, I caused his death. (bizéé', his mouth; his death. sist'iid, I got it; acquired it; got rich in it. Cp. łį́į' sist'iid, I got rich in horses.)

F. bizéé' deesh-t'ił (díí, yidoo, jidoo, dii, dooh)
I. bizéé' yish-t'iih (ni, yi, ji, yii, woh)
SP. bizéé' sis-t'iid (síní, yis, jis, sii, soo)
IP. bizéé' bi'nii-t'iid (bin'ni, yi'nii, bizh'nii, bi'nii, bi'nooh)
R. bizéé' násh-t'iih (nání, néí, ńjí, néii, náh)
O. bizéé' wósh-t'iih (wóó, yó, jó, woo, wooh)

Bilagáana nihinant'a'í nilį́į ńt'éé' chidí naat'a'í bił bidah 'eelts'idgo 'éí bizéé' yist'iid, The white man who was our Superintendent fell in a plane crash, and that caused his death.

CHANGE, t'áá 'ał'aanígíí (lit. that which is separate; the difference).

T'áá 'ał'aanígíí bee 'ádin, He cannot make change; he's out of change.

T'áá 'ał'aanígíí shílák'e ńdíí'nił, Hand the change back to me.

Shoo, t'áá 'ał'aanígíí t'áá bi'ohgo shaa néíní'nil, Say, you didn't give me back enough change.

CHANGE ONE'S NAME, TO, shízhi' łahgo 'íísh-łaa, I changed my name (lit. I made my name otherwise).

46

F. 'ádeesh-łííł ('ádíí, 'íidoo, 'ázhdoo, 'ádiil, 'ádooh)

I. 'ásh-łééh ('ání, 'íi, 'ájí, 'íilnééh, 'óh)

P. 'ásh-łaa (or 'íish-łaa) ('íini, 'áyii, 'ájii, 'íilyaa, 'óoh)

R. 'ánásh-'įįh (or 'ánéiish-) ('ánéiil, 'ánáyiil, 'áńjiil, 'ánéiil, 'ánáooł)

O. 'óosh-łe' ('óó, 'áyó, 'ájó, 'óolne', 'óoh)

Nihízhi' t'áá 'áłahjį' t'áadoo łahgo 'át'éego 'á-náádaał'íní, Don't change your name(s) all the time.

Tsosie wolyéego bízhi' 'ánááyiidlaa, He changed his name to Tsosie.

CHARGED WITH ASSAULT WITH A DEADLY WEAPON, TO BE, na'ałtseedii dóó bááhádzidii bee diné 'atíyiilaaígíí bee naaltsoos niiltsooz, he was charged with assault with a deadly weapon (lit. a paper was set down with the fact that he harmed a person with things that kill and frightful things).

F. bee ndooltsos   I. bee niiltsóós   P. bee niiltsooz
R. bee nináltsos   O. bee nooltsóós

CHATTER, TO, yádíshtih, I am chattering.

N. yádísh-tih (yádíł, yádíł, yázhdíł, yádiil, yádół)

Baa nánít'íinii t'áadoo bééhózíní t'óó háahgóó-shįį yádíłtih, What you're discussing is unintelligible; you're just chattering.

Tsídii léí' 'anít'i' yąąh dah sidáago háahgóó-shįį yádíłtih, The bird sitting on the fence is really chattering (warbling—as a meadow lark).

CHEAPLY (for little pay or remuneration), doo hó-zhǫ 'ílįįgóó (lit. not very dearly; in little value).

Dahiistł'ǫ doo hózhǫ 'ílįįgóó nihaa nahaaznii', We sold our blanket cheaply.

Tséyaa Tóhídi naanish doo hózhǫ 'ílįįgóó bik'é ndashiilnish, We worked for little pay at Cortez.

47

CHIEF DIFFICULTY, TO BE THE, 'aghá baa honi-tł'a (lit. 'aghá, foremost; highest; greatest. baa honitł'a, there is difficulty about it.)

Tódiłhił t'éiyá 'aghá baa honitł'a, Liquor is the chief difficulty; liquor is the greatest problem.

CHILLED, TO GET, shą́ą́h yíłk'aaz, I got chilled (lit. coldness moved upon me).

F. shą́ą́h doołk'as   I. shą́ą́h yiłk'áás   P. shą́ą́h yíłk'aaz
U. shą́ą́h yiłk'as   R. shą́ą́h náłk'as   O. shą́ą́h wółk'áás

Ni'góó sédáago shą́ą́h yíłk'aaz, I got chilled sitting on the ground.

T'áadoo yah 'ííyolgi sínídáhí, ną́ą́h yiłk'as doo-leeł, Don't sit in the draft, you'll get chilled.

'E'e'áahgo shą́ą́h yiłk'as łeh, I always get chill-ed in the evening.

CHOP IT OFF, TO, n'diikal, I chopped it off.

F. ndi'deesh-kał   (ndi'díí, na'iididoo, ndizh'doo, ndi'dii, ndi'dooh)
I. ni'diish-kaał   (n'dii, na'iidii, nizh'dii, n'dii, n'dooh)
P. n'dii-kal   (ndi'ni, na'iidii, nizh'dii, n'dii, n'doo)
R. niná'diish-kał   (niná'dii, niná'iidii, ninázh'dii, niná'dii, niná'dooh)
O. n'doosh-kaał   (n'doó, na'iidoo, nizh'doo, n'doo, n'dooh)

Bił da'doodį́į́ł biniiyé yiską́ą́go naa'ahóóhai bi-k'os ndi'deeshkał, Tomorrow I'll kill a chicken to eat (lit. tomorrow I'll chop off a chicken's neck in order to eat it).

Chizh 'ahiidiłkaał ńt'éé' k'asdą́ą́' bikétsoh na'-iidiikal, He was chopping wood and almost chop-ped off his big toe.

CHRISTMAS PARTY, TO GIVE A, késhmish 'asé-łį́į́', I gave a Christmas party (lit. I caused an e-vent (called a) Christmas to occur).

F. késhmish 'adeesh-leeł   ('adíí, 'adoo, 'azhdoo, 'adiid, 'adooh)

48

I. késhmish 'ash-łeeh   ('í, 'a, 'aji' iid, 'oh)
P. késhmish 'asé-łį́į'   ('asíní, 'as, 'ajis, 'asiid, 'asoo)
R. késhmish ná'ásh-łeeh   (ná'í, ná'á, ń'jí, ná'iid, ná'óh)
O. késhmish 'ósh-łe'   ('óó, 'ó, 'ajó, 'ood, 'ooh)

'Áłchíní bá késhmish da'siidlį́į', We had a Christmas party for the children.

Kóhoot'éédą́ą́' késhmish da'siidlį́į'go díí ch'ah shaa yít'ą́, I got this hat last year when we had the Christmas party.

Díkwíígóó yoołkáałgo lá Lók'aah Niteelgi késhmish ná'ádleeh, On what date do they have the Christmas party at Ganado?

CLAIM TO HAVE NO KNOWLEDGE OF IT, TO (to claim to be unable to recollect it; to disclaim any knowledge of it), doo 'ádił bééhoniszin da, I claim to have no knowledge of it.

N. doo 'ádił bééhonis-zin da   (bééhoníl, yééhól, bééhojíl, bééhoniil, bééhonoł)

Binahagha' yę́ę 'éí doo 'ádił yééhólzin da, He claims to have no knowledge of his former religion.

CLAN, TO BE OF A CERTAIN, 'ádóone'é; 'ázhdóone'é, he is of a certain clan. (Cp. dóone'é; dine'é, clan.)

T'áá 'ádazhdóone'é dajílį́į́góó dah njizhjaa'go dahaghan, They live in clan communities; they live grouped according to clan.

'Ółta'í dajílínígíí 'ádazhdóone'é doo hoł béédahózin da, School children do not know to what clans they belong.

T'áá 'ájíłtso 'ádazhdóone'é hoł béédahózingo yá'át'ééh, Everyone should know to what clan he belongs.

49

CLOSE CALL, TO HAVE A (to come out alive; to escape death by a close margin), shikáa'jį' haz-lį́į́', I had a close call (lit. things came into being to a point above me).

Hooghan góne' shik'ihoołdáazgo shikáa'jį' haz-lį́į́', I had a close call when I was covered with falling debris in the hogan.

Chidí shił náhidéélts'idgo shikáa'jį' hazlį́į́', I had a close call when my car turned over.

Bilagáana 'ashdla' yilt'éego chidí naat'a'í bił bidah 'eelts'idgo t'ááłá'í bikáa'jį' hazlį́į́' lá, One (white) man came out alive when an airplane, in which he was riding with four others, fell.

CLOSER THIS WAY, wóshch'ishídi.

Wóshch'ishídi ńdaah, Sit over here closer (to me).

Wóshch'ishídi niní'aah, Bring it a little closer.

(The antonym of wóshch'ishídi is níwehédi; nówehédi; níwohádi, or nówohádi, as it is variously pronounced, farther away (from the speaker).

CLOT, TO (to curdle; to clabber; to coagulate; to get hard, with reference only to something that was formerly in a molten state), neesk'įh, it clotted, curdled, clabbered, coagulated, got hard).

(This Navaho stem, in the present instance, refers to something which was formerly warm, and which hardened or coagulated upon cooling. Concrete, for example, was not originally warm, so yítł'is, it hardened; not neesk'įh.)

F. dínóolk'įh   I. nilk'įh   P. neesk'įh   R. nánílk'įh   O. nólk'įh

'Abe' dóó dił dóó 'ak'ah danilk'įh łeh, Milk, blood and grease are said to coagulate.

50

Dił nilk'įh łeh, Blood clots (curdles, or coagulates).

'Abe' nilk'įh łeh, Milk curdles (clabbers).

'Ak'ah tł'óo'di niníkaah, bíni' nilk'įh, Put the (molten) grease outside and let it get hard.

CLOWN, TO (to act silly; to play the buffoon), łą 'ásht'į, I am clowning; I am acting silly.

F. łą 'ádeesh-niił ('ádíí, 'ádoo, 'ázhdoo, 'ádii', 'ádooh)
Cl. łą 'ásh-t'į ('ání, 'á, 'ájí, 'íi, 'óh)
P. łą 'ás-dzaa ('íini, 'á 'ájii, 'íi, 'óoh)
P. łą 'áá-t'įįd ('ííní, 'áá, 'ájíí, 'íi, 'óo)
O. łą 'óosh-ne' ('óó, 'óo, 'ájó, 'óo', 'óoh)

Nidá'í bighandi niit'áazhgo t'áadoo łą 'ánít'íní dooleeł, Don't act silly when we get to your uncle's home.

'Éé' neishoodii bisodizin bá hooghangóó nił deesh'ash nisin ńt'éé' łą 'ádíínííł sha'shin nisingo biniinaa t'óó dooda nániisdzį́į', I thought of taking you to church, but I changed my mind because you might act silly in there.

COLLECT, TO (water; rain water), yiiye', it collected; it formed a pool.

F. yidooyeeł I. yiiyeeh P. yiiye' R. néiigeeh O. wooyeeh

Nahóółtą́ągo shighan bich'é'étiingi tó yiiye', When it rained the water collected in my dooryard.

COMATOSE, TO BE (to be unconscious; to be under anesthetic), bił ch'aa hazlį́į', he became comatose; he went under anesthetic; he became unconscious.

F. bił ch'aa hodooleeł I. bił ch'aa haleeh P. bił ch'aa hazlį́į'
R. bił ch'aa náhádleeh O. bił ch'aa hóle'

Hastiin daatsaah yéę bił ch'aa náhádleeh silį́į'
lágo bił yah 'ííyá,   When I went to see the sick
man I found him to be intermittently comatose.

'Azee' bee daho'diilgháshígíí yił 'ahidziihgo
t'áadoo hodíína'í bił ch'aa hazlį́į',   After breath-
ing ether he was soon unconscious.

Sitsiits'iin néidííłhaalgo shił ch'aa hazlį́į',   He
hit me on the head, and I became unconscious.

COME, TO (the day, date or time),   -jį' 'ayííłką́, the
day came (lit. it completely dawned as far as).

'Aa hwiinít'į̨įhjį' 'ayííłką́, The time for the trial
came; the day of the trial dawned.

'Ahéhéshį̨įhgóó shił dah 'adidoolwołjį' 'ayííłką́,
The day of my departure for California came.

K'adę́ę dah diigháahjį' 'iiłkaah, The day of his
departure is nearly at hand.

COME BACK DOWN TO EARTH, TO (plural peo-
ple) (to land), ni' nikéé'íldee', they came back
down to earth; they landed.

F. ni' nikéé'dooldah   I. ni' nikéé'íldééh   P. ni' nikéé'íldee'
R. ni' nikéé'íldah   O. ni' nikéé'óldééh

Chidí naat'a'í bee ni' nikéé'íldee', They landed
with the airplane.

COME BACK TO LIFE, TO (to revive; to resusci-
tate; come to again), náhweesh'nii', I came back
to life, came to again, revived, resuscitated).

F. náhwii-deesh-'nih   (díí, doo, zhdoo, dii, dooh)
I. náhoosh-'nííh   (náhoo, náhoo, náhojoo, náhwii, náhooh)
P. náhweesh-'nii'   (náhwííní, náhoo, náhojoo, náhwii, náhooh)
R. níná-hoosh-'nih   (hoyí, hoo, hojoo, hwii, hooh)
O. náhoosh-'nííh   (náhoó, náhoo, náhojoo, náhoo, náhooh)

Hastiin náshdóí yił nizníłhaal ńt'éé' náhoo'nii'

lá, The man struck the wild cat down, but it came
back to life (came to again).

Bilagáana ła' chidí bił bidah ch'éélwodgo daaz-
tsą hanii 'ílį́į́ ńt'éé' náhoo'nii', It was thought that
the white man was dead after the automobile acci-
dent, but he revived.

COME DOWN, TO (suspended by a cord; by para-
chute), hadah (or bidah) yishch'ął, I am coming
down (dangling).

F. hadah di-deesh-ch'ął (dííl, dool, zhdool, diil, dooł)
I. hadah dish-ch'ąął (díl, dil, jidil, diil, doł)
Prog. hadah yish-ch'ął (yíl, yil, jool, yiil, woł)
P. ha-daash-ch'ą́ą́l (déíníl, daal, dajool, deiil, daooł)
R. hadah násh-ch'ął (nániíl, nál, ńjíl, néiil, náł)
O. hada-oosh-ch'ąął (óól, ool, jól, ool, ooł)

Hadah yishch'ąłgo t'óó bik'ee shił hóyéé', I was
terrified when I parachuted down (came dangling
down).

Tsékooh góyaa tł'óół bee bidaashch'ą́ą́l, I came
(went) down the canyon wall by means of a rope.

COME INTO BEING, TO (to come into existence;
to originate), hahóólįįd, it came into being.

F. hahodooleeł   I. hahaleeh   P. hahóólįįd
R. hanáhádleeh   O. hahóle'

Lą'í nááhaiídą́ą́' díí nahasdzáán nihił dah si'á-
nígíí hahóólįįd jiní, This world of ours came into
being many years ago, it is said.

Naabeehó bilį́į' łį́'ígíí Naakaii bits'ą́ą́dóó ha-
hóólįįd, The Navahos got their horses from the
Mexicans (lit. the horses of the Navahos came in-
to being from the Mexicans).

COME IN, TO (COLD AIR) (to be a cold draft), yah

'íítk'aaz, a cold draft came in (lit. coldness moved in).

F. yah 'adootk'as   I. yah 'iitk'áás   P. yah 'íítk'aaz
U. yah 'iitk'as   R. yah 'anátk'as   O. yah 'ootk'áás

Tsésǫ' 'ąą 'áníléehgo bíni' yah 'iitk'áás, Open the window and let the cold air come in.

Ch'ílayi'déę́' tł'ée'go yah 'anátk'as, The cold air comes in through the smokehole at night; a cold draft comes in through the smokehole at night.

COME INTO VIEW, TO (as something white, or something which reflects the light), bik'i dzii-gaii or bik'i dah dziigaii, it came into view.

F. bik'iizdoogah   I. bik'idziigááh   P. bik'idziigaii
R. bik'i (dah) ńdziigah   O. bik'i (dah) dzoogááh

K'os biláahdi chidí naat'a'í bik'i dah dziigaii, An airplane came into view beyond the cloud.

COME OFF, TO (to peel off) (skin, as from one's hand after a bad burn), bik'ééna' or bik'éét'óód, it came off; it peeled off.

F. bik'idoonah   I. bik'eenééh   P. bik'ééna'
R. bik'inánah   O. bik'ioonééh

F. bik'idoot'oł   I. bik'eet'ood   P. bik'éét'óód
R. bik'inát'o'   O. bik'ioot'ood

Hastiin tó sido yee bíla' yidíítid ńt'éé' bikágí yę́ę bik'ééna', The man burned his hand with hot water, and the skin came (peeled) off.

Tó ts'ídá yéigo sidogo bik'i yaaziidgo bikágí yę́ę bik'éét'óód, I took the skin off by pouring scalding water on it.

COME TO, TO (to revive; to regain consciousness), t'áá bił ch'éé'díidláád, he came to; he regained consciousness   (lit. light broke through with him again).

F. t'áá bił ch'éédi'doodlał   I. t'áá bił ch'éé'dídlaad   P. t'áá bił ch'éé'díídláád   R. t'áá bił ch'íníná'dídla'   O. t'áá bił ch'éé'dódlaad

Łééchąą'í bił nizníłne' ndi bił ch'éé'dódlaad lágo nisingo bił náá'déłdǫǫh,   I hit the dog with a stone, and to make sure that he wouldn't come to, I shot him.

COME TO AN AGREEMENT ON IT,   TO,   bee bił 'ałkéłk'éé'áázh,   I came to an agreement on it with him   (lit. I walked in each others tracks with him with (on) it).

F. D. bee bił 'ałkéłk'e-deesh-'ash   (PL. -kah)   (díí, doo, zhdoo, diit, dooh)

I. D. bee bił 'ałkéł-k'eesh-'aash   (PL. -kááh)   (k'eni, k'ee, k'eji, k'eiit, k'ioh)

P. D. bee bił 'ałkéł-k'éé-'áázh   (PL. -kai)   (k'éíní, k'éé, k'éjíí, k'eiit, k'ioo(h)

R. D. bee bił 'ałkéłk'e-násh-t'ash   (PL.-kah)   (nání, ná, ńjí, néii, náh)

O. D. bee bił 'ałkéłk'e-oosh-'aash   (PL. -kááh)   (oó, oo, jó, oot, ooh)

T'áá ła' nihilįį' naneiilkaad dooleeł dii'níigo bee bił 'ałkéłk'éé'áázh,   I came to an agreement with him with regard to herding our sheep together.

Diné ba'áłchíní tł'óó'góó da'íídóołtah ha'nínę́ę 'ałtso yee 'ałkéłk'eekai,   The Navahos came to an agreement with regard to sending their children to schools off the reservation.

COME TO AN END,   TO (to terminate),   nihoníyá, it came to an end; it terminated (lit. it stopped).

F. nihodoogááł   I. nihooghááh   P. nihoníyá
R. nináhádááh   O. nihóya'

Naa'ahóóhai k'ad nihoníyá,   The celebration

(lit. chicken, chicken-pull) came to an end.

Díí nahasdzáán nihił dah si'ánígíí nihodoogááł ha'níí ńt'éé', t'áá dooda, They said that this world of ours would come to an end, but it didn't.

COME TO IT, TO (a barrier or obstacle to further progress), biniiłt'aséyá, I came to it (and had to halt).

F. (S) biniiłt'a-deeshááł (díínááł, doogááł, zhdoogááł) (D) biniiłt'a-diit'-'ash (dooh, doo, zhdoo) (PL) biniiłt'a-dii-kah (dooh, doo, zhdoo) I. (S) biniił-t'aashááh (t'aninááh, t'aaghááh, t'ajighááh) (D) biniił-t'eiit'-aash (t'aah, t'aa, t'aji) (PL) biniił-t'eii-kááh (t'aah, t'aa, t'aji) P. (S) biniił-t'aséyá (t'asíníyá, t'aayá, t'ajiyá) (D) biniił-t'ashiit'-'áázh t'ashoo, t'aazh, t'ajizh) (PL) biniił-t'asii-kai (t'asooh, t'aas, t'ajis) R.(S) biniiłt'a-násh-dááh (nání, ná, ńjí) (D) biniiłt'a-néii-t'ash (náh, ná, ńjí) (PL) biniiłt'a-néii-kah (náh, ná, ńjí) O. (S) biniiłt'a-oosha' (óóya', jóya') (D) biniiłt'a-oot'-aash (ooh, oo, jó) (PL) biniiłt'a-oo-kááh (ooh, oo, jó)

Tooh ńlíígo biniiłt'aséyá, I came to a river (and was halted there because I couldn't cross).

Yas bił 'ahaniheeyol léi' biniiłt'aséyá, I came to a snowdrift.

Cháshk'eh biniiłt'aséyáá dóó náánáłahjígo 'anáánáásdzáá ńt'éé' 'anít'i' biniiłt'a náásísdzá, I came to an arroyo and turned to go in another direction but came to a fence.

COME TRUE, TO (to materialize; to be realized), bik'íhoolzhiizh, it came true; it materialized (lit. time moved and arrived upon it; time found it).

F. bik'íhodoolzhish I. bik'íhoolzhíísh P. bik'íhoolzhiizh
R. bik'ínáhálzhish O. bik'íhólzhíísh

Naabeehó naaltsoos 'adayiiníił dooleeł ha'nínéę 'índa bik'íhoolzhiizh, The talk of Navaho voting came true (materialized).

Nída'iidįhę́ę bik'ínááhoolzhiizh, Mealtime has come again.

COME UP FOR CONSIDERATION, TO (to come up), hadoot'ih, it will come up (for consideration) (lit. it will protrude up out as a slender line).

F. hadoot'ih I. haat'ééh P. háát'i' R. hanát'ih O. haoot'ééh

(TO COME UP FOR CONSIDERATION AGAIN.)

F. hanáádoot'ih I. hanáánát'ééh P. hanáánáát'i'
R. hanínáánát'ih O. hanáánáót'ééh

Na'aldloosh bi'oh 'áńdaalne' baa hwiinít'ínígíí 'áłah náá'ádleehgo hadoot'ih, dóó Yas Niłt'ees ńdízíidgo 'áłah náá'ádleehgo 'ałdó' hanáádoot'ih, The matter of stock reduction will come up for consideration at the next meeting, and again at the January meeting.

Háadi da hool'áágóó t'áá 'éí doo hanáádoot'iʜ da, That will never again come up.

COMMON KNOWLEDGE, TO BE, t'áá bééhózínígo 'át'é, it is common knowledge (lit. it is a thing known about). (Note high tone of stem -zín-.)

Haigo ńdiłk'asígíí t'áá bééhózínígo 'át'é, The fact that it gets cold in the winter is common knowledge.

Naabeehó dine'é łą'í baa hojoobá'í daazlį́'ígíí t'áá bééhózínígo 'át'é, It is common knowledge that many Navahos are poor.

COMMENCE, TO (to begin; to start), baa ń'diildee', it commenced; it began (lit. indefinite plural subjects started doing (going) about it).

F. baa ńdi'dooldah I. baa ń'diildééh P. baa ń'diildee'
R. baa nínáʼdiildah O. baa ń'dooldééh

Dił daníl'įigo baa ń'diildee', Blood examining

57

commenced; they began examining blood.

Dá'deestł'in binda'doonishígíí nínáádeezidgo baa ńdi'dooldah, Work on the dam will commence next month.

Hádą́ą'shą' 'anaa' baa ń'diildee', How long ago did the war commence?

COMPEL HIM, TO (to chase him to it; to drive him to it; to force him; make him), bíníshchééh, I compel him; make him; drive him to it.

(The stem -chééh refers to a singular object. If the object of the verb is plural, the stem -kad is used with the same prefixes.)

N. bínísh-chééh (-kad) bíníł, yíinił, bízhníł, bíniil, bínółoł) (bíníl-)

Shiye' 'ólta' bíníshchéehgo wónáásdóó k'ad 'ólta' bił yá'át'ééh, I compelled (made) my son go to school, and now he likes to go.

Díí 'asdzání ba'áłchíní ch'iyáán yíiniłkadgo 'ałtso ńda'adíįh, This woman makes her children eat up all the food.

COMPLETED, TO BE — (in the sense of a person going through a large number of objects, or a series of duties, from beginning to end), bibahodooshzhiizh, it was completed (Cp. to go through it.)

F. bibahodidoolzhish   I. bibahodiilzhíísh   P. bibahodiilzhiizh
SP. bibahodooshzhiizh   R. bibanáhodiilzhish   O. bibahodoolzhíísh

Shidibé yíníshta' ńt'éé' t'áadoo bibahodooshzhiizhí 'ałní'ní'ą́, I was counting my sheep, but noon came before I got through them all (completed the count).

K'ad Naabeehó dine'é wólta'go baa na'aldeeh ndi t'ah doo bibahodiilzhíísh da, The Navaho census is now being taken, but it hasn't been completed.

CONFUSED, TO BECOME (BE) (to be all mixed up), t'óó shił hazkééh, I am confused; all mixed up.

F. t'óó shił hodookééh   P. t'óó shił hazkééh   R. t'óó shił náhookééh   O. t'óó shił hookééh

Naaltsoos biká'ígíí bee shił hóone' ndi t'óó shił hazkééh, The paper was interpreted for me, but I am confused (I am all mixed up on it).

Diné naaltsoos bikáá'dóó bił hweeshne' ńt'éé' t'óó bił dahazkééh, I told the people about what was on the paper, but they are confused.

CONSERVE IT, TO (to make it last; to save it), k'íhwíínéesh'niił, I conserve it; I make it last.

N. bił k'íhwíí-néesh-'niił (níi, nóo, zhnóo, níi, nóoh)

Naadą́ą́' 'ak'áán bił k'íhwíízhnóo'niił ńt'éé' hái shį́į́ ła' hats'ą́ą́' hayííjaa' lá, She was trying to make the cornmeal last, but someone took some.

Díí tó bił k'íhwíínéesh'niił dooleeł, I am going to conserve this water; make this water last.

Kéyah bił k'íhwíínée'niił, Soil Conservation.

CONSIDERATE OF HIM, TO BE — (to avoid imposing on him), bííníshkáá', I am considerate of him; I avoid imposing on him.

N. bíínísh-káá' (bííníl, yél, bíjíl, bííníil, bíínół)

Naat'áanii t'áá łá'í bííníshkáa'go biniinaa t'áadoo hazhó'ó neidééłkid da, I neglected to ask the Superintendent all I wanted to ask because I did not want to impose on him.

CONTINUE, t'óó tsé'édin; t'óó tsé'édiní (possibly t'óó, merely; tsé-, rocks; -'édin ⟨ 'ádin, none.) T'óó tsé'édin usually indicates that an action or condition continues to worsen, or become more intense.

T'óó tsé'édin bee nihich'į' 'ańdahazt'i'ii danée-séél nahalin, It appears that our problems continue to grow worse.

'Ólta' nihitah hólónígíí t'óó tsé'édiní da nihits'ą́ą́' 'ałch'į' 'ańdaalne'go 'át'é, Our schools continue to close (to our increasing disadvantage).

'Ałní'ní'ą́ągo t'óó tsé'édin nikihoníłtą́, At noon it began to rain harder (than ever).

'Adą́ą́dą́ą́' 'atiin doo hózhǫ́ yá'áhoot'éeh da nít'éé'. Jį́įdą́ą́' t'éiyá t'óó tsé'édiní da hashtł'ish hazlį́į' lá, Yesterday the road wasn't good. Today it was muddier than ever.

CONTRACT IT, TO (a disease) bééséyá, I contracted it (lit. I got it on me). (V. to get it on oneself.)

(Chidí bikee' béésh bąąh ninishníiłgo hashtł'ish bééséyá, I got mud on myself when I put the chains on my tire.)

Diné ła' bąąh dah haz'ą́ągo baa níyá, dóó 'ákwii tahoniigááh bééséyá, I went to see a man who was sick, and it was there that I contracted a fever.

CONTRIBUTE TO IT, TO (money) (to make a contribution to it), bá béeso 'íínil, I contributed money to it (lit. I tossed in money for it).

F. bá béeso ła' 'adeesh-nil ('adíí, 'iidoo, 'azhdoo, 'adii', 'adooh)
I. bá béeso ła' 'iish-nííł ('ani, 'ii, 'aji, 'ii', 'ooh)
P. bá béeso ła' 'íí-nil ('ííní, 'ayíí, 'ajíí, 'ii', 'oo)
R. bá béeso ła' 'anásh-'nil ('anání, 'anéí, 'ańjí, 'anéii', 'anáh)
O. bá béeso ła' 'oosh-nííł ('oó, 'ayó, 'ajó, 'oo', 'ooh)

Łichíí' 'Ałná 'Asdzoh bá béeso ła' 'íínil, I contributed some money to the Red Cross.

Béeso 'ahi'níłígíí 'áłahjį' dayókeed, They are always asking for contributions.

60

CONVINCE HIM, TO, bighadi'nisht'ą́, I convinced him. (V. to argue with him).

Łį́į́' 'ashdladiin bą́ą́h 'adooleeł diníigo bee bighadi'díít'ą́ą́ł, Convince him (i.e. argue him into believing) to sell his horse for fifty dollars.

Diilzhah bijiníigo bighazh'deet'ą́, He convinced him that he should go hunting with him; he talked him into going hunting with him.

CORRESPONDENCE COURSE, TO TAKE A, 'ólta' naaltsoos bił 'ałch'į' 'ásh'į́, I am taking a correspondence course (lit. I am reciprocating with the school in sending a paper (back and forth) to each other).

N. 'ásh-'į́ ('áníł, 'ííł, 'ájíł, 'íil, 'ół)

'Ólta' naaltsoos bił 'ałch'į' 'ásh'į́igo k'éé'díłyééh bíhoosh'aah, I am taking a correspondence course in agriculture (i.e. lit. I am learning agriculture by sending papers to, and receiving papers from, a school).

Béésh bee 'ak'ida'alchíhígíísh 'ólta' naaltsoos bił 'ałch'į' 'áníł'į́igo bíhwiinił'ą́ą́', Did you learn typing by taking a correspondence course?

COST, TO, bik'é sits'áninídee', it cost me (lit. in exchange for it they (coins) fell away from me); or bik'é sits'á'nidéél, it cost me (lit. there was falling away from me in the fashion of a single slender, stiff object).

1. DEFINITE OBJECT AS PRONOUN SUBJECT.
F. sits'ádínóodah   I. sits'áneedééh   P. sits'áninídee'
R. sits'ánánídah   O. sits'ánódééh

2. INDEFINITE PRONOUN SUBJECT.
F. sits'ádí'nóodah   I. sits'á'needééh   P. sits'áni'nídee'
R. sits'áná'nídah   O. sits'á'nódééh

F. sits'á'doodił   I. sits'á'ídeeł   P. sits'á'nídéél
R. sits'áná'ádił   O. sits'á'ódeeł

Díí sis bee tádiin béeso sits'áninídee', This belt cost me thirty dollars.

Dííshą' díkwíí bik'é (or bee) nts'áninídee', How much did this cost you?

Dííshą' díkwíí bik'é nits'áni'nídee', How much did this cost you?

Dííshą' díkwíí bik'é nits'á'nídéél, How much did this cost you?

Díí chidí biniinaa béeso naakidi miil bíighahgo sits'á'nídéél, This car cost me $2000.

COST, TO (through financial loss) (to lose money), béeso shaoozbą́, it cost me; I lost (lit. it was won from me, as in gambling).

F. béeso bee shaa yidoobįįł   I. béeso bee shaoobįįh   P. béeso bee shaoozbą́   R. béeso bee shaa náoobįįh   O. béeso bee shaoobą́ą́'

Dibé yázhí t'áadoo hooyání doo da'ílį́į da silį́į'-go biniinaa béeso t'ááłáhádi miilgo shaoozbą́, It cost me (I lost) $1000. when the market for lambs suddenly dropped.

COULD (could easily), -gi le' 'át'é.

Kwii dázh'dółtł'ingo tó dah siyį́įgo 'ájóléhégi le' 'át'é, One could easily put in a dam and make a lake here.

Díí bee'eldǫǫh bee bįįh jiyółhéłígi le' 'át'é, One could easily kill a deer with this gun.

COUNT ON HIM, TO (to depend on him), bee ha'-ííníshní, I am counting on him; I am depending on him. (V. to be patient.)

Chííl bee tł'éé' ndi doo shį́į́ yóó' 'adeeshúał da nisingo shilééchąą'í bee ha'ííníshní, I am counting on my dog to keep me from getting lost in the blizzard.

T'áadoo le'é bee da'iináanii shee 'ádin, 'áko ndi shiyáázh naalnishígíí t'éiyá bee ha'íínishní, I do not have anything to live on, but I am counting on my son who has a job.

COVERED, TO BE — (by alluvial deposits of sand, silt or soil), bik'íhoozhchąą', it was covered.

F. bik'íhwiidoochįįł   I. bik'íhoochįįh   Prog. bik'íhoochįįł
P. bik'íhoozhchąą'   R. bik'ínáhoochįįh   O. bik'íhoochąą'

Naadą́ą́' sits'ą́ą́' bik'íhoozhchąą', My corn was (ruined for me by being) covered (with sand, silt).

Tó yaa 'aná'nool'ąądgo shinaadą́'ąą 'ałtso bik'í hoozhchąą' lágo hadinish'į́į́', When the water went back down I found that my field was covered (with silt or sand).

Ha'át'éegoshą' nidá'ák'eh bik'íhoozhchąą', How come your field is covered up (with silt)?

COWER, TO (to lie or move in a dejected manner), yishjool, he is cowering. The Navaho term is used in referring to a corpse, wherein it is roughly equivalent to English "poor-lie," as in "the poor man who is lying there. It is used of a rabbit sitting with legs and ears drawn back, and of a dog moving with his tail between his legs dejectedly after having been scolded.

F. dínéesh-joł (díníil, dínóol, jidínóol, díníil, dínóoł)
Prog. yish-joł (yíl, yil, jool, yiil, woł)
I. nish-jooł (níl, nil, jinil, niil, noł)
P. nésh-jool (níníl, neesh, jineesh, neel, nooł)
SP. shish-jool (shíníl, yish, jish, shiil, shooł)
R. nánísh-joł (nániil, nániil, názhníl, nániil, nánół)
O. nósh-joł (nóól, nól, jinól, nool, nooł)

Kwii yishjoolígíí béénáshniih,   I remember this poor man lying (dead) here.

Tsé bine'déé' shishjoolgo shíighahgóó ch'íníyá, He passed by me while I lay cowering (or while I hid) behind the rock (wherein one squats down pulling in his head and limbs to make himself inconspicuous).

Łééchąą'í bich'a hoshishkéego sits'ąąjį' yiljoł, The dog is going away from me with his tail between his legs because I scolded him.

CRAWL OUT OF BED, TO (with a bedfellow), bit'ahdéé' haash'na', I crawled out of bed with him or her. (Bit'ah, its pocket, niche. Tsétát'ah, a niche in the rock.) (Cp. Hastiin bit'ahdéé' tózis haalts'id, A bottle fell out of the man's shirt (bosom). Hastiin biye' bit'ah sitįįgo yił 'ałhosh, The man and his son are sleeping together (under the same cover). 'At'ééd bimá yit'aa'na', The girl crawled into bed with (under the covers with) her mother.)

F. bit'ahdéé' hadeesh-'nah (hadíí, hadoo, hazhdoo, hadii, hadooh)
I. bit'ahdéé' haash-'nééh (hani, haa, haji, haii, haah)
P. bit'ahdéé' haash-'na' (háíní'na', haa, hajoo, haii, haooh)
R. bit'ahdéé' hanásh-'nah (hanání, haná, hańjí, hanéii, hanáh)
O. bit'ahdéé' haoosh-'nééh (haóó, haoo, hajó, haoo, haooh)

'Awéé' bimá yit'ahdéé' haa'na' lá jiní, It is said that the baby was found to have crawled out of bed (where it was sleeping) with its mother.

CROOKED AND SCHEMING, TO BE, na'adlo' nideiłt'i', they are crooked and scheming (lit. they cause trickery to extend about as a slender line).

F. ndeesh-t'ih (ndííł, neidooł, nizhdooł, ndiil, ndooł)
Cl. naash-t'i' (nanił, neił, njił, neiil, naał)
P. nisét-t'i' (nisíníł, neis, njis, nisiil, nisooł)
R. ni-násh-t'ih (náníł, néíł, nájíł, néiil, náł)
O. naoosh-t'i' (naóół, nayół, njół, naool, naooł)

Díí diné 'ayóo na'adlo' ndeiłt'i', 'éí bąą nihiké-yah baa 'ádahołyą́, Those men are crooked and scheming, so take care of your land.

CROSS IT OUT, TO (to make an x on it), bik'i 'ałná'asézoh, I crossed it out; I made an x on it.

F. bik'i 'ałná-'adees-soh ('adíí, 'adoo, 'azhdoo, 'adiid, 'adooh)
I. bik'i 'ałná-'iis-soh ('ii, 'ii, 'ajii, 'iid, 'ooh)
P. bik'i 'ałná-'asé-zoh ('asíní, 'az, 'ajiz, 'asiid, 'asoo)
R. bik'i 'ałná-ná'iis-dzoh (ná'ii, ná'ii, ń'jii, ná'iid, ná'ooh)
O. bik'i 'ałná-'oos-soh ('óó, 'oo, 'ajoo, 'ood, 'ooh)

Díí naaltsoos naakigo bik'i 'ałná'adíízoh, Make two x's on this paper.

Naaltsoos bikáa'gi saad naakigo dah shijaa' doo shił yá'át'éeh dago t'óó bik'i 'ałná'asézoh, I crossed out two paragraphs on the paper because I didn't like them.

CRUST ON IT, TO FORM A — (to form a scab on it), bikáá' ni'níkę́ę́z, a crust formed on it; a scab formed on it (lit. something stiff and slender came to rest on it).

F. bikáá' n'dookǫs   I. bikáá' ni'íkęęs   P. bikáá' ni'níkę́ę́z
R. bikáá' niná'ákǫs   O. bikáá' ni'ókęęs

Shíla' bikáa'gi łóód silį́į'go t'áadoo ts'ídá hodíina'í bikáá' ni'níkę́ę́z, I got a sore on my hand and right away a crust (scab) formed on it.

CRY BABY (a person who cries or becomes emotionally upset easily), k'ishchxosh.

'Eii 'at'ééd 'ániid naagháádą́ą́ 'ayóo k'ishchxosh nlį́į́ ńt'éé', When that girl was young she was a terrible cry baby.

CRY FOR JOY, TO (to feel sorrowful; to be in

mourning), 'atídínéshdlįį́', I cried for joy; I felt sorrowful.

F. 'atí-dínéesh-dleeł (díníí, dínóo, zhdínóo, díníi, dínóoh)
I. 'atí-dínísh-dleeh (díní, díní, zhdíní, díníi, dínóoh)
P. 'atí-dínésh-dlįį́' (díní, dínées, zhdínées, dínée, dínóoh)
R. 'atí-ńdínísh-dleeh (ńdíní, ńdíní, nízhdíní, ńdíníi, ńdínoh)
O. 'atí-dinósh-dle' (dinóó, dinó, zhdinó, dinóo, dinóoh)

'Azee'ííł'íní jéí 'ádįįh ni'niiłhínę́ę k'ad yá'át'ééh násdlįį́' hodííniidgo baa 'atídízhnéesdlįį́', When the doctor told him that his tuberculosis was cured he cried for joy.

Łééchąą'í bił nazh'niłkaadę́ę hats'ą́ą́' bik'i ch'í-'ílwodgo baa 'atízhdínéesdlįį́', When his herding dog was run over he wept with sorrow.

CRY, TO START TO—, 'i'niicha or háácha, I started to cry.

F. 'idí'néesh-chah ('idí'níí, 'idí'nóo, 'idízh'nóo, 'idí'níi, 'idí'nóoh)
I. 'i'niish-chééh ('in'nii, 'i'nii, 'izh'nii, 'i'nii, 'i'nooh)
P. 'i'nii-cha ('in'ni, 'i'nii, 'izh'nii, 'i'nii, 'i'noo)
R. 'iná'niish-chah ('iná'nii, 'iná'nii, 'inázh'nii, 'iná'nii, 'iná'nooh)
O. 'i'noosh-chééh ('i'noó, 'i'noo, 'izh'noo, 'i'noo, 'i'nooh)

F. ha-deesh-chah (díí, doo, zhdoo, dii, dooh)
I. haash-chééh (hani, haa, haji, haii, haah)
P. háá-cha (háíní, háá, hájíí, haii, haoo)
R. ha-násh-chah (nání, ná, ńjí, néii, náh)
O. ha-oosh-chééh (óó, oo, jó, oo, ooh)

Hiłiijį́į'go 'awéé' 'iná'niichah, When it gets dark the baby begins to cry.

Nikee' yistingo shį́į 'idí'nííchah, You'll probably start to cry when your feet get cold.

Béégashii yáázh dichin bi'niiłhį́įgo 'idí'nóochah, When the calf gets hungry he will start to bawl.

Bíla' yizhgish ndi t'áadoo háácha da, He cut his finger, but he did not cry.

'Asdzání hats'ą́ą́' dah diilwodgo hajíícha, He
started to cry (cried) when his wife left him.

CURED, TO BE — (to be remedied), bi'dééłniid, it
has been remedied; cured.

F. bidí'dóołniił   I. bi'diłniih   P. bi'dééłniid
R. biń'díłniih   O. bi'dóołnií'

Jéí'ádįįh bee shąąh dah haz'ą́ą́ ńt'éé' shi'dééł-
niid, The tuberculosis I had has been cured.

Chách'osh t'áá bidí'dóołniiłgo haz'ą, Syphilis
can be cured; there is a remedy for syphilis

CURL AROUND IT, TO (with one's body) (to bend
around it), biníshézhah, I am curled around it.
(Cp. tsinaabąąs bijáád béésh binázhahígíí, the
iron rim on a wagon wheel. Tsinaabąąs bijáád
béésh 'ániidígíí binázhahgo shá 'anályaa, He
made a new wagon wheel rim for me (lit. he made
a new metal that curls around the wagon's leg for
me.)

SP. biníshé-zhah (biníshíní, yiná, biníjí, biníshiij, biníshoo)

Hastiin kǫ' yinázhahgo 'ałhosh, The man is
sleeping curled around the fire.

'Awéé' biníshínízhahgo nihił 'oobąs dooleeł,
Curl around the baby while we ride along (in the
wagon).

CURSE, TO, (with bitaa, among them: to curse at
them; to curse them out), 'íínísdzíí', I cursed
(someone or something indefinite); bitaa 'íínís-
dzíí', I cursed at them; I cursed them out.

F. 'íí-dées-dzih (díí, dóo, zhdóo, díí, dóoh)
CI. 'íínís-dziih ('ííní, 'ó, 'ajó, 'íínii, 'íínóh)
P. 'íínís-dzíí' ('ííní, 'éé, 'ajíí, 'íi, 'íooh)
R. ná'íínís-dzih (ná'ííní, ná'ó, ń'jó, ná'íínii, ná'íínóh)
O. 'óos-dzíí' ('óó, 'óo, 'ajó, 'íínóo, 'íínóoh)

Diné da'alzhish yéę yitaa 'éédzíí', He cursed at the people who were dancing.

Díí hastiin ná'ádlį́įhgo diné yitaa ná'ódzih, This man curses people out when he gets drunk.

T'áadoo 'íínídziihí, Don't curse; stop cursing.

CURSE HIM, TO, yéésdzíí', I cursed him.

F. yí-dées-dzih   (díí, ídóo, zhdóo, díi, dóoh)   (yídóodzih)
I. yínís-dziih   (yíní, yó, jó, yíi, wóoh)   (wódziih)
P. yéés-dzíí'   (yíní, yíyíí, jéé, yíi, wóoh)   (yéédzíí')
R. néínís-dzih   (néíní, náyó, ńjó, néíníi, néínóh)   nábí'dódzih)
O. wóos-dzíí'   (wóó, yó, jó, wóo, wóoh)   (wóodzíí')

Diné shikee' yik'idiiltáalgo biniinaa yéésdzíí, I cursed the man for stepping on my foot.

Hastiin tł'éédą́ą́' be'esdzáán yiyíídzíí' shináá̜ł, I was there last night when the man cursed his wife.

CUT A COURSE, TO (water), tó hoolghał, the water is cutting a course (lit. the water is moving along in the fashion of a person moving on his side, back or belly). (V. to move on one's back, side or belly.)

Shidá'ák'eh bik'ijį' tó hoolghał, The water is cutting a course toward my field (i.e. is cutting the bank of a stream away in the direction of my field).

CUT OFF BY FIRE, TO BE, shidáhodiník'ą́ą́', I was cut off by fire.

F. shidáhodidook'ą́ą́ł   I. shidáhodik'ą́ąh   P. shidáhodiník'ą́ą́'
SP. shidáhodeezk'ą́ą́'   R. shidánáhodik'ą́ąh   O. shidáhodók'ą́ą́ł

Kin diiltłago shidáhodiník'ą́ą́', I was cut off by fire in the burning building.

Kin hoł diiltłi'go bikáá'déę́' bidáá da'aldahígíí 'ádin, 'áko diné ła' bidáhodiník'ą́ą'go haaz'áí bich'į' haastsigo 'índa yikáá' bidadoogáá̜ł, There is

68

no fire escape here, so if one is cut off by fire he
has to wait until a ladder is brought.

— D —

DART INSIDE, TO, yah 'eeshtáál, I darted inside.
(V. to spring out from under it.)

F. yah 'adeesh-tał   ('adííl, 'adool, 'azhdool, 'adiil, 'adooł)
I. yah 'iish-taał   ('anil, 'iil, 'ajil, 'iil, 'ooł)
P. yah 'eesh-táál   ('ííníl, 'eel, 'ajool, 'iil, 'ooł)
R. yah 'anásh-tał   ('anáníl, 'anál, 'ańjíl, 'anéiil, 'anáł)
O. yah 'oosh-taał   ('oól, 'ool, 'ajól, 'ool, 'ooł)

'Ashkii chidí ła' yilwołgo yiyiiłtsą́ą́ ńt'éé' hoo-
ghan góne' yah 'eeltáál, When the boy saw a car
coming he darted into the hogan.

Dlǫ́ǫ́' bił 'adiishdǫǫh ńt'éé' sésiihgo ba'áán gó-
ne' yah 'eeltáál, The prairie dog that I was shoot-
ing at darted into his hole when I missed him.

DASH (OFF) ON HORSEBACK, TO, łį́į' shił dah
yiite', I dashed off on horseback; łį́į' nihił 'ahǫǫh
dah neezhtéézh, we dashed off on horseback (two
riders and two horses); łį́į' nihił 'ahǫǫh dah
neezhjéé', we dashed off on horseback (more than
two horses and riders). (The horse is described as
lying with one, the reference being to the manner
in which the horse is outstretched, but off the sur-
face of the ground, when in full flight. When
there is more than one horse, their relative posi-
tion with relation to one another is described by
'ahǫǫh, side by side).

1. A SINGLE RIDER.

F. łį́į' shił dah yidooteeł   I. łį́į' shił dah yiiteeh   P. łį́į' shił dah
yiite'   N. łį́į' shił dah sití   R. łį́į' shił dah néiiteeh   O. łį́į'
shił dah wooteeh

69

2. TWO (THREE OR MORE) RIDERS.
F. łį́į' bił 'ahąąh dah dínóo-tish (-jah)
I. łį́į' bił 'ahąąh dah n-teesh (-jeeh)
P. łį́į' bił 'ahąąh dah neezh-téézh (-jéé')
R. łį́į' bił 'ahąąh nání-tish (-jah)
O. łį́į' bił 'ahąąh dah nó-teesh (-jeeh)

'Atiingóó łį́į' shił dah sitį́į́ ńt'éé' łį́į' shił deez-go', I was dashing down the road on horseback when the animal fell with me.

DASH OFF TOWARD IT, TO (a crowd or mob), bich'į̇' dah diilyiz, we dashed off toward it (we being a crowd or mob of people).

F. bich'į̇' dah didiil-yis (didooł, didool, shdidool)
I. bich'į̇' dah diil-yéés (dooł, diil, shdiil)
P. bich'į̇' dah diil-yiz (dooł, diil, shdiil)
R. bich'į̇' dah ńdiil-yis (ńdooł, ńdiil, nízhdiil)
O. bich'į̇' dah dool-yéés (dooł, dool, shdool)

Dibé tó dayiiłtsą́ągo yich'į̇' dah diilyiz, When the sheep saw the water they dashed off toward it.

DAY AND NIGHT (day after day), niyiiłkaah dóó 'i'ii'aah, day and night; day after day (lit. it becomes dawn and evening one time after another).

Nahałtingo niyiiłkaah dóó 'i'ii'aah, It rains day and night.

Níyolgo niyiiłkaah dóó 'i'ii'aah, The wind blows day and night.

Ch'ééh naníínishłíigo 'i'ii'aah, I expected you day after day.

DECIDE, TO (to make up one's mind to), bee hasht'e' ntsíníkééz, I decided (to).

F. bee hasht'e' ntsí-dees-kos (díí, doo, zhdoo, dii, dooh)
I. bee hasht'e' ntsínís-kees (ntsíní, ntsé, ntsíjí, ntsínii, ntsínóh)
P. bee hasht'e' ntsíní-kééz (ntsííní, ntsíní, ntsízhní, ntsínii, ntsínoo)
R. bee hasht'e' ntsí-nás-kos (nání, ná, ńjí, néii, náh)
O. bee hasht'e' ntsóos-kees (ntsóó, ntsóo, ntsíjó, ntsóo, ntsóoh)

Kéyah shaa nahidoonihígíí bee hasht'e' ntsíní·
kééz, I decided about selling my land.

Ha'át'éego hasht'e' ntsííníkééz, What did you decide; what decision did you come to?

Chidí naa nahashniih nidishnínígíí tsxįįłgo bee hasht'e' ntsíníkees, Hurry and decide whether you will sell your car to me or not.

DECIDE TO GO, TO (to make up one's mind to go), 'atséékééz, I decided to go; made up my mind to go.

F. 'atsídees-kos ('atsídíí, 'atsídoo, 'atsízhdoo, 'atsídii, 'atsídooh)
I. 'atsés-kees ('atsíní, 'atsé, 'atsíjí, 'atsíi, 'atsóh)
P. 'atséé-kééz ('atsííní, 'atséé, 'atsíjí, 'atsíi, 'atsóoh)
R. 'atsínás-kos ('atsínání, 'atsíná, 'atsíńjí, 'atsínéii, 'atsínáh)
O. 'atsóos-kees ('atsóó, 'atsóo, 'atsíjó, 'atsóo, 'atsóoh)

Na'nízhoozhígóó 'atséékééz, I decided to go to Gallup; I made up my mind to go to Gallup.

Naalyéhé bá hooghandi niit'áázh ńt'éé' t'áadoo hooyání na'akaigóó 'atsíikééz, We went to the trading post, and then suddenly decided to go to the Yei Bichai.

Sin léi' ńdiists'įįhgo kéyahgóó 'atsínáskos, When I hear a certain song I am reminded of my homeland.

DECLARE WAR ON THEM, TO (to make war on them), 'ana nihishchį́, they declared war on us; they made war on us (lit. they made us into a condition of war). (V. to put him to a lot of trouble; to get oneself off in a hurry; get him off in a hurry)

Báyóodzin 'ana dashiilchį́, We made war on the Paiutes.

Báyóodzin 'ana nihishchį́, The Paiutes declared war on us.

71

DEDUCTED FROM, TO BE, sits'ą́ą́' náhaasdláá', it was deducted from (me) (lit. they were collected from me).

F. sits'ą́ą́' náhidoodlah   I. sits'ą́ą́' náhádlááh   P. sits'ą́ą́' náhaasdláá'
R. sits'ą́ą́' nínáhádlah   O. sits'ą́ą́' náhódlááh

T'áá náhidizííd bik'eh béeso ła' sits'ą́ą́' náhádlááh, Every month money is deducted from my check.

Ha'át'íishą' biniiyé béeso ła' sits'ą́ą́' náhádlááh, Why is money deducted from my check?

Nihich'į' nda'iilyéego k'ad income tax wolyéhígíí nihits'ą́ą́' náhádlááh, Income tax is now deducted from each check.

DEFECATE ABOUT IN VARIOUS PLACES, TO, ni'iizhchąą', he defecated about in various places.

F. ndi'yeesh-chį̒į̒ł (ndi'yíí, ndi'yoo, nizhdi'yoo, ndi'yii, ndi'yooh)
CI. ni'iish-chį̒į̒h (ni'iyí, ni'ii, n'jii, ni'iyii, ni'iyoh)
P. ni'iyé-chąą' (ni'iyíní, ni'iizh, n'jiizh, ni'iyee, ni'iyoo)
R. ni-ná'iish-chį̒į̒h (ná'iyí, ná'ii, ná'jii, ná'iyii, ná'iyoh)
O. ni'iyósh-chį̒į̒h (ni'iyóó, ni'iyó, n'jiyó, ni'iyoo, ni'iyooh)

Bikooh góyaa t'éiyá ni'iyiichį̒į̒h, We defecate only down in the wash.

DEMOCRATIC PARTY, téliijí (lit. on the side of the donkey).

Shí téliijí 'atah nishłį́, I am a Democrat.

DENY IT TO HIM, TO, bąąh sé'į̒įd, I denied it to him.

F. bąąh deesh-'į̒į̒ł (díí, yidoo, jidoo, diit', dooh) (doot'į̒į̒ł)
I. bąąh yish'į̒įh (ni, yi, ji, yiit', woh) (yit'į̒įh)
P. bąąh sé-'į̒įd (síní, yiz, jiz, siit', soo) (yist'į̒įd)
N. bąąh yish-'į̒ (ni, yi, ji, yiit', woh) (yit'į̒)
R. bąąh násh-'į̒įh (nání, néí, ńjí, néiit', náh) (nát'į̒įh)
O. bąąh wósh-'į̒įh (wóó, yó, jó, woot', wooh) (wót'į̒įh)

Sha'áłchíní 'ólta' bąąh sé'įįd, I denied an education to my children; I denied my children an education.

Shichai t'ah 'áníłts'ísí shiłníigo kéyah shąąh yiz'įįd, My grandfather denied me the use of any land, saying that I was still too young.

DENIED TO ONE, TO BE, shąąh yist'įįd, it was denied (to) me. (V. passives given with preceding entry.)

Naabeehó nílíí lá shi'di'níigo naaltsoos 'ahi'níłígíi shąąh yist'įįd, I was denied the vote because I am a Navaho.

Nidibé t'óó 'ahayóí lá shi'di'níigo béeso bee 'áká 'ańda'alwo'ígíi shąąh yist'įįd, I was denied relief because they told me that I own a number of sheep.

DEPOT (railroad station), ko' na'ałbąąsii ninádaaltłi'ígi (lit. where the trains repeatedly stop).

Shizhé'é ko' na'ałbąąsii ninádaaltłi'ígi shidááh níyá, I met my father at the depot.

DESERTED, TO BE (to be empty), hook'eed, the place is deserted. (Also hook'eeghan, deserted or abandoned hogan.)

Nighandi níyáá ńt'éé' hook'eed lá, I went to your hogan, but I found it deserted (I found no one there).

DESIGNS ON IT, TO HAVE (to scheme on ways to get it), t'óó biyaa yishwoł, I have designs on it; I am scheming on a way to get it (lit. I am merely running along beneath it (as a dog runs along under food when a person carries it).

PROG. t'óó biyaa yish-woł (yíl, yil, jool)   D. t'óó biyaa 'ahiniilchééł ('ahinooł, 'ahinool, 'ahizhnool)   PL. t'óó biyaa yii-jah (woh, yi, joo)

Wááshindoondéé' béeso Naabeehó dine'é bá ch'ínídít'áahgo Bilagáana t'óó yiyaa dayílyeedgo béeso yéé t'áá nihich'i'ji' 'ałtso yił tanáoojah, When the Government appropriates money for the Navahos, the white people have designs on it, and when they get ahold of it they run in all directions with it (From an observation made by a Navaho speaker.)

DESIRABLE (a good thing; of value; important), t'áá 'ákónéehee, it is desirable.

Nihidine'é t'áadoo le'é t'áá 'ákónéehee danilíinii t'éiyá yaa ńdaat'íigo yá'át'ééh, Our people should take action on anything which is desirable.

'Íhoo'aah t'áá 'ákónéeheego baa ntsáhákees, Education is considered a good (desirable) thing.

DESIRE, (MY) ONE —— IS TO (all ⟨I⟩ can think of is), sitsiits'iin bii' si'á, my one desire is to (lit. it ⟨a roundish bulky object⟩ sets in my head).

Ts'ídá tsxįįłgo bee na'adáa dooleełii 'ádoolníłígíí t'éiyá bitsiits'iin bii' naaz'á Bilagáana, The one great desire of the white people is the invention of a very rapid means of transportation.

Chidí nahideeshnihígíí t'éiyá sitsiits'iin bii' si'á, All I can think of is getting a car.

DETERMINE IT (BY TREMBLING HAND), TO (to diagnose, determine the cause of a disease with bik'i, upon it, or bich'i', toward it; to trace a lost object and determine where it can be found, with bíká, after it, for it.), bik'i (bich'i') ndéshnii', I determined the cause for his illness by the trembling hand; I diagnosed his illness by the trembling

74

hand. bíká ndéshnii', I traced it by the trembling hand.

F. ndideesh-nih (ndidííl, ndidool, nizhdidool, ndidiil, ndidooł)
CI. ndish-niih (ndíl, ndil, nizhdil, ndiil, ndoł)
P. ndésh-nii' (ndíníl, ndees, nizhdees, ndeel, ndisooł)
R. ninádísh-nih (ninádíl, ninádíl, ninázhdíl, ninádiil, ninádół)
O. ndósh-niih (ndóól, ndól, nizhdól, ndool, ndooł)

Ndadilniihii ła' shichei yik'i ndeesnii' ńt'éé' dziłk'ijí bik'ihootáalgo náádidoodááł lá ní, A hand-trembler (diagnostician) trembled his hand over my grandfather, and told him he found that he would recover by having the Mountain Top Way sung over him.

DETOUR AROUND IT, TO 1. walking: bik'ee'ąą haséyá, I detoured around it; 2. driving: bik'ee'ąą ha'séłbą́ą́z, I detoured around it.

Jishcháá' 'át'ée sha'shin nisingo bik'ee'ąą haséyá, I thought it was a grave so I went (detoured) around it.

'Atiingi tó siyíí́ lágo bik'ee'ąą haséyá, There was a puddle in the road so I went (detoured) around it.

'Atiingi tł'iish ła' sitį́ígo biniinaa bik'ee'ąą ha'séłbą́ą́z, A snake was lying in the road so I drove (detoured) around it.

DIG FOR IT, TO (to try to get it), yíníst s'in, I am digging for it; I am trying to get it.

F. yídées-ts'į́į́ł (yídíí, yíídóo, yízhdóo, yídíi, yídóoh)
I. yíníis-ts'in (yíníí, yíínii, yízhnii, yíníi, yínóh)
CI. yínís-ts'in (yíní, yó, jó, yíníi, yínóh)
P. yíí-ts'in (yííní, yiyíí, jíí, yíi, wóo)
R. néínís-ts'įįh (néíní, náyó, ńjó, néíníi, néínóh)
O. wóos-ts'in (wóó, yó, jó, wóo, wooh)

75

Shilééchąą'í gah yóts'in, My dog is digging for a rabbit.

Dibé binaaltsoos ch'ééh yínísts'in, I am trying to get a sheep permit (but without success).

DIRECTION OF, IN THE, bit'ááhjí.

Na'nízhoozhí bit'ááhjígo 'ííyá, He went away in the direction of Gallup.

Nihoobáanii 'éí ńléí Soodził bit'ááhjí t'éiyá hóló, The Nihoobáanii Clan exists only over in the direction of Mt. Taylor.

DISTANTLY RELATED (TO HIM), TO BE, t'áá k'éts'ósígo, distantly related (lit. slender kinship). (t'áá k'éts'ósígo dabik'éíígíí, his distant relatives.)

Díí hastiin t'áá k'éts'ósígo k'é bidishní, This man is a distant relative of mine (lit. I call this man a relative of slender kinship).

DISAGREE, TO, doo shił 'aaníi da, I disagree with it (lit. it is not true or right with me) (Cp. t'áá 'aaníí, it is true).

Háínídzí'ígíí doo shił 'aaníi da, I disagree with what you said.

Chidí bik'é béeso t'óó 'ahayói nits'ą ninídee'ígíí doo shił 'aaníi da, I disagree with (am not in agreement with) the large sum of money that you paid for the car.

DISREGARD IT, TO, t'óó bił 'áńsht'é, I disregard it (lit. I merely exist with it).

Shigaan shił honeesgai ndi t'óó bił 'áńsht'é, My arm hurts me, but I'm not doing anything about it (I'm just waiting to see if it will get well).

Dikos nihidahidilnéehgo t'áadoo t'óó bił 'ádanoht'éhé, Don't disregard a bad cold.

Biyid gónaa neezgai ndi doo 'azee'ííł'íni yich'į'

digháah da, 'áko t'óó yił 'át'é,   His chest hurts, but he won't go to a doctor — he just disregards it.

DISTURB THE PEACE, TO (to raise the devil), ná-háshchįįh, I disturb the peace (lit. I repeatedly cause anger).

R.   náhásh-chįįh   (náhół, náhát, náhojił, náhwiil, náhół)

T'áá 'áłajį' náháłchįįhgo biniinaa yah 'abi'doolt'e', He was put in jail for disturbing the peace.

DIVORCE HER (HIM), TO (with prepounded bi-ts'ą́ą́', to leave her or him), yoo déyá, I got a divorce; bits'ą́ą́' yoo déyá, I left him (her). (Cp. yóó' 'ííyá, I went away; I got lost.)

F. bits'ą́ą́' yoo dideeshááł (didíínááł, didoogááł, jididoogááł)
I. bits'ą́ą́' yoo disháah (dínááh, digháah, jidigháah)
P. bits'ą́ą́' yoo dé-yá (díní, dee, jidee)
R. bits'ą́ą́' yoo ńdísh-dááh (ńdí, ńdí, nízhdí)
O. bits'ą́ą́' yoo dósha' (dóóya', dóya', jidóya')

Hastiin 'ayóo diigisgo biniinaa be'esdzáán bits'ą́ą́' yoo deeyá, The man was so lazy that his wife left (divorced) him.

DO AS ONE IS TOLD, TO, bi'iishłaa, I copied it; made a facsimile of it.
'Áshidííniidę́ę́góó bi'iishłaa, I did as he told me (lit. I copied what he told me).
'Ándishnínígíí bi'iinilaago yá'át'éehgo ńdí'nííłt'įį́ł, If you do as I tell you, you'll have a good crop.

DO WRONG, TO, doo 'aaníinii, that which is not right (Cp. t'áá 'aaníí, it is true. V. to disagree.)
Doo 'aaníinii baa naashá, I am doing something wrong; I'm doing something I shouldn't do.
T'áadoo doo 'aaníinii baa naninand, Behave yourself; don't do anything wrong!

77

DO IT CAREFULLY, TO, baa ndishhį', I am doing it carefully. (The verb stem -yįįł has to do with holiness. The derived meaning in reference probably stems from the production of ceremonial objects, which are produced with great care.)

F. baa ndideesh-hįįł (ndidíí, ndidoo, ndizhdoo, ndidiig, ndidooh)
CI. baa ndish-hį' (ndí, ndi, nizhdi, ndiig, ndoh)
P. baa ndíí-yįįd (ndííní, ndíí, nizhdíí, ndiig, ndoo)
R. baa ninádísh-hįįh (ninádí, ninádí, ninázhdí, ninádiig, ninádóh)
O. baa ndósh-hį' (ndóó, ndó, nizhdó, ndoog, ndooh)

Yaa ndiyį'go kin 'íílééh ńt'éé' 'áká 'ajííjée'ii t'óó bił ńda'joolnáád, He was building his house with great care, but his helpers ruined it for him.

DON'T KNOW HOW (I), ha'át'éegoóńshą'. (háadińshą', (I) don't know where; háíńshą', (I) don't know who; haánee' yit'éego, (I) don't know how.)

Ha'át'éegoóńshą' nihaazhníyá, I don't know how he came to us (i.e. whether by car, train, horse or other means); I don't know why he came to us.

Háadińshą' nihaa náádeeshdááł, I don't know when or where I'll see you again.

Háíńshą' 'át'į — doo báhasin da, I don't know who he is — I'm not acquainted with him.

Haánee' yit'éego deesk'aaz — hóla, I don't know how cold it is — I don't know.

Hádą́ą́'shą' yah 'ííyá, How long ago did he come in? Hádą́ą́'ánshą' yah 'ajííyá, I don't know how long ago he came in (note low tone of -n-).

DRAWBACK (to hold one back), biniło', it is his drawback; it holds him back.

Bilagáana bizaad doo diists'a'ígíí shiniło', My inability to understand English is my drawback.

Ha'át'íísh niníło', What's holding you back (from doing what you want to do)?

DRINK, TO MAKE HIM (to feed him liquid; to water him, it), bi'iishdlą́, I am making him drink; I am causing him to drink.

F. bidi'yeesh-dlį́į́ł (bidi'yííł, yidi'yooł, bizh'diyooł, bidi'yiil, bidi'yooł)
Cl. bi'iish-dlą́ (bi'iyíł, yi'iił, bi'jiił, bi'iil, bi'iyoł)
P. bi'iyííł-dlą́ą́' (bi'iyíníł, yi'iyííł, bi'jiyííł, bi'iyiil, bi'iyooł)
R. nábi'iish-dlį́į́h (nábi'iyíł, náyi'iił, nábi'jiił, nábi'iil, nábi'iyoł)
O. bi'iyósh-dlą́ą́' (bi'iyóół, yi'iyół, bi'jiyół, bi'iyool, bi'iyooł)

Táadi dibé yázhí nábi'iishdlį́į́hgo 'ałníná'át'ááh I feed the lambs three times every morning.

T'ah 'ahbíínígo kodóó dah diit'áázh dóó 'ałní'-ní'ą́ągo Ts'íhootsodi niit'áázh, 'áko 'índa łį́į́' bi'iyiildlą́ą́', We left here early in the morning and arrived at St. Michaels at noon where, we watered our horses.

DRINKING, TO BE (to be on a drinking spree; to be on a drunk), dah 'oodlį́į́ł, he is drinking; he's on a drinking spree; he is on a drunk.

PROG. dah 'eesh-dlį́į́ł ('íí, 'oo, 'ajoo, 'ii, 'ooh)

(Dah is often used with progressive mode forms to convey a static concept. Thus, naaltsoos yish-'ááł, I am carrying the book along; but naaltsoos dah yish'ááł, I am holding the book up. 'Eesbąs, I am driving along in a wagon; but dah 'eesbąs, I am parked in a wagon. And 'eeshdlį́į́ł, I am (progressively) drinking something; dah 'eeshdlį́į́ł, I am on a drinking spree.)

Na'nízhoozhídi dah 'eeshdlį́į́łgo yiiską́, I spent the night drinking in Gallup.

Tł'éédą́ą́' Na'nízhoozhídi dah 'oodlį́į́ł ńt'éé' yah 'abi'doolt'e', He was on a drunk in Gallup last night, and was put in jail.

'Adą́ą́dą́ą́' dah 'oodlį́į́łgo yiiłtsą́, I saw him drinking (drunk) yesterday.

DROP IT, TO, nayííłne', he dropped it (a single roundish bulky object). The prefixes and stems with reference to this verb are given below. (V. to lower it; to fall from one's hand.)

F. ndeesh- (ndíí, neidoo, nizhdoo, ndii, ndooh) (ndoo-, nibidi'doo-)
I. naash- (nani nei, nji, neii, naah) (na-, nabi'di-)
P. náá- (néíní, nayíí, njíí, neii, naoo) (náá-, nabi'doo-)
R. ninásh- (ninání, ninéí, ninájí, ninéii, nináh) (niná-, ninábi'di-)
O. naoosh- (naóó, nayó, njó, naoo, naooh) (naó-, nabi'dó-)

łniił, łne', łne', łniih, łne' —	A single roundish, bulky object.
yééł, yeeh, yį́, gééh, yééł —	A pack, load or burden.
łjoł, łjooł, łjool, łjoł, łjooł —	Non-compact matter.
łkał, łkaad, łkaad, łka', łkaad —	Matter contained in an open vessel.
łdił, łdeeł, łdéél, łdił, łdeeł —	A single slender, flexible object.
nił, nííł, nil, 'nił, nííł —	Plural objects, animate or inanimate.
łt'eeł, łt'e', łt'e', łt'eeh, łt'e' —	A single animate object.
łt'eeł, łt'e', łt'e', łt'eeh, łt'e' —	A single slender, stiff object.
tłoh, tłeeh, tłéé', tłoh, tłeeh —	Mushy matter.
'ał, 'aad, 'ah, 'a', 'aad —	A single flat, flexible object.

Bikáá' dah 'asdáhí bikáa'gi tó dah séką́ą́ ńt'éé' 'awéé' sits'ą́ą́' nayííłkaad, The baby dropped (i.e. knocked off) the water I had set on the chair.

Tsé bikáá'déę́' tł'óół shich'į' nayííłdéél dóó yee hashishch'ą́ąl, He dropped a rope down to me from the top of the rock and pulled me up.

'Ashkii kin yighą́ą́' haas'na' dóó jooł shich'į' bidah 'ayííłne', The boy climbed up on top of the house and dropped the ball to me.

DRUNK, TO GET (BE), shił honiidoii, I got drunk (lit. things got hot with me); or shił naashdloozh, I got drunk (lit. it trotted around with me).

F. shił hodínóodoh   I. shił honiidóóh   P. shił honiidoii
N. shił honeezdo   R. shił náhoniidoh   O. shił honoodóóh
F. shił ndooldlosh   CI. shił naaldloosh   P. shił naashdloozh

80

R. shił ninátdlosh   O. shił naoldlóósh

Tł'éédą́ą́' t'áá yéigo shił honiidoii lá, I **really**
got drunk last night.

T'áadoo hodina'í shił náhoniidoh, I get drunk
easily (I can't take much without getting drunk).

Na'nízhoozhígóó diit'ashgo 'áadi nihił ndool-
dlosh, We'll go to Gallup and get drunk there.

Na'nízhoozhídi néiit'ashgo nihił ninátdlosh, We
get drunk (go on a spree) everytime we go to Gal-
lup.

DUMP IT, TO (to spill it out), łeejin yaayí, I dump-
ed the coal. The prefixes given below are likewise
used with the "handle" stems: 'áá ł (single round-
ish bulky object); nił (plural objects); jih (plural
separable objects); kaał (anything contained in
a vessel); tsos (a single flat flexible object).

These other "handle" stems are used in this in-
stance with the following meanings:

1. 'áá ł: with reference to dumping or spilling
liquid from a closed container as a bottle.

2. nił: with reference to pouring water in large
quantities from a barrel; to pouring out mushy
matter (as cement).

3. jih: with reference to pouring out a number
of small separable objects, as stones, kernels, etc.

4. kaał: with reference to spilling or pouring
liquid from a container such as a pan, washtub, or
bucket (but not from a barrel or bottle).

5. tsos: with reference to spilling or pouring
such objects as beans or potatoes from a sack or
other flexible container.

F. yei-deesh-héél (díí, doo, zhdoo, diig, dooh)
I. yaash-heeh (yaa, yayii, yajii, yeiig, yaoo)

81

P. yaa-yį́ (yeini, yayii, yajii, yeiig, yaoo)
R. ya-náash-gééh (náa, náa, ńjii, néii, náah)
O. yaoosh-hééł (yaóó, yaoo, yajoo, yaoog, yaooh)

Chidítsoh kin bitsį́įgi łeejin yayiiyį́,   The truck dumped the coal by the house.

Hastiin naa'ołí tsee'é yii' yayii'ą́,   The man poured (spilled) the can of beans into the skillet.

'Ashkii 'ásaa' biyi'jį' chidí bitoo' yayiinil,   The boy poured the gasoline into a pan.

'At'ééd tsézéí yadiizíní yiih yiyííjaa',   The girl poured (put) some gravel in the can.

Hastiin tá'ádeesgiz dóó tł'óó'góó tó yayiiłkaad,   The man washed (in the pan) and threw the water out (by pouring or spilling it).

'Asdzą́ą́ 'ásaa' biyi'jį' 'ak'áán yayiiłtsooz,   The woman poured the sack of flour into a pan.

DUNK IT, TO (to dip it in it, as bread in soup), bínásh'ááh, I am dunking it in it.

F. béédeesh-'ááł (béédíí, yéiidoo, béézhdoo, béédiit', béédooh)
I. bínásh-'ááh (bínání, yínéí bééjí, bínéiit', bínáh)
P. béésé-'ą́ (béésíní, yínéíz, bééjíz, béésiit', béésoo)
R. bénínásh-'ááh (béénání, yéénéí, bééńjí, bénínéiit, bénínáh)
O. bínáoosh-'ááł (bínáóó, yééyó, bééjó, bínáoot', bínáooh)

Bááh 'atoo' bínásh'áahgo yishą́, I am dunking bread in the soup and then eating it.

Kiis'áanii tsé'ást'éí 'atoo' yéédei'áah łeh, The Pueblos dunk their piki in soup.

DYING FOR IT, TO BE— (to want it badly), t'óó bidáahjį' shi'niitsą́, I'm dying for it; t'óó bidáahjį' nihi'niiná, we're dying for it.

'Atsį' 'ayóó 'íłįįgo biniinaa t'óó bidáahjį' shi'niitsą́, Meat is so high I can't afford it, and I'm just dying for some.

82

— E —

EACH, (varies according to the object class. Thus, 1. t'ááłá'í yilts'iłgo (single bulky object); 2. t'áá łá'í yiłhęshígíí (mushy or oozy matter); 3. t'ááłá'í siłtsoozígíí (single flat flexible object, or matter contained in a sack); 4. t'ááłá'í sízínígo (or nízínígo (animate object, especially a person); 5. t'áá łá'í níyínígo (a body of water); 6. t'ááłá'í nítánígo (a slender stiff object); 7. t'ááłá'í ńláhágo (a slender flexible object); 8. t'ááłá'í ní'ánígo (a roundish bulky object); 9. t'ááłá'í níłtsoozígo (a flat flexible object); 10. t'ááłá'í níkánígo (matter contained in an open vessel); 11. t'ááłá'í nítínígo (an animate object); 12. t'ááłá'í ńjoolígo (noncompact matter, as wool).

Nát'oh t'ááłá'í yilts'iłígo naaki dootł'izh bą́ą́hílį́, Cigarettes are twenty cents each (pack); are twenty cents per pack.

Diné t'ááłá'í nízínígo tł'ízí 'ashdla' bitaas'nii' jiní, It was said that each person received five goats.

Nímasii héél 'ádaalne'gi 'azis t'ááłá'í yiłhęshígíí naakits'áadah sindáo bą́ą́hílį́įgo 'atah binishishnish, I helped sack potatoes at twelve cents each (sack); at twelve cents per sack.

EARLY STAGES, TO BE IN ITS, (as a disease), nikidiildo, it is in its early stage (lit. it has begun to spread on a surface, as an ink blob, oil, etc.) (Cp. łid deigo dah diildo, the smoke started to waft upward).

F. nikididooldoh   I. nikidiildóóh   P. nikidiildo   R. nikéédiildoh
O. nikidooldóóh

Chách'osh nitahgóó nikidiildo nahalin, You appear to have syphilis in its early stages.

Jéí 'ádįįh t'óó hatah nikidadiildohígo t'áadoo hodina'í bi'déélní, If you catch tuberculosis in its early stages, it can be cured.

Jéí 'ádįįh t'óó hatahgóó nikidadiildohígo doo bééhózin da łeh, 'áko yá'ánísht'ééh jinízin łeh, When tuberculosis is in its early stages, one hardly knows that he is sick.

EAT HERE AND THERE, TO (in various places, as when traveling or eating out), tá'dííyą́ą́', I ate here and there.

F. tá-di-deeshį́į́ł (di'dííyį́į́ł, di'dooyį́į́ł, dizh'dᴐoyį́į́ł, di'diidį́į́ł, di'doohsį́į́ł CI. tá'díshį́į́h (tá'díyį́į́h, tá'díyį́į́h, tázh'díyį́į́h, tá'diidį́į́h, tá'dóhsį́į́h) P. tá'díí-yą́ą́' (tá'dííní, tá'díí, tázh'díí, tá'diidą́ą́', tá'dooyą́ą́') R. tá-ń'dísh-dį́į́h (ń'dí, ń'dí, nízh'dí, ń'dii, ń'dóh) O. tá'dósʰshą́ą́' (tá'dóóyą́ą́', tá'dóyą́ą́', tázh'dóyą́ą́', tá'doodą́ą́', tá'dooyą́ą́')

Naabeehó bikéyah bikáa'gi 'adahwiis'áágóó tá'dííyą́ą́', I ate here and there at various places over the Navaho country.

Jįda'ólta'góó 'atah tá'dííyą́ą́', I ate about at various day schools.

EGOTISTIC, TO BE, doo 'ádiishkóoh da, I'm egotistic. (V. talk mean about it; vomit.)

N. doo 'ádiish-kóoh da ('ádiil, 'ádiil, 'ázʰdiil, 'ádiil, 'ádooł)

Shidoh hólǫ́ǫgo binahjį' doo 'ádiishkóoh da, I am egotistic because of my muscles.

Diné doo 'ádadiilkóhígíí doo shił yá'át'éeh da, I don't like egotistical people (braggards, self centered people, etc.).

ELEMENTARY SCHOOL, 'ólta' t'ááłá'ídóó tseebíijį' ni'iiltáhígíí (lit. school where there is studying from one to eight).

84

Na'nízhoozhídi 'ólta' t'ááłá'ídóó tseebíiji̧' ni'iil-
táhígíí 'ałtso yíłta', I finished elementary school
in Gallup.

EMPTY IT, TO (from a sack, as flour, sugar, cloth-
ing, etc.), séghad, I emptied it.

F. deesh-hał (díí, yidoo, jidoo, diig, dooh)
I. yiish-had (yii, yiyii, jii, yii, wooh)
SP. sé-ghad (síní, yiz, jiz, sii, soo)
R. néiish-ga' (néii, náyii, ńjii, néiig, náooh)
O. woosh-had (wóó, yó, jó, woog, wooh)

Naadą́ą́' 'azis bee naazyínígíí ła' séghad, I
emptied one of the sacks of corn.

'Eii 'azis ni'ji̧' wóóghad lágo, Don't empty that
sack on the floor!

'Azis sínighadę́ę ha'át'íí biyi' lá, What was in
that sack that you emptied?

END, TO (the season for it) (to be over), 'anáákį,
the season for it is over.

Naadą́ą́' dadit'óódí yígíí k'ad daats'í ła' ńdee-
zidę́ędą́ą́' 'anáákį, The green corn season was
no doubt over a month ago.

Doo hodíina' nahachagii 'ańdookéłę́ęni', I
wish the grasshopper season would end soon.

END, TO BE THE (to be all), t'óó 'ákódzaaí silį́į́',
(lit. merely it is the one that happened thus it be-
came).

Kindę́ę' nánísdzá dóó t'óó 'ákódzaaí silį́į́', I
came back from the store and that was the end (of
my activities).

Bee'eldǫǫh néidiitą́ą́ dóó 'ádił 'adeesdǫǫh dóó
t'óó 'ákódzaaí silį́į́', He picked up a gun and shot
himself, and that was the end (of his life).

ENTER SCHOOL, TO (to enroll in school; to begin
to count or read), 'i'íiníiłta', I entered school.

F. 'i'íí-dínéesh-tah (dínííł, dínóoł, zhdínóoł, díníil, dínóoł)
I. 'i'íí-níish-táah (nííł, nííł, zhnííł, níil, nóoł)
P. 'i'íí-níił-ta' (níninił, nííł, zhnííł, níil, nóoł)
O. 'i'íí-nóosh-táah (nóół, nóoł, zhnóoł, nóol, nóoł)

Hastą́ą́ shináahaigo 'i'íiníiłta' dóó tseebíits'áa-
dah shináahaigo 'ałtso 'íiłta', I entered school
when I was six years old, and I finished when I was
eighteen.

Hádą́ą́'shą' 'i'íiníininiłta', When did you enter
school?

T'ahásh doo 'i'íiníiłtáah da, Haven't you enter-
ed school yet?

ENTERTAIN ONESELF, TO (to while away the
time), 'ák'ihashta', I am entertaining myself; I
am whiling the time away (lit. I cause something
to shatter on myself).

N. 'ák'i-hash-ta' (hól, hal, hojil, hwiil, hoł)

Naaltsoos bee 'ák'ihashta' dooleeł biniiyé na-
hałnii', I bought a magazine to while away the
time (entertain myself).

ENTERTAIN HIM, TO (V. entertain oneself), bi-
k'ihashta', I am entertaining him; I am helping
him to while away the time.

N. bik'i-hash-ta' (hół, hał, hojíł, hwiil, hoł)

T'óó bee bik'ihashta' biniiyé kingóó bił nishé'-
áázh, I went to town with him just to help him to
while away the time (and keep from getting bored)

ENTIRE, TO BE (to be whole; perfect; all there;
free from defects), hadanisht'é, I am whole; per-
fect; complete.

86

N. hadanish-t'é (hadaníł, hadaał, hadajíł, hadaniil, hadanoł)

Díí tsin doo hadaałt'ée da, This tree is not all there; not complete (i.e., limbs or other parts are missing).

Díí dibé bijaa' t'áá hadaałt'éé lá, This sheep's ear is unmarked.

ENVELOP ONE, TO (as smoke, fog, darkness), shik'iildo, it enveloped me (lit. it wafted or floated in upon me).

F. shik'iidooldoh I. shik'iildóóh P. shik'iildo
R. shik'inéiildoh O. shik'iooldóóh

'Atiindę́ę́' nááshdáałgo 'áhí shik'iildo, I was just coming back up the road when the fog enveloped me.

Dziłtsį́į́į' 'iit'áazhgo chahałheeł nihik'iildo, Darkness enveloped us as we got to the foot of the mountain; darkness came upon us when we got to the foot of the mountain.

EQUIPPED, TO BE (with tools, instruments), dah 'eeshłééł, I am equipped (Cp. dah yish'ááł, I am holding it up (a single roundish bulky object); dah 'adideesbąs, I will park in a wagon. Dah, up at an elevation, off, in these instances renders a static concept. (V. "to be drinking"; "to camp.")

F. dah 'adideesh-łééł ('adidíí, 'adidoo, 'adizhdoo, 'adidiid, 'adidooh)
I. dah 'adiish-łéh ('adii, 'adii, 'azhdii, 'adiid, 'adooh)

PROG. dah 'eesh-łééł ('íí, 'oo, 'ajoo, 'iid, 'ooh)
P. dah 'adii-lá ('adini, 'adii, 'azhdii, 'adiid, 'adoo)
R. dah ń'diish-dlééh (ń'dii, ń'dii, nízh'dii, ń'dii, ń'dooh)
O. dah 'adoosh-łééł ('adoó, 'adoo, 'azhdoo, 'adood, 'adooh)

Kin 'ál'į́į́jí biniiyé dah 'adideeshłééł nisingo Kin Łánígóó bee na'anishí haséyá, I wanted to be equipped for carpentering, so I went to Flagstaff for tools.

Shichei hatááł k'asdą́ą́' t'áá ndaakaaígi yiniiyé dah 'oolééł, My grandfather is equipped for nearly all ceremonies (i.e. he has the paraphernalia, knows the songs, etc.).

Chidí bá hooghandóó chidítsoh nda'ayéhígíí ła' shá bíká 'é'élyaa. Díí chidítsoh shá nálbą́ą́zgo 'índa łeejin haagééd 'áhooshłaa yígíí doo 'anáhóót'i'góó biniiyé dah 'eeshłééł dooleeł, I had a truck ordered through the garage. When I get it, I'll be well equipped for my coal mine.

ESCAPE, TO (to retreat; to run away; to flee), dínéchą́ą́', I escaped; fled; ran away.

F. dínéesh-chééł (díníí, dínóo, dízhnóo, díníi, dínóoh)
Prog. neesh-chééł (níí, noo, jinoo, nii, nooh)
P. díné-chą́ą́' (díníní, dínéezh, jidínéezh, díníi, dínóoh)
R. ńdínísh-chééh (ńdíní,, ńdínní, nízhdíní, ńdíníi, ńdínóh)
O. dínósh-chééł (dínóó, dínó, jidínó, dínóo, dínóoh)

Dóola shich'į' ńdiilwodgo tsintahjigo dínéchą́ą́', I escaped (fled) to the woods when the bull took after me.

Dibé yázhí mą'ii bich'į' ńdiilwodgo shich'į'go dínéezhchą́ą́', The lamb fled toward me when the coyote started to chase it.

EVERY (all), nihonílįįdjį'.

Hodeeyáádą́ą́' naat'i'í nihonílįįdjį' 'ádaalyaa, In the beginning every creature was made.

EXAGGERATE, TO, yówéé' 'ánísht'é, I exaggerate with regard to myself; I hold an exalted opinion of myself (lit. I am extraordinary).

Yówéé' 'át'éego, That's remarkable! The devil you say (what you say sounds exaggerated)!

Yówéé' 'ánísht'é nínízin, You really think you are somebody (you exaggerate yourself).

T'áadoo yówéé' 'áni̇sht'é nínízini̇, Don't get an exalted opinion of yourself; don't let it go to your head; don't get conceited!

EXPENSIVE, TO BE (to be high; to be high priced), da'íli̇, they are valuable.

'Atsi̇' da'íli̇ hazli̇i̇', Meat became expensive.

T'áá 'ákwíi̇ ji̇ 'atsi̇' 'ayóo da'íli̇ yileeł, Meat is becoming more expensive every day.

Ha'át'éego lá ch'iyáán 'ayóo da'íli̇ daazli̇i̇', Why has food become so expensive?

EXERCISE, TO TAKE (to take calisthenics), na'á- dísṫs'o̟o̟d, I am taking exercise; I am exercising (lit. I am stretching myself about like a slender object).

F. na'ádi-dees-ts'oł (díil, dool, zhdool, diil, dooł)
Cl. na'ádís-ts'o̟o̟d (na'ádíl, na'ádíl, na'ázhdíl, na'ádiil, na'ádół)
P. na-'ádés-ts'o̟o̟d ('ádíníl, 'ádees, 'ázhdees, 'ádeel, 'ádisooł)
R. niná-'ádís-ts'o̟' ('ádíl, 'ádíl, 'azhdíl, 'ádiil, 'ádół)
O. na'ádós-ts'o̟o̟d (na'ádóól, na'ádól, na'ázhdól, na'ádool, na'ádooł)

Ha'át'íi̇ lá baa naniná? What are you doing? Jó na'ádísṫs'o̟o̟d, Well, I'm exercising.

'Ahbínígo niná'ádísṫs'o̟', I always exercise in the morning; I always take exercise in the morning.

Na'ázhdólṫs'o̟o̟d laanaa t'óó nisin, I sure wish I could take some exercise.

EXIST, TO (to live; to be), hiniĺá, they exist; they live; they are (Cp. silá, a slender flexible object lies. In a number of usages this stem retains an older meaning referring to plural objects.)

N. hiniid-lá (hinoo, hiní, hizhní)

Diné bináhásdzo biyi̇' ha'a'aah bich'iji̇ diné t'óó

89

'ahayóí hinílá,   Many people live on the east side of the Navaho Reservation.

Naanish t'óó 'ahayóí 'ał'ąą 'át'éego nihitahgóó hinílá,   There are many jobs available among us; many different kinds of work exist among us.

Béésh ńt'i'jí diné hiníláii 'ayóo ndaalnish,   The people who live along the railroad work hard.

Hoodzo tł'óo'di hiniidláhígíí t'áadoo le'é Tségháhoodzánígi baa ńdahat'į́ biniiyé baa 'áłah ná'ádleehígíí doo nihił béédahózin da,   Those of us who live off the reservation know nothing of the things that are discussed in meetings at Window Rock.

EXPERT, TO BE AN,   ts'ídá bik'eetł'ání (shił bééhózin),   I am an expert at it   (i.e. I know it from the bottom up; I know it thoroughly).

Béésh łigaii bina'anish ts'ídá bik'eetł'ání shił bééhózin,   I am an expert silversmith.

Díí hastiin chidí 'ánál'įįgi ts'ídá bik'eetł'ání bił bééhózin,   This man is an expert in auto repair.

Díí 'ashkii níłch'i bee hane'é wolyéhígíí ts'ídá bik'eetł'ání yiniiyé 'ííłta',   This boy studied to be an expert radio man.

EXPERT IN IT,   TO BE AN (to have great experience in it; to be a seasoned ---),   bee dííts'įįd (or -ts'in),   I am an expert in it (at it)   (lit. I am ripened and hard or tough with it).   (V. "ripen."   Cp. naayízí dadííts'įįd,   the pumpkins are ripe (hard, tough); Cp. also ts'in, bone.)

N. bee díí-ts'įįd (-ts'in)   (dííní, díí, zhdíí, dii, doo)

'Azee'ál'į́ yee dííts'įįd,   He is an expert doctor.

T'áá ni' na'adá yee dííts'įįd,   He is an expert at walking; he is used to going on foot.

90

EXPERT IN IT, TO BE — (to be highly skilled in it), bii' háítą́, I am an expert in it (lit. I took a slender stiff thing out of it; I took out its core).

N. bii' háí-tą́ (háíní, hayíí, hajíí, haii, haoo)

Shiye' Bilagáana yił da'ółta'go t'áá 'íiyisíí Bilagáana bizaad yii' hayíítą́, My son really got to be an expert in English by going to school with the white children.

— F —

FAIL, TO, t'óó bíséyį́, I failed (at it). (V. to show it to him as a lure or to get him to do something)

F. t'óó bídeesh-héél (bídíí, yíidoo, bízhdoo, bídiig, bídooh)
I. t'óó bésh-hééh (bíní, yí, bíjí, bíi, bóh)
P. t'óó bísé-yį́ (bísíní, yííz, bíjíz, bísiig, bísoo)
R. t'óó bínásh-gééh (bínání, yínéí, bínájí, bínéii, bínáh)
O. t'óó bóosh-hééh (bóó, yíyó, bíjó, bóog, bóoh)

Díí yihahígíí biyi' 'ałtso 'íídéeshtah nisin ńt'éé' bíséyį́; t'áá kónígháńígo shąąh dah náhoot'aahgo biniinaa, I wanted to finish school this year. but I failed to do so because I was sick too much of the time.

Chidí ła' haash'aah ńt'éé' béeso t'áadoo łą'í shoisélt'e' dago biniinaa t'óó bíséyį́, I was going to buy a car but I failed because I couldn't get enough money together.

FAIL HIM ON IT, TO (to lose one's grip on it), bee baa shéchid, I failed him on it.

F. bee baa yideesh-chił (yidíí, yidoo, yizhdoo, yidii, yidooh)
I. bee baa yoosh-chííd (yini, yoo, joo, yii, wooh)
SP. bee baa yishé-chid (yishíní, yoozh, joozh, yishii, yishoo)
R. bee baa néiish-chi' (néii, néii, ńjii, néii, náooh)
O. bee baa woosh-chííd (wóó, yoo, joo, woo, wooh)

Nihinant'a'í Wááshindoongóó 'atah naayáago 'ólta' dayíníikeedéé t'áadoo nihá yee haadzíi' da lá, 'áko 'éí bee nihaa joozhchid nahalin, When our leader accompanied the group to Washington he didn't speak out for us on the schools we had asked for; it would seem that he failed us on that

FAITH IN IT, TO GET (HAVE) (as in a religion, or other belief), dínísin, I have faith in it.

F. didees-sį̨į̀ł (didíí, yididoo, jididoo, didiil, didooh)
I. dis-sį̨įh (dí, yidi, jidi, diil, doh)
P. díí-sį̨įd (dííní, yidíí, jidíí, díil, dóoh)
N. dínís-(s)in (díní, yidí, jidí, díníil, dínóh)
R. ńdís-sį̨įh (ńdí, néidi, nízhdí, ńdiil, ńdóh)
O. dós-sį̨įh (dóó, yidó, jidó, dool, dooh)

T'áá Naabeehó binahagha' t'éiyá dínísin, I have faith only in Navaho religion.

Díí Naakaii ts'ídá 'éé' neishoodii bi'éé' danineezígíí binahagha' t'éiyá yidísin, This Mexican has faith only in the Catholic Church.

Bilagáana binahagha' hazhó'ó bee shił nahazne'go shį̨į́ t'éiyá dideessį̨į̀ł, I will probably get faith in the white man's religion after it is fully explained to me.

FALL, TO, naalts'id, it fell (a single roundish bulky object). The prefixes given herewith are used with the stems listed below. (Note that, in the perfective mode I-class verbs require naa- instead of náá-. Thus, naalts'id, but nááłhéézh.) The following prefixes are used with the stems listed below.

F. ndoo- (ndínóo-) I. naa- (nani-) P. náá- naa-* (naníí-)
R. niná- (nináni-) O. naoo- (nanó-)
(*WITH L-CLASS VERBS.)
łhęsh, łhéésh, łhęęzh, łhęsh, łhéésh ———A single bulky roundish object.

Its'ił, Its'ííd, Its'id, Its'i', Its'ííd ————Plural objects, animate or inan.
*dah, dééh, dee', dah, dééh ————————A load, pack or burden.
joł, jooł, jool, joł, jooł ————————————Non-compact matter as wool.
kał, kaad, kaad, ka', kaad ————————Matter in an open vessel.
dił, deeł, déél, dił, deeł ——————————A single slender flexible object.
*dah, dééh, dee', dah, dééh ————————Plural objects, animate or inan.
tłish, tłíísh, tłizh, tłish, tłíísh ————A single animate object.
kǫs, kęęs, kę́ę́z, kǫs, kęęs ——————————Asingle slender stiff object.
łhęsh, łhę́ę́sh, łhęęzh, łhęsh, łhę́ę́sh ——Mushy matter.
nah, neeh, na', nah, neeh ——————————A single flat flexible object.

(*REQUIRES THE PREFIXES GIVEN IN PARENTHESIS ABOVE.)

Bikáá' 'adání bikáá'dę́ę́' tó náákaad, The water (in a container) fell off the table.

Chidítsoh bikáá'dę́ę́' tsinaabąąs bijáád ła' naalts'ííd ńt'éé' yiyiiłtsą́, He saw one of the wagon wheels just as it was about to fall from the back of the truck.

Hastiin nát'oh bits'ą́ą́' náákę́ę́z, The man's cigaret fell.

FALL, TO (as snow, blanketing the ground), yiisaal, it fell (lit. it sprinkled).

F. yidoosał   CI. yiisáál   P. yiisaal   R. néiisał   O. woosáál

Hakéts'iin bíighahgo yas yiisaal lá, It snowed ankle deep.

T'áá 'ákwíí tł'éé' yas néiisał, Snow falls every night; there's a snowfall every night.

FALL BACK ON, TO (V. patient.), bee ha'íínishní, I can fall back on it.

N. bee ha'íínish-ní (ha'íínil, ha'ól, ha'jól, ha'ííníil ha'íínół)

Shinichxǫ́'í 'ałtso sits'ą́ą́' díílid, 'áko ndi shibéégashii naakaaígíí bee ha'íínishní, I lost all my belongings in the fire, but I can fall back on my cattle.

Naanish sits'ą́ą́' 'ásdįįd ndi shikéyah t'éiyá bee

93

ha'íínÍshnÍi dooleeł, Even though I lose my job I can always fall back on my land.

FALL INTO DISRESPECT, TO, t'óó bił tsi'na'asdee', they have fallen into disrespect (lit. people merely trample on them).

F. t'óó bił tsi'ni'dooldah   I. t'óó bił tsi'adildééh   Cl. t'óó bił tsi'-na'aldeeh   P. t'óó bił tsi'na'asdee'   R. t'óó bił tsi'niná'áldah   O. t'óó bił tsi'na'óldeeh

Díísh jÍÍgóó nihibeehaz'áanii t'óó bił tsi'na'al-deeh, Nowdays our laws have fallen into disrespect.

Naabeehó binahagha'ą́ą t'óó bił tsi'na'aldeeh jiní, The old Navaho religion has fallen into disrespect, it is said.

FALL OFF, TO (diminish, as income), t'ą́ą' náál-kił, it is falling off; it is diminishing (lit. it is moving back backward).

1. To start falling off; start to diminish.

F. t'ą́ą' ńdidoolkił   I. t'ą́ą' ńdílkeed   P. t'ą́ą' ńdeeskid   R. t'ą́ą' nínádílki'   O. t'ą́ą' ńdólkeed

2. To be falling off; to be diminishing.

PROG. t'ą́ą' náálkił

3. To fall off; to diminish.

F. t'ą́ą' ńdoolkił   P. t'ą́ą' náálkid

Naabeehó béeso baa dahinidéhę́ę t'ą́ą' ńdees-kid, Navaho income has begun to fall off.

'Ólta' nihá shódaozt'e'go jéí 'ádįįh da'íghą́hą́ą t'ą́ą' ńdidoolkił, As soon as we get more schools the tuberculosis rate will start to fall off.

FALL ON ONES HEAD, TO, sitsiits'iin bee nikídé-goh, I fell on my head (lit. I fell on a surface with my head).

F. tsiits'iin bee niki-dideesh-goh (didíí, didoo, zhdidoo, didii, didooh)

94

I. -tsiits'iin bee nikí-diish-geeh (dii, dii, zhdii, dii, dooh)
P. -tsiits'iin bee nikí-dé-goh (díní, deez, zhdeez, dee, disoo)
R. -tsiits'iin bee nikí-ńdiish-goh (ńdii, ńdii, nízhdii, ńdii, ńdooh)
O. -tsiits'iin bee nikí-doosh-geeh (dóó, doo, zhdoo, doo, dooh)

Sitsiits'iin bee tin bikáa'jį' nikídégoh, I fell on the ice on my head.

Hastiin kin yikáá'déę' bidah 'íígo'go bitsiits'iin yee nikídeezgoh, When the man fell off the roof of the house, he landed on his head.

FALL OUT OF ONE'S HAND, TO (to drop it from one's grasp), shílák'ee háána', it fell out of my hand; I dropped it (a single flat flexible object).

The following prefixes are used with the object class stems given under "fall," with prepounded -lák'ee, hand, grasp: (Note that I-class verbs require haa- instead of háá-. Thus, haalts'id, but háálhęęzh.) The forms given in parenthesis correspond to the stem -dah.

F. -lák'ee hadoo- (hadínóo-) I. -lák'ee haa- (hani-) P. -lák'ee háá- haa-* (haníí-) R. -lák'ee haná (hanání-) O. -lák'ee haoo- (hanó-)
(*WITH L-CLASS VERBS. SEE STEMS UNDER "TO FALL.")

Naaltsoos shílák'ee háána', The paper fell out of my hand; I dropped the paper.

K'adęę ch'ínísháahgo shich'ah shílák'ee haalts'id, My hat fell out of my hand just as I was going out; I dropped my hat just as I was going out.

'At'ééd dibé yázhí bílák'ee háátłizh, The girl dropped the lamb.

'Asdzáán léi' ta'neesk'ání nayiisnii' ńt'éé' bílák'ee haníídee', The woman dropped the melons that she bought.

FALL OVER ASLEEP, TO, naa'i'íílhaazh, I fell over asleep.

F. naa-'i'deesh-hosh ('i'dííł, 'i'dooł, 'izh'dooł, 'i'diil, 'i'dooł)

I. naa-'i'esh-háásh ('i'íł, 'i'eł, 'i'jił, 'i'iil, 'i'oł)

P. naa-'i'ííł-haazh ('i'ííníł, 'i'ííł, 'i'jííł, 'i'iil, 'i'ooł)

R. naa-'aná'ásh-wosh ('aná'íl, 'aná'ál, 'aná'jíl, 'aná'iil, 'aná'oł)

O. naa-'i'ósh-háásh ('i'óół, 'i'ół, 'i'jół, 'i'ool, 'i'ooł)

Tsinyaagi neezdá dóó naa'i'ííłhaazh, He sat down under the tree and fell over asleep.

Nástáán yikáa'gi naa'i'ííłhaazh dóó tó yiih dzííłhaal, He fell over asleep on the log, and landed in the water.

FALL OVER (STIFFLY), TO (a tree, post, person), naa'ííwod, I fell over. (V. to push him over)

F. naa-'adeesh-hoł ('adíí, 'adoo, 'azhdoo, 'adiig, 'adooh)

I. naa-'iish-heed ('ani, 'ii, 'aji, 'iig, 'oh)

P. naa-'íí-wod ('ííní, 'íí, 'ajíí, 'iig, 'oo)

R. naa-'anásh-ho' ('anání, 'aná 'anájí, 'anéiig, 'anáh)

O. naa-'oosh-heed ('awóó, 'oo, 'ajó, 'oog, 'ooh)

Hayííłką́ą́go hastiinę́ę bił yik'ee naa'ííwod, At daybreak the man fell over asleep.

Deeyolgo ńdíshchíí' yę́ę 'atiin ha'naa naa'ííwod, The pine tree fell across the road in the wind.

FALL TO EARTH, TO (a single animate object), ni' nikinítłizh, he fell to earth.

F. ni' niki-deesh-tłish (díí, doo, zhdoo, dii, dooh)

I. ni' nikeesh-tłíísh (nikiní, nikee, nikiji, nikinii, nikinoh)

P. ni' nikiní-tłizh (nikííní, nikiní, nikizhní, nikinii, nikinoo)

R. ni' niki-násh-tłish (nání, ná, nájí, néii, náh)

O. ni' nikioosh-tłíísh (nikióó, nikioo, nikijó, nikioo, nikiooh)

Níbaal chidí naat'a'í bikáá'dę́ę' bidah bee dah ńda'diilwo'ígíí t'áadoo 'ąą 'ádzaa dago hastiinę́ę t'óó ni' nikinítłizh, The man fell to earth when his parachute failed to open.

Díí hółt'izíjį' ni' nikinítłizhgo dazhdootsaał, If

you fall on this hard surface you'll be killed.

FALL WITH THE LEGS SPREAD, TO (to fall spread-eagled), bidah 'íík'ai', I fell with my legs spread.

F. bidah 'adeesh-k'ai ('adíí, 'adoo, 'azhdoo, 'adii, 'adooh)
PROG. bidah yish-k'ai (yí, yi, joo, yii, woh)
I. bidah 'iish-k'áíí ('ani, 'ii, 'aji, 'ii, 'oh)
P. bidah 'íí-k'ai' ('ííní, 'íí, 'ajíí, 'ii, 'ooh)
R. bidah 'anásh-k'ai ('anání, 'aná, 'añjí, 'anéii, 'anáh)
O. bidah 'oosh-k'áíí ('oó, 'oo, 'ajó, 'oo, 'ooh)

Łíí' shił deesgeed ńt'éé' bidah 'íík'ai', The horse started to buck with me and I fell off with my legs spread (I fell spread-eagled).

FAST, TO GO (to rush; to hustle; to dash; to go like a streak), siszéé', I am going fast; I am rushing. Cp. 'áhodideeszih, I shall become calm or motionless (lit. I shall discontinue going fast, rushing).

F. yidees-zih (yidííl, yidool, yizhdool, yidiil, yidooł)
I. yiis-zééh (yiil, yiil, jiil, yiil, wooł)
P. yiis-zee' (yinil, yiil, jiil, yiil, wooł)
SP. sis-zéé' (síníl, yis, jis, siil, sooł)
R. néiis-zih (néiil, néiil, ńjiil, néiil, náooł)
O. woos-zééh (woól, wool, jool, wool, wooł)

Bił sínílzéé', Rush it.

Ńléí chidí sizíníjį' yiilzééh, Dash over to that car as fast as you can.

Kǫ' na'ałbąąsii yiszéé', The train is going fast; the train is "zooming."

Tį', bił yidiilzih, Hurry, let's get it done.

Dooládó' yiszée' da, Boy, it's really going (fast).

Mą'ii bee dzoolzih, The coyote went like a streak; the coyote is going like a flash.

T'áá 'íiyisíí yiiszee' ndi shaa honeezná, I ran as fast as I could, but I was beaten.

97

FATHER'S CLAN, bá shíshchíín, my father's clan is (lit. I am one born for it; one is born into his mother's clan, but is born "for" his father's clan. In connection with "for" in this usage, compare shá 'i'niiltsǫǫd, she became pregnant for me; 'awéé' shá yishchį́, she bore a baby for me: she bore me a baby.)

N. bá shísh-chíín (shíníl, sh, jísh, shiil, shooł)

Ha'át'íishą' bá shínílchíín, What is your father's clan; what are your clan connections on your father's side?

Honágháahnii bá shíshchíín, My father's clan is honágháahnii; I am connected with honágháahnii on my father's side.

FEATHER IT, TO (an arrow), séłt'ą, I feathered it. (Cp. bit'a', its wing; its feather.)

F. deesh-t'ááł (dííł, yidooł, jidooł, diil, dooł)
I. yish-t'áh (nił, yił, jił, yiil, woł)
SP. séł-t'ą (síníł, yis, jis, siil, sooł)
R. násh-t'ááh (nánił, néíł, njíł, néiil, náł)
O. wósh-t'ááł (wóół, yół, jół, wool, wooł)

K'aa' séłt'ą, I feathered (fletched) the arrow.
Díí k'aa' 'atsá bit'a' bee séłt'ą, I feathered this arrow with eagle feathers.

FED UP WITH IT, TO GET (to be unable to stand it anymore, with prepounded bik'ee, on account of it; to have misgivings about it; to be worried about it, with prepounded bá, for it.), bik'ee ntseeshdá, I got fed up with it; I just couldn't stand it anymore. bá ntseeshdá, I am worried about it; I have misgivings about it.

F. ntsi-deesh-dááł (díí, doo, zhdoo)   D. dii-t'osh (dooh, doo, zhdooh)
PL. dil-kah (dooh, doo, zhdoo)

98

Cl. ntseesh-dá (ntsini, ntsee, ntsiji)   D. ntsii-t'aash (ntsoh, **ntsee,** ntsiji)   PL. ntsii-kai (ntsoh, ntsee, ntsiji)

P. ntsinis-dzá (ntsííní, ntsee, ntsijí)   D. ntsinii-t'áázh (ntsinooh, ntsee, ntsijí)   PL. ntsinii-kai (ntsinooh, ntsee, ntsijí)

R. ntsi-násh-dááh (náni, ná, ńjí)   D. ntsi-néii-t'ash (náh, ná, ńjí)   PL. ntsi-néii-kah (náh, ná, ńjí)

O. ntsoos-dza' (ntsoó, ntsoo, ntsijó)   D. ntsoo-t'aash (ntsooh, ntsoo, ntsijó)   PL. ntsoo-kááh (ntsooh, ntsoo, ntsijó)

Chidí bikee' néiildohgo bik'ee ntsinisdzá,   I got fed up with constant blow-outs on the car.

Naanish bik'ee ntseeshdá,   I'm fed up with the job; I just can't stand the job anymore.

Łóó' t'áá 'áłají' bił ńda'iidį́į́hgo biniinaa bik'ee ntseeshdá,   I'm fed up with our eating fish all the time; I can't stand our fish diet all the time.

Shiye' siláago 'atah dooleeł sha'shin nisingo bá ntseeshdá,   I'm worried about my son entering the army.

FEED THEM, TO (chickens), bá ni'níjaa',   I fed them (lit. scattered small separable objects for them).

F. bá n'deesh-jih (n'díí, n'doo, nizh'doo, n'dii, n'dooh)
I. bá ni'nish-jááh (ni'ní, ni'í, ni'jí, ni'nii, ni'noh)
P. bá ni'ní-jaa' (ni'nííní, ni'ní, ni'jíí, ni'nii, ni'noo)
R. bá niná'ásh-jih (niná'í, niná'á, niná'jí, niná'ii, niná'óh)
O. bá ni'ósh-jááh (ni'óó, ni'ó, ni'jó, ni'oo, ni'ooh)

'E'e'áahgo shinaa'ahóóhai bá niná'áshjih,   I feed my chickens every night at sundown.

Hádą́ą́'shą̨' naa'ahóóhai bá ni'ííníjaa' ni',   When did you last feed the chickens?

FEEL SORRY FOR HIM, TO, shił baa hojoobá'ígo nísh'į̨, I feel sorry for him (lit. things are pitiful with me when I look at him). (V. "to sympathize.") ('ił 'aa hojoobá'í, sympathy.) (Cp. hojoobá'ígo, a hard time, as in hojoobá'ígo 'índa ła' yishłaa, I had a hard time accomplishing it.)

N. shił baa hojoobá'ígo nísh-'į   (níníł, yiníł, jiníł, níil, nół)

Nagháíí 'asdzáán bahastiin bąąh 'ásdiįd; t'óó shił baa hojoobá'ígo nísh'į,   That girl lost her husband; I feel sorry for her.

FEEL TERRIBLY ABOUT IT, TO (to regret it; to sympathize with him; to pity him),   baa 'áhá niizį́į́', I feel terribly about it; I sympathize with him about it; I pity him for it (lit. I thought woe about it).

N. baa 'áhá nis-sin   (níní, ní, jiní, niid, noh)
P. baa 'áhá nii-zį́į́'   (nini, nii, zhnii, niid, noo)

Baa 'áhá nisin,   I feel terrible about it; I pity him; I sympathize with him.

Sik'iséę daaztsą ho'doo'niidgo baa 'áhá niizį́į́', When I heard that my friend was dead, I felt terrible about it.

FEW OF, A, t'áá díkwíniilt'éhé, a few of us.

N. t'áá díkwíniil-t'éhé (díkwínół, díkwil, díkwíjíl)

T'áá díkwínółt'éhé 'ałah soolį́į́' lá, 'éí bąą t'óó táídiikah,   I see that there are only a few of you gathered here, so we'll just adjourn and go away.

Naabeehó t'áá díkwílt'éhé Bilagáana bizaad deidiits'a',   Only a few Navahos understand the English language.

FIGHT FOR IT, TO (to pull relentlessly on it), dah yists'ǫ', I am fighting for it; I am pulling hard for it (lit. I am holding it in a stretched condition, as a bird pulling a worm out of its hole).

PROG. dah yis-ts'ǫ' (nił, vił, jił, yiil, woł)

100

Tsídii łeeyi'déé' ch'osh dah yiłts'ǫ', The bird is pulling on the worm (and the worm is stretching from its hole in the ground).

Hastói t'éiyá nihá 'ólta' náás dah deiłts'ǫ', The men are fighting for (pulling for) increased school facilities for us.

FILE, TO (a paper) (to serve a paper; to send a paper; to send a paper or letter), 'íí'ah, I filed, served, sent, it (lit. I tossed it in or away out of sight).

F. 'adeesh-'ał ('adíí, 'iidoo, 'azhdoo, 'adiit, 'adooh)
I. 'iish-'ááá ('ani, 'ii, 'aji, 'iit, 'ooh)
P. 'íí-'ah ('ííní, 'ayíí, 'ajíí, 'iit, 'oo)
R. 'anásh-'ah ('anání, 'anéí, 'añjí, 'anéiit, 'anáh)
O. 'oosh-'ááá ('óó, 'ayó, 'ajó, 'oot, 'ooh)

Wááshindoongóó naaltsoos 'íí'ah, I sent the paper to Washington (by mail).

Naaltsoos 'íí'ah, I filed a complaint.

Siláago naaltsoos shee 'ayíí'ah, The police served papers on me.

Naaltsoos nich'į' 'adeesh'ał, I'll send you a letter.

FINE, TO PAY A —, 'ák'é niná'níshdlá, I paid a fine (lit .I paid for myself).

F. 'ák'é ni-ná'deesh-dlééł (ná'díí, ná'doo, nízh'doo, ná'dii, ná'dooh)
I. 'ák'é ni-ná'nísh-dlé (ná'ní, ná'í, ná'jí, ná'nii, ná'nóh)
P. 'ák'é ni-ná'nísh-dlá (ná'ííní, ná'í, ná'jí, ná'nii, ná'nooh)
R. 'ák'é ni-ná'ásh-dlééh (ná'í, ná'á, ná'jí, ná'ii, ná'óh)
O. 'ák'é ni-ná'ósh-dlééł .(na'óó, ná'ó, ná'jó, ná'oo, ná'ooh)

FINE OF, TO PAY A — (so much), 'ák'é ninánísh-dlá, I paid a fine of (lit. I paid it in exchange for myself).

F. 'ák'é ni-nádeesh-dlééł (nádíí, néidoo, názhdoo, nádii, nádooh)
I. 'ák'é ni-nánísh-dlé (nání, néi, nájí, néii, náh)
P. 'ák'é ni-nánísh-dlá (néíní, néí, nájí, nánii, nánooh)

101

R. 'ák'é ni-násh-dlééh (nání, néí, nájí, néii, náh)
O. 'ák'é ni-náósh-dléél (náóó, náyó, nájó, náoo, náooh)

Ńdíílts'ingo biniinaa neeznáá béeso 'ák'é ni-nánishdlá, I paid a fine of ten dollars for hitting him with my fist.

FISH, TO (to catch a fish; to catch fish; to go fishing), łóó' háálo', I caught a fish (lit. I pulled out a fish by means of a line); hahálo', I caught (plural fish (lit. I pulled them out one after another by means of a line); yínishłeeh, I am fishing (lit. I am holding it (the line).

1. TO CATCH IT (ONE FISH).
F. hadeesh-łoh (hadíí, haidoo, hazhdoo, hadiid, hadooh)
I. haash-łeeh (hani, hai, haji, haiid, haah)
P. háá-lo' (háíní, hayíí, hajíí, haiid, haoo)
R. hanásh-dloh (hanání, hanéí, hańjí, hanéii, hanáh)
O. haoosh-łeeh (haóó, hayó, hajó, haood, haooh)

T'áadoo hodíína'í łóó' naaki hayíílo', It didn't take him long to catch two fish.

2. TO CATCH THEM (PLURAL FISH, ONE AFTER ANOTHER); TO GO FISHING.
F. hahideesh-łoh (hahidíí, haidiyoo, hazhdiyoo, hahidiid, hahidooh)
I. hahash-łeeh (hahí, hayii, hajii, hahiid, hahoh)
P. hahá-lo' (hahíní, hayiiz, hajiiz, hahaad, hahoo)
R. hanáhásh-dloh (hanáhí, hanáyii, hańjii, hanáhiid, hanáhóh)
O. hahósh-łeeh (hahóó, haiyó, hajiyó, hahood, hahooh)

Łóó' t'óó 'ahayóí hahálo', I caught a lot of fish.
Yiskąągo łóó' ła' hahidiidloh, Tomorrow we'll go fishing (i.e. we'll catch plural fish).

3. TO BE FISHING (I.E. HOLDING THE LINE).
N. yínish-łeeh (yíní, yó, jó, yínii, yínóh)

Łóó' yínishłeeh ńt'éé' shee nikihoníłtą́, I was fishing when it began to rain on me

102

FISH FOR INFORMATION, TO (to make indirect inquiries in order to get information; to nose a-round after information; to pump one), bíka'ash-kid, I'm fishing for information.

F. bíka'deesh-kił (bíka'dííł, yíka'dooł, bíkazh'dooł, bíka'diil, bíka'dooł)
Cl. bíka'ash-kid (bíka'íł, yíka'ał, bíka'jił, bíka'iil, bíka'oł)
SP. bíka'séł-kid (bíka'síníł, yíka'as, bíka'jis, bíka'siil, bíka'sooł)
R. bíka-ná'ásh-ki' (ná'íł, ná'áł, ń'jíł, ná'iil, ná'ół)
O. bíka'ósh-kid (bíka'óół, yíka'ół, bíka'jół, bíka'ool, bíka'ooł)

Díí Bilagáana daats'í diné yíká 'adoolwoł 'éí bíka'ashkid, I'm fishing for information as to whether the white people will help the Navahos.

Dąągo lá 'aghaa' haa yit'éego bą́ą́hílį́į dooleeł lá nisingo ch'ééh bíka'ashkid, I'm not having any luck fishing for information on the future price of wool for next spring.

FLIP IT UP INTO THE AIR, TO (by means of a point-ed object, as a stick, horn, etc.), yáábí'iisha', I flipped (tossed) it up into the air. (V. "pass away.")

F. yáá-bí'iideesh-shah (bí'iidíí, yí'iidoo, bí'iizhdoo, bí'iidiil, bí'iidooh)
I. yáá-bí'iish-shééh (bí'ii, yí'ii, bí'jii, bí'iil, bí'ooh)
P. yáá-bí'ii-sha' (bí'iini, yí'ii, bí'jii, bí'iil, bí'ooh)
R. yáá-bíná'iish-shah (bíná'ii, yíná'ii, bíń'jii, bíná'iil, bíná'ooh)
O. yáá-bí'oosh-shééh (bí'oó, yí'oo, bí'joo, bí'ool, bí'ooh)

Tł'ízíką' bidee' yee łééchąą yázhí yááyí'iisha', The billy goat flipped (tossed) the little puppy up in the air with his horns.

Hastiin łą́ 'át'íné̜e̜ dóola bidee' yee yáábí'iisha', The bull tossed the clown up with his horns.

FLOP DOWN, TO (in a relaxed position, as when one faints or dies), k'íhineezdéél, he flopped down (lit. he lay down with limbs extended).

F. k'íhi-dínéesh-dił (díníí, dínóo, zhdínóo, díníi, dínóoh)

103

I. k'íhi-nish-deeł (ní, ni, zhni, nii, noh)
P. k'í-hiní-déél (hííní, hineez, hizhneez, hinee, hinooh)
R. k'ínáhi-nish-dił (ní, ni, zhni, nii, noh)
O. k'íhi-nósh-deeł (nóó, nó, zhnó, noo, nooh)

Bił 'adéłdǫǫhgo k'íhineezdéél,   I shot him and he fell (flopped down).
Mǫ'ii k'íhineezdéél dóó daaztsá 'áhodeeshchį́,
The coyote flopped down and played dead.

FOND OF IT, TO BE (with reference only to a baby), baa 'įįh nisin, I am fond of it.

N. baa 'įįh nis-sin   (níní, ní, jiní, niid, noh)

She'awéé' baa 'įįh nisin,   I'm fond of my baby.

FOR HOW LONG? (since when?),   haa nízahdę́ę́' hoolzhiizh,   how long? since when? (lit. from how far has time progressed?)
Haa nízahdę́ę́' chidí naniłbąąsgo hoolzhiizh,
How long have you been driving a car?
'Éí naanishígíí haa nízahdę́ę́' binanilnishgo hoolzhiizh,   How long have you been doing that particular work?

FOR ONE, bíká, for him; bá, for him; baa, to, for it.
Yiską́ągo 'ahbínígo níká ńdeeshdą́ą́ł,   I'll come back for (after)you tomorrow.
Bílátsíní yę́ę t'ah doo yaa (or yíká) nádáah da,
She still hasn't come back for (after) her bracelet.
(Cp. Yiską́ągo 'ahbínígo naa ńdeeshdą́ą́ł,   I'll come back to see you tomorrow.)

FOR SOME TIME (long since; a long time),   hádą́ą́'-dą́ą́' shį́į́. (Cp. hádą́ą́'shą', how long ago?)
Hádą́ą́'dą́ą́' shį́į́ niiłtsǫǫz lá,   I found that it (a tire) had been flat for some time; I found that it had long since gone flat.

104

Hádą́ą́'dą́ą́' shį́į́ yíníyáago 'índa 'áadi deesháál, I'll get there sometime after you arrive.

FORCE HIM OFF, TO (to squeeze him out), ha-bé'éshjį́į́sh, I am forcing him off.

F. ha-bí'deesh-jį̧sh (bí'díít, yí'doot, bízh'doot, bí'diil, bí'doot)
I. ha-bé'ésh-jį́į́sh (bí'ít, yí'ít, bí'jít, bí'iil, bí'ót)
P. ha-bí'ííł-jį̧zh (bí'íínít, yí'ííł, bí'jííł, bí'iil, bí'oot)
R. ha-bíná'ásh-jį̧sh (bíná'íł, yíná'áł, bíná'jíł, bíná'iil, bíná'ół)
O. ha-bí'ósh-jį́į́sh (bí'óół, yí'óół, bí'jół, bí'ool, bí'oot)

TO BE FORCED OFF (PASSIVE).
F. habídi'dooljish   I. habí'díljį́į́sh   P. habí'dooljį̧zh
R. habíná'díljish   O. habí'dóljį́į́sh

Nikéyah biyi'dóó haní'deeshjį̧sh, I'll force you off your land.

Chidítsoh bíighah dah diilyeedgo nahji' habí'-ííłjį̧zh, The truck forced him off to one side when it passed him.

Bik'is béégashii t'óó 'ahayóí ninááyiisnii'go ké-yah bikáá'dóó habí'ííłjį̧zh, His brother bought more cattle and forced him off the land.

FOREMOST IN PEOPLE'S MINDS, TO BE —, hááhinoojah, it is foremost in people's minds (lit. it comes up again and again, as a plant which is cut off only to sprout up anew).

N. hááhinii-jah (hááhinoh, hááhinoo, hááhizhnoo)

'Ólta' baa hwiinít'į̧ t'éiyá diné yee hááhinoojah, Discussions involving education are foremost in people's minds (i.e. it recurs again and again as a topic of discussion).

Dá'ák'ehgi t'áá náháshgod ndi shikéédę́ę́' ch'il t'áá hááhinoojahgo yíshį́, I hoed the field all summer but the weeds kept right on coming up behind me.

105

FORMER TIMES, IN, t'ah nahdę́ę́' (nah-, to one side).

T'ah nahdę́ę́' doo hózhǫ́ diné be'ádadíláah da jiní, It is said that, in former times, people were not so mean.

T'ah nahdę́ę́' 'ayóo ndahałtin ńt'éé' jiní, It is said that, in former times, it used to rain a lot.

FORSAKE THEM, TO, yóó' 'iidíí'ą́, he forsook them (lit. he gave them up, cast them aside).

F. yóó' 'adideesh-'ą́ą́ł ('adidíí, 'iididoo, 'azhdidoo, 'adidiit, 'adidooh)
I. yóó' 'adish-'aah ('adí, 'iidi, 'azhdi, 'adiit, 'adoh)
P. yóó' 'adíí-'ą́ ('adííní, 'iidíí, 'azhdíí, 'adiit, 'adoo)
R. yóó' 'ańdísh-'ááh ('ańdí, 'anéidi, 'anízhdí, 'ańdiit, 'ańdóh)
O. yóó' 'adósh-'ą́ą́ł ('adóó, 'iidó, 'azhdó, 'adoot, 'adooh)

T'áadoo bidine'é yóó' 'iidíí'ą́ą da, He did not forsake his people.

T'óó 'ałtso 'ííłta' dóó bidine'é yóó' 'iidíí'ą́, As soon as he finished school, he forsook his people.

FREE WILL AND ACCORD, TO DO OF ONES OWN, t'áá bíniik'eh, of his own free will and accord.

T'áá bíniik'eh 'át'į́į́ lá, It was found that he did it of his own free will and accord.

T'áá shíniik'eh 'ásht'į́, I did it of my own free will and accord.

Bíísh 'áníłníigo 'ánít'į́, doodaii' daats'í t'áá níniik'eh 'ánít'į́, Did he tell you to do it, or did you do it of your own free will and accord?

FRIGHTEN ONE, TO (to become frightened), bik'ee shiya hodeesyiz, it frightened me.

F. bik'ee shiya hodidoolyis   I. bik'ee shiya hodiilyéés   P. bik'ee shiya hodeesyiz   CI. bik'ee shiya nahalyiz   R. bik'ee shiya nináhodilyis   O. bik'ee shiya hodólyéés

Shimá sání daatsaah ha'níigo shił hóone'go

106

t'óó bik'ee shiya hodeesyiz, It frightened me when I was told that my grandmother was ill.

FROM A DISTANCE, t'óó náago.

T'óó náago désh'įį'go diné shinááł 'ałk'iilwod, As I watched from a distance I saw the men attack each other.

T'óó náago désh'įį'go dibé dá'ák'ééjéé', As I watched from a distance the sheep ran into the cornfield.

FROM ONE (PLACE) TO ANOTHER, t'ááła' 'ałyóíjį'; t'ááła' 'ałyóígóó.

'Ólta'déé' nánísdzá dóó wóshdéé' t'ááła' 'ałyóíjį' dah diishááh, Since I got out of school I've been going from one place to another.

T'ááła' 'ałyóígóó naashnish, I go from one job to another.

FROM (THERE) ON OUT, -dóó k'ee'ąą hodees'áago.

T'áá 'atiindóó k'ee'ąą hodees'áago ch'il dayíl'á, From the road on out there is vegetation.

— G —

GATHER FOR IT, TO (to crowd together at it; to come for it), baa 'ahaniniijéé', we gathered for it (lit. we ran together to it; converged to it).

F. baa 'ahandii-jah ('ahandooh, 'ahandoo, 'ahanizhdoo)
I. baa 'ahaninii-jeeh ('ahaninoh, 'ahanii, 'ahanjí)
P. baa 'ahaniniijéé' ('ahaninoo, 'ahaniní, 'ahanizhní)
R. baa 'ahaninéii-jah ('ahanináh, 'ahaniná, 'ahanájí)
O. baa 'ahanoo-jeeh ('ahanooh, 'ahanoo, 'ahanijó)

Łééchąą'í ła' 'ałk'iilwodgo baa 'ahaniniijéé', We crowded to the dog fight.

Chidí nihił 'ahídeezgohgo diné t'óó 'ahayóí ni-

haa 'ahaniníjéé', When our cars collided every-
one gathered (crowded) around us.

GENERATIONS OF GRANDCHILDREN, -di nátsóii
(as in díįdi nátsóii, four generations of grandchil-
dren: lit. four times back again grandchildren).

'Ałk'idą́ą́' hastóí yę́ę díįdi nátsóii daniłíinii t'áá
ńdayiiłtsééh ńt'ée'go baa hane', There is a story
saying that long ago men lived to see four genera-
tions of grandchildren.

GENEROUS, TO BE (to be big-hearted), shá 'áhwii-
nít'į́, I am generous; I am big-hearted.

Díí hastiin 'ayóo bá 'áhwiinít'į́, This man is
very generous; very big-hearted.

'Ayóo shá 'áhwiinít'į́į́ ńt'éé', k'ad 'ayóo shił ha-
tsoh, I used to be generous, but now I am stingy.

GENEROUS WITH IT, TO BE, baa yishdlee', I am
generous with it; I let just anybody use it (opposite
of baa nishchį', I'm stingy with it; I keep it to my-
self; I withhold it from others).

N. baa yish-dlee' (ni, yi, ji, yii, woh) (ha-)

Chidí 'ayóo baa nidlee'go t'áadoo hodina'í doo-
chxǫǫł, If you're too generous with your car, it'll
soon be ruined.

Bichidí t'óó nichxǫ́'ígo biniinaa 'ayóo yaa yi-
dlee', He's so generous with his car because it's
no good anyway.

GET A GOOD PRICE FOR IT, TO, bá da'ílį́, they get
a good price for them (lit. they are valuable for
them).

Naabeehó diyogí danizhóní yígíí bá da'ílį́, The
Navahos get a good price for good rugs.

108

Dibé bitsį' ha'a'aahdi 'ayóo ná 'ílį́į dooleeł, You can get a good price for mutton back east.

GET A GOOD START ON ONE'S DRINKING, TO
(to be well in one's cups; to be well on one's way to intoxication), ńdí'níishdlą́ą́', I had gotten a good start on my drinking; I was well in my cups. (The same prefixes are used with some other stems to render the meaning "to get a good start on ---." Thus, ńdidí'néeshdį́į́ł, I'll get a good start on my eating; I'll get well into my meal; ńdidí'néesh-hosh, I'll get a good start on my sleep; ńdidí'-néeshtah, I'll get a good start on my reading or counting.)

F. ńdi-dí'néesh-dlį́į́ł (dį'níí, dí'nóo, dízh'nóo, dí'níi, dí'nóoh)
I. ńdí'níish-dlį́į́h (ńdí'níi, ńdí'níi, ńdízh'níi, ńdí'níi, ńdí'nóoh)
P. ńdí'níish-dlą́ą́' (ńdíń'ni, ńdí'níi, ńdízh'níi, ńdí'níi, ńdí'nóoh)
R. níná-dí'níish-dlį́į́h (dí'níi, dí'níi, dízh'níi, dí'níi, dí'nóoh)
O. ńdí'nóosh-dlą́ą́' (ńdí'nóó, ńdí'nóo, ńdízh'nóo, ńdí'nóo, ńdí'nóoh)

Tł'éédą́ą́' ts'ídá ńdí'níishdlą́ą́'go she'esdzáán shił yah 'íiyá, Last night my wife walked in on me just when I was getting a good start on my drinking.

Ts'ídá ńdí'níiłhaazhgo ła' dáádílkał 'ąą 'ájiilaa yiists'ą́ą́', Someone opened the door just when I had gotten a good start on my (night's) sleep.

Naaltsoos ńdii'ą́ą́ dóó ts'ídá t'áá yéigo ńdi'níiłta'go tł'óo'jį' hahodíídláád yiists'ą́ą́', I picked up a book and just when I had gotten a good start on my reading I heard a commotion outside.

GET A GOOD START ON ONE'S WAY, TO (to be well on one's way), ńdíníisdzá, I had gotten a good start on my way; I had gotten well on my way; I was well on my way. (The same prefixes

are used with the stem -nish, to work. Thus, ńdi-dínéeshnish, I will be well along in my work.)

F. ńdidínéesh-dááł (ńdidíníí, ńdidínóo, nízhdidínóo)   D. (PL.) ńdi-díníit-'ash (-kah) (ńdidínóoh, ńdidínóo, nízhdidínóo)

I. ńdíníish-dááh (ńdíníi, ńdíníi, nízhdíníi)   D. (PL.) ńdíníit-'aash (-kááh) (ńdínóoh, ńdíníi, nízhdíníi)

P. ńdíníis-dzá (ńdíníni, ńdíníi, nízhdíníi |ńdízhníi|)   D. (PL.) ńdí-níit-'áázh (-kai) (ńdínóoh, ńdíníi, ńdízhníi)

R. nínádíníish-dááh (nínádíníi, nínádíníi, nínádízhníi)   D. (PL.) nínádíníi-t'ash (-kah) (nínádínóoh, nínádíníi, nínádízhníi)

O. ńdínóos-dza' (ńdínóó, ńdínóo, nízhdínóo)   D. (PL.) ńdínóot-'aash (-kááh) (ńdínóoh, ńdínóo, nízhdínóo)

Ńdíníisdzáago 'índa shich'ah bénááshnii', I was well on my way when I remembered my hat.

T'ah doo ńdíníishdááhgóó shee 'aho'niiłtą́, Before I had gotten well started it began to rain on me.

T'áadoo ts'ídá ńdíníilníshí naanish 'ásdii̜d nihi'-doo'niid, Before we got a good start on the job, we were told that there was no more work.

GET ALONG, TO, kééhasht'į́, I am getting along (lit. I am living; residing).

Haash yit'éego kééhót'į́, How are you getting along?

Nizhónígo kééhasht'į́, I am getting along nicely.

Diné ła' nizhónígo kéédahojit'į́ danihó'ní, 'áko ndi doo 'ákót'ée da, Some people think we're getting along nicely, but we are not.

GET AWAY FROM IT, TO (through disuse), baa dáádiildee', we got away from it (lit. we moved in such a way as to dam it up).

F. baa dáádidiil-dah (didooł, didool, zhdidool)
I. baa dáádiil-dééh (dooł, diil, zhdiil)

110

P. baa dáádiil-dee' (dooł, diil, zhdiil)
R. baa dánínádiil-dah (dánínádooł, dánínádiil, dánínázhdiil)
O. baa dáádool-dééh (dooł, dool, zhdooł)

'Ałk'idą́ą́' saad yę́ę́ t'óó 'ahayóí baa dáádooł-dee'go 'át'é, 'eii 'ániid háánooht'ánígíí, You of the younger generation have gotten away from a lot of the old words.

GET AWAY FROM IT, TO (a style, habit, custom by virtue of its falling into disuse), baa diildee', we got away from it (lit. we passed it up).

F. baa didiil-dah (didooł, didool, zhdidool)
I. baa diil-dééh (dooł, diil, zhdiil)
P. baa diil-dee' (dooł, diil, zhdiil)
R. baa ńdiil-dah (ńdooł, ńdiil, nízhdiil)
O. baa dool-dééh (dooł, dool, zhdool)

Kiis'áanii 'éé' biil wolyéhę́ę́ ła' t'ah ndi yee háádadiit'įįh; Naabeehó niidlíinii 'éí 'ákódaat'éhígíí 'ałtso baa diildee', Some of the Pueblos still dress in a "biil," but we Navahos have gotten away from things like that.

GET AWAY FROM IT, TO (to leave it behind; to abandon it; to give it up), baa dáádiilyiz, we got away from it; we abandoned it; we gave it up. (lit. we turned in such a way that it was dammed up).

F. baa dáádidiil-yis (dáádidooł, dáádidool, dáázhdidool)
I. baa dáádiil-yéés (dáádooł, dáádiil, dáázhdiil)
P. baa dáádiil-yiz (dáádooł, dáádiil, dáázhdiil)
R. baa dáńdiil-yis (dáńdooł, dáńdiil, dánízhdiil)
O. baa dáádool-yéés (dáádooł, dáádool, dáázhdool)

'Éé' neishoodii danilínígíí ła' Naabeehó dine'é binahagha' yaa dáádoolyéés laanaa ch'ééh danízin, Some of the missionaries wish that the Navahos would get away from their religion, but they do not.

111

GET BEHIND, TO (in progress, as in school, cultur-
ally, etc.), shaa dááhodiildo, I got behind (lit.
things moved to obstruct me).

F. shaa dááhodidooldoh   I. shaa dááhodiildóóh   P. shaa dááho-
diildo   R. shaa dánáhodiildoh   O. shaa dááhodooldóóh

'Atah dibé tádíshgéésh ńt'éé' t'áadoo le'é baa
nétł'ahgo biniinaa shaa dááhodiildo, I was tak-
ing part in the sheep shearing, but I got behind be-
cause of something that delayed me.

Tł'ée'go naashnishgo biniinaa 'ííníshta' yéędi
shaa dááhodiildo, I got behind in my schooling
because I had to work nights.

Ni'iyíléhígíí ła' wóósiihgo naa dááhodooldóóh,
Don't get behind in your payments or you'll never
catch up.

GET BETTER, TO (improve), t'óó ts'ííd násdlíí',
he got better (lit. he reverted to all right, well).

T'óó ts'ííd jizlįį' t'óó nahalin, He seems to be
a little better.

'Ahbínígo 'índa t'óó ts'ííd nízhdoodleeł ní 'a-
zee'ííł'íní, The doctor says she will be better by
morning.

GET COLD THERE, TO (in genital region) shaa
'astin, I got cold there. (V. see him there; look
at him there; hit him there; sweat there; gonor-
rhea).

F. shaa 'adootįįł   IP. shaa 'i'niitin   SP. shaa 'astin
R. shaa ná'átįįh   O. shaa 'ótin

Díí hastiin baa 'astin lá, This fellow froze his
genital region.

Hazhó'ó 'ák'i'íltih, 'áko doo naa 'adootįįł da,
Cover yourself well so you won't get cold there.

112

GET HIM OFF IN A HURRY, TO, tsį́į́ł shéłchį́, I got him off in a hurry (lit. I made him quickness). (Cp. shéłchį́, I caused him to come into being; I gave birth to him.) (V. to put him to a lot of trouble; to declare war; get oneself off in a hurry). (Cp. also tsį́į́ł bi'dishchį́, he was hurried off: bi'dizhchį́, he was born.)

F. tsį́į́ł deesh-chííł (díít, yidooł, jidooł, diil, dooł)
I. tsį́į́ł yish-chį́ (nił, yił, jił, yiil, woł)
SP. tsį́į́ł shéí-chį́ (shíníł, yish, jish, shiil, shooł)
R. tsį́į́ł násh-chííh (nánił, néíł, ńjíł, néiil, náł)
O. tsį́į́ł wósh-chííł (wóół, yół, jół, wool, wooł)

Binant'a'í yáłti'go diséts'ą́ą'go biniinaa tsxį́į́ł shéłchį́, I got him off in a hurry when I heard his boss's voice.

Shaa ńjít'į́igo biniinaa tsxį́į́ł hoshéłchį́, I hurried him off because he bothers me.

GET INTO BED WITH HIM (HER), TO, bit'aash-'na', I got into bed with him (her).

F. bit'a-deesh-'nah (díí, doo, zhdoo, dii, dooh)
I. bit'aash-'nééh (bit'ani, yit'aa, bit'aji, bit'eii, bit'aah)
P. bit'aash-'na' (bit'éíní, yit'aa, bit'ajoo, bit'eii, bit'aooh)
R. bit'a-násh-'nah (nání, ná, nájí, néii, náh)
O. bit'aoosh-'nééh (bit'aóó, yit'aoo, bit'ajó, bit'aoo, bit'aooh)

Shi'niidlíigo biniinaa shínaaí bit'aash'na', I got cold so I crawled into bed with my older brother.

GET IT ON ONESELF, TO (contract it, as a disease; to get it), bééséyá, I got it on myself.

F. béédeeshá́ł (béédíínáá, yéédoogáá, béézhdoogáá)   D. béédiit'ash (béédooh, yéédoo, béézhdoo)   PL. béédii-kah (béédooh, yéédoo béézhdoo)   I. bénásháah (bénánínáá, yénágháá, béńjígháá)   D. bénéiit-'ash (bénáh, yéná, bénájí)   PL. bénéii-kááh (bénáh, yéná, bénájí)   SP. béésé-yá (béésíní, yéná, bééjí)   D. bééshiit-'áázh (bééshoo, yéná, bééjí)   PL. béésii-kai (béésooh, yénás, bééjís)   R. béní-násh-dááh (nání, ná, ńjí)   D. béní-néii-t'ash (náh, ná, nájí)

113

PL. béní-néii-kah (náh, ná, nájí)   O. bénáoos-dza' (bénáóó, yénáoo, bééjó)   D. bénáoot-'aash (bénáooh, yénáoo, bééjó)   PL. bénáookááh (bénáooh, yénáoo, bééjó)

Hashtł'ish bééséyá, I got mud on myself.

Hats'ą́ą́dę́ę́' chách'osh bééséyá, I contracted syphilis from her.

Kóhoot'éédą́ą́' Naabeehó dine'é t'óó 'ahayóí jéí 'ádįįh yénáskai, Last year many Navahos contracted tuberculosis.

Plural indefinite subjects are referred to by:

F. béé'dooldah   I. béé'íldah   SP. béé'ésdee'
R. bíníná'áldah   O. béé'óldah

Kóhoot'éédą́ą́' jéí 'ádįįh béé'ésdee', Last year people contracted tuberculosis.

GET NEXT TO ONESELF, TO (to come to the realization that one's actions, procedure or behavior are wrong), 'ádééníshkáá', I got next to myself; I came to realize that I was wrong (lit. I caught up with myself by trailing; I tracked myself down).

F. 'ádéédeesh-kah ('ádéédííl, 'ádééyidool, 'ádéézhdool, 'ádéédiil, 'ádéédooł)
I. 'ádéénísh-kááh ('ádííníl, 'ádínéíl, 'ádééjíl, 'ádééniil, 'ádéénółł)
P. 'ádéénísh-káá' ('ádéíníl, 'ádínéíl, 'ádééjíl, 'ádééniil, 'ádéénooł)
R. 'ádéní-nash-kah (náníl, néíl, nájíl, néiil, náł)
O. 'ádénáoosh-kááh ('ádénáóól, 'adééyól, 'ádééjól, 'ádénáool, 'ádénáooł)

'Ániid naasháhą́ą́dą́ą́' doo 'áháshyą́ą́góó hoolzhiizh 'áádóó 'ánííd 'índa 'ádééníshkáá', When I was young I was foolish, but recently I've gotten next to myself.

GET OLD ENOUGH TO START REMEMBERING, TO shíni' hazlį́į́', I got old enough to start remembering (lit. my mind came into being).

114

F. shíni' hodooleeł   I. shíni' haleeh   P. shíni' hazlį́į'
R. shíni' náhádleeh   O. shíni' hóle'

T'áá shíni' hazlį́į'go ts'ídá 'áłtsé kǫ' na'ałbągsii bitiin 'ályaa, I was old enough to remember things at the time the first railroad was built.

T'áá shíni' hazlį́į'go shimá sání yę́ę 'ádin, I was old enough to remember when my grandmother died.

GET ONE'S BREAD AND BUTTER FROM IT, TO (to support oneself from it), bee 'i'dishnah, I get my bread and butter from it (lit. I swallow by means of it).

N. bee 'i'dish-nah ('i'díl, 'i'dil, 'izh'dil, 'i'diil, 'i'doł)

Naashnishígíí t'éiyá bits'ą́ą́dóó sha'áłchíní bił 'ada'dishnah, By my work my family and I get our bread and butter.

Hamá diyogí 'ííł'inígíí t'éiyá bits'ą́ą́dóó 'izh'dilnah, His mother's rug weaving is his only source of livelihood.

GET ONESELF OFF IN A HURRY, TO, tsį́į́ł 'ádéshchį́, I got myself off in a hurry (lit. I made myself quickness). (V. put one to a lot of trouble; get him off in a hurry; declare war; cache it.)

F. tsxį́į́ł 'ádi-deesh-chííł (dííl, dool, zhdool, diil, dooł)
I. tsxį́į́ł 'ádísh-chí ('ádíl, 'ádil, 'ázhdíl, 'ádiil, 'ádół)
P. tsxį́į́ł 'ádésh-chį ('ádíníl, 'ádeesh, 'ázhdeesh, 'ádeel, 'ádisooł)
R. tsxį́į́ł 'áńdísh-chííh ('áńdíl, 'áńdíl, 'áńízhdíl, 'áńdiil, 'áńdół)
O. tsxį́į́ł 'ádósh-chííł ('ádóól, 'ádól, 'ázhdól, 'ádool, 'ádooł)

Tsxį́į́ł 'ádéshchį́igo biniinaa shibéeso baa yisénah lá, I got myself off in such a hurry that I forgot my money.

115

GET OUT OF BREATH, TO, yisdah 'aniígo', I got out of breath.

F. yisdah 'adí-néesh-goh (níí, nóo, zhnóo, níi, nóoh)
I. yisdah 'anish-geeh ('aní, 'ani, 'azhni, 'anii, 'anoh)
P. yisdah 'aníí-go ('anííní, 'aníí, 'azhníí, 'anii, 'anoo)
R. yisdah 'anánísh-goh ('anání, 'anání, 'anázhní, 'anánii, 'anánóh)
O. yisdah 'anósh-geeh ('anóó, 'anó, 'azhnó, 'anoo, 'anooh)

'Áhaníjį' ńdiilwo' ndi t'áá 'áko yisdah 'anigoh, He gets out of breath right away, even though he runs only a short distance.

'Ałní'ní'ánę́ędą́ą́' niinah gódeg yisháałgo yisdah 'aniígo', I got out of breath when I went up the hill at noon today.

Łį́į́' shił yilwoł ńt'éé' sits'ą́ą́' yisdah 'aniígo', I was riding along on my horse when he got winded on me.

GET OUT OF ONE'S PRESENT MESS, TO, díí k'ad 'ánisht'éhígíí bii' hadeeshááł, I will get out of my present mess (condition) (lit. I will climb up out of the condition in which I am now).

Díí k'ad 'ánísh-t'éhígíí ('ání, 'á, 'ájí, 'ánii, 'ánóh):—
F. bii' ha-deeshááł (díínááł, doogááł, zhdoogááł)   D. (PL.) ha-diit-'ash (-kah) dooh, doo, zhdoo)
I. bii' haashááh (hanínááh, haaghááh, hajighááh)   D. (PL.) haiit-'aash (-kááh) (haah, haa, haji)
SP. bii' hasé-yá (hasíní, haa, hajii)   D. (PL.) hashiit-'áázh (-kai) shoo(h), haazh (haas), hajizh (hajis)
R. bii' ha-násh-dááh (ńání, ná, ńjí)   D. (PL.) ha-néiit-'ash (-kah) náh, ná, ńjí)
O. bii' haoosha' (haóóya', haooya', hajóya')   D. (PL.) haoot-'aash (-kááh) (haooh, haoo, hajó)

Naabeehó dine'é 'ałtso da'ííłta'go 'índa díí k'ad 'ádaat'éhígíí 'ałtso yii' hadookah, The Navaho people will get out of their present mess only when they have all gotten an education.

Shínaaí shik'é niná'ídláago díí k'ad 'ánísht'é-
hígíí bii' hadeesháál,   When my older brother has
gone my bond (or paid my fine) I'll get out of the
mess I'm in now.

GET UP AT DAWN, TO, yikáííhdą́ą́' ńdiish'na',   I
got up at dawn (yikáííhdą́ą́', at dawn).

Yikáííhdą́ą́':—

F. ńdideesh-'nah   (ńdidíí, ńdidoo, ńdizhdoo, ńdidii, ńdidooh)
I. ńdiish-'nééh   (ńdii, ńdii, nízhdii, ńdii, ńdooh)
P. ńdiish-'na'   (ńdini, ńdii, nízhdii, ńdii, ńdooh)
R. náádiish-'nah   (náádii, náádii, nínázhdii, náádii, náádooh)
O. ńdoosh-'nééh   (ńdoó, ńdoo, nízhdoo, ńdoo, ńdooh)

Yikáííhdą́ą́' náádiish'nahgo naashnishgóó 'ał-
nánáshdááh,   I get up at dawn to go to work.

GET USED TO THINGS, TO, 'inéshdin, I am used
to things.

F. 'ídínéesh-dį́į́ł   ('ídínííl, 'ídínóol, 'ízhdínóol, 'ídíníil, 'ídínóoł)
P. 'ínésh-din   ('íńníl, 'ínees, 'ízhnees, 'íneel, 'ínooł)
N. 'ínísh-din   ('íníl, 'íníl, 'ízhníl, 'íniil, 'ínół)
R. 'ínánásh-dį́į́h   ('ínáníl, 'ínáníl, 'ínázhníl, 'ínániil, 'ínánół)
O. 'ínósh-din   ('ínóól, 'íól, 'ízhnól, 'ínool, 'ínooł)

Hajoobá'ígo 'índa 'inéshdin kwii,   I had a hard
time, but I finally got used to things here.

'Inéshdingo shį́į́ kwii shił yá'áhoot'éeh dooleeł,
I'll probably like it here when I get used to things.

Kwii neeznáá shinááhai ndi t'ah doo 'inishdin
da,   I've lived here ten years, but I can't get used
to it.

GET WORSE, TO (morally or physically), t'ah yó-
wehgo 'ádzaa, he got worse (lit. he did a little
further). (Cp. yówehédi, nówehédi, a little bit fur-
ther, as in yówehédi ńdaah, move over a little way;
sit a little further on.)

117

F. 'ádeesh-nííł ('ádíí, 'ádoo, 'ázhdoo, 'ádii', 'adooh)

PROG. 'áásh-nííł ('áá, 'áá, 'ájoo, 'íi', 'ááh)

I. 'ásh-nééh ('ání, 'á, 'ájí, 'íi', 'óh)

P. 'ás-dzaa ('íini, 'á, 'ájii, 'íi, 'óoh)

R. 'ánásh-t'įįh ('ánání, 'áná, 'áńjí, 'ánéii, 'ánáh)

O. 'óosh-ne' ('óó, 'óo, 'ájó, 'óo', 'óoh)

'Azee' bił baa 'o'ootsi ńt'éé' t'ah yówehgo 'á-dzaa, He was given an injection of medicine but he got worse.

GETTING ALONG, TO BE, naniná, you are getting along (lit. you are walking about, living).

Haa yit'éegoshą' naniná, How are you? How are you getting along?

Yá'át'ééh naashá, I am getting along fine.

GIVE HIM A DRINK, TO, ba'níziid, I gave him a drink (lit. I poured liquid to lend it to him).

F. ba'dees-sił (ba'díí, ya'doo, bazh'doo, ba'diid, ba'dooh)

I. ba'nis-sííd (ba'ní, ya'í, ba'jí, ba'niid, ba'noh)

P. ba'ní-ziid (ba'ííní, ya'ní, bazh'ní, ba'niid, ba'noo)

R. baná'ás-dzi' (baná'í, yaná'á, baní'jí, baná'ii, baná'óh)

O. ba'ós-sííd (ba'óó, ya'ó, ba'jó, ba'ood, ba'ooh)

Tó ła' sha'nízííd, Give me a drink of water.

Chidí bitiindi Bilagáana ła' chidí bitoo' bits'ą́ą́' 'ásdįįd léi' chidí bitoo' ła' ba'niidziid, A white man ran out of gasoline on the road, so we lent him some.

GIVE HIM (AN AMOUNT OF TIME), TO (to sentence him to), bá nihoní'ą, I gave him (a certain period of time); I set a date for him (it) (lit. I set impersonal it down for him).

F. bá niho-deesh-'ááł (díí, doo, zhdoo, diit, dooh) (nihodoot'ááł)

I. bá ni-honish-'aah (honí, hoo, hoji, honiit, honoh) (nihoot'aah)

P. bá ni-honí-'ą (hwííní, honí, hozhní, honiit, honoo) (nihoot'ą)

R. bá nináhásh-'ááh (nináhǫ́, nináhá, nináhoji, nináhwiit, nináhóh)

O. bá ni-hósh-'ááł (hóó, hó, hojó, hoot, hooh) (nihót'ááł) 'íínídlá'ígíí biniinaa tádiin yiską́ąji̯' 'awáalya bee ná nihonish'aah, I'm giving you thirty days for drunkenness.

Díí hastiin łį́į́' shee yineez'į́į' lá 'áko kodóó neeznáá yiską́ąji̯' shá ninádíídlééł hodishníigo há nihodeesh'ááł, This man stole my horse and I'll give him ten days to pay me for it.

Kodóó naadiin ła' náánéíską́ąji̯' shá nihoot'ą́, I was given twenty one days (in which to do something).

'Ashdla' nááhaiji̯' 'awáalya sitį́i̯ dooleeł biniiyé bá nihoot'ą́, He was sentenced to five years in jail.

GIVE HIM AN INJECTION OF IT, TO (medicine),
bił baa 'i'íítsi, I gave him an injection of it (lit. I stuck something into him with it).

F. bił baa 'i'dees-tsih   ('i'díí, 'i'doo, 'izh'doo, 'i'dii, 'i'dooh ('i'dootsih)
I. bił baa 'e'es-tsééh   (i'í, 'e'e, 'i'ji, 'i'ii, 'i'oh)   ('e'etsééh)
P. bił baa 'i'íí-tsi   ('i'ííní, 'i'íí, 'i'jíí, 'i'ii, 'i'oo)   ('i'ootsi)
R. bił baa 'aná'ás-tsih   (aná'í, 'aná'á, 'ań'jí, 'aná'ii, 'aná'óh)   ('aná'á-)
O. bił baa 'i'ós-tsééh   ('i'óó, 'i'ó, 'i'jó, 'i'oo, 'i'ooh)   ('i'ótsééh)

K'ad 'azee' bił naa 'i'dootsih, Now you will get an injection of medicine.

Táá' néílkáahgo 'azee'ííł'íní 'azee' yił shaa 'aná'átsih, The doctor gives me an injection of medicine every three days.

Yiską́ągo 'azee' yił shaa 'anáá'átsééh, He is giving me another injection of medicine tomorrow.

GIVE HIM TROUBLE, TO (to cause trouble for him),
bich'i̯' nahwiyéłnáá', I gave him trouble; I caused trouble for him.

F. bich'i̯' nahwiideesh-naał (nahwiidííł, nahwiidooł, nahwiizhdooł, nahwiidiil, nahwiidooł).
CI. bich'i̯' nahwiish-ná (nahwiyíł, nahwiił, nahojiił, nahwiil, nahwiyoł).

119

P. bich'į' nahwiyéł-náá' (nahwiyíníł, nahwiis, nahojiis, nahwiyeel, nahwiyooł).

R. bich'į' nináhwiish-naah (nináhwiyíł, nináhwiił, nináhojiił, nináhwiil, nináhwiyoł)

O. bich'į' nahwiyósh-náá' (nahwiyóół, nahwiyół, nahojiyół, nahool, nahooł).

Shichidí shich'į' nahwiiłnáago 'i'íí'ą 'adą́ą́dą́ą́', My car gave me trouble all day yesterday.

Łééchąą'í yázhí t'áadoo bich'į' nahwiyíłnání — ndííłtsił, Don't let the puppies suffer — kill them (i.e. don't cause them grief when you kill them— just kill them right off).

GIVE IT MORE ATTENTION, TO baa naanish 'aghą́, they are getting more attention; work on them is heavy.

Dibé yázhí baa naanish 'aghą́, The lambs are being given more attention; work on the lambs is heavy.

Naabeehó dine'é lą'í dichin bida'niighą́ ha'níigo 'adahwiis'áágóó k'ad baa naanish da'aghą́, It has been said that many of the Navahos are starving, so they are getting more attention from people everywhere.

GIVE IT TO HIM, TO (liquid), baa níziid, I gave it to him (lit. I poured it to him).

F. baa dees-sił (díí, yidoo, jidoo, diid, dooh)
I. baa nis-sííd (ní, yí, jí, niid, noh)
P. baa ní-ziid (yíní, yiní, jiní, niid, noo)
R. baa nás-dzi' (nání, néí, ńjí, néii, náh)
O. baa wós-sííd (wóó, yó, jó, wood, wooh)

'Ashkii tódiłhił ła' baa wóózííd, bił hodínóodoh, Don't give liquor to the boy; he'll get drunk.

'Ahbínígo dibé yázhí tó baa násdzi', I give water to the lambs in the morning.

GIVE LIGHT, TO, bee n'deezdíín, it gives light.
Kǫ' diltłi'ígíí bee n'deezdíín, The burning fire gives light.
Kǫ' 'ayóigo bee n'deezdíín ndi doo shiniłdoi da, The fire gives lots of light, but it doesn't warm me
'Ak'ah diltłi'ígíí bee n'deezdíingo bich'į' ndashiilnish, The burning oil gave enough light so we could see to work.

GLARE, TO, (a bright surface), bits'ádi'ńlííd, it glares (lit. there is a shine from it).
Yas bits'ádi'ńlíidgo hanák'ee sinilí łizhingo yá'-át'ééh, One should wear dark glasses when the snow glares.
Yas 'ayóigo bits'ádi'ńlíidgo biniinaa doo 'eesh'įį da, The snow glares so strongly that I cannot see.

GLIDE, TO (an eagle, airplane, etc.), naalk'įh, it is gliding about.

F. ndoolk'įh   CI. naalk'įh   SP. naask'įh   R. ninálk'įh
O. naoolk'įh

'Atsá tsin yílátahdi yilk'įhgo yiiłtsą, I saw an eagle gliding (along) over the treetops.
'Atsá bit'a' 'ąą 'ádayósingo ndaalk'įh łeh, The eagle glides by just holding his wings open.

GO, TO (by vehicle or other transportation).
Movement from one place to another can be accomplished by such well known manners as those expressed by the verbs walk, run, trot, gallop, fly, float, crawl, etc. Animals can move by one or more of these methods, depending upon physical limitations. Thus, a person can transport himself by several of the above methods, or he may be transported by a vehicle (animate or inanimate) which utilizes one of the mentioned forms of motion.

121

In English, we say loosely "I flew," "I galloped," "I sailed," etc. when it is quite obvious that we mean that we were transported by an airplane that flew, a horse that trotted, or a boat that sailed, etc. In Navaho the distinction is maintained between movement as performed by a person himself, as against transportation of a person by movement of a transporting vehicle. When a person is carried by a vehicle, the latter is said to "move with him." A person could not logically say of himself, in Navaho, nisht'a', I flew, because a person cannot fly. He must say, for example, shił 'ít'a', something unnamed flew with me, or shił yít'a', it (as an airplane) flew with me.

If the vehicle is inanimate it has no will of its own, although under certain conditions it may be described as moving without reference to a human causative agent. Thus, an inanimate vehicle may be described as "going with one," as "being caused to go with one," or as "being caused to go by one." For example, tsinaa'eeł yish'oł, I am sailing the boat along (i.e. I am causing the boat to move along floating by paddling, rowing, etc.); tsinaa'eeł shił yi'oł, I am riding along in the boat (i.e. the boat is floating along with me); tsinaa'eeł shił yooł'oł, he is taking me along by boat (i.e. he is causing the boat to move along floating with me). Or, the vehicle itself may be unmentioned and represented only by the indefinite pronoun subject 'a-, something; someone, as in shił 'oo'oł, I am going along by boat (i.e. something indefinite is floating along with me); shił 'ool'oł, I am being taken by boat (i.e. something indefinite is being caused to float along with me by someone indefinite); shił 'ool'oł, he is taking me by boat (i.e. he is causing something indefinite to float along with me); 'eesh'oł, I am going along by boat (i.e. I am causing something indefinite to float a-long).

A person cannot logically say nisht'a', I flew, because it is physically impossible, but a pilot can refer to himself as having caused the movement of the airplane, as in 'aníłt'a', I flew (i.e. I caused something indefinite to arrive flying).

Animals used for transportation, such as the horse, have wills of their own, so one does not refer to himself as the causative agent with reference to an animal he is riding, provided he is being directly transported on the animal. If he is being transport-ed by a horse-drawn vehicle, he may then refer to himself, or to another human agent, as the one who causes the movement of the vehicle. Thus, łį́į' shił yildlosh, I am riding along on horseback at a trot (i.e. a horse is trotting along with me); shił 'ool-dlosh, I am riding along at a trot (i.e. something in-definite is trotting along with me). But one cannot say that he is making the horse trot along with him, because he cannot impose his will on the horse in the same sense as he imposes it on an inanimate vehicle.

In the case of the horse-drawn vehicle, the ani-mal is described as causing the vehicle to move by rolling it. The person is directly carried by the ve-hicle, not by the horse, so he may refer to himself as the agent, as the one with whom the movement takes place, or as the one who is taken by someone else who causes the movement. Thus, tsinaabąąs yooł-bąs, he is driving the wagon along (i.e. he is caus-ing the wagon to roll along); tsinaabąąs bił 'oolbąs, he is being taken by wagon (i.e. someone indefinite is causing the wagon to roll along with him); bił 'oo-bąs, he is riding along in a wagon (i.e. something indefinite is rolling along with him); bił 'oołbąs, he is taking him by wagon (i.e. he is causing something indefinite to roll along with him), etc.

Given herewith are the basic paradigms with relation to various aspects of going by means of a vehicle of transportation. The paradigms are given with the stem lwoł, to run. This stem and classifier can be replaced by the stems and classifiers listed below, with the meanings indicated. The paradigms are given in two forms, marked A and B. Those under A refer to movement of a definite object which must be represented by the noun. Those under B relate to movement of an indefinite or un-named object, and cannot be used with the noun. Thus, chidí shił dah diilwod, I started off by car (i.e. the car started off running with me); shił dah 'adiilwod, I started off (i.e. something indefinite started off running with me — a car, bus, train, horse, etc.).

1. to leave; to start off; to set out. The point of departure, if named, carries the suffix -dóó, from, while the destination, if named, has the suffix -góó, to.

A	B
F. shił dah didoo-lwoł	shił dah 'adidoo-lwoł
I. shił dah dii-lyeed	shił dah 'adii-lyeed
P. shił dah dii-lwod	shił dah 'adii-lwod
R. shił dah ńdii-lwo'	shił dah ń'dii-lwo'
O. shił dah doo-lyeed	shił dah 'adoo-lyeed

2. to be going along; to be riding along; to be on one's way. The destination, if named, carries the suffix -góó, to.

A	B
PROG. shił yi-lwoł	shił 'oo-lwoł
SP. shił dees-wod	shił 'adees-wod

3. to arrive; to get to. The destination, if named,

124

carries the suffix -di or -gi, at.

A	B
F. shił doo-lwoł	shił 'adoo-lwoł
I. shił yí-lyeed	shił 'í-lyeed
P. shił yí-lwod (ní-)	shił 'í-lwod ('aní-)
R. shił ná-lwo'	shił ná'á-lwo'
O. shił wó-lyeed	shił 'ó-lyeed

4. to go as far as; to go to (a specified place and halt there). The place named carries the suffix -jį', as far as.

A	B
F. shił ndoo-lwoł	shił n'doo-lwoł
I. shił nii-lyeed	shił ni'í-lyeed
P. shił nii-lwod (niní-)	shił ni'í-lwod (ni'ní-)
R. shił niná-lwo'	shił niná'á-lwo'
O. shił noo-lyeed	shił ni'ó-lyeed

5. to go away out of sight; to go off. When the verb is preceded by yah, into an enclosure, the meaning becomes, to go into; when preceded by yóó', away, the meaning is, to go away; to get lost. If a destination is specified, the noun representing that destination carries the suffix -góó, to.

F. shił 'adoo-lwoł	shił 'i'doo-lwoł
I. shił 'ii-lyeed	shił 'e'e-lyeed
P. shił 'ee-lwod ('íí-)	shił 'o'oo-lwod ('i'íí-)
R. shił 'aná-lwo'	shił 'aná'á-lwo'
O. shił 'oo-lyeed	shił 'o'ó-lyeed

Note: The perfective mode prefixes given in the preceding paradigms correspond to d- and l-class verbs, while the form given parenthetically corresponds to zero and ł-class verbs. The verb meaning to go at a walk, or at an unspecified speed or gait, (perfective stem form -yá), is a zero class verb, and thus requires the perfective prefixes given in parentheses. Thus, łį́į' shił níyá (not yíyá), I went by horse (i.e. the horse arrived with me), and shił 'aní-yá, I arrived (i.e. something indefinite arrived with

125

me). Similarly, shił 'anı́łt'a', I flew (i.e. someone indefinite caused something to arrive flying with me) but shił 'ít'a', I flew (i.e. something arrived flying with me).

6. to go about; to ride around; to go riding (in a car, airplane, boat, etc.); to make a round trip; to go and return. In the latter case, the noun representing place carries the suffix -góó, to. The prefix na-, ni-, n-, as it it variously occurs, and which means around, about, requires the continuative aspectual stem forms, which differ from the momentaneous forms in some verbs.

A		B
F.	shił ndoo-lwoł	shił n'doo-lwoł
CI.	shił naa- (ndzit'i)	shił na'a- (n'dzit'i)
P.	shił naas-wod	shił na'as-wod
R.	shił niná-lwo'	shił niná'á-lwo'
O.	shił naoo-lyeed	shił na'ó-lyeed

The verb meaning "to run," is irregular in the continuative imperfective mode form with reference to the concept of transportation. Either the verb ndzit'i is used in the above instance, or the continuative imperfective form naanáálwoł is used. Other verbs use the prefix form naa-, as naaldloosh, he is trotting about; naabąąs, it is rolling about on wheels; naaghá, he is walking about, etc.

Stems commonly used with the above prefixes, and with the above specified meanings, are listed herewith, in conjunction with their stem classifiers. Variant stem forms, corresponding to the continuative aspect, are given in parentheses after the momentaneous form. Where the stem classifier ł is placed after a group of stems, it indicates that the ł classifier may be used to express the fact that the movement is caused by a human agent.

126

1. Iwoł, Iyeed (Iwoł), Iwod, Iwo', Iyeed: to go at a run (by horse, automobile, train, bus).

2. Idlosh, Ialóósh (Idloosh), Idloozh, Idlosh, Idlóósh to go at a trot (by horse).

3. gááł (gaał), ghááh (ghá), yá, dááh (daah), ya': to go at a walk; to go by unspecified means and at an unspecified speed or gait; to go by horseback at a walk.

4. Itį́į́ł, Itįįh (Itin), Itą́ą́', Itį́į́h, Itą́ą́': to go at a gallop (by horseback).

5. 'oł, 'eeł, 'ééI, 'oł, 'eeł (ł): to go by a floating movement (by boat, raft, etc.)

6. t'ah, t'ááh (t'a'), t'a', t'ah, t'ááh (ł): to go by flying (by airplane, balloon, etc.)

7. bąs, bąąs, bą́ą́z, bąs, bąąs (ł): to go by rolling on wheels (by automobile, wagon, buggy, etc.)

8. 'nah, 'nééh ('na'), 'na', 'nah, 'nééh (ł): to go by crawling (by caterpillar tractor, army tank, etc.).

The stem Itį́į́ł, etc. requires a different set of prefixes, as indicated below:

1. to arrive at a gallop.

A	B
F. shił dínóoltį́į́ł	shił 'adínóoltį́į́ł
I. shił díníltįįh	shił 'adíníltįįh
P. shił neeltą́ą́'	shił 'aneeltą́ą́'
R. shił ńdíníltį́į́h	shił ńdí'níltį́į́h
O. shił dínóltą́ą́'	shił 'adínóltą́ą́'

2. to be going along at a gallop.

A	B
PROG. shił nooltį́į́ł	shił 'anooltį́į́ł
SP. shił dínéestą́ą́'	shił 'adínéestą́ą́'

3. to go away; to gallop off.

A	B
F. shił 'adínóoltį́į́ł	shił 'adí'nóoltį́į́ł
I. shił 'aniltįįh	shił 'i'niltįįh

127

P. shił 'anooltą́ą́'   shił 'i'nooltą́ą́'
R. shił 'ananíltį́įh   shił 'ana'níltį́įh
O. shił 'anóltą́ą́'   shił 'i'nóltą́ą́'

4. to gallop about; to ride around at a gallop.

	A	B
F.	shił ndínóoltį́įł	shił ndí'nóoltį́įł
Cl.	shił naniltin	shił na'niltin
P.	shił naneestą́ą́'	shił na'neestą́ą́'
R.	shił ninániltį́įh	shił niná'níltį́įh
O.	shił nanóltą́ą́'	shił na'nóltą́ą́'

Hoozdo hoolyéégóó déyáago 'ałní'ní'ą́ą́ dóó bi-k'iji' Na'nízhoozhí dóó shił dah 'adiilwod, When I went to Phoenix I left Gallup in the afternoon (lit. going to Phoenix something indefinite started off running with me from Gallup in the afternoon).

Kǫ' na'ałbąąsii ninádaaltłi'ígi shił 'ílwod dóó 'ólta'ji' chidí shił yílwod, I arrived at the depot, and went by car to the school (lit. something indefinite arrived running with me at the place where the trains stop and a car arrived running with me to the school).

K'adę́ę 'ałné'é'aahgo Wááshindoon hoolyéé léi'gi nihił 'ít'a', It was almost noon when we arrived in Washington (by plane).

Chidí naat'a'í 'áłts'íísí léi' Yootóógóó nihił yí-t'a' ndiniilt'éego, The two of us went to Santa Fe in a small plane.

GO, TO (money, or other expendables), bihidíní-dééh, they're (or collective it's) going (lit. they are falling one by one from it, reducing it).

F. bihi(di)dínóodah   I. bihidínídééh   P. bihidínéezdee'
R. bináhidínídah   O. bihidínódééh

Kin bii' nighanígíí biniiyé béeso nich'į' nahal-yéhígíí ła' bihidínídéeh dooleeł, Some of the money from your salary will go for your house rent.

Chidí bitoo' nahashniihígíí biniinaa béeso ła' sits'ą́ą́' bihidínéezdee',   Some of my money went to buy gasoline.

GO ABOUT GIVING TALKS, TO, niyáshti', I am going about giving talks.

Cl. niyásh-ti' (niyáníł, niyáł, niyájíł, niyéiil, niyáł)

Diné ła' niyáłti'go nihitahgóó tádííyá,   A man went about among us giving talks.

GO AGAINST HIS WISHES, TO, bits'ą́ą́' dah diiyá, I went against his wishes; I went even though he did not want me to go (lit. I started off away from him).

Bits'ą́ą́' dah doóya' lágo, biniinaa bá hodoochįįł,   Don't go against his wishes; he'll get angry.

GO AHEAD (proceed) (motion away from the speaker), ńláah, go ahead; proceed.

Hooghangóó nikéédeeshdáál nisin,   I want to go home. Ńláah, Go ahead.

Hooghangóó nikéédiikah niidzin,   We (pl) want to go home. Nihíláah, Go ahead; go on.

GO AHEAD (without reference to motion) (sure, go ahead if you want to), nila.

Díí tó nits'ą́ą́' yishdlą́ ya',   Let me drink your water. Nila, Go ahead.

GO AWAY, TO (become inactive; be not harmful), t'áadoo 'át'éhí da silį́į́', it went away; t'áadoo 'át'éhí da, it's not harmful; it doesn't hurt (lit. it is nothing).

Sitsiits'iin neezgai ńt'éé'; k'ad doo 'át'éhí da silį́į́',   My head ached; now the ache has gone away.

Bee 'aghá da'dildlaadígíí bee haghá'díldla'go t'áadoo 'át'éhí da,   Having an x-ray taken does not hurt; is harmless.

129

Tó jidlą́ągo t'áadoo 'át'éhí da, tódiłhił jidlą́ągo t'éiyá 'atíhooł'į́įh, Drinking water does not hurt anyone; but whiskey does.

GO BACK DOWN, TO (a tire, balloon, or anything which was inflated or swollen), náániiłtsǫǫz, it went back down.

F. ńdínóołtsǫs   I. náániiłtsǫǫs   P. náániiłtsǫǫz
R. nínáániiłtsǫs   O. náánoołtsǫ́ǫ́s

Chidí bikee' niłch'i bii' héél 'íishłaa ńt'éé' náániiłtsǫǫz lá, I put some air in the tire, but I find that it has gone back down again.

Chidí bikee' sits'ą́ą́' náánoołtsǫ́ǫ́s lágo, I hope my tires do not go down again.

GO DOWN, TO (sun, behind a hill or the horizon), jóhonaa'éí ha'ąą 'iigháah, the sun is setting (lit. the sun is going away out of sight over the hill).

F. ha'ąą 'adoogááł   I. ha'ąą 'iigháah   P. ha'ąą 'ííyá
R. ha'ąą 'anádááh   O. ha'ąą 'ooya'

Compare the following examples of ha'ąą, over the hill and out of sight.

Diné léi' ha'ąą 'iigháahgo yiiłtsą́, I saw some man going over the hill.

Ha'ąą gó'ąą 'anináah, Go on over the hill!

Ha'ąądi dibé bighan, There is a sheep corral over the hill.

Ha'ąąjí shighan, I live on the other side of the hill; I live over the hill.

Ha'ąągóó diit'ash, Let's go to the other side of the hill; let's go over the hill.

Kó'ąą naashá, I'm on this side of the hill.

'Ákó'ąą tsé yee 'adzííłne', He threw the rock over (the hill) to there.

130

GO IN AND REMAIN, TO yah 'adineesdzá, I went in (as into a house) and stayed.

F. yah 'adi-dínéesh-dááł (díníí, dínóo, zhdínnóo) D. (PL.) 'adi-díníit-'ash (-kah) (dínóoh, dínóo, zhdínóo)

I. yah 'adi-nish-dááh (ní, ni, zhni) D. (PL.) 'adi-niit-'aash (-kááh) (noh, ni, zhni)

P. yah 'adinees-dzá ('adííní, 'adinoo, 'adizhnoo) D. (PL) 'adi-niit-'áázh (-kai) (noo, noo, zhnoo)

R. yah 'ańdinish-dááh ('ańdiní, 'ańdini, 'anízhdini) D. (PL.) 'ań-dinii-t'ash (-kah) ('ańdinoh, 'ańdini, 'anízhdini)

O. yah 'adínós-dza' ('adínóó, 'adínó, 'adízhnó) D. (PL) 'adínóot-'aash (-kááh) ('adínooh, 'adínó, 'adízhnó)

Shizhé'é naalyéhé bá hooghan góne' sits'ą́ą́' yah 'adinoodzá, My father went in the store and stayed; my father went in the store (and I don't know what's taking him so long).

Łį́į́' ná'ázt'i' góne' yah 'adinoodzáá léi' t'ah t'áá 'ákóne' naaghá, A horse that got into the enclosure is still there (because he doesn't know how to get out).

Diné ndashídíłkidgo biniinaa t'áá dahooghaní-gi yah 'ańdinishdááh, I couldn't get away any sooner because at every hogan the people just kept asking me questions.

GO THROUGH DANGER, TO, yéé' bii' niséyá, I went through danger (lit. I went into danger and returned).

'Anaa' baa na'aldeehgo 'atah yéé' bii' niséyá, I went through danger along with others during the war.

Diné yéé' 'atah yii' tádííyáii t'éiyá da'dootsaał bich'į' ntsáhákeesgi bił bééhózin, Only a man who has gone through danger knows death.

131

GO THROUGH IT, TO (to use every last bit of it), bibadéyá, I went through it; I used every last bit of it (lit. I went from its beginning to its end). (Cp. bibahodooshzhiizh, it was completed from beginning to end).

F. Sgl. biba-dideesháá**ł** (didíínáá**ł**, didoogáá**ł**, dizhdoogáá**ł**)
D. biba-didiit-'ash (didooh, didoo, dizhdoo)   PL. biba-didii-kah (didooh, didoo, dizhdoo).

I. Sgl. biba-dooshááh (doónááh, dooghááh, zhdoog'-ááh)   D. biba-doot-'aash (dooh, doo, zhdoo)   PL. biba-doo-kááh (dooh, doo, zhdoo).

P. Sgl. biba-dé-yá (díní, doo, zhdoo)   D. biba-deet-'áázh (dishoo, doozh, zhdoozh)   PL. biba-dee-kai (disooh, doos, zdoos).

R. Sgl. biba-ńdísh-dááh (ńdí, ńdí, nízhdí)   D. biba-ńdii-t'ash (ńdóh, ńdí, nízhdí)   PL. biba-ńdii-kah (ńdóh, ńdí, nízhdí)

O. Sgl. biba-dósha' (dóóya', dóya', zhdóya')   D. biba-doot-'aash (dooh, dó, zhdó)   PL. biba-doo-kááh (dooh, dó, zhdó).

Łį́į' sání tł'oh 'ałníí'dóó bá nini**ł**jool ńt'éé' t'áadoo 'ahéé'ílkeedí 'ałtso yibadooyáá lá, I gave the old horse a half bale of hay and she went through it in less than an hour.

Béeso naadiin baa nínil ńt'éé' t'áá**ł**a'ají̜ 'ałtso yibadooyáá lá, I gave him twenty dollars but he went through it in one day.

GO THROUGH IT, TO (to use every last bit of it), bik'íiséyá, I went through it; I used every last bit of it.

F. Sgl. bik'íideesháá**ł** (bik'íidíínáá**ł**, yik'íidoogáá**ł**, bik'íizhdoogáá**ł**)
D. bik'íidiit-'ash bik'íidooh, yik'íidoo, bik'íizhdoo)   PL. bik'íi-dii-kah (bik'íidooh, yik'íidoo, bik'íizhdoo)

I. Sgl. bik'íooshááh (bik'íoonááh, yik'íooghááh, bik'íjooghááh)   D. bik'íoot-'aash bik'íoh, yik'íoo, bik'íjoo)   PL. bik'íoo-kááh (bik'íooh, yik'íoo, bik'íjoo)

P. Sgl. bik'íisé-yá (bik'íisíní, yik'íoo, bik'íjoo)   D. bik'íishiit-'áázh (bik'íishoo, yik'íoozh, bik'íjoozh)   PL. bik'íisii-kai (bik'íisooh, yik'íoos, bik'íjoos).

R. Sgl. bik'ínáoosh-dááh   (bik'ínáoo, yik'ínáoo, bik'ínjoo)   D. bik'ínáoot-'ash (bik'ínáooh, yik'ínáoo, bik'íńjoo) PL. bik'ínáoo-kah (bik'ínáooh, yik'ínáoo, bik'íńjoo).

O. Sgl. bik'íoosha' (bik'íóóya' yik'íooya', bik'íjooya') D. bik'íoot-'aash (bik'íooh, yik'íoo, bik'íjoo) PL. bik'íoo-kááh (bik'íooh, yik'íoo, bik'íjoo).

Naanish bich'į' shi'dool'aadę́ę t'áadoo díkwíí da yiłkaahí 'ałtso bik'íiséyá, In just a few days I went through all the work that was given me.

GO THROUGH IT, TO (to use every last bit of it), bitł'aabą́ą́h déyá, I went through it; I used every last bit of it (lit. I went next to its tail end).

F. Sgl. bitł'aabą́ą́h dideesháál (didíínáál, didoogáál, shdidoogáál) D. bitł'aabą́ą́h didiit-'ash (didooh, didoo, shdidoo) PL. bitł'aabą́ą́h didii-kah (didooh, didoo, shdidoo)

I. Sgl. bitł'aabą́ą́h disháah (dínááh, digháah, shdigháah) D. bitł'aabą́ą́h diit-'aash (doh, di, shdi) PL. bitł'aabą́ą́h dii-kááh (doh, di, shdi)

P. Sgl. bitł'aabą́ą́h dé-yá (díní, dee, shdee) D. bitł'aabą́ą́h deet-'áázh (dishoo, deezh, zhdeezh) PL. bitł'aabą́ą́h dee-kai (disooh, dees, sdees)

R. Sgl. bitł'aabą́ą́h ńdísh-dááh (ńdí, ńdí, nízhdí) D. bitł'aabą́ą́h ńdii-t'ash (ńdóh, ńdí, nízhdí) PL. bitł'aabą́ą́h ńdii-kah (ńdóh, ńdí, nízhdí)

O. Sgl. bitł'aabą́ą́h dósha' (dóóya', dóya', shdóya') D. bitł'aabą́ą́h doot-'aash (dooh, dó, shdó) PL. bitł'aabą́ą́h doo-kááh (dooh, dó, shdó)

GO THROUGH WITH IT, TO BE UNABLE TO (to be unable to do it; to back out on it), nánésyiz, I was unable to go through with it; I backed out on it.

F. ńdínées-yis (ńdínííl, ńdínóol, ńdízhnóol, ńdíníil, ńdínóoł)
I. nánís-yéés (náníl, náníl, názhníl, nániil, nánół)
P. nánés-yiz (náníníl, nánees, názhnees, náneel, nánooł)
R. ní-nánís-yis (náníl, náníl, názhníl, nániil, nánół)
O. nánós-yéés (nánóól, nánól, názhnól, nánool, nánooł)

Nástáán báátis łį́į́' shił dah diilyeed ńt'éé' łį́į́' náneesyizgo bidah 'íigo', The horse was just a-

133

bout to jump over a log with me when he backed out on it, and I fell off.

Hastiin dah 'ádiidleeh biniiyé tł'óół 'ázénéist'i' ńt'éé' náneesyiz, The man tied a rope around his neck to hang himself, but he couldn't go through with it.

GO TO WAR, TO, baa' baa ńdiisdzá, I went off to war (lit. I started busying myself about war); baa' baa niséyá, I went to war (lit. I completed the act of going to war; I went to war and returned). (baa', war. Cp. débaa', I am going to war; naashbaah, I am on the warpath.)

> 1. TO GO OFF TO WAR; TO START PARTICIPATING IN THE WAR; TO ENTER THE WAR.
>
> F. baa' baa ńdideesh-dááł (ńdidíí, ńdidoo, nízhdidoo)   D. (PL) ńdidiit-'ash (-kah) (ńdidooh, ńdidoo, nízhdidoo)
> I. baa' baa ńdiish-dááh (ńdii, ńdii, nízhdii)   D. (PL.) ńdiit-'aash (-kááh) (ńdooh, ńdii, nízhdii)
> P. baa' baa ńdiis-dzá (ńdini, ńdii, nizhdii)   D. (PL.) ńdiit-'áázh (-kai) (ńdoo, ńdii, nízhdii)
> R. baa' baa nínádiish-dááh (nínádii, nínádii, nínázhdii)   D. (PL.) nínádii-t'ash (-kah) (nínádooh, nínádii, nínázhdii)
> O. baa' baa ńdoos-dza' (ńdoó, ńdoo, nízhdoo)   D. (PL.) ńdoot-'aash (-kááh) (ńdooh, ńdoo, nízhdoo)

Naadiin 'ashdla' shinááhai dóó 'atah baa' baa ńdiisdzá, When I was twenty five years old I started off for the war (with others); when I was twenty five years old I was one of those who left for the war.

> 2. TO TAKE PART IN THE WAR; TO GO TO WAR (AND RETURN); TO GO TO WAR.
>
> F. baa' baa ndeeshaał (ndíínaał, ndoogaał, nizhdoogaał)   D. (PL.) ndiit-'ash (-kah) (ndooh, ndoo, nizhdoo)
> CI. baa' baa naashá (naniná, naaghá, njighá)   D. (PL.) neiit-'aash (-kai) (naah, naa, nji)

134

P. baa' baa nisé-yá (nisíní, naa, nji)   D. (PL.) nishiit-'áázh (-kai)
(nishoo(h), naazh (naas), njizh (nijis)
R. baa' baa ninásh-daah (ninání, niná, ninájí)   D. (PL.) ninéii-
t'ash (-kah) (nináh, niná, ninájí)
O. baa' baa naoosha' (naóóya', naooya', njóya')   D. (PL.) naoot-
'aash (-kááh) (naooh, naoo, njó)

Nááts'ózí bił da'ahijigánę́ę́dą́ą́' tónteel wónaa-
nídi 'atah baa' baa niséyá, I went to war when
they were fighting the Japanese across the sea; I
took part in the war with the Japanese overseas.

GO TO SEE HIM (for a short visit), t'óó baa 'ídzáhí-
go (baa níyá), (I went) to see him on a short visit
(lit. merely in the fashion of an indefinite person
going to him ('ídzá, an indefinite person comes,
goes, arrives).

Shiye' 'ółta'ígíí 'adą́ą́dą́ą́' t'óó baa 'ídzáhígo
baa níyá, Yesterday I went to see my son who is
in school.

GO UP, TO (to ascend an incline), kíiyá, I went
up; I ascended.

F. kíideesháał (kíidíínááł, kíidoogááł, kíizhdoogááł.   D. kíidiit-'ash
(kíidooh, kíidoo, kíizhdoo)   PL. kíidii-kah (kíidooh, kíidoo, kíizhdoo)
I. kíishááh (kíinááh, kíighááh, kíjighááh)   D. kíit-'aash (kíoh, kíi,
kíji)   PL. kíi-kááh (kíoh, kíi, kíji)   P. kíi-yá (kíiní, kíi, kíjii)
D. kíit-'áázh (kíoo, kíi, kíjii)   PL. kíi-kai (kíoo, kíi, kíjii)
R. kí-néiish-dááh (néii, néii, ńjii)   D. kí-néii-t'ash (náooh, néii,
ńjii)   PL. kí-néii-kah (náooh, néii, ńjii)   O. kíoosha' (kíóóya',
kíooya' kíjooya')   D. kíoot-'aash (kíooh, kíoo, kíjoo)   PL. kíoo-
kááh (kíooh, kíoo, kíjoo)

Dził bą́ą́h kíjiiyá, He went up the mountain.
Hastiin sání t'áá shí'áłtsé dził yą́ą́h kíiyá, The
old man beat me going up the hill.
Kíisháahgo t'áadoo hodina'í yisdah 'anishgoh,
I get out of breath quickly when I go up an incline.

135

GO WHEREVER ONE PLEASES, TO (to roam at will),
t'áá shí nisingóó njisht'i, I am going wherever I
want to; I am just roaming at will (lit. I am streak-
ing about into the distance).

T'áá shí nisin-góó (nínízin, nízin, jinízin, niidzin, nohsin)
N. njish-t'i (ndzí, ndzi, neiji, ndzii, ndzoh)

T'áá shí nisingóó njisht'igo 'ashdla' nááhai, I
have been just going about wherever I wanted to
for five years; I've been just roaming at will for
five years; I've been just bumming around for
five years.

GONE, WHEN WE ARE, nihikéé' 'ádahasdįįdgo,
when we are gone (lit. after our trails have dis-
appeared).

K'ad naat'áanii daniidlínígíí nihikéé' 'ádahas-
dįįdgo shįį háí naat'áanii náádanohłįį dooleeł,
When we who are the present leaders are gone,
some of you will have to take our places.

GONORRHEA, TO GET THE, shaa 'adíínii', I got
the gonorrhea (lit. it hurt me there in the genital
region). (cp. see him there, look at him there, get
cold there, sweat there, hit him there.)

F. shaa 'adidoonih   I. shaa 'adiniih   P. shaa 'adíínii'
R. shaa ń'dí'nih   O. sha 'adóniih

Diné da, 'asdzání da baa 'adiniihii bił jinitish-
go t'éiyá hó dó' haa 'adiniih, One gets the gonor-
rhea only through relations with an infected man
or woman.

'Aa 'adiniih t'óó 'adahayói, Gonorrhea is very
common; is widespread.

Naa 'adiniihísh, Do you have gonorrhea?

GOOD AT IT, TO THINK ONE IS, 'ádaa jóshdlí (or jíínishdlí), I think I am good at it.

N. 'ádaa jósh- (jíínish-)dlí   (dzííní, dzó, yijó, dzíínii, dzíínóh)

Kin 'ál'įįgi 'ayóo yee 'ádaa dzódlí, He thinks he is good at carpentering.

T'áá ch'ééh 'ádaa jíínishdlíigo naalyéhé bá hooghan dóó kojį' bąąh ch'ééh déyá, I thought I was good, but I got tired between the trading post and here; I thought I was good but I "poohed out" between here and the trading post.

GOOD HEALTH, TO BE IN (to enjoy good health), doo shąąh tééh da, I am in good health; I enjoy good health (lit. there is no tééh on me).

Doo nąąh tééh dago nízhánee', If you enjoy good health you're lucky.

Hastiin Tsoh doo bąąh tééh da ha'níigo baa hane', They say that Mr. Tsoh is in good health.

GROAN, TO, dish'ní, I am groaning; moaning.

N. dish-'ní (dí, di, jidi, dii, doh)

'Azee'ál'įįdi doo shił yá'áhoot'ééh da, háálá diné ła' hááhgóóshįį dadi'níi łeh, I don't like hospitals because there are always people groaning there.

Tł'éédą́ą́' 'iłhoshgo diní'ní yiits'a', Last night I heard you groan in your sleep.

Ha'át'éegi da neezgaigo jidi'níi łeh, People always groan when they're in pain.

GROW BACK TO IT, TO (to grow back onto it; to adher to it), bínídíníisą́, it grew back to it; it adhered to it.

F. bínídidínóosééł   I. bíńdíníisééh   P. bíńdíníisą́
R. bínínádíníisééh   O. bíńdínóosa'

137

'Ashkii léi' bitsilí yijaa' k'íinígizhgo 'azee-
'íít'íní bá yínéidiiłkad n̄t'éé' bínídíníisą, A boy cut
off his younger brother's ear, so the doctor sewed
it back on for him, and it grew back (to it).

GROW UP, TO, shiyaa hazlį́į́', I grew up (lit. space
came into existence under me; or shiyaa hoo'a',
I grew up (lit. there came to be space under me).

(As one grows he gets farther and farther from
the surface of the earth, and there comes to be an
increased amount of space between him and the
surface. Compare, for example, dah néshjį́į́dgo
haa lá nízahgo shiyaa hoo'a', when I jumped, how
far up did I go? — i.e. how much space showed
underneath me?)

F. shiyaa hwiidoo'aał   Cl. shiyaa hoo'aah   P. shiyaa hoo'a'
R. shiyaa náhoo'aah   O. shiyaa hoo'aah

F. shiyaa hodooleeł   I. shiyaa haleeh   P. shiyaa hazlį́į́'
R. shiyaa náhádleeh   O. shiyaa hóle'

Na'nízhoozhí hoolyéedi shiyaa hazlį́į́', I grew
up in Gallup.
Na'nízhoozhí hoolyéedi shiyaa hoo'a', I grew
up in Gallup.
Haa hoolyéedishą' niyaa hazlį́į́' (hoo'a'), Where
did you grow up?

GROW UP, TO (to grow up to maturity), néyą́, I
grew up; I grew up to maturity.

F. dínéesh-yééł (díníí, dínóo, jidínóo, díníig, dínóoh)
Cl. nish-yé (ni, ni, jini, niig, noh)
P. né-yą́ (níní, nee, jinee, needz, noo)
R. (3o. DPL.) ńdaniyééh
O. nósh-yééł (nóó, nó, jinó, noog, nooh)

Haa nízah nihalzhishgo łį́į́' niyééh, How long
does it take for a horse to grow up?

138

Kinłání hoolyéedi néyą́, I grew up in Flagstaff.
T'óó néyánígo 'aséyeh, I got married as soon as
I grew up; as soon as I reached maturity.

GROUNDS (dregs), bitł'áashjání (lit. visible at its
bottom).

GROUCHY, TO BE (from hunger, fatigue, etc.),
k'eh nishłį́, I'm grouchy; I'm tired and grouchy.

N. k'eh nish-łį́ (ní, ni, jí, niid, noh)

'Ánihwii'aahii k'eh nilį́igo biniinaa bił ch'ího-
ní'áné̜e̜ t'áadoo hazhó'ó shá yaa yiníst'į̄id da, The
judge didn't listen to my plea because he was (tir-
ed and) grouchy.

Tł'éédą́ą́' t'áadoo hazhó'ó 'iiłhaazh dago binii-
naa t'óó bíyó k'eh nishłį́, I'm a bit grouchy be-
cause I didn't sleep well last night.

GRUDGE AGAINST HIM, TO HAVE A, bik'ee di-
nishniih, I have a grudge against him (lit. I am
sore on account of him).

F. bik'ee dideesh-nih (didíí, didoo, jididoo, didii', didooh)
N. bik'ee dinish-niih (diní, di, jidi, dinii', dinoh)
SP. bik'ee dé-nih (díní, deez, jideez, dee', disoo)
R. bik'ee ńdísh-'nih (ńdí, ńdí, nízhdí, ńdii', ńdóh)
O. bik'ee dósh-nih (dóó, dó, jidó, doo', dooh)

T'áá 'áhoodzaagóó shaa halne'go biniinaa bi-
k'e dénih, I have a grudge against him (am sore
at him) because he has been telling lies about me.

GUARDIANSHIP, TO BE UNDER, bílák'ee sétį́, I
am under his guardianship (lit. I lie in his hand).

'Indins Wáashindoon yílák'ee shijaa', The In-
dians are under Federal guardianship (lit. they lie
in the hand of Washington).

Wáashindoon bílák'ee sétį́, I am under Federal
guardianship; I am a ward of the government.

139

GUESS IT, TO (to conjecture on it; to hit upon it), béédi'nítą́, I guessed it; I hit upon it.

F. béédi'deesh-tį́į́ł (béédi'díí, yéédi'doo, béédizh'doo, béédi'dii, béédi'dooh) I. béédi'nish-tįįh (béédi'ní, yéé'dee, béézh'dee, béédi'nii, béédi'noh) P. béédi'ní-tą́ (béédíí'ní, yéédi'ní, béédizh'ní, béédi'nii, béédi'noo) R. bénílná'dísh-tį́įh (bénílná'dí, yénílná'dí, bénílnázh'dí, bénílná'dii, bénílná'dóh) O. béé'dósh-tį́į́ł (-tą́ą́') (béé'dóó, yéé'dó, béézh'dó, béé'doo, béé'dooh)

'Atiindę́ę́' yigáłígíí háí 'át'į nínízingo béédi'nítįįh, Guess who is coming down the road.

Ch'ééh 'éédi'nishtįįh, I can't guess (correctly).

'Éédi'nítą́, I hit upon it; I guessed correctly.

— H —

HAND IT TO HIM, TO, bílák'ééłtsooz, I handed it (a single flat flexible object) to him (lit. I put it in his hand). (The paradigms are here given with the stem -tsos, to handle a single flat, flexible object. The same prefixes are used with all other "handle" stems.)

F. bílák'e dees-tsos (dííł, idooł, zhdooł, diil, dooł)
I. bílák'e yis-tsóós (nił, yił, jił, yiil, woł)
P. bílá-k'ééł-tsooz (k'éíníł, k'eiyííł, k'ejííł, k'eiil, k'eooł)
R. bílák'e nás-tsos (nánił, néíł, ńjíł, néiil, náł)
O. bílák'e wos-tsóós (wóół, yół, jół, wool, wooł)

THE "TO HANDLE" STEMS ARE:
'ááł, 'aah, 'ą́, 'ááh, 'ááł, A SINGLE ROUNDISH BULKY OBJECT.
jih, jááh, jaa', jih, jááh, A LARGE NUMBER OF SMALL OBJECTS.
yééł, yeeh, yį́, gééh, yééł, A BURDEN, PACK OR LOAD.
łjoł, łjooł, łjool, łjoł, łjooł, NON-COMPACT MATTER.
kááł, kaah, ką́, kááh, kááł, MATTER IN AN OPEN CONTAINER.
lééł, lé, lá, dlééh, lééł, ONE SLENDER FLEXIBLE OBJECT.
nił, nííł, nil, 'nił, nííł, SEVERAL OBJECTS.
łtééł, łteeh, łtį́, łtééh, łtééł, A SINGLE ANIMATE OBJECT.
tį́į́ł, tįįh, tą́, tį́į́h, tį́į́ł, A SINGLE SLENDER STIFF OBJECT.
tłoh, tłeeh, tłéé', tłoh, tłeeh, MUSHY MATTER.
łtsos, łtsóós, łtsooz, łtsos, łtsóós, A SINGLE FLAT FLEXIBLE OBJECT.

Kwe'é naa níyáago béeso ła' bílák'e dííłtsos, Hand him a dollar bill when he comes.

Kintahdi shidááh níyáago bílák'ééłtsooz, I handed it to him when I saw him in town.

Haah shílák'e niłtsóós, Here, hand it to me.

HANDICAPPED, TO BE, bee shich'į' 'anáhóót'i', I am handicapped by it (lit. with it toward me space extends back in a slender line).

'Ólta' nihi'oh neel'ánígíí bee nihich'į' 'anáhóót'i', We are handicapped by our shortage of schools.

Bilagáana bizaad doo shił bééhózinígíí bee shich'į' 'anáhóót'i', I am handicapped by the fact that I do not know English.

Ts'ídá ha'át'íí t'éiyá 'aghá Naabeehó dine'é bee bich'į' 'ańdahazt'i' nínízin, What do you think is the main handicap on the Navahos?

HANDLE IT WITH CARE, TO (to be careful of it to prevent its being broken or damaged), baa jé'íínishná, I'm handling it with care.

N. baa jé'íínish-ná (jé'ííníl, jé'ól, jé'jól, jé'ííníil, jé'íínół) (jé'hóná)

Nahaghá náánáłahdę́ę́' dayít'éehii díí k'ad Naabeehójí binahagha'ígíí bitah doolyéełgi t'áá 'íiyisíí baa jé'hóná, Great care should be taken in the matter of mixing elements of foreign religions with the Navaho religion.

Béeso 'ashdla' naashjaah ńt'éé' t'áá ch'ééh baa jé'íínishnáago 'ałtso 'ásdįid, I had five dollars I wanted to keep, but I couldn't avoid spending it.

HANDSOME, TO BE (to be good looking, pretty), baa dzólní, he is handsome; she is pretty.

N. shaa-dzólní (naa, baa, haa, nihaa, nihaa)

Bitsi' 'ayóo baa dzólní, His daughter is very pretty; his daughter is very good looking.

141

Ni t'éiyá 'ayóo naa dzólní nisin shiłní,   He told me that he thought I was the most handsome one.

HANG DOWN, TO (to dangle; to hang), nahíílá, (a slender flexible object); nahíítą́ (a slender stiff object); nahííłtsooz (a flat flexible object); nahíí-'ą́, nahidé'ą́ (a bulky object); nahíítį́ (an animate object); nahííjool (loose matter), it is hanging down; it is hanging. nahíínil (plural objects), they are hanging down; they are hanging.

ANIMATE OBJECT, AND OBJECTS (SINGULAR, DUAL, PLURAL)
N. nahíínísh-tį́ (nahííní, nahíí, njiyíí) D. (PL.) nahii-téézh (-jéé') nahoo, nahíí, njiyíí)

Bitsii' bítáádę́ę́' nahííjool,   His hair hangs down over his forehead.

'Éétsoh tsin bąąh nahííłtsooz,   The coat is dangling from the tree.

Gah niséłtseedę́ę 'anít'i' bąąh nahííjée'go 'áshłaa,   I hung the rabbits I killed on the fence.

HANG OUT, TO (to stick out; to protrude from), hahíílá (a slender flexible object); hahíítą́ (a slender stiff object); hahííłtsooz (a flat flexible object); hahíí'ą́, dahidé'ą́ (a bulky object); hahíítį́ (an animate object), it hangs out; it sticks out. hahíínil (plural objects), they hang out.

Tsits'aa' biyi'dę́ę́' tł'óół hahíílá, A rope is hanging out of the box.

Bilagáana biza'azisdę́ę́' bee 'ak'e'elchíhí hahíítą́, A pencil is sticking out of the white man's pocket.

Ni'éé' nikéédę́ę́' hahííłtsooz,   Your shirttail is hanging out.

Chidí biyi'dę́ę́' bikee' hahíínil, His feet are sticking out of the car.

142

Yas biyi'dę́ę́' tsé hahíí'ą́, A rock is sticking out of the snow.

'A'áándę́ę́' tł'iish hahííti̦, A snake is sticking out of the hole.

HANG SUSPENDED, TO (to dangle from), dé'ą́ (a roundish bulky object); détí̦ (an animate object); déjaa' (a number of small objects); dénil (plural animate or inanimate objects, but relatively few in number); détą́ (a slender stiff object); déjool (non-compact matter, as wool); délá (a slender flexible object, or plural objects of unknown or unspecified class); dézhóód (a very large and bulky object, animate or inanmate).

Béésh bitsist'a dé'ą́, A knife hangs from his belt.

HANGING, TO BE (to be dangling), dah hidínísh-tí̦, I am hanging; I am dangling.

(THE FOLLOWING PARADIGM CAN BE FORMED WITH OR WITHOUT ł)

N. dahidínísh-tí̦ (dahidíní, dahidé, dahizhdé) D. dahidíníi-téézh (dahidínóh, dahidé, dahizhdé) PL. dahidíníi-jéé' (dahidínóo, dahidé, dahizhdé)

Kin góne' bił yah 'ajííjée'go wódahdę́ę́' dah hidétí̦igo dajiiłtsą́ jiní, When they got into his house they found him hanging (dangling) from the ceiling.

Tsé ńt'i' góyaa bidah 'íítłizh ńt'éé' tsin ła' bąąh dah níshétłizh, 'áádóó 'ákwii dah hidíníshtí̦igo naaki yiská, When I fell from the cliff I caught on a tree and hung (dangled) there for two days.

HAPPY, TO MAKE HIM —, bini' yíshǫǫd, I made him happy (lit. I tamed his mind).

F. bíni' deesh-shǫǫł (díí, yidoo, jidoo, diil, dooh)
I. bíni' yish-shǫǫh (ni, yi, ji, yiil, woh)

143

N. bíni' násh-shǫǫh   (nání, néí, ńjí, néiil, náh)

P. bíni' yí-shǫǫd   (yíní, yiyíí, jíí, yiil, wooh)

O. bíni' wósh-shǫǫh   (wóó, yó, jó, wool, wooh)

T'ááłá'í béeso baa ní'ǫǫgo bee bíni' yíshǫǫd,   I made him happy by giving him a dollar.

Nááts'ózí ba'áłchíní léi' ła' nihináldzidgo hááh-góóshį́į́ yicha, 'áádóó 'ałk'ésdisí ła' baa nii'nilgo bee bíni' yiilzhǫǫd,   A Japanese child was crying because he was afraid of us so we made him happy by giving him some candy.

HAPPEN TO IT, TO (to break down on one), bi-ts'ą́ą́' yíchxǫ', something happened to it; something went wrong with it; it broke down on him (lit. it became ruined away from him).

F. doochxǫǫł   I. yichxǫǫh   P. yichxǫ'   R. náchxǫǫh
O. wóchǫǫh

Chidí bits'ą́ą́' yíchxǫ',   Something happened to his car; something went wrong with his car; his car broke down on him.

Chidí nits'ą́ą́' yíchxǫ'go béésh bee shich'į' ho-díílnih,   If something should happen to (go wrong with) the car, let me know by telephone.

HAPPEN, TO (something terrible or disagreeable), doo 'ákǫ́ǫ́ 'áhóót'įįd da, something terrible happened ('ákǫ́ǫ́, there; thereabout; right; 'áhóót'įįd, it happened thus).

F. doo 'ákǫ́ǫ́ 'áhodoonííł da   I. doo 'ákǫ́ǫ́ 'áhánéeh da   P. doo 'ákǫ́ǫ́ 'áhóót'įįd da   U. doo 'ákǫ́ǫ́ 'áhoot'įįh da   R. doo 'ákǫ́ǫ́ 'ánáhoot'įįh da   O. doo 'ákǫ́ǫ́ 'áhóne' da

'Ayói 'iists'ą́ą'go t'áá 'áko doo ga' 'ákǫ́ǫ́ 'áhóót'įįd da lá niizį́į́',   When I heard that big noise I knew that something terrible had happened.

144

Diné t'óó 'ahayóí 'áłah nilį́igo yiiłtsą́ągo doo ga' 'ákǫ́ǫ́ 'áhóót'įįd da lá niizį́į́, When I saw all the people gathered there I knew that something terrible had surely happened.

T'ah doo doo 'ákǫ́ǫ́ 'áhánéeh da, So far nothing has happened; so far so good.

HARD TO OUTWIT, TO BE (to be cagey; to be sly; to be quick-witted), doo bizh'dóleeh 'át'ée da, he is hard to outwit; he is cagey, sly or quick-witted. (lit. he cannot be tricked; he is "untrickable"). (Cp. bi'délo', I tricked him; I deceived him.)

N. doo shi-zh'dóleeh (ni bi, ho, nihi, nihi)

Mą'ii doo bizh'dóleeh 'át'ée da, A coyote is hard to outwit.

'Ajółta' ńt'ée'go doo hozh'dóleeh 'át'ée da łeh, A person who has gone to school is usually hard to outwit.

HARDEN ONESELF, TO (by exercising) (to make oneself strong), 'ádístł'is, I am hardening myself (lit. I am making myself hard).

F. 'ádidees-tł'is ('ádidííl, 'ádidool, 'ádizhdool, 'ádidiil, 'ádidooł)
Cl. 'ádís-tł'is ('ádíl, 'ádíl, 'ázhdíl, 'ádiil, 'ádół)
P. 'ádés-tł'is ('ádíníl, 'ádees, 'ázhdees, 'ádeel, 'ádisooł)
R. 'áńdís-tł'is ('áńdíl, 'áńdíl, 'áńízhdíl, 'áńdiil, 'áńdół)
O. 'ádós-tł'is ('ádóól, 'ádól, 'ázhdól, 'ádool, 'ádooł)

'Ádístł'is nisingo 'ahbínígo yastah násh'nah, I take a snow bath every morning to harden myself.

Díí 'ashkii 'ádíltł'is yiniiyé 'ahbínígo néiltih, This boy runs every morning to harden himself.

HARP ON IT, TO (to talk about it incessantly), bizéé' si'ą́, he harps on it; it is all he talks about (lit. his mouth sets like a bulky roundish object).

Naat'áanii danohłínígíí ts'ídá na'aldloosh bi'oh

145

'ánálnééh t'éiyá nihizéé' naaz'á,   All you leaders talk about is stock reduction; you leaders harp on stock reduction.

Díí naalyéhé yá sidáhí ts'ídá Naabeehó dine'é bíká 'e'elyeedígíí t'éiyá bizéé' si'á,   This trader is always harping on Navaho Assistance.

HAVE, TO (a holiday) (to pass it), 'aséłíí', I had (lit. I caused something indefinite to come into being; I made it come to pass).

F. 'adeesh-łeeł ('adííł, 'adooł, 'azhdooł, 'adiid, 'adooł)
I. 'ash-łeeh ('íł, 'ał, 'ajáł, 'iid, 'oł)
P. 'asét-(ł)íí' ('asíníł, 'as, 'ajis, 'asiid, 'asooł)
R. ná'ásh-łeeh (ná'íł, ná'áł, ń'jíł, ná'iid, ná'ół)
O. 'ósh-łe' ('óół, 'ół, 'ajół, 'ood, 'ooł)

Haa yit'éego késhmish 'asíníłíí',   What kind of a Christmas did you have;   how did you spend your Christmas?

Nihí t'éiyá t'áá hazhó'ó yá'át'éehgo késhmish da'siidlíí',   We had a very fine Christmas.

Haa yit'éego damíigo 'asíníłíí',   What kind of a weekend did you have?

HAVE FULL SUPPORT, TO, (to have everything on his side), bich'ijí hódló, he has full support; everything is on his side (lit. impersonal "it" is on his side).

'Áko ndi bá baa hwiinít'íigo t'áá bí t'éiyá 'aghá bich'ijí hódló, However, when his case is being considered he has full support from everyone.

Doo bik'eh dideeshdleeł da háálá bí bich'ijí hódló, I can't beat him because everything is on his side.

HAVE FUN, TO (to have a great time; to have a lot of fun), honeeni bééséyá, I had fun; I had a great time   (lit. I got fun on myself).   (V. to get it on oneself.)

Naa'ahóóhaidi honeeni bééséyá,   I had fun at the fair (pow-wow, rodeo, etc.).

Naa'ahóóhaidi honeeni béé'ésdee',   People had a great time at the fair.

HAVE IT,   TO (a disease),   bił naashá, I have it (lit. I walk around with it).

Cl. bił naashá   (naniná, naaghá, njighá)   D. (PL.) neiit-'aash (-kai)
(naah, naa, nji)

Chách'osh bił naashá,   I have the syphilis.

Jéí'ádįįh bił njigháago diné náánáła' bizhdiłnah,   When one goes around with tuberculosis he gives it to other people.

HAVE IT ON,   TO (a garment; hat) (to be setting on him),   bik'idé'ą́ (a hat);   bik'idéką́ (a pot, helmet or some types of women's hats);   bik'idétłéé' (a droopy hat);   bik'idétą́ (a stiff hat);   bik'idézhóód (a large-brimmed hat);   bik'idéłtsooz (a shirt); bik'idénil (plural objects, as one's clothes).

Da' k'adísh ni'éé' nik'idénil,   Do you have your clothes on now?

Hastiin bich'ah nichxǫ́ǫ́'í léi' bik'idétłée'go nidáa'gi 'at'ééké yił da'alzhish,   The man, wearing an old ugly, droopy hat, is dancing with the girls at the War Dance (Squaw Dance).

Nagháí hastiin be'esdzáán 'anilí t'éiyá bik'idénil łeh,   That man's wife wears nothing but rags.

HAVE ONE'S MIND SET ON IT,   TO (to be determined to),   shíni' bidiit'i',   my mind is set on it; I have my mind set on it; I am determined to; I've made up my mind to (lit. my mind extends to, and is connected with it as a slender line).

147

F. shíni' bididoot'ih   I. shíni' bidiit'ééh   P. shíni' bidiit'i'
R. shíni' bińdiit'ih   O. shíni' bidoot'ééh

Na'nízhoozhígóó déyáago t'áá 'éí t'éiyá shíni' bidiit'i',   I have my mind set on going to Gallup (I cannot get my mind off going — as when one is excited at the prospect of going there for the first time).

Ndahagháágóó déyáago t'áá 'éí t'éiyá shíni' bidiit'i',   I have my mind set on going to the ceremony.

HAVE ONE'S MOUTH FULL OF IT, TO (to hold it in one's mouth—a liquid),   dah deessoh,   I have my mouth full of it.

PROG. dah dees-soh (díí, yidoo, jidoo, diid, dooh)

Tó dahidoozohgo tsésǫ'déé' ch'íhiníłtį,   He had his mouth full of water, and he leaned out the window.

Naghái hastiin nát'oh dahidoozoh 'éidí yąą doo yáłti' da,   That man has his mouth full of (chewing) tobacco; that's why he doesn't say anything.

HAZE, neestiin; honeestiin; nahoneestiin (as that caused by heat, dust, smoke, etc.).

HAZY, TO BE—, halbá (lit. spacial it is gray); neestiin bee halbá (lit. spacial it is gray with haze).

'Adą́ą́dą́ą́' halbáago 'i'íí'ą **or** 'adą́ą́dą́ą́' neestiin bee halbáago 'i'íí'ą,   It was hazy yesterday.

HEAD THEM, TO (to turn them; to deflect them), bi'níłnii',   I headed them; I deflected them.

F. bi'deesh-nih (bi'dííł, yi'dooł, bizh'dooł, bi'diil, bi'dooł)
I. bi'nish-nííh (bi'níł, yi'íł, bi'jíł, bi'nlll, bi'noł)
P. bi'níł-nii' (bi'ííníł, yi'níł, bizh'níł, bi'niil, bi'nooł)

148

R. biná'ásh-nih   (biná'íł, yiná'áł, biní'jíł, biná'iil, biná'ół)

O. bi'ósh-nííh   (bi'óół, yi'ół, bi'jół, bi'ool, bi'ooł)

Dibé dá'ák'eh bits'ą́ąjigo bi'níłnii',   I headed
the sheep away from the field.

'Ani'įįhii bił ninídééł ńt'éé' t'óó bi'níłnii',   I
caught the thief but I just let him go (lit. I caught
the thief but merely deflected him from his crime).

HEAL, TO (to heal up; to clear up), náádzíí', it
healed; it healed up; it cleared up.

F. ńdoodzih   I. nádziih   P. náádzíí'   R. nínádzih   O. náoodziih

Yilch'ozhígi tłah ła' bee niłtłah 'áko t'áadoo
hodina'í ńdoodzih, Put some salve on your boil
and it will heal (heal up, clear up) in a short time.

Baa 'adiniih yéę penicillin wolyéhígíí bee t'áa-
doo hodina'í náádzíí', His gonorrhea soon cleared
up (got well) with penicillin.

HEARSAY, BY (by word of mouth), jiní jiní, by
hearsay; by word of mouth (lit. it is said that he
says).

Jiní jiní dadii'níigo t'áá nihizéédęę' bee 'ahił
dahwiilne', We just tell one another things we
got by hearsay.

'Adahwiis'áágóó 'ádahooníiłii k'ad diné bizaad
bee naaltsoos dabikáa'go naaltsoos yéédahósinígíí
dayółta'. T'ah níwohdą́ą́' 'éí t'óó jiní jiní ha'níigo
'ahił dahwiilne' ńt'éé', People who know how to
read now read about events in different places in
the Navaho newspaper. Before that we merely
got our news by hearsay.

HEAT, TO BE IN, na'acha' bi'niiłhį́, it is in heat
(lit. sexual desire is killing it).

N. na'acha' shi'-niiłhį́ (ni', bi', ho')   DPL. na'acha' nihi'-niighą́ą́'
(nihi', bi', ho')

149

Díí mósí na'acha' k'ad bi'niiłhį́, This cat is in heat now.

HEX HIM, TO (to cast a spell on him; to bewitch him; to enchant him; to wish him evil), bineesdzin, I hexed him. (Cp. bi'iiníziin, his evil thoughts; his evil mind; his malevolence. Níłch'i bi'iiníziinii, Satan; the devil — i.e. the evil minded spirit).

F. bidínées-dzįį̱ł (bidíníí, yidínóo, bizhdínóo, bidíníi, bidínóoh) (bidi-dí'nóodzįį̱ł)

Cl. binis-dzin (biní, yini, bizhni, binii, binoh) (bidi'ndzin)

P. binees-dzin (-dzįį̱d) (binííní, yinoo, bizhnoo, binii, binooh) (bidi'-noo-dzin -dzįį̱d)

R. bináís-dzįį̱h (binání, yinání, binázhní, binánii, binánóh) (biná-bidi'ndzįį̱h)

O. binós-dzin (-dzįį̱h) (binóó, yinó, bizhnó, binoo, binooh) (bidi'nó-dzin -dzįį̱h)

Diné ła' shinoodzingo k'asdą́ą́' dasétsą́, I nearly died because someone hexed me.

Bilagáana hastiin bineesdzin ndi t'áadoo 'á-dzaaí da, I hexed a whiteman but nothing happened (it didn't affect him).

HIGHLIGHTS (main points), 'agháadi 'ádaat'éhígíí, the highlights; the main points (lit. the things that are greatest).

'Áłah 'azlį́į̱'di naaltsoos 'áníinii hazhó'ó baa ho-doonih ha'níí ńt'éé' k'adę́ę̱ 'e'e'aahgo biniinaa 'a-gháadi 'ádaat'éhígíí t'éiyá diné bee bił hóone', It was said that the document would be thoroughly discussed at the meeting, but since it was nearly evening the people were given only the highlights.

HIGHLIGHTS, (main points), hane' bikází, the highlights; main points (lit. the story's stalk).

Hastiin léi' hane' bikází t'éiyá yee shił nahas-ne', Some man gave me the highlights of the story, gave me a resume of the story.

150

HIGHLIGHTS ON IT, TO GIVE THE (to give a resume of it), t'óó bida'deezdládígo bee, giving the highlights on it (lit. by means of merely throwing lights on it). (bida'deezdláá007d, lights were thrown on it.)

T'óó bida'deezdládígo bee nihich'į' haasdziih, I am giving you just the highlights on it.

'Indins 'atah naaltsoos 'adayiiníít dooleełgi t'óó bida'deezdládígo nihił ch'ínísh'aah, I am bringing out to you only the highlights on Indian voting.

HIT ME, TO (a missile), shéstał, it hit me.

F. shídooltał   I. shíiltał   P. shéstał   R. shínéiiltał   O. shóoltał

Jooł sésiihgo shéstał, I missed the ball and it hit me.

Chizh 'ahidishkaałgo tsin shéstał, I was hit on the head by a chip while chopping wood.

Sitsiits'iingi t'áadoo le'é shéstał, Something hit me on the head.

HIT HIM THERE, TO (in the genitals), shaa ní'-díítts'in, he hit me there (in the genitals). (V. to see him there; look at him there; get cold there; sweat there; gonorrhea).

F. baa ńdi-'dees-ts'į́ł ('díít, 'dooł, zh'dooł, 'diil, 'dooł)
I. baa ń'diis-ts'in (ń'diił, ń'diił, nízh'diił, ń'diil, ń'dooł)
P. baa ń'díít-ts'in (ń'díínít, ń'díít, nízh'díít, ń'diil, ń'dooł)
R. baa níná-'diis-ts'į́h (diił, diił, zh'diił, diil, dooł)
O. baa ń'doos-ts'in (ń'dooł, ń'dooł, nízh'dooł, ń'dool, ń'dooł)

Łįį' bik'i dah 'ashníít ńt'éé' shaa ń'díítts'in, I was saddling the horse when he kicked me 'there' (in the genitals or groin with his front leg).

HOP, TO (with the feet together, or on one foot),

F. hideesh-chah (hidíí, hidoo, hizhdoo, hidii, hidooh)

151

PROG. hoosh-chah (híí, hoo, hijoo, hii, hooh)
I. hinish-chééh (hiní, hee, hijee, hinii, hinooh)
P. hinish-cha' (hííní, hee, hijee, hinii, hinoo)
R. náhásh-chah (náhí, náhá, náhiji, náhii, náhóh)
O. hósh-chééh (hóó, hó, hijó, hoo, hooh)

Háí lá bilį́į' ńléidi hoochah, I wonder whose horse that is hopping along (with hobbles on) over there.

Díí ndajiicha'go bee na'a'né, In this game you have to hop.

HOP AROUND, TO (to frisk; to gambol; to leap about), nahasht'e', I am hopping around.

F. nahideesh-t'eeł (nahidíí, nahidoo, nahizhdoo, nahidii, nahidooh)
CI.. nahash-t'e' (nahí, naha, njii, nahii, nahoh)
SP. nahisís-t'e' (nahisíní, nahaas, njiis, nahisii, nahisoo)
R. nináhásh-t'eeh (nináhí, nináhá, nináhii, nináhóh)
O. nahósh-t'e' (nahóó, nahó, njiyó, nahoo, nahooh)

Tł'ízí yázhí ndahat'e'go bił yá'ádaat'ééh, Kids like to hop around (frisk, gambol).

HOPE, hasih, there is hope.

F. hodoosih   N. hasih   P. hóósih   R. náhásih   O. hósih

T'ah t'áá hasih, There's still hope.

Doo hóósih da, There's no hope; hope's gone.

Doo shił hasih da, I have no hope; I've lost hope.

Jéí'ádįįh bi'niiłhį́įgo 'azee'ál'į́į́jí t'áá bił hasih-go 'ákǫ́ǫ́ 'ííyá, He went to the hospital in the hope that the doctors could help his tuberculosis.

HOPE (in the hope of; to have hope), hojooba'; hajooba' (Cp. baa hojooba'í, poor, poverty-stricken; jooba', he is merciful, kind).

Hastiin k'adéę dah bi'diidleehgo ch'ééh hojooba' 'ádííniid, Before they hung the man he insisted on his innocence in the hope (of saving himself).

152

Shash bich'įįh (⟨bich'į' dah) diilwodgo 'ashkii yę́ę́ tsin yee ch'ééh hajooba' 'áát'įįd lá, When the bear attacked the boy he fought back with a stick in the hope (of saving himself) (lit. he vainly acted in hope).

'Awáalya 'ashi'dilt'e'go t'áá 'áko ndi hajooba' 'íinisin, They're putting me in jail but even so I have hope (that everything will turn out all right) (lit. I keep thinking hope).

HORSE AROUND, TO (to engage in horseplay, as when children playfully push, hit and grab one another), na'ahish'nil, I'm horsing around.

F. bił na'ahi-deesh-'nił (díí, doo, zhdoo, dii, dooh)

PROG. bił 'aheesh-'nił ('ahíí, 'ahoo, 'ahijoo, 'ahii, 'ahooh)

Cl. bił na'ahish-'nil (na'ahí, na'ahi, na'ahiji, na'ahii, na'ahoh)

SP. bił na'ahisis-'nil (na'ahisíní, na'ahis, na'ahijis, na'ahisii, na'ahisooh)

R. bił niná'áhish-'nił (niná'áhi, niná'áhi, niná'áhiji, niná'áhii, niná'áhóh)

O. bił na'ahósh-'nil (na'ahóó, na'ahó, na'ahijó, na'ahoo, na'ahooh)

'Ashiiké yázhí léi' 'atiingóó 'ahoo'niłgo k'asdą́ą́' chidí bik'i shił ch'élwod, I almost ran over some children who were horsing around as they went along the road.

T'áadoo t'óó nda'ahoh'nilí. Tsįįłgo, 'ałtso ńdahohgod, Quit horsing around and get the hoeing done (you plural).

Łééchą́ą'í yázhí mósí yił na'ahi'nil, The puppy and the cat are playing (wrestling).

HOT AFTER MORE OF IT, TO BE (to go after it; to be greedy for it), yilááh dighas, he is hot after more of it; he is greedy for more of it (lit. he is scratching beyond it).

N. bilááh disxas (díghas, dighas, jidighas, diigas, dohhas)

153

Na'akaigi bilasáana t'óó 'ahayóí chidítsoh bee níyíí ńt'éé' diné t'áá yiláah dadighasgo t'áadoo hodina'í 'ałtso shaa ndayiisnii', I hauled apples to the sing in a truck, but people were so hot after them that I was soon sold out.

'Adahwiis'áágóó naanish ńdahadleehgo Naabeehó dine'é naanish t'áá yiláahgo dadighas dooleełę́ę doo 'ádaat'íį da, When there are work opportunities in various places the Navahos should go after them, but they do not.

HOW LONG? HOW MUCH LONGER? doozáagi.
Doozáagi 'iłhosh, How much longer are you going to sleep; how long are you going to sleep ?
Doozáagi 'ahił hołne', How much longer are you going to talk (hurry up and finish)?

HOW MANY OF (us, you, them) (several of us, you, them), díkwíilt'é, how many of us; several of us.

F. díkwí-diil-t'eeł (dooł, dool, zhdool)
I. díkwíil-t'eeh (díkwół, díkwíl, díkwíjíl)
SP. díkwísiil-t'e' (díkwísooł, díkwós, díkwíjís)
N. díkwíil-t'é díkwół, díkwíl, díkwíjíl)
R. díkwí-néiil-t'eeh (náł, nál, ńjíl)
O. díkwóol-t'eeh (díkwóoł, díkwool, díkwíjól)

Naanishgóó diné deesgí biniiyé 'áłah 'ánihi'dilnéhę́ę 'ałní'ní'ą́ągo díkwísoołt'e', When they were getting you men together to haul you to work, how many of you were there at noon?
Yiską́ągodashą' díkwídiilt'eeł, I wonder how many of us there will be tomorrow?

HOW TO BE A, 'ídlíįgi, how to be a (lit. at being).
Béésh łigaii yitsidii 'ídlíįgi bíhoosh'aah, I am learning how to be a silversmith.
K'éé'dídléehii 'ídlíįgi bíndiyeesh'ááł, I'll teach you how to be a farmer.

154

HUMAN BEING, bíla' 'ashdla'ii (lit. the one that has five fingers).

Bíla' 'ashdla'ii wolyéii bił dah nahaz'ą́ą́góó t'áá 'ał'ąą bizaad dahóló̜, All human beings everywhere possess a language of their own.

HURT, TO (him, oneself), 'ádabidéłnih, I hurt him; 'ádadénih, I hurt myself.

1. TO CAUSE HIM TO HURT HIMSELF.

F. 'ádabidideesh-nih ('ádabididííł, 'ádeididooł, 'ádabizhdidooł, 'ádabididiil, 'ádabididooł)

Cl. 'ádabidiish-nih ('ádabidiił, 'ádeidiił, 'ádabizhdiił, 'ádabidiil, 'ádabidooł)

P. 'ádabidéł-nih ('ádabidíníł, 'ádeidees, 'ádabizhdees, 'ádadeel, 'ádadooł)

R. 'áda-nábidish-nih (nábidíł, néidił, nábizhdił, nábidiil, nábidoł)

O. 'ádabidósh-nih ('ádabidóół, 'ádeidół, 'ádabizhdół, 'ádabidool, 'ádabidooł)

2. TO HURT ONESELF.

F. 'ádadideesh-nih ('ádadidíí, 'ádadidoo, 'ádazhdidoo, 'ádadidii', 'ádadidooh)

P. 'ádadé-nih ('ádadíní, 'ádadeez, 'ádazhdeez, 'ádadee', 'ádadoo)

R. 'ádańdísh-nih ('ádańdí, 'ádańdí, 'ádanízhdí, 'ádańdii', 'ádańdóh)

O. 'ádadósh-nih ('ádadóó, 'ádadó, 'ádazhdó, 'ádadoo', 'ádadooh)

Baa 'áhólyą́, bik'ee 'ádadóónih lágo, Be careful and don't hurt yourself with it.

Bee'eldǫǫh yik'ee 'ádadeeznih, He hurt himself with a gun.

'Ííłgo'go 'ádabidéłnih, I hurt him when I tripped him.

HURT HIS FEELINGS, TO (to burn him up; to upset him; to "upset his applecart"), bá yízeez, I hurt his feelings (lit. I singed it for him).

F. bá deesis (dííizis, yidoozis, jidoozis, diidis, doohsis) (doodis)

I. bá yiséés (nizéés, yizéés, jizéés, yiidéés, wohséés) (yidéés)

P. bá yízeez (yínízeez, yiyíízeez, jíízeez, yiideez, woozeez) (yideez)

155

R. bá nás-dis   (nání, néí, ńjí, néii, náh)   (nádis)
O. bá wóséés   (wóózéés, yózéés, józéés, woodééš, woohséés)   (wódééš)

Bilagáana naalyéhé yá sidáhí 'ayóo nina'adlo' bidishníigo bá yízeez,   I hurt the white trader's feelings by telling him he is crooked.

Naabeehó dine'é 'ayóo da'ni'įih shiłníigo Naakaii léi' shá yiyíízeez,   The Mexican hurt my feelings (got my goat) by telling me that the Navahos are thieves.

Naalyéhé bá hooghandi baa nahidoonih biniiyé naadą́ą́' tsinaabąąs yii' hééł 'áyiilaa ńt'éé' łį́į́' 'ałtso bits'ą́ą́' yiyíí'aalgo bá yiyíízeez lá,   The horses upset his applecart for him by eating all his corn after he had gotten it all loaded and ready to take to the trading post to sell.

Łééchąą'í yázhí bił naashnéego shitł'aajį'éé' yiztsah ńt'éé' 'ayíízǫ́ǫ́z. Doo lá dó' shį́į́ shá yiyíízeez da,   I was playing with the puppy when he grabbed my trousers in his teeth and tore them. Boy, that sure burned me up (made me feel bad; spoiled the whole day for me).

Doo lá dó' shá dzíízeez da,   Someone really fixed me up good;   someone really put me in a bad spot (as when one might have intended to go some place in his car, only to find that someone had deflated all the tires).

— I —

ICE CREAM,   'abe' daastinígíí   (lit. frozen milks).

Kindi 'abe' daastinígíí t'óó 'ahayóí yíyą́ą́',   I ate a lot of ice cream in town.

'Áłchíní 'abe' daastinígíí 'ayóo bił daalkan, Children like ice cream.

156

IMPORTANT, TO BE, ts'ídá bíhólníihgo 'át'é.
Bilagáana bizaad bíhwiinił'ą́'ígíí náásgóó ts'í-dá bíhólníihgo bik'ehgo yínáał dooleeł, Learning English will be very important to you in the future.
Béeso bá hooghan góne' béeso ła' hasht'e' ni-hí'níłígíí ts'ídá t'áá 'ákónéehee 'át'é, It is really worthwhile to save some money in the bank.

IMPORTANT TO ONE, TO BE (to need it), t'áá 'ákónéehee shá 'át'é, it is important to me; I need it (lit. it is necessary for me).
'Ólta'ígíí t'áá 'ákónéehee nihá 'ádaat'é, School is important to us; we need schools.

IMPRACTICAL, TO SEEM (to look to one as if it wouldn't work), doo shił bihónéedzą́ą da, it seems impractical to me; it doesn't look to me as if it would work (lit. it is not possible with me).
'Indins danilíinii 'atah naaltsoos 'ańdayii'nił dooleeł ha'níigo baa hwiinit'ínígíí dó' doo shił bi-hónéedzą́ą da, This matter of Indian voting that they are discussing doesn't seem practical to me.

INCAPABLE OF IT, TO BE (to be unable to do it because of laziness, lack of know-how, etc.; to lack ability to do it), 'ayóo bídiisgis, I am incapable of it; I can't do it; I haven't the ability to do it.
N. bídiis-gis (bídinił, yídiił, bízhdiił, bídiil, bídooł)

'Ashiiké ła' chidí naabąąs 'ayóo yídadiiłgis, Some boys are incapable of driving a car (because they cannot learn it, it is too difficult for them.)
Diné ła' 'ayóo naanish yídadiiłgisgo t'óó ndaa-kai, Some men loaf around because they're too lazy to work.

157

INCAPABLE OF, TO BE (to be beyond suspicion of; not to know the word), — wolyéii doo bił bééhózin da (lit. he does not know the thing called —).

'Ina'adlo' wolyéii doo bił bééhózin da, He is incapable of cheating; he's beyond suspicion of cheating (lit. he doesn't know the thing called cheating; he doesn't know what is meant by the word "cheat").

'Anit'įįh (or 'ani'įį') wolyéii doo bił bééhózin da, He's incapable of stealing (lit. doesn't know the meaning of "steal").

Yooch'ííd wolyéii doo bił bééhózin da, He is incapable of lying; he doesn't know what it means to lie.

INCLUDE IT, TO, 'íínishtą', I include it.

N. 'íínish-tą' ('íínił, 'íyół, 'íjół, 'ííníil, 'íínół)

Bá'ólta'í bá da'jółta'go diné bizaad wólta'gi 'ałdó' 'íyółtą'go yína'niłtin, The teacher includes a lesson in learning to read Navaho in her teaching.

'Éé' neishoodii damįįgo bá yah 'ańjíjahgo sin bídahoo'aahígíí dó' 'íyółtą'go yaa niná'á'ish, At the Sunday School the preacher also includes singing in his program.

INCLUDED, TO BE, t'áá 'éshjée'go (or béshjéé') (lit. just stuck to it).

'Áłah 'aleehdi díí bik'ehgo na'nilkaadí ha'nínígíí bee hadeesdzih dóó 'ólta' baa hwiinít'ínígíí dó' t'áá 'éshjée'go bee hadeesdzih, I'll speak about these grazing regulations at the meeting, and a discussion of schools too will be included in my talk.

Hastiin tódiłhił yoodlą́ą'go biniinaa yuh 'abi'doolt'e' dóó 'aneez'įį' lágo 'éí dó' t'áá 'éshjée'go

158

biniinaa yah 'abi'doolt'e', The man was put into
jail for drinking, and burglary was included in the
charge.

INCLUDED, TO BE (to be counted in), t'áá 'íínísh-
tą', I am included; I am counted in.

N. t'áá 'íínísh-tą' ('íínil, 'óól, 'íjól, 'ííníil, 'íínół)

Díí 'at'ééd doo shí shitsi' da ndi t'áá 'óóltą'go
baa 'áháshyą́ą dooleeł, Although this girl is not
my daughter I will include her as one of my de-
pendents.

Naaki ńdeezidę́ę́dą́ą́' béeso bik'é nishíshnishę́ę
t'áá 'óóltą'go bił shich'į' na'ílyá, The money I
earned two months ago was included in my last
pay check.

INCOME, TO RECEIVE AN (to get money), béeso
shaa hineezdee', I received an income (lit. dollars
fell to me one after the other).

F. béeso shaa hidínóodah I. béeso shaa hinidééh P. béeso shaa
hineezdee' R. béeso shaa náhinidah O. béeso shaa hinódééh

T'áá nináháhááh bik'eh béeso naakidi miil bíi-
ghahgo shaa náhinidah, I receive an income of
two thousand dollars a year; I get two thousand
dollars a year.

T'ááłá'í náhahjį'shą' béeso díkwíí naa náhini-
dah, How much do you get a year?

INCREASE, TO (in quantity or number), k'ee'ąą
(or 'ąą) yilzhish, it is increasing (it is expanding
or broadening).

PROG. 'ąą yilzhish

Shilį́į́' k'ee'ąą ('ąą) yilzhish, My livestock is
progressively increasing.

159

INCREASE, TO (to become more numerous; to multiply), 'ąą noot'į́į́ł, it is increasing (lit. it is growing more expansive).

F. 'ąą dínóot'į́į́ł PROG. 'ąą noot'į́į́ł I. 'ąą dínít'į́ih
P. 'ąą díneest'ą́ R. 'ąą ńdínít'į́ih O. 'ąą dínót'į́į́ł

Naabeehó dine'é t'ááłá'í nináháháh bik'eh t'ááłáhádi miil bíighahgo 'ąą noot'į́į́ł, The Navaho people are increasing at the rate of a thousand every year.

Shidibé 'ąą dínót'į́į́ł laanaa ch'ééh nisin, I wish my sheep would increase, but they don't.

Shinaa'ahóóhai 'ąą ńdínít'į́ihgo ła' shaa nináhánih, I sell some of my chickens every time they increase in number.

Diné neeznáá nááhaiídą́ą́' dóó wóshdę́ę́' t'áadoo hodina'í 'ąą díneest'ą́, The people have increased rapidly during the past ten years.

INFESTED WITH, TO BE (to be maggoty), yaa 'ashch'osh, it is infested with (bugs, worms, etc.). (Cp. ch'osh, worm.)

F. yaa 'adoołch'osh I. yaa 'iiłch'osh P. yaa 'ashch'osh
R. yaa ná'iiłch'osh O. yaa 'oołch'osh

Wólázhiní géeso yę́ę yaa 'ashch'osh lá, I found the cheese infested with black ants.

Hooghan góne' 'atsį' si'ánę́ę ch'osh yaa 'ashch'osh lá, I found that the piece of meat that was setting in the hogan was infested with worms.

Nihił ná'ní'éél ńt'éé' diné nihitsinaa'eeł yę́ę yaa 'ashch'osh, When we docked, people gathered in throngs around our ship.

IN FEW PLACES, łáhágóó.

Diné bikéyah bikáa'gi łáhágóó ninádahałtį́įh łeh, There are few places in the Navaho country where it rains.

INJECT IT INTO HIM, TO biih yíziid, I injected
it into him (lit. I poured it into him); or biih yíł-
t'óód, I injected it into him (lit. I pumped it into
him).

F. biih dees-sił (-łt'oł) (díí, yidoo, jidoo, dii(d), dooh) (doo(d)-)
I. biih yis-sííd (łt'ood) (ni, yi, ji, yii(d), woh) (yi(d)-)
P. biih yí-ziid (-łt'óód) (yíní, yiyíí, jíí, yii(d), woo) (yi(d)-)
R. biih nás-si' (-łt'o') (nání, néí, ńjí, néii(d), náh) (ná(d)-)
O. biih wós-sííd (-łt'ood) (wóó, yó, jó, woo(d), wooh) (wó(d)-)

'Azee'ííł'íní 'áłtsé shiwótsį́į́ góne' 'azee' shiih
yiyííziid (or yiyííłt'óód) dóó shiwoo' ła' shá ha-
yíí'ą̨, The doctor first injected some medicine
into my gum, and then he pulled one of my teeth.

'Ahbínígo bikee' 'azee' biih nánídzi' (or nánííł-
t'o') dooleeł, Inject some medicine into his foot
every morning.

IN PAIRS, naaki ńláago.
Béégashii naaki ńláago dayí'aash, The cows
are going along in pairs.
Ké naaki ńláago ndahiilniih, We buy shoes in
pairs.

IN PLENTY, doo bídinígóó.
Dziłgháą'di doo bídinígóó kééhwiit'į́į́ ńt'éé',
We lived in plenty on the mountain top.

INTERRUPTED, TO BE, k'ínídláád, it was inter-
rupted (lit. it broke in two—a string); k'é'éltǫ',
it was interrupted (lit. it broke in two—a stiff ob-
ject, as a stick).

F. k'ídoodlał I. k'édlaad P. k'ínídlááá U. k'édla'
R. k'ínádla' O. k'íoodlaad

F. k'í'dooltǫǫ́ł I. k'é'éltǫǫh P. k'é'éltǫ'
R. k'íná'áltǫǫh O. k'í'óltǫ'

Béeso 'ásdįįdgo biniinaa shinaanish yę́ę́ k'ínídláád, My work was interrupted when the funds gave out.

Naaltsoos hane' dabiká'ígíí t'áá 'ákwíí jį shaa nináhájeeh ńt'éé' sits'ą́ą́' k'ínídláád t'ah doo bik'é nináá'níshdlée dago biniinaa, My subscription to the daily paper was interrupted because I did not pay it up.

Dá'ák'eh binaashnish ńt'éé' nahóółtą́ągo biniinaa naanish sits'ą́ą́' k'é'éltǫ', My work in the corn patch was interrupted by rain.

IN THE RECENT PAST, díí k'ad naghái hoolzhish-dę́ę́' (lit. this period of time that is now progressing from just over yonder a little way).

Díí k'ad naghái hoolzhishdę́ę́' háágóó dó' 'atah tádíínílnish, At what places have you been employed in the recent past?

INTRODUCE IT TO HIM, TO (to bring it to him), bich'į' háált'i', I introduced it to him; I brought it to him (lit. I caused it to extend up out toward him like a slender line).

F. hadeesh-t'ih (hadííł, haidooł, hazhdooł, hadiil, hadooł)
I. haash-t'ééh (hanił, haił, hajił, haiil, haał)
P. háát-t'i' (háíníł, hayííł, hajííł, haiil, haooł)
R. hanásh-t'ih (hanáníł, hanéíł, hańjíł, hanéiil, haná ł)
O. haosh-t'ééh (haóół, hayół, hajół, haool, haooł)

Bilagáana 'iiná yá'át'éehii nihich'į' hadeist'i', The white people introduced a good way of life to us; the white people brought us a good way of life.

'Éé' neishoodii hane' yá'át'éehii nihich'į' hadeist'i', The missionaries introduced the Gospel to us.

INTRODUCE ONESELF TO HIM, TO, bich'į' 'ádééhosiszįįd, I introduced myself to him (lit. I made

162

things known about myself toward him).

F. bich'į' 'ádéé-hodees-zįįł (hodííl, hodool, hozhdool, hodiil, hodooł)
I. bich'į' 'ádéé-honis-zįįh (honíl, hool, hojool, honiil, honoł)
P. bich'į' 'ádéé-hosis-zįįd (hosíníl, hoos, hojoos, hosiil, hosooł)
R. bich'į' 'ádíná-hoos-zįįh (hól, hool, hojool, hwiil, hół)
O. bich'į' 'ádéé-hoos-zíį' (hoól, hool, hojool, hool, hooł)

Díí naalyéhé yá sidáhí 'adą́ą́dą́ą́' bich'į' 'ádéé-
hosiszįįd, Yesterday I introduced myself to this
trader.

'Áadi yíníyáago 'éé' neishoodii bich'į' 'ádéého-
díílzįįł, When you get there be sure to introduce
yourself to the missionary.

INTRODUCED TO THEM, TO BE, bich'į' háát'i', it
was introduced to them (lit. it began to extend up
out toward them like a slender line).

F. bich'į' hadoot'ih   I. bich'į' haat'ééh   P. bich'į' háát'i'
R. bich'į' hanát'ih   O. bich'į' haoot'ééh

Tseebídiin nááhaiídą́ą́' 'íhoo'aah wolyéii nihich'į' háát'i', Education was introduced to us 80
years ago.

Naaltsoos 'ahe'níłígíí k'ad nihich'į' haat'ééh,
Voting is now being introduced to us.

INVENT IT, TO (to discover it), béédi'nítá, I in-
vented it; I discovered it. (V. to guess.)

F. béédi'deesh-tį́į́ł (béédi'díí, yéédi'doo, béédizh'doo, béédi'dii, béé-
di'dooh)
I. béédi'nish-tįįh (béédi'ní, yéé'dee, béézh'dee, béédi'nii, béédi'noh)
P. béédi'ní-tá (béédíí'ní, yéédi'ní, béédizh'ní, béédi'nii, béédi'nooh)
R. béníná'dísh-tį́į́h (béníná'dí, yéníná'dí, bénínázh'dí, béníná'dii, bé-
níná'dóh)
O. béé'dósh-tą́ą́' (béé'dóó, yéé'dó, béézh'dó, béé'doo, béé'dooh)

TO BE INVENTED; DISCOVERED (PASSIVE).
F. bénáádi'dootį́į́ł   I. béé'deetįįh   P. bénáá'deetá
R. béníná'dítį́į́h   O. béé'dótą́ą́'

163

Tsásk'eh łahgo 'ánáánát'éii béédi'nítą́,   I invented a new kind of bed.

Díí 'azee'ííł'íní t'áadoo le'é naałniih 'anáá' bich'į̇' dadiniihii yéédi'nítą́,   This doctor discovered the cause of trachoma.

— J —

JARRED, TO BE (to be shaken by concussion), shii' hasdił, I was jarred; I was shaken.

F. shii' hodooldił   I. shii' hooldił   P. shii' hasdił
R. shii' náhooldił   O. shii' hóldił

Tsé shíighahjį̇' naalts'idgo shii' hasdił, I was jarred by the rock when it fell beside me.

T'áá 'áhániji̇' 'adeeshch'iłgo kin bii' hasdił, The house was jarred (shaken) when lightning hit nearby.

JERK HIM ALONG, TO (to force him along by jerking .and pulling), dah hidiiłhan, I jerked him along.

F. dah hididiyeesh-hą́ą́ł (hididiyííł, yididiyooł, hizhdidiyooł, hididiyiil, hididiyooł)

Cl. dah hidiish-han   (hidiił, yidiyiił, hizhdiyiił, hidiyil, hidiyooł)

P. dah hidiił-han (hidinił, yidiyiił, hizhdiił, hidiil, hidooł)

R. dah náhidiish-hą́ą́h (náhidííł, néidiyiił, náhizhdiił, náhidiil, náhidooł)

O. dah hidosh-han   (hidóół, hidiyooł, hizhdiyooł, hidiyool, hidiyooł)

Hastiinę́ę̇ bik'osgi yi'éé' yizhjih dóó tł'óó'góó dah yidiyiiłhan, He grabbed the man by the collar and jerked him outside (out the door).

'Ashkii tł'óó'góó dah yidiyiiłhan ńt'éé' bijátah deeltáalgo yił deezgo'go bílák'ee hanáálwod, He was jerking the boy outside when the latter tripped him and got away as he fell.

164

JITTERY, TO BE (to be nervous; to be fidgety; to be on edge), 'ádił nahodishchiił, I am jittery; I am fidgety (lit. I grab around at myself).

F. 'ádił náho-dideesh-chił (didííl, didool, zhdidool, didiil, didooł)
I. 'ádił náho-didiish-chííd (didiil, didiil, dizhdiil, didiil, didooł)
N. 'ádił náho-dish-chiił (díl, dil, zhdil, diil, doł)
P. 'ádił náho-didiish-chid (didinil, didiil, dizhdiil, didiil, didooł)
R. 'ádił nináho-didish-chił (didíl, didil, dizhdil, didiil, didoł)
O. 'ádił náho-dósh-chiił (dóól, dól, zhdól, dool, dooł)

Yá naalnishígíí tł'óo'jį' yáłti'go yidiizts'ą́ą'go 'ádił náhodidiilchid, When he heard his boss talking outside he became jittery.

JOKE, TO (to jest; to say funny things; to make jokes), niyá'áhodishti', I'm joking.

F. niyá'áho-dideesh-tih (didííl, didool, zhdidool, didiil, didooł)
CI. niyá'áho-dish-ti' (díl, dil, zhdil, diil, doł)
P. niyá'áho-désh-ti' (díníl, dees, zhdees, deel, disooł)
R. niyá'ánáho-dish-tih (díl, dil, zhdil, diil, doł)
O. niyá'áho-dósh-ti' (dóól, dól, zhdól, dool, dooł)

Ndáa'gi diné ła' t'óó niyá'áhodishti' jinízingo ha'át'íí shíí jidííniid ńt'éé' biniinaa siláago dahooł-tsood, The man said something which he meant as a joke at the Squaw Dance, but the policeman arrested him for it.

Hataałii 'ayóo niyá'áhodilti' léi' niha'ałk'ee hóótááł, A medicine man who makes a lot of jokes performed at our place.

JOKE, TO (to say funny things; to crack jokes; to make wisecracks), łą 'ádíshní, I'm joking; I'm cracking jokes (lit. I'm saying many).

F. łą 'ádideesh-niił ('ádidíí, 'ádidoo, 'ádizhdoo, 'ádidii', 'ádidooh)
CI. łą 'ádísh-ní ('ádí, 'á, 'ájí, 'ádii', 'ádóh)
P. łą 'ádíí-niid ('ádííní, 'ádíí, 'ázhdíí, 'ádii', 'ádoo)
R. łą 'ańdísh-'niih ('ańdí, 'ańdí, 'anízhdí, 'ańdii', 'ańdóh)
O. łą 'ádósh-ne' ('ádóó, 'ádó, 'ázhdó, 'ádoo', 'ádooh)

165

Doo łą 'ájít'įį da,   Don't joke.

Díí naalyéhé yá sidáhí 'ayóo łą 'áníi łeh.   This trader is always joking (dóó biye' 'éí 'ayóo łą 'át'įį łeh, and his son is always clowning).

JOKE ABOUT HIM, TO (to make wisecracks about him; to ridicule him), bá nahasht'i', I'm joking about him; I'm making wisecracks about him (lit. I am stringing a slender thing about for him).

F. bá naho-deesh-t'ih   (dííł, dooł, zhdooł, diil, dooł)

I. bá nahash-t'i'   (nahół, nahał, nahojił, nahwiil, nahoł)

P. bá nahoséł-t'i'   (nahosíníł, nahas, nahojis, nahosiil, nahosooł)

R. bá nináhoźh-t'ih   (nináhół, nináhął, nináhojił, nináhwiil, nináhół)

O. bá nahósh-t'i'   (nahóół, nahół, nahojół, nahool, nahooł)

Hastóí doo bá nahojiłt'i' da,   Don't ridicule the aged; don't wisecrack about the aged.

Díí dinééh shichei yá nahałt'i'go biniinaa ch'í-hiníłhan,   I threw this young man out because he was ridiculing my grandfather.

Na'akaidi siláago bá nahosoołt'i'. lá, 'éí bąą nihaa náhódóot'įįł biniiyé nánihi'deet'eezh,   You two were reported as making wisecracks about the police force, so we'll take you to court for trial.

JUST A LITTLE BIT MORE,   t'įįhí biláhágo (lit. being a little bit beyond it).

Kóhoot'éédą́ą́' béeso shich'į' nehelyéhę́ę k'ad t'įįhí biláhágo shich'į' nehelyé silį́į́',   I was paid a little bit more this year than last year.

Béeso t'įįhí biláhágo shá 'ánílééh,   Give me just a little more money.

Béeso t'įįhí biláhágo náánísdzin 'áko chidítsoh nahashniihígíí bíighah dooleeł,   I need just a little more money and then I'll have enough to buy the truck.

Hó t'įįhí shiláhágo honááhai,   He's just a little bit older than I am.

JUST AS (at the same instant), t'áá biłgo (lit. just being with it; just accompanying it).

Bįįh hadeiilzheehgo bįįh léi' hoot'įįgi sizįįgo yiiłtsą; t'áá biłgo náánáłahdéé'go diné ła' yił 'adeesdǫǫh, We were hunting deer and I saw one standing in a clearing, but just as I saw it a man shot it from another direction.

JUST AS THE SUN WAS COMING UP, t'óó ha'oo-'áłígo (ha-, up out; over, as over the rim of a hill or mountain. 'oo'ááł, the sun is moving along).

Shichei bighandi shiiská dóó t'óó ha'oo'áłígo łíí' shił dah ńdiildloozh, I spent the night at my grandfather's and started back by horseback just as the sun was coming up.

California hoolyéédéé' 'i'íí'ąągo kǫ' na'ałbąąsii bee dah ńdiit'áázh. Tł'éé' bíighah nihił 'oolwołgo biiskání t'óó ha'oo'áłígo Na'nízhoozhígi nihił ná'ílwod, We left California by train in the evening, and just as the sun was coming up we pulled in to Gallup (we two).

JUST IN TIME FOR IT, TO BE (to be on time for; to be in time), beeshyaa, I was just in time for it.

F. bideesh-nííł (bidííl, yidool, bizhdool, bidiil, bidooł)
I. beesh-nééh (binil, yeel, bijiil, biil, booł)
P. beesh-yaa (biinil, yeel, bijiil, biil, booł)
R. binásh-'įįh (bináníl, yinál, binájiil, binéiil, binál)
O. boosh-ne' (boól, yool, bijól, bool, booł)

Kǫ' na'ałbąąsii dah diilyeed lágo ts'ídá beeshyaa, I was just in time for the train.

Naakidi damįįgo náá'ásdlįį'go naanishdéé' ńídeeshdááł 'áko 'ólta' ts'ídá bideeshnííł sha'shin, I'll get home from the job in two weeks, and I may be on time for school.

Biinilyaa, 'aadóó nihitah 'íyą́, You're just in time; sit down and eat with us.

— K —

KEEP A RECORD OF, naaltsoos bikáa'go bee si'ą́ (lit. a book sets with it on it).

Díí bits'á'nilígíí binaanish ndaat'i'góó t'áá 'ałtso naaltsoos bikáa'go bee si'ą́ą dooleeł, A record will be kept of the work accomplished by this committee.

'Áłah 'azlį́į'go baa dahwiiníst'į́į́dígíí naaltsoos bikáa'go naat'áanii binaaltsoos 'ál'íní góne' bee si'ą́, A record of the matters discussed at the meeting is in the Superintendent's office.

KEEP AN EYE ON HIM, TO (to watch him; to look it over; to inspect it; to observe him), haassíid, I am keeping my eye on him; looking it over, etc.

F. hadees-sił (hadíí, haidoo, hazhdoo, hadiil, hadooh)
I. haas-sííd (hani, hai, haji, haiil, haoh)
P. háá-sid (háíní, hayíí, hajíí, haiil, haoo)
R. hanás-si' (hanání, hanéí, hańjí, hanéiil, hanáh)
O. haos-sííd (haóó, hayó, hajó, haool, haooh)

Hastiin naalnishgo háásid, 'áko t'áá 'íiyisíí yá'át'éehgo naalnish lá, I kept an eye on the man as he worked, so I know he is a good worker.

Chidí hazhó'ó háásidgo 'índa naháłnii', I looked the car over carefully before I bought it.

Diné da'dika'ígíí hazhó'ó haassíid ńt'éé' t'áá-łá'í 'ayóo bina'adlo' lá, I kept an eye on (watched) the gamblers and found that one was a crook.

KEEP ONE FROM, TO (to hold one back; to prevent one from), shótą', it keeps me from it (lit. it has ahold of me).

N. shó-tą' (nó, bó, hó, nihó, nihó)

Doo nich'į' dósha' 'át'ée da, shinaanish shótą'
go biniinaa, I can't go to visit you because my
work keeps me from doing so (prevents me).
Ha'át'éegoshą' doo shaa nínáah da? Ha'át'íi
shą' nótą', Why can't you come to see me? What
keeps you from it; what holds you back?

KICK HIM, TO (to give him a kicking; kick him
into insensibility), bił nizNítááł, I gave him a
kicking; I kicked him until he lost consciousness.

F. bił nizhdeesh-tał (nizdíí, nizdoo, niizhdoo, nizdii, nizdooh)
I. bił nizhnish-taał (nizní, ndzí, niijí, niznii, niznoh)
P. bił nizní-tááł (níízní, nizní, niizhní, niznii, niznoo)
R. bił ninájísh-tał (ninádzí, ninádzí, ninéiji, ninádzii, ninádzóh)
O. bił nijósh-tał (ndzóó, ndzó, niijó, ndzoo, ndzooh)

Dibé yázhí łį́į' yiyaagi sizínígíí nahjį' naa'ool-
yeed, łį́į' bił nizdootał, Chase that lamb off that
is standing under the horse. The horse will kick
it (and knock it senseless).

KID HIM, TO (to make fun of him; to poke fun at
him), bee dlo déshchį́, I kidded him; I made fun
of him (lit. by means of him I brought laughter in-
to existence).

F. bee dlo dideesh-chiił (didííl, didool, zhdidool, didiil, didooł)
CI. bee dlo dish-chí (díl, dil, zhdil, diil, doł)
P. bee dlo désh-chį́ (díníl, deesh, zhdeesh, deel, dooł)
R. bee dlo ńdísh-chííh (ńdíl, ńdíl, nízhdíl, ńdiil, ńdół)
O. bee dlo dósh-chíí' (dóól, dól, zhdól, dool, dooł)

Sitsilí t'áá 'íiyisíí doo 'áhólyą́ą da bidishníigo
bee dlo déshchį́į ńt'éé' yik'ee bá hóóchįįd, I was
kidding my brother, telling him that he was a fool,
and he got angry about it.
Honásháahgo dajitsaah jiníigo 'ee dlozhdeesh-
chį́į ńt'éé' t'áá 'ákódzaa, He was just kidding
and saying that when he walked around a person

that person died; and it really happened. (This is said to be the origin of the honágháahnii, he walks around one, clan.)

KILL ONE OF ONE'S RELATIVES, TO (usually in connection with witchcraft), bąąh 'i'niiłhį, I am killing one of his relatives; I have started to kill one of his relatives (lit. I have started to kill something alongside of him).

> F. bąąh 'idí'néesh-hééł ('idí'nííł, 'idí'nóoł, 'idízh'nóoł, 'idí'níil, 'idí'-nóoł)
> IP. bąąh 'i'niił-hį ('in'nił, 'i'niił, 'izh'niił, 'i'niil, 'i'nooł)
> P. bąąh 'iyéł-hį ('iyíníł, 'iis, 'ajiis, 'iyeel, 'iyooł)
> R. bąąh ná'iish-yééh (ná'iil, ná'iil, ń'jiil, ná'iil, ná'ooł)
> O. bąąh 'iyósh-hééł ('iyóół, 'iyół, 'ajiyół, 'ayool, 'ayooł)

Hastiin sání dził bitsįįdi bighanígíí 'ańt'įįh yee nąąh 'i'niiłhįį lá, The old man who lives over at the foot of the mountain is killing one of your relatives by sorcery.

KILLED BY FROST, TO BE (frost gets it), neesdlí, it was killed by frost.

> F. dínóodlóół   I. nidlí   P. neesdlí   R. nánídlóóh   O. nódlóół

Díí tł'éé' deesk'aaz hazlįį'go shįį naa'ołí nits'ą́ą́' dadínóodlóół, If it turns cold tonight your beans will surely be killed by frost.

Ch'il łichxí'í ts'ídá 'áłtsé nánídlóóh, Tomatoes are always the first to be killed by frost.

Tł'éédą́ą́' shinaadą́ą́' yę́ę daneesdlíí lá, I see that the frost got my corn last night.

KNOCK IT OFF, TO (from an elevated place by shooting it with a gun), nabíz'diiłdon, I knocked it off.

> F. nabízhdi'deesh-dǫǫł (nabízhdi'dííł, nayízdı'dooł, nabízhdi'dooł, nabízhdi'diil, nabízhdi'dooł)

170

I. nabízh'diish-don (nabíz'diił, nayíz'diił, nabíizh'diił, nabíz'diil, nabíz'dooł)

P. nabíz'diił-don (nabíz'dinił, nayíz'diił, nabíizh'diił, nabíz'diil, nabíz'dooł)

R. nabínázh'diish-dǫǫh (nabínáz'diił, nayínáz'diił, nabínéizh'diił, nabínáz'diil, nabínáz'dooł)

O. nabízh'doosh-don (nabíz'dóół, nayíz'dooł, nabízh'dooł, nabíz'dool, nabíz'dooł)

TO KNOCK THEM OFF (REPEATEDLY, ONE AFTER ANOTHER).

IT. nabízhdiyiish-don (nabízhdiyiił, nayízdiyiił, nabíizhdiyiił, nabízhdiyiil, nabízhdiyooł)

Bee'eldǫǫh bee yadiizíní nabízhdiyiishdon, I'm knocking tin cans off with my gun.

Sitsiits'iin bikáá'dóó yadiizíní nayíz'diiłdon, He knocked the can off my head with a gun.

Tsin 'íí'áhígíí bikáá'dóó mósí nabíz'diiłdon, I knocked that cat right off the post.

KNOCK IT OVER, TO (by shooting it), naa'abídzííłdon, I knocked it over (with a shot).

F. naa-'abízhdeesh-dǫǫł ('abízdííł, 'ayízdooł, 'abíizhdooł, 'abízdiil, 'abízdooł)

I. naa-'abíjísh-don ('abídzíł, 'ayídzíł, 'abíijíł, 'abídziil, 'abídzół)

P. naa-'abídzííł-don ('abídzííníł, 'ayídzííł, 'abíijííł, 'abídziil, 'abídzooł)

R. naa-'abíńjísh-dǫǫh ('abíńdzíł, 'ayíńdzíł, 'abínéijíł, 'abíńdziil, 'abíńdzół)

O. naa-'abíjósh-don ('abídzóół, 'ayídzół, 'abíijół, 'abídzool, 'abídzooł)

'Ashkii táadi neeznádiindi 'adées'eezjį' dlǫ́ǫ́' naa'ayídzííłdon, The boy knocked the prairie dog over at three hundred feet range.

Níléí yadiizíní naa'abídzííłdongo ha'át'íí shaa díílééł, What will you give me if I knock that tin can over?

KNOW A SMATTERING OF IT, TO (to know some of them), bitaahoshéłkizh, I know a smattering of it; some of them (lit. I cause spots to exist a-

171

mong them. Cp. łikizh, it is spotted.)

N. ('a-) bitaa-hoshéł-kizh   (hoshíníł, hash, hojish, hoshiil, hoshooł)

Bilagáanak'ehjí 'ataahoshéłkizh, I know a smattering of English (or I have a little knowledge of white ways).

Kojí diné kéédahat'ínígíí t'áá bitaahoshéłkizh, I know some of the people who live in this part of the country.

KNOW HOW TO SCHEME, TO (to be a great schemer; to know one's ropes), 'ayóo nahasgiz, I know how to scheme; I'm quite a schemer (lit. I really go around twisting things or screwing them up tight).

N. 'ayóo nahas-giz   (nahó, naha, nahoji, nahwii, nahoh)

'Agha'diit'aahii danilínígíí 'ayóo ndahagiz, Lawyers know how to scheme; lawyers are quite the schemers.

KNOW IT, TO (to know all about it; to be an authority on it), hashniih, I know it; I'm an authority on it.

N. hash-niih   (hó, ha, hoji, hwii', hoh)

Shichei dziłk'ijí haniih, My grandfather knows the Mountain Chant.

Díí 'azee'ííł'íní na'algizhjí haniih, This doctor knows surgery.

Díí hastiin 'azee' naagháagi haniih, This man knows medicine (he knows how to use it, where it comes from, how it is made, etc.).

KNOW WHAT TO DO, TO, bi'deeshłííłii shił béé-hózin, I know what to do (lit. I know the thing I'll copy).

172

F. bi'deesh-łiiłii (bi'díí, yi,doo, bizh'doo, bi'diil(n), bi'dooh)

Bi'deeshłiiłii doo shił bééhózin dago biniinaa t'óó 'azee'iił'íní bíká dah diishwod, I didn't know what to do so I just ran for a doctor.

Haalá 'áhoodzaa? Da' bi'díílíiłii ndiísh doo nił bééhózin da, What's the matter? Don't you know what to do?

— L —

LACK, TO (time, funds, etc.) (to be unable to afford it), bi'oh neesh'ą́, I lack time; I haven't the time; I can't afford it (lit. I measure less than it).

F. bi'oh dínéesh-'ąął (díníil, dínóol, dízhnóol, díniil, dínóoł)
I. bi'oh nish-'ąąh (níl, nil, shnil, niil, noł)
N. bi'oh neesh-'ą́ (ninil, neel, shneel, niil, nooł)
P. bi'oh néésh-'ąąd (níínil, néés, shnéés, niil, nooł)
R. bi'oh nánísh-'ąąh (nánil, náníl, názhníl, nániil, nánół)
O. bi'oh nósh-'ąąh (nóól, nól, shnól, nool, nooł)

Buick nahideeshnih nisin ndi bi'oh neesh'ą́, I want to buy a Buick, but I can't afford it.

T'áadoo Tséhootsooígóó disháhí 'átsé Na'nízhoozhígóó deesháął nisin n̓t'éé' bi'oh néésh'ąąd, Before starting for Fort Defiance I wanted first to go to Gallup, but I didn't have time.

T'áadoo le'é bi'oh jineel'áanii doo njiiłniih da, A person shouldn't buy things he can't afford.

LACK CONFIDENCE IN IT, TO (to be unsure of it; to view it with suspicion), t'óó bíhodóshjéé'.

Díí chidí t'óó bíhodóshjéé', I'm not so sure of this car; I lack confidence in this car (it might not run, or it might break down).

Bilagáana t'óó bíhodóshjéé' léi' nihaa níyá, A suspicious looking white man came to see us.

Ńléí łį́į́' łizhinígíí t'óó bíhodóshjéé', I'm not so sure of that black horse; that black horse may be dangerous (as in a race where one fears that the black horse might win).

Díí tsin bisgą' 'íí'áhígíí t'óó bíhodóshjéé', This old snag of a tree may be dangerous.

LAND ON THE GROUND, TO (to fall to earth) (a single heavy object), ni' nikeelts'id, it landed on the ground; it fell to earth.

F. ni' nikidoolts'ił   I. ni' nikeelts'ííd   P. ni' nikeelts'id
R. ni' nikinálts'i'   O. ni' nikioolts'ííd

Ts'ídá sézínę́ę biighahjį' bomb ni' nikeelts'id, A bomb landed on the ground beside where I was standing; a bomb fell right beside me.

Tsékooh góyaa yisháál ńt'éé' shiighahjį' tsé ła' ni' nikeelts'id, As I was walking in the canyon a rock fell beside me.

LARGER, TO MAKE IT (to enlarge it), béédi'nítsi, I made it larger; I enlarged it.

F. béédi'dees-tsih   (béédi'díí, yéédi'doo, béézhdi'doo, béédi'dii, béédi'dooh)
I. béé'dís-tsééh   (béé'dí, yéé'dí, béézh'dí, béé'dii, béé'dóh)
P. béédi'ní-tsi   (béédíí'ní, yéédi'ní, béézhdi'ní, béédi'nii, béédi'noo)
R. béníná'dís-tsih   (béníná'dí, yééná'dí, béénázh'dí, béníná'dii, béTnnná'dóh)
O. béé'dós-tsééh   (béé'dóó, yéé'dó, béézh'dó, béé'doo, béé'dooh)

Shi'éé' béédi'deestsih, I'll make my shirt larger; I'll enlarge my shirt.

Shikéyah ła' béédi'nítsi, I enlarged my land.

LAZY, TO BE, 'ił hóyéé' bi'niiłhí, he is lazy (lit. laziness or drowsiness is killing him).

Díí hastiin 'ił hóyéé' bi'niiłhįįgo biniinaa binaadą́ą́' ch'il bił yíl'á, This man's corn patch Is full of weeds because he's lazy.

LEAD A LIFE, TO (to spend one's days), bííníłką́,
he led his life; he spent his days.

F. shíidoołkááł   PROG. shíyoołkááł   P. shííníłką́   O. shíyółkááł

T'áá hazhó'ó baa náhasin nahalingo bííníłką́,
He led a highly interesting life.

Ńléí hastiin ts'ídá yá'át'éehgo bííníłką́, That
man led a good life.

Kót'éego shííníłką́, This is how I spent my days.

LEAD HIM ON, TO (to string him along; to pull the
wool over his eyes; to lure him on), náás niní'aa',
I led him on (lit. I tricked him forward).

F. náás dínéesh-'ah   (díníí, yidínóo, dízhnóo, díníit, dínóoh)
PROG. náás neesh-'ah   (níí, yinoo, jinoo, niit, nooh)
P. náás niní-'aa'   (nííní, yininí, jininí, niniit, ninoo)
R. náás ńdínísh-'ah   (ńdíí, néidíní, ńdízhní, ńdíníit, ńdínóh)
O. náás dínósh-'ááh   (dínóó, yidínó, jidínó, dínóo, dínóh)

Hastiin łį́į́' tł'oh yee náás yinoo'ahgo wónáás-
dóó ná'ázt'i' góne' yah 'iiníí'aa', The man lured
the horse along with some hay and finally tricked
it into getting inside the fence.

Náás shinoo'ahgo wónáásdóó Na'nízhoozhídi
bił ní'áázh, He led me on and on until we got to
Gallup.

LEADER, TO BE THE, 'á yigááł, he is the leader
(lit. he walks along for someone).

PROG. 'á yisháál   (yínááł, yigááł, joogááł)   D. (PL.) yiit'-ash (-kah)
(woh, yi, joo)

'Á yigáałii doo nihił béédahózin da, We don't
know who the leader is.

Naabeehó bikéyah dah si'ą́ągi hastiin 'Adii-
ts'a'ii yę́ę́ bidziilgo 'á yigááł ńt'éé', Chee Dodge
was a good leader in the Navaho country.

175

LEADER, TO BE THEIR, yá 'aláqjį' dah sidá, he is
their leader (lit. he sits up ahead for them). (sidá,
he sits, can be replaced by sizį́, he stands.)
   Díí hastiin Naabeehó yá 'aláqjį' dah sidá (sizį́),
This man is the leader of the Navahos (the Chair-
man of the Council).

LEAP UP IN ONE'S SLEEP, TO (as from a night-
mare), ńdiishgąązh, I leapt up in my sleep.

   F. ńdideesh-gąsh   (ńdidííl, ńdidool, ńdizhdool, ńdidiil, ńdidooł)
   I. ńdiish-gą́ą́sh   (ńdiil, ńdiil, nízhdiil, ńdiil, ńdooł)
   P. ńdiish-gąązh   (ńdinil, ńdiil, nízhdiil, ńdiil, ńdooł)
   R. náádiish-gąsh   (náádiil, náádiil, náázhdiil, náádiil, náádooł)
   O. ńdoosh-gą́ą́sh   (ńdoól, ńdool, nízhdool, ńdool, ńdooł)

   Díí 'ashkii t'áá 'ákwíí tł'éé' náádiilgąsh, This
boy leaps up in his sleep every night.
   Tł'éédą́ą́' ńdiishgąązh lá, I leapt up in my
sleep last night.

LEFT BEHIND, TO BE, nihaa 'adidooldah (di'dool-
dah) or nihaa dáá'diilyiz, we were left behind.

   F. baa di'dooldah ('adidooldah)   I. baa 'adiildééh   P. baa 'adiil-
   dee'   R. baa ń'diildah   O. baa 'adooldééh

   F. baa dáádi'doolyis   I. baa dáá'diilyéés   P. baa dáá'diilyiz
   R. baa dáń'diilyis   O. baa dáá'doolyéés

   Tsį́į́łgo 'ádaaht'į́igo t'éiyá doo nihaa di'dooldah
da, If you act quickly you won't be left behind.
   T'áá hazhóó'ógo yisháałgo biniinaa shaa 'adiil-
dee', I was left behind because I was walking too
slowly.
   T'áadoo hooyání nihaa dáá'diilyiz, We were
left behind before we knew it.

LEFT OUT, TO GET (BE), shi'oh 'anééłna', I got left
out (lit. it lasted less than me).

176

F. shi'oh 'adínóołnah   I. shi'oh 'aniłnééh   P. shi'oh 'anééłna'
R. shi'oh ná'níłnah   O. shi'oh 'anółnééh

Hwéeldi hoolyéédę́ę́' nináda'iis'náago Tséhoo-
tsooígi diné dibé bitaa'niihgo 'atah shi'oh 'anééł-
na', I was one of those who were left out when the
sheep were distributed among the people after they
returned from Fort Sumner.

Naalyéhé bá hooghandi diné 'ak'áán doo 'ílį́į́-
góó ndayiiłniih léi'gi níyá. Ła' nahideeshnih nisin
ńt'éé' shi'oh 'anééłna', I got to a store where they
were selling flour at a bargain price. I wanted to
get some, but I got left out (they ran out of it be-
fore they got to me).

LEFT OUT ON THINGS, TO GET —, t'áá shídin
hazlį́į́', I got left out on things (lit. things came
into being without me).

(Cp. T'áá shídin 'ííníyá, You went away and
left me behind. T'áá shídin 'ałtso yoodlą́ą́', He
drank it all before I got there—drank it without
me.)

F. t'áá bídin hodooleeł   I. t'áá bídin haleeh   P. t'áá bídin hazlį́į́'
R. t'áá bídin náhádleeh   O. t'áá bídin hóle'

Doo da'ííłta'ígíí t'áá 'ałtsojį' t'áá bídin ndahwii-
leeh, Those who do not go to school get left out
on things.

Doo 'ííłta'go biniinaa t'áá 'ałtsojį' t'áá shídin
hazlį́į́', I got left out on everything because I did
not go to school.

LEGAL FOR, TO BE (to be permitted; to be open to),
bich'į' 'ąą 'át'é, it is legal for them; it is permitted
to them; it is open to them; they can.

Kwii náhásdzooígíí biyi' 'Indins tódiłhił bich'į'
'ąą 'át'é—ńléí kééhasht'ínídi t'éiyá bich'į' baa hó-

chį', Here in this state Indians can get liquor legally—in the state where I live it is forbidden to them (withheld from them).

'Indins danilínígíísh kwii tódiłhił bich'į' 'ąą 'át'é, Is liquor legal for Indians here? Can Indians legally get liquor here?

LEISURELY (at a leisurely rate; in a leisurely way), t'áá honítłóo'go (lit. loosely). (Cp. diniiłtłóó', I loosened it—something taut like a bow string.)

'Ałk'idą́ą́' 'éí t'áá honítłóó' nahalingo Wááshindoon Naabeehó dine'é yá hoo'ááł ńt'éé', In the past the government governed the Navahos in a lax or leisurely way.

Diné t'áá honítłóo'go ha'át'íi da 'ííł'íinii t'éiyá yá'át'éehgo ha'át'íi da 'íidoolííł, A man who does his work at a leisurely rate makes the best things.

Łį́į́' t'áá honítłóo'go hoł yildloshgo doo ch'ééh digháah da, When a horse goes along at a leisurely pace he doesn't get tired.

Dibé shijéé'góó t'áá tsį́įłgo díínááł. 'Áádę́ę́' 'éí t'áá honítłóo'go ńdíídááł, Hurry on your way to the sheep camp, but take your time on the way back from there.

LESS THAN HALF, 'ałníí' t'áá bich'į'go (lit. just toward half).

Naabeehó dine'é 'ałníí' t'áá bich'į'go Bilagáanaa bizaad bił béédahózin, Less than half of the Navaho people know the English language.

Naadą́ą́' t'áá 'át'é naa nahashniih ch'ééh bidishníigo 'ałníí' t'áá bich'į'go baa naháłnii', I wanted to buy all his corn but he didn't want to sell it all to me, so I bought less than half of it.

178

LET'S SEE WHAT WOULD HAPPEN IF, haashíyee'.
Haashíyee' 'ahíłká 'ańdiijah, Let's see what
would happen if we helped one another; let's help
one another and just see what the result would be.

LET'S SEE, haa'í yee'.
Haa'í yee' t'ááłáhádi ch'ínáádiníldlóóh, Let's
see you smile once more.
Haa'í yee' haalá níłdáás, Let's see how heavy
it is.

LIE SCATTERED ABOUT, TO, nikizhdél'á, they
are lying scattered about (people).
Diné nikidél'áago yiiłtsą́ągo doo ga' 'ákǫ́ǫ́ 'á-
hóót'įįd da lá niizį́į', When I saw people lying
scattered about on the ground I knew something
really terrible had happened.

LIE WAITING, TO (to guard it, or in order to see
him), bíséłtį, I am lying and guarding (or wait-
ing on it.

N. bíséł-tį (bísíníł, yés, bíjís) D. bísiil-téézh (bísooł, yésh, bíjísh)
Pl. bíshiil-jéé' (bíshooł, yésh, bíjísh)

LIE WITH ONE'S BACK TO THE FIRE, TO, hoot'á-
shíshjįzh, I am lying with my back to the fire.

N. hoot'á-shísh-jįzh (shíní, sh, jísh, shii, shooh)

Díí ghaaí dashq' háadi hoot'áshíníjįzh dooleeł,
I wonder where you'll be lying with your back to
the fire next winter; I wonder where you'll be next
winter.
Táchééh góne' hoot'áshiijįzh ńt'éé' łééchąą'í
náhodiił'įįd yiists'ą́ą́', We were lying in the sweat-
house with our backs to the hot stones when a dog
began to bark.
Tł'éédą́ą́' t'áá tł'óó'góó hoot'áshíshjįzhgo yiską́,

I slept (lay) outside with my back to the fire last night.

LIFE IMPRISONMENT, TO BE SENTENCED TO,
'awáalya góne' sá biisxí (bííghą́ą́'), he was (they were) sentenced to life imprisonment (lit. old age killed him (them) in prison).

SINGULAR	DUOPLURAL
F. 'awáalyaa góne' sá bidiyoołhééł	bidoogą́ą́ł
P. 'awáalya góne' sá biisxí	bííghą́ą́'
R. 'awáalya góne' sá ————	nábígą́ą́h
O. 'awáalya góne' sá biyółhééł	bóghą́ą́'

Shąąh 'iisxíigo biniinaa 'awáalya góne' sá bidiyoołhééł ha'níigo bá nihoot'ą́, He was sentenced to life imprisonment for killing one of my relatives.

LIFT UP ONE'S FOOT, TO (to put one's foot up), dah didiis'éés, I have my foot lifted up; I put my foot up (lit. I moved my foot up and I am holding it at an elevation).

N. dah didiis-'éés (didiil, didiil, shdidiil, didiil, didooł)

Kǫ' bich'į' dah didiil'éés, Put your foot up to the fire.

Nihitsiits'iin biláahdi dah didooł'éés, Lift your feet up above your heads.

Tsits'aa' bikáá' dah didees'is nisin ńt'éé' dah yidii'ą́, He took the box that I was going to put my feet on.

LIKE HIM, -k'eh (lit. according to).

Kiik'eh yáníłti', You talk like Kee (i.e. you sound like Kee, as when you talk over a phone).

Háílák'eh yáníłti' nisin, t'áá bááhasinígíí, I can not think whom you talk like, but it's someone I am acquainted with.

Kiik'eh yáshti'go biniinaa t'áá 'íiyisíí t'áá 'éí 'át'į díníízįįł,   I can talk so much like Kee that you would think that it was really he.

LIKE TO GO THERE, WOULD, 'ákǫ́ǫ́ shíni', I would like to go there (lit. thither my mind).
  'Ákǫ́ǫ́ daats'í níni', Would you like to go there?
  'Aoo' 'ákǫ́ǫ́ shíni', Yes, I'd like to go there.
  'Ólta'góó daats'í níni', Would you like to go to school?
  Naalyéhé bá hooghangóó déyá. Ni daats'í 'ałdó' 'ákǫ́ǫ́ níni', I'm going to the trading post. Would you like to go there too?

LISTED ON IT, TO BE, bik'i nít'i' (lit. it extends on it like a slender line).
  Naaltsoos bikáa'gi bízhi' bik'i danít'i', Their names are listed on the paper.
  Shízhi'ísh 'atah nít'i', Is my name among those listed?
  Naaltsoos bikáá' yízhí danít'i'ígíí 'atah nízhi' nít'i', Your name is among those listed on the paper.

LITTLE BIT, A, t'áá kóhoníshéíigo (lit. just so big).
  T'áá kóhoníshéíigo na'iishniihígíí 'ináóltą'í bił na'iishłé, I pay taxes with every little (bit that I) purchase.
  T'áá kóhoníshéíigo bee nihich'į' hadeesdzih, I'll say a few words to you (i.e. speak to you a little).
  T'áá kóníshéíigo ndi na'deeshłééł, I'll give you something, little as it may be.

LIVE BY IT, TO (in order to watch over it), bíshiłghan, I live by it to take care of it. (Cp. to sit waiting, to sit watching over him).

181

N. bíshíł-ghan   (bíníł, yíbíł, bíhář, bínihiil, bínihoł)

Shidá'ák'eh bíshíłghango yíshį́,   I spent the summer living by my corn patch.

Díí hastiin kin yíbíłghan,   This man lives by the house (to take care of it).

LIVE ON IT, TO (to make one's living by means of it),   bee hinishná,   I live on it (lit. by means of it I live).

F. bee hidideesh-naał   (hididíí, hididoo, hizhdidoo, hididii', hídidooh)
I. bee hidish-naah   (hidí, hidi, hizhdi, hidii', hidoh)
N. bee hinish-ná   (hiní, hi, jii, hinii', hinoh)
P. bee hidé-na' (-naad)   (hidíní, hideez, hizdeez, hidee', hidisoo)
O. bee hidósh-na'   (hidóó, hidó, hizhdó, hidoo', hidooh)

T'áá ńléídę́ę́' dibé t'éiyá bee hidéna',   I have lived on sheep for a long time.

Náás hodeeshzhiizhgóó ha'át'íí bee hidideeshnaał nínízin,   What do you think you will live on in the future?

LIVE ON IT, TO (to get sustenance from it; to use it for food),   bikiin.

F. bidookįįł   N. bikiin   P. bííkiin   R. nábíkįįh   O. bókįįł

Dibé dóó béégashii doo tł'oh t'éiyá yikiin ndaakai da,   Grass is not the only thing that sheep and cattle live on.

Díí ghaaí bidookįįł biniiyé 'atsį' yadiizíní bee ndaashnil,   I'm canning some meat for use this winter (i.e. to use it as food this winter).

Naadą́ą́' yę́ę́ 'ásdįįdgo naa'ołí t'éiyá bííkiin,   When the corn supply ran out beans were the only thing left to live on.

Ha'át'íishą' nidibé yikiin ndaakai,   What do your sheep live on?

182

LIVE TOGETHER, TO (male and female) (to live together as man and wife), 'ahísiilké, we live together (lit. we sit together).

1. TO LIVE TOGETHER (TWO PEOPLE).

F. 'ahídíníil-keeł ('ahídínóoł, 'ahídínóoł, 'ahídízhnóoł)

SP. 'ahísiil-ké ('ahísooł, 'ahés, 'ahíjís)

2. TO LIVE (TOGETHER) WITH HIM OR HER (TWO PEOPLE).

F. bił 'ahídínéesʹn-keeł ('ahídínííł, 'ahídínóoł, 'ahídízhnóoł)

SP. bił 'ahísís-ké ('ahísíníł, 'ahés, 'ahíjís)

Shimá dóó shizhé'é 'ahéské, My mother and father live together.

(Cp. Naaltsoos 'ál'íí góne' diné ła' Bilagáana yił 'ahéské, In the office a Navaho is sitting talking to a white man.)

LIVING BY MEANS OF IT, TO MAKE A, bee dah yisháář, I make a living by means of it (lit. by it I hold myself up in a walking position).

PROG. bee dah yisháář (yínáář, yigáář, joogáář) D. yiit-'ash (woh, yi, joo) PL. dayíníi-kááh (dayínóh, dayí, dají)

Ha'át'íishą' bee dah yínáář, How do you make your living; what do you make your living by?

Díí kéyah deezhaazhígíí ła' bikáá' k'éézh'dídléehgo bee dah joogáał dooleełígíí doo bíighah da, One cannot make a living by farming on this poor land.

LOADED WITH IT, TO BE (to carry a cargo of it), bii' hééł 'ályaa, it was loaded (with it) (lit. in it it was made a pack).

F. bii' hééł 'ádoolnííł I. bii' hééł 'álnééh P. bii' hééł 'ályaa
R. bii' hééł 'ánál'įįh O. bii' hééł 'óolne'

Bee'eldǫǫh bikǫ' bii' hééł 'ályaa, It was loaded with gunpowder.

Díí chidítsoh naadą́ą́' bii' hééł 'ádoolnííł, This truck will be loaded with corn.

183

LOCKJAW (tetanus), dá'diiłtsxah.

LOCKJAW, TO GET —, dádeestsxah, he got the lockjaw (lit. he clenched his jaws shut).

F. dá-didees-tsxah (didíí, didoo, zhdidoo, didii, didooh)
I. dá-diis-tsxah (dii, dii, zhdii, dii, dooh)
P. dá-dé-tsxah (díní, dees, zhdees, dee, disoo)
R. dá-ńdiis-tsxah (ńdii, ńdii, nízhdii, ńdii, ńdooh)
O. dá-dós-tsxah (dóó, dó, zhdó, doo, dooh)

Bíla' yizhgish dóó bik'ijį' dádeestsxah, He got the lockjaw as a result of having cut his finger.

LONELY, TO BECOME (to get homesick), bił hodik'ą́, he is lonely; he is homesick (lit. everything has a cramp with him; things are on edge with him; things are setting slanted with him).

F. bił hodidook'ąął   I. bił hodiik'ąąh   N. bił hodik'ą́
P. bił hodiik'ąąd   R. bił náhodiik'ąąh   O. bił hodook'ąąh

Shiye' binálí bighandi bił ní'áázh ńt'éé' bił hodiik'ąąd, My son got lonely (homesick) when I took him to his grandfather's.

'Ashkii nihits'ą́ą́' bił hodiik'ąąd, 'éí bąą k'ad hooghangóó ńdeekai, Our boy got homesick on us, so we are taking him back home now.

LONG TIME, A, nízaadgóó; nízaagóó (lit. to far).
'Ádaa 'áhojilyą́ą́go nízaadgóó jiináa dooleeł, If one takes care of himself he will live a long time.

LONG TO GO, TO (to be looking for a chance to go), shíni' 'íít'i', I long to go (lit. my mind stretches away like a slender line).

Díí télii dibáá' bi'niiłhį 'éí bąą tóógóó t'éiyá bíni' 'íít'i', This burro is thirsty; that's why he's longing to go to the water hole.

Díí łį́į' Tó Naneesdízídę́ę' nánílóóz, 'éí bąą 'a-kǫ́ǫ́ t'éiyá bíni' 'íít'i' (or 'áko nát'ą́ą́' bíni' 'anáát'i'), I brought this horse from Tuba City, so he is just looking for a chance to go there (or so he is longing to go back).

LOOK AND SEE FOR YOURSELF, jó ge'énee'dą́ą́'; jó ge'ánidą́ą́'; jó ge' dó'; ge' dó'.

Díí naaltsoos nízhi' 'atah bikáá'—jó ge'ándą́ą́', Your name is among those on this paper—look and see for yourself.

Béeso ła' sha'ní'aah, Lend me a dollar. 'Ádin, I have none. 'Aaa, Aw. Jó ge'ándą́ą́', Well, look for yourself (one says turning his pockets inside out).

LOOK AT HIM THERE, TO (the genitals), baa 'anééł'íí', I looked at him there. (V. to see him there; to get cold there; to have gonorrhea).

F. baa 'adínéesh-'įįł ('adínííł, 'adínóoł, 'azhdínóoł, 'adíniil, 'adínóoł)
CI. baa 'anísh-'į ('anííł, 'aníł, 'azhníł, 'aniil, 'anół)
P. baa 'anééł-'íí' ('anííł, 'anééł, 'azhnééł, 'aniil, 'anóoł)
R. baa ná'nísh-'įįh (ná'níł, ná'níł, názh'níł, ná'niil, ná'nół)
O. baa 'anóosh-'íí' ('anóół, 'anóoł, 'azhnóoł, 'anóol, 'anóoł)

'Azee'ííł'íní shaa 'anééł'íí', The doctor looked at me there; looked at my genitals.

Haa'íshą' naa 'anísh'į, Let me look at your genitals (look at you there).

LOOK AT IT THAT WAY, TO (to hold that opinion about it), 'ákwíinisin, I look at it that way; that's the way I look at it; that's my opinion about it.

N. 'ákwíinis-sin ('ákwíiníní, 'ákwíiní, 'ákwíizhní, 'ákwíiniid, 'ákwíinoh)

Shí 'éí t'áá 'ákwíinisin, For my part, that's the way I look at it; that's my view on the matter.

Díí łį́į́' biyéél doo neeznádiin béeso bą́ą́híłį́į da nisin, I don't think this saddle is worth a hundred dollars. Niísh 'ałdó' t'áá 'ákwíinínízin, Do you think so? 'Aoo', shí dó' t'áá 'ákwíinisin, No, I don't think so (i.e. yes, I too hold that opinion of it).

LOOK AT IT THIS WAY, TO (to take this point of view regarding it; to view it this way), kót'éego nísh'į́, I look at it this way (lit. I look at it this way).

F. kót'éego dínéesh-'įįł (dínííł, yidínoł, jidínóoł, díníil, dínóoł)
CI. kót'éego nísh-'į́ (níníł, yiníł, jiníł, níil, nół)
P. kót'éego nééł-'íí' (níníł, yinééł, jinééł, níil, nóoł)
U. kót'éego nísh-'įįh (níníł, yiníł, jiníł, níil, nół)
O. kót'éego nóosh-'íí' (nóół, yinół, jinóoł, nóol, nóoł)

Naabeehó naaltsoos 'atah 'adayiiníłígíí t'óó kót'éego nísh'į́, I look at Navaho voting this way; here's the way I look at Navaho voting.

LOOK DOWN ON HIM, TO (to hold a low opinion of him; to hold him in disdain; to disdain him), t'áá 'a'ohgo baa ntséskees, I look down on him (lit. I think about him as just being less).

CI. t'áá 'a'ohgo baa ntsés-kees (ntsíní, ntsé, ntsíjí, ntsíi, ntsíoh)

Naakaii łizhinii t'áá 'a'ohgo baa ntsíníkees ya', You look down on the negroes, don't you?

Naakaii łizhinii t'áá 'a'ohgo baa ntsídahakees, The negroes are looked down on.

Diné ts'ídá t'áá bí t'éiyá 'ayóí 'át'éego 'ádaa nitsékeesii diné náánáła' 'a'ohgo yaa ntsékees łeh, A man who looks down on others usually has too high an opinion of himself.

LOOK FOR IT, TO (in the hope of acquiring it), hásht'į́, I am looking for it.

F. há-deesh-t'įįł (díí, doo, zhdoo, dii, dooh)

CI. hásh-t'į   (hán̓, há, hájí, háii, háh)
P. háá-t'įįd   (háíní, háá, hájíí, háii, háoo)
R. hánásh-t'įįh   (hánání, háná, háńjí, hánéii, hánáh)
O. háósh-t'į̨į'   (háóó, háó, hájó, háoo, háooh)

Naanish t'áá 'íiyisíí hásht'į, I'm really looking hard for a job.

Díí kót'éhígíí t'ah ndi ch'ééh hásht'į, I'm still looking for one of these, but with no luck.

Chidí bikee' 'ániidígíí ch'ééh hásht'į̨įgo táá' yis-ką́, I spent three days looking for a new tire, but I couldn't find any.

LOSE ITS BENEFITS, TO, nihits'ą́ą́' t'áá 'ádzaagóó dooleeł, we will lose its benefits (lit. it will become aimlessly away from us).

F. bits'ą́ą́' t'áá 'ádzaagóó dooleeł   I. bits'ą́ą́' t'áá 'ádzaagóó yileeh
P. bits'ą́ą́' t'áá 'ádzaagóó silį́į'   R. bits'ą́ą́' t'áá 'ádzaagóó nádleeh
O. bits'ą́ą́' t'áá 'ádzaagóó wóle'

Doo tsį́įłgo 'ádeiit'į́įgóó díí kéyah bik'é nda'niil-yéhę́ę nihits'ą́ą́' t'áá 'ádzaagóó dooleeł, If we do not act quickly we'll lose the benefits of this land we leased.

LOSE ONE'S GRIP ON IT, TO, baa diichid, I lost my grip on it.

F. baa dideesh-chił   (didíí, didoo, zhdidoo, didii, didooh)
I. baa diish-chííd   (dii, dii, zhdii, dii, dooh)
P. baa dii-chid   (dini, dii, zhdii, dii, doo)
R. baa ńdiish-chi'   (ńdii, ńdii, nízhdii, ńdii, ńdooh)
O. baa doosh-chííd   (doó, doo, zhdoo, doo, dooh)

'Ólta'di tł'óó'góó 'áłchíní yąąh ndaané biniiyé béésh ndaaz'áhígíí bąąh naash'na' ńt'éé' baa dii-chidgo bidah 'íígo', I was climbing around on the "monkey bars" in the school yard when I lost my grip and fell.

Tsin bigaan naaniigo dadeez'áhígíí yąąh dah

187

naalch'ǫǫł ńt'éé' yaa diichidgo bidah 'adzíiłhaal, He was swinging on the limb of the tree when he lost his grip and **fell**.

LOSE ONE'S HEAD, TO (in an emergency; to go to pieces in an emergency), 'ádił hodiyéshjaa', I lost my head (the stem -jih, to handle plural separable objects, here refers to one's limbs. The expression means literally "to bang one's limbs about aimlessly).

F. 'ádił naho-diyeesh-jih   (diyíí, diyoo, zhdiyoo, diyii, diyooh)
I. 'ádił naho-diish-jááh   (diyí, diyi, zhdiyi, diyii, diyoh)
CI. 'ádił naho-dish-jaah   (dí, di, zhdi, dii, doh)
P. 'ádił ho-diyésh-jaa'   (diyíní, diyeesh, zhdiyeesh, diyee, diyoo)
R. 'ádił nináho-diyish-jih   (diyí, diyi, zhdiyi, diyii, diyoh)
O. 'ádił naho-diyósh-jaah   (diyóó, diyó, zhdiyó, diyoo, diyooh)

'Ádił hodiyéshjaa'go biniinaa doo hah béégashii yáázh bé'sétł'ǫǫ da, Because I lost my head I was too slow in tying up the calf (in the calf-tying contest).

LOSE ONE'S SPOUSE, TO (by death), bahastiin (be'esdzáán) bits'ą́ą́' daaztsą́, She lost her husband; (he lost his wife) (lit. her man or his woman died away from her, him).

F. bits'ą́ą́' dadootsaał   I. bits'ą́ą́' daatsaah   P. bits'ą́ą́' daaztsą́

Be'esdząą́n bits'ą́ą́' daaztsą́ą́go 'áłchíní neeznáá yilt'éego ch'íyíí'eezh jiní, They say that he lost his wife and was left with ten children.

LOSING, TO BE (i.e. to be in a state where whatever one is trying to avoid is gaining on him), sits'ą́ąjį' hooldoh, I'm losing (lit. things are moving to a point away from me). (V. time is up; to make pretty good time; to be relieved.)

Sits'ą́ąjį' hooldoh, I'm losing (as one might say

in a race where his adversary is gaining on him).

Shąąh háá'áhą́ą sits'ą́ąjį' hooldoh, My indebtedness is gaining on me.

Ch'iyáán 'ayóo da'ílínígíí biniinaa naalyéhé bá hooghandi ch'iyáán bee shąąh yijiłígíí t'óó sits'ą́ą-jį' hooldoh, On account of the high food prices my account at the trading post is gaining on me.

LOST, TO BE (as one's home as a result of catastrophe, one's money in a defunct bank, etc.), doo bééhoozin da, it was lost; it disappeared (lit. it was not known about; it came to be unknown).

F. doo bééhodoozį́į́ł da   I. doo bééhoozįįh da   P. doo bééhoozin da
R. doo bénáhoodzįįh da   O. doo bééhoozį́į' da

Shibéeso dóó shighanę́ę doo bééhoozin da, My money and my home were lost.

Béeso bá hooghan góne' béeso ła' séłnil ńt'éé' doo bééhoozin da, The money I had in the bank was lost.

Siláagogóó naasháago shibéégashii yę́ę 'ałtso doo bééhoozin da, My cattle were all lost while I was in the armed forces.

LOVED ONES, háiida kwá'ásiní léi'.

LOWER HOUSE (of Congress), 'ayaaí hooghan (lit. the lower hogan).

'Ayaaí hooghan góne' 'atah yah 'anájahígíí hastą́łt'éego Naabeehó bikéyah bikáá'góó kéyah hadeisíidgo tádookai, Six members of the Lower House came and studied land matters on the Navaho Reservation.

LOWER IT, TO (to let it down; to put it down) (by retaining a hold on it until it is down), náá'ą́, I lowered it (one roundish bulky object). (All of the "to handle" stems are used in this meaning.)

THE PREFIXES ARE:

F. ndeesh- (ndíí, neidoo, nizhdoo, ndii, ndooh) (ndoo-, nibidi'doo-)
I. naash- (nani, nei, nji, neii, naah) (na-, nabi'di-)
P. náá- (néíní, nayíí, njíí, neii, naoo) (náá-, nabi'doo-)
R. ninásh- (ninání, ninéí, ninájí, ninéii, ninóh) (niná-, ninábi'di-)
O. naoosh- (naóó, nayó, njó, naoo, naooh) (naó-, nabi'dó-)

THE "TO HANDLE" STEMS ARE:

'áál, 'aah, 'ą́, 'ááh, 'áál, A SINGLE ROUNDISH BULKY OBJECT.
jih, jááh, jaa', jih, jááh, A LARGE NUMBER OF SMALL OBJECTS.
yééł, yeeh, yį́, gééh, yééł, A BURDEN, PACK OR LOAD.
łjoł, łjooł, łjool, łjoł, łjooł, NON-COMPACT MATTER.
kááł, kaah, ką́, kááh, kááł, MATTER IN AN OPEN CONTAINER.
lééł, lé, lá, dlééh, lééł, ONE SLENDER FLEXIBLE OBJECT.
nił, nííł, nil, 'nił, nííł, SEVERAL OBJECTS.
łtééł, łteeh, łtį́, łtééh, łtééł, A SINGLE ANIMATE OBJECT.
tį́íł, tįih, tą́, tį́íh, tį́íł, A SINGLE SLENDER STIFF OBJECT.
tłoh, tłeeh, tłéé', tłoh, tłeeh, MUSHY MATTER.
łtsos, łtsóós, łtsooz, łtsos, łtsóós, A SINGLE FLAT FLEXIBLE OBJECT.

Tsin yąąhdę́ę́' 'ashkii mósí nayííłtį́, The boy lowered the cat from the tree; the boy got the cat down from the tree.

Tsinaabąąs bikáádę́ę́' hastiin be'esdzáán yich'į' beeldléí nayííłtsooz, From the back of the wagon the man lowered the blanket to his wife.

Hooghandi nániit'áazhgo 'eii naayízí yíjihígíí ni' ndíínił dóó shíká 'adíílwołgo díí naadą́ą́' yishjiłígíí shił ni' ndííyééł, When we get home put down those pumpkins you're carrying, and help me put down this bag of corn from my back.

LUCKY, TO BE, shich'ijí 'aztą́ ('oo'ááł, yoołkááł, ni'níkę́ę́z), I'm lucky (V. examples below).

Nich'ijí 'aztą́, You're lucky (lit. on your side there is setting of something slender and stiff).

Nich'ijí 'oo'ááł, This is your lucky day (on your

190

side the sun is moving along; the day is on your side).

Nich'ijí yoołkááł, This is your lucky night (lit. on your side the night is passing toward dawn).

Nich'ijí ni'níkę́ęz, You had a lucky break (lit. on your side a slender stiff object moved to a halt).

Doo lá dó' shí da, Boy, I'm lucky; I'm sure doing okay (as at a game).

LUCKY, TO BE, bízhánee', he's lucky.

'Áadi da'ółta'ígíí dabízhánee' dóó shį́į́ yee dah danéét'aah dooleeł, They are lucky to be going to school there, and they'll be proud of it.

Nízhánee', béeso naa yílwod, You're lucky getting some money (I wish I had received some too).

—M—

MAIL, TO GET ONE'S —, naaltsoos shaa nináhályeed (or nináhájeeh), I get my mail (lit. letters arrive running to me repeatedly).

Tségháhoodzánígi shinaaltsoos nináhályeed (nináhájeeh), I get my mail at Window Rock.

Sha'áłchíní da'ółta'ígíí bits'ą́ą́dę́ę́' t'áá 'ałahji' naaltsoos shaa nináhájeeh, I often get letters from my children who are at school.

MAIN PART, (main group; main points), 'á níjaa' (bá níjaa') (lit. they set for (it).

Diné ła' 'á níjaa'go hoolzhiizh 'áádóó bik'iji' 'índa ła' 'idahidiikai, There was a main group of people which was later joined by others.

Saad 'á níjaa'ii (bá níjaa'ígíí) t'éiyá bee nihi-

191

ch'į' yádajííłti', They told us the main part (or main points) of the speech.

MAJORITY, TO BE IN THE (to be in the greatest number), 'aghá 'áneeláą́', they are in the majority; they are in the greatest number (lit. they are greatest in number).

N. 'aghá 'áníid-łą́ą́' ('ánóoh, 'ánée, 'ázhnée)

K'ad diné bízhi' 'ádeile'ígíí bíchį́į́h yee 'adilohiijí dah 'oonéłígíí t'éiyá 'aghá 'áníidlą́ą́' daaní, It is said that of those of us who registered the majority are Republicans.

'Adahwiis'áágóó Bilagáana kéédahojit'íinii béeso bilááh dazdighasii t'éiyá 'aghá 'ázhnéelą́ą́', In the areas where white men live the majority of the people are hot after money.

MAKE A LIVING BY MEANS OF IT, TO, bee 'iiná dah yishłééł, I make a living by means of it (lit. by means of it I hold up life).

PROG. bee' iiná dah yish-łééł (yí, yoo, joo) D. yiid-lééł (woh, yoo, joo) PL. dayíníid-lééh (dayínóh, dayí, dají)

Bilagáana bizaad bił bééhózinígíí beego yá'át'éehgo 'iiná dah yoolééł, Through his knowledge of English he makes a good living.

Na'aldloosh baa 'áháyą t'áá 'íiyisíí bił bééhózinígíí beego k'ad yá'át'éehgo 'iiná dah yoolééł, He makes a good living by his knowledge of livestock management.

MAKE IT A LAW THAT, TO, bee hooł'a', I made it a law that. (V. to make room for him.)

F. bee hwiideesh-'aał (hwiidííł, hwiidooł, hwiizhdooł, hwiidiil, hwiidooł)

I, hee housh- ááh (hooł, hooł, hojiił, hwiil, hooł)

P. bee hooł-'a' (hwiinił, hooł, hojiił, hwiil, hooł)
SP. bee hoséł-'ą (hosíníł, has, hojis, hosiil, hosooł)
R. bee náhoosh-'aah (náhooł, náhooł, náhojiił, náhwiil, náhooł)
O. bee hoosh-'aah (hoół, hooł, hojooł, hool, hooł)

Naabeehó binant'a'í 'áłchíní t'áá 'ałtso da'ół-
ta' dooleełgo yee hooł'a', The Superintendent of
the Navaho made a law that all children should go
to school.

Diné kwii kéédahat'ínígíí dąągo t'éiyá nináda'-
niyęsh dooleeł daaníigo yee nahas'ą, The people
in this community made it a law that the irrigating
could be done only in the spring.

MAKE IT FOR ONESELF, TO, 'ádá 'íishyaa, I made
it for myself.

F. 'ádá 'ádeesh-nííł ('ádííl, 'íidool, 'ázhdool, 'ádiil, 'ádooł)
I. 'ádá 'ásh-nééh ('áníl, 'ííl, 'ájíl, 'íil, 'ół)
P. 'ádá 'íish-yaa ('íinil, 'áyiil, 'ájiil, 'íil, 'óoł)
N. 'ádá 'ásh-'į ('áníl, 'ííl, 'ájíl, 'íil, 'ół)
U. 'ádá 'ásh-įįh ('áníl, 'áyiil, 'ájiil, 'íil, 'óoł)
R. 'ádá 'ánéiish-'įįh ('ánéiil, 'ánáyiil, 'áńjiil, 'ánéiil, 'ánáooł)
O. 'ádá 'óosh-ne' ('óól, 'áyól, 'ájól, 'óol, 'óoł)

T'áadoo le'é t'áá hó 'ádá 'ájíl'íinii doo njiiłniih
da, One shouldn't buy things he can make for
himself.

'Eii sisísh t'áá ni 'ádá 'íinilyaa, Did you make
that belt for yourself?

'Ałtį́į' t'áá shí 'ádá 'íishyaago bee bįįh ła' niséł-
tseed, I made a bow for myself and killed a deer
with it.

MAKE LOVE TO HIM (HER), TO (to "neck"; to
"pet"; to "spoon"), 'ałch'į' 'ałjił, they are mak-
ing love to each other. (Cp. 'ałjiłnii, prostitute:
lit. love making people.)

N. bich'į' 'ash-jił ('íł, 'ał, 'ajił, 'iil, 'oł)

193

'Ashkii 'at'ééd yich'į' 'ałjił, The boy is making love to the girl.

'Asdzání bich'į' 'ajiłjiłgo sházh'dooyeh hó'níi łeh, If one makes love to a woman she expects him to marry her.

'Ałch'į' da'ałjiłgo shinááł naaskid, I saw them making love to each other in the movies.

MAKE PRETTY GOOD TIME, TO, nihich'į' hooldoh, we're making pretty good time (lit. things —the destination—is moving toward us in a wafting manner). (V. to be losing; time is up).

F. bich'į' hodidooldoh   PROG. bich'į' hooldoh   I. bich'į' hodildóóh
P. bich'į' hodeesdo   R. bich'į' náhodildoh   O. bich'į' hodóldóóh

Kingóó tsinaabąąs bee yiikah ndi nihich'į' hooldoh, We're making pretty good time to town even though we're going by wagon.

Nihich'į' hooldoh, t'áásh 'aaníi ya', We're making pretty good time, aren't we.

MAKE ROOM FOR HIM, TO, bá hooł'a', I made room for him (lit. for him I caused space). (V. to make a law.)

F. bá hwiideesh-'aał (hwiidííł, hwiidooł, hwiizhdooł, hwiidiil, hwii-dooł)
I. bá hoosh-'aah (hooł, hooł, hojiił, hwiil, hooł)
SP. bá hoséł-'ą (hosíníł, has, hojis, hosiil, hosooł)
P. bá hooł-'a' (hwiiníł, hooł, hojiił, hwiil, hooł)
R. bá ná-hoosh-'aah (hooł, hooł, hojiił, hwiil, hooł)
O. bá hoosh--'aah (hoół, hooł, hojooł, hool, hooł)

Chidí bii' ha'deezbin ndi t'áá shįį ná hwiideesh-'aał, The car is full but I can probably make room for you.

MANAGEABLE, TO BE EASILY — (to be tractable; to be adaptable; to be easy to get along with; to

194

be flexible), naal'įdí, he is easily manageable (almost equivalent to t'áá 'ábi'di'nínígi 'át'é, he does anything he is told to do).

Cl. naash-'įdí (nanil, naal, njil, neiil, naał)

Łįį' shił naaldlooshígíí 'ayóo naal'įdí, The horse I'm riding is really easy to manage.

MEAT HUNGRY, TO BE, 'ach'ą shi'niiłhį, I am meat hungry (lit. meat hunger is killing me).

N. 'ach'ą shi'-niiłhį (ni', bi', ho',) DPL. nihi'-niigháá' (nihi', bi', ho')

'Atsį' ła' sha'díiłtsoł, 'ach'ą shi'niiłhį, Give me some meat, I'm meat hungry.

Łééchąą'í doo 'atsį' ła' baní'jiłtso'dą́ą́' 'ach'ą bi'niiłhéehgo tsi'dighááh, If one doesn't keep feeding a dog meat, he will get meat hungry and have fits.

MELT AND RUN OFF, TO (snow and ice), ná'oos-dlid, it has melted and run (back) off. (Cp. doo-k'o'oosłííd: doo-, not; -k'o- ⟨ -k'i-, on it; -'oosłííd, it has melted and run off: it has never melted and run off from its summit. This is the Navaho name for San Francisco Peak.)

F. ná'iidoodlił   Cl. ná'oodlííd   P. ná'oosdlid
R. níná'oodli'   O. ná'oodlííd

Diyołgo t'áadoo hodina'í níná'oodli', When the wind blows it (the snow) melts off quickly.

Tsé bikáá'góó ná'oosdlid lá, I find that it (the snow) has already melted off on the rock.

Tsįįłgo ná'iidoodliłę́ę, I wish the snow would hurry and melt.

MERCILESS MAN, TO BE A (to be a man without

195

mercy), diné doo jooba'ii nilį́, he is a merciless man.

Diné doo jooba'ii nílį́į́ lá, shide 'áhoodzaago t'áadoo shíká 'íínílwod da, You certainly are a merciless man; you didn't help me when I was down.

Díí jį́ diné doo jooba'ii nishłį́, Today I am a man without mercy.

MINORITY, TO BE IN THE, 'a'oh 'áníilt'e', we're in the minority (lit. we number less).

N. 'a'oh 'áníil-t'e' ('ánóoł, 'áneel, 'ázhnéel)

Naabeehó danohłíinii da'íínółta' ńt'é'ígíí t'áá 'a'oh 'ánóołt'e', You Navahos who went to school are in the minority.

MIX THEM (LIQUIDS), TO (to pour them together), 'ahíiziid, I mixed them; I poured them together.

F. 'ahíidees-sił ('ahíidíí, 'ahíidoo, 'ahíizhdoo, 'ahíidiid, 'ahíidooh)
I. 'ahíis-sííd ('ahíi, 'ahíyii, 'ahíjii, 'ahíid, 'ahíoh)
P. 'ahíi-ziid ('ahíini, 'ahíyii, 'ahíjii, 'ahíid, 'ahíoo)
R. 'ahí-néiis-dzi' (néii, náyii, ńjii, néii, náooh)
O. 'ahíos-sííd ('ahíóó, 'ahíyoo, 'ahíjoo, 'ahíood, 'ahíooh)

'Abe' tó yił 'ahíyiiziid, He mixed the milk with the water; he poured the milk and water together.

MIX THEM (NON-COMPACT MATTER), TO (to put them together), 'ahíiłjool, I mixed them.

F. 'ahíideesh-joł ('ahíidííł, 'ahíidooł, 'ahíizhdooł, 'ahíidiil, 'ahíidooł)
I. 'ahíish-jooł ('ahíił, 'ahíyiił, 'ahíjiił, 'ahíil, 'ahíooł)
P. 'ahíił-jool ('ahíinił, 'ahíyiił, 'ahíjiił, 'ahíil, 'ahíooł)
R. 'ahí-néiish-joł (néiił, náyiił, ńjiił, néiil, náooł)
O. 'ahíosh-jooł ('ahíóół, 'ahíyooł, 'ahíjooł, 'ahíool, 'ahíooł)

'Aghaa' łizhinígíí dóó łiguulgii yił 'ahíyiiłjool, She mixed the black wool with the white.

MIX THEM (PLURAL OBJECTS), TO, 'ahíijaa', I mixed them; I mixed them together.

F. 'ahíideesh-jih ('ahíidíí 'ahíidoo, 'ahíizhdoo, 'ahíidii, 'ahíidooh)
I. 'ahíish-jááh ('ahíi, 'ahíyii, 'ahíjii, 'ahíi, 'ahíoh)
P. 'ahíi-jaa' ('ahíini, 'ahíyii, 'ahíjii, 'ahíi, 'ahíoo)
R. 'ahí-néiish-jih (néii, náyii, ńjii, néii, náooh)
O. 'ahíosh-jááh ('ahíóó, 'ahíyoo, 'ahíjoo, 'ahíoo, 'ahíooh)

'Ak'áán łigaaígíí dóó naadą́ą́' 'ak'áán yił 'ahíyiijaa', She mixed the white flour with the cornmeal.

MOCCASIN GAME, TO PLAY THE, tóná'ástsił, I am playing the moccasin game.

F. tó-ń'dees-tsił (ń'díí, ń'doo, nízh'doo, ń'dii, ń'dooh) (tóń'dootsił)
CI. tó-ná'ás-tsił (ná'í, ná'á, ń'jí, ná'ii, ná'óh) (tóná'átsił)
P. tó-ń'sé-tséél (ń'síní, ná'áz, ń'jíz, ń'sii, ń'soo) (tóná'ástséél)
R. tóní-ná'ás-tsił (ná'í, ná'á, ná'jí, ná'ii, ná'óh) (tóníná'átsił)
O. tó-ná'ós-tseeł (ná'óó, ná'ó, ń'jó, ná'oo, ná'ooh) (tóná'ótseeł)

Haigo t'éiyá tóńda'jitsił, The moccasin game is played only in the wintertime.

Diné tóńda'atsiłgo sin t'óó baa dlo dahasinígíí yee dahataał łeh, People sing funny songs while they play the moccasin game.

MORE; BETTER; A LOT (more than anticipated, with verbs of doing), 'adih; dih.

'Adih 'íisdzaa nisin ńt'éé', I thought I had accomplished more (than any of the others, but I had not).

'Adih 'ádeeshnííł nisin, I think I can accomplish more (than what is expected of me).

'Adih lá 'ádeeshnííł ni, I know very well that I can do more (than people think I can).

Sik'is dih 'íínísh'ní, I think a lot of my friend.

'Ałt'ąą dih 'ádíínííł, You know you can't do any

more. (For example, one has a fight with another person and overcomes him. Then the latter starts the same quarrel again. One reminds him that he defeated him once, and he cannot do any better this time.)

MORE THAN HALF, 'ałníí' biláahgo (lit. beyond the middle; beyond half).

Naabeehó dine'é 'ałníí' biláahgo Bilagáana bizaad doo deidiits'a' da, More than half of the Navahos cannot speak (understand) English.

Shidibé 'ałníí' biláahgo 'ałtso naháłnii', I have sold more than half of my sheep.

MOUNT IT, TO (as a horse, bareback; also in sexual sense; to jump on it), bik'i dah néshghal, I mounted it.

F. bik'i dah dínéesh-ghał (dínííl, dínóol, jidínóol, díníil, dínóoł)
I. bik'i dah nish-ghaał (níl, nil, jinil, niil, noł)
P. bik'i dah nésh-ghal (níníl, nees, jinees, neel, nooł)
R. bik'i dah nánísh-ghał (nánil, nániil, názhníl, nániil, nánół)
O. bik'i dah nósh-ghaał (nóól, nól, jinól nool, nooł)

'Ashkii 'áłts'íísígíí hééł yik'i dah neesghal n̓t'éé' yitis 'íígo', The little boy was going to jump on the bundle, but he fell on over it.

MOUNT, TO (figures, casualties), yilkił, they are (progressively) mounting.

F. 'adoolkił I. 'iilkeed P. 'eelkid R. 'análki' O. 'oolkeed

'Anaa' yę́ędą́ą́' ndabi'diztseed yę́ę díkwíidi miilgóó shį́į́ 'eelkid, The fatalities from the last war mounted to many thousands.

Jéí 'ádįįh bee bąąh dah nahaz'ánígíí t'ááłáhági 'át'éego deg yilkił, Our cases of tuberculosis keep mounting steadily.

198

MOVE, TO (sound) (to come; to be a sound), naanáhosoolts'íí̜ł, there is noise (lit. sound is moving about).

1. A SINGLE SOUND.

F. 'ahosidoolts'íí̜ł   PROG. hosiyoolts'íí̜ł   I. 'ahosiilts'i̜ih
Cl. naanáhosoolts'íí̜ł   P. 'ahosoolts'á̜á̜'   R. 'anáhosiilts'íí̜h
O. 'ahosólts'á̜á̜'

2. SEVERAL SOUNDS.

F. 'ahosidiyoolts'íí̜ł   P. 'ahosiyoolts'á̜á̜'   R. ('anáhosiilts'íí̜h)
O. 'ahosiyólts'á̜á̜'

Tł'éédą́ą́' hooghan binaagóó naanáhosoolts'íí̜ł yiits'a', Last night there was noise all around the hogan (lit. sound moved about around the hogan).

K'ad hosiyoolts'íłígíí biláah 'át'éego chidí naat'a'í dadilwo'go 'ánáádaalyaa jiní, It is said that they now have planes that can go faster than the speed of sound.

Cháshk'ehdę́ę́' hahosiilts'i̜ihgo 'ák̜ó̜ó̜ níyáá nít'éé' 'ákóyaa chidí ła' hashtł'ish yiih dinoolwod lá, There was a sound coming from the wash; I went there, and found a car bogged down in the bottom.

MOVE, TO (one's residence, in company with the remainder of the family), shił 'aníná, I moved; my family moved. (The subject of the verb is 'a-, indefinite someone. Shił 'aníná is literally, someone indefinite moved with me; moving took place with me.) (V. to go by vehicle.)

F. shił 'adoonééł   PROG. shił 'oonééł   I. shił 'ínééh
P. shił 'aníná   R. shił ná'á'nééh   O. shił 'ónééł

T'ááła'í shinááhaigo Ch'ínílį́ígóó shił 'aníná, I was one year old when my family moved to Chinle.

Kóhoot'éédą́ą́' Hoozdo hoolyéedi shił 'aníná, We moved to Phoenix last year (myself plus those with whom I moved).

199

MOVE, TO (to make a movement of the hands, feet or body), nisétaz, I moved; I made a movement.

F. ndees-tas   (ndíí, ndoo, nizhdoo, ndii, ndooh)
CI. naas-taz   (nani, naa, nji, neii, naah)
P. nisé-taz   (nisíní, naaz, njiz, nisii, nisooh)
R. ninás-tas   (ninání, niná, ninájí, ninéii, nináh)
O. naoos-taz   (naóó, naoo, njó, naoo, naooh)

Naóótaz lágo, daniidoołtsééł,   Don't move or you'll be seen (discovered).

T'áadoo nisínítaz dago t'áadoo niiłtsą́ą da doo-leeł ńt'éé',   I would never have seen you if you had not moved.

MOVE, TO (on one's back, side or belly) (to cut a course, with reference to water),   hoolghał, he is moving along (on his back, side or belly); it (water) is cutting a course.

F. hideesh-ghał   (hidííl, hidool, hizhdool, hidiil, hidooł)
PROG. heesh-ghał   (hííl, hool, hijool, hiil, hooł)
P. nihinish-ghal   (nihííníl, niheel, nihijiyeel, niheel, nihooł)
R. nináhásh-ghał   (nináhíl, nináhál, ninájiil, nináhiil, nináhół)
O. nihósh-ghááł   (nihóól, nihól, njiyól, nihool, nihooł)

Hastiin bi'niidlíí lá 'áyą́ą kǫ'jı̨' hoolghał,   The man is cold; no wonder he's moving (crawling) up to the fire.

Shidá'ák'eh bik'ijı̨' tó hoolghał,   The water is cutting a course toward my field (cutting away the bank of a stream toward my field).

Sits'ą́ąjı̨' chaha'oh hooleełgo bikéé' heeshghał, I'm moving along to keep up with the shade (which is moving away from me).

MOVE, TO (to stir, as a sleeper),   hidees'náá', he moved (slowly); he stirred.

F. hidideesh-'náał   (hididíí, hididoo, hizhdidoo, hididii, hididooh)

200

I. hidish-'nááh   (hidí, hidi, hizhdi, hidii, hidoh)
PROG. heesh-'nááł   (híí, hoo, hijoo, hii, hooh)
P. hidésh-'náá'   (hidíní, hidees (hideez), hizhdees, hidee, hidisooh)
R. náhidish-'nááh   (náhidí, náhidi, náhizhdi, náhidii, náhidoh)
O. hidósh-'nááł   (hidóó, hidó, hizhdó, hidoo, hidooh)

'Ałhoshgo bich'į' haasdzíí' ńt'éé' hidees'náá', I spoke to him while he was asleep and he stirred.

MOVE, TO (away) (a flexible object or plural people), yóó' 'íídéél, They (people) moved away; they went away.

F. 'adoodił   I. 'iideeł   P. 'íídéél   R. 'anádił   O. 'oodeeł

Diné ła' nihits'ą́ą́' yóó' 'íídéél, Some of the people moved away from us (left us).

MOVE ABOUT, TO (in a sitting position, dragging one's buttocks) (to hop, with reference to a rabbit), nahaltsaad, he is moving about on his buttocks.

F. nahi-dees-tsał   (dííl, dool, zhdool, diil, dooł)
CI. nahas-tsaad   (nahíl, nahal, njiil, nahiil, nahoł)
P. nahisés-tsaad   (nahisíníl, nahaas, njiis, nahisiil, nahisooł)
R. nináhás-tsi'   (nináhíl, nináhál, ninájiil, nináhiil, nináhół)
O. nahós-tsaad   (nahóól, nahól, nahojól, nahool, nahooł)

Gah nahaltsaad, The rabbit is hopping about (lit. moving about on his buttocks).

Shą́ą́'įį' nahastsaad, I am sunning myself (lit. sitting and moving around on my buttocks in the sun).

T'óó nahaltsaad, He just sits around.

Tsé yikáá'góó nahaltsaadgo biniinaa bitł'aajį'-'éé' bigháánízhaazh, He wore a hole in the seat of his trousers by moving around on his buttocks on the rock.

MOVE ABOUT VERY SLOWLY, TO (to stir, as when

201

one moves in his sleep), nahásh'náá', I moved; I stirred.

F. nahi-deesh-'nááł (díí, doo, zhdoo, dii, dooh)
CI. nahash-'ná (nahí, naha, nahiji, nahwii, nahoh)
P. nahásh-'náá' (nahíní, nahaas, nahijiis, nahii, nahooh)
R. nináhásh-'naah (nináhí, nináhá, nináhiji, nináhii, nináhóh)
O. nahósh-'náá' (nahóó, nahó, nahijó, nahoo, nahooh)

Ni' nahaas'náá', There was an earthquake (lit. the earth moved about).

'Azee'ííł'níí t'áadoo nahi'náni shiłníí ńt'éé' nahásh'náa'go biniinaa tsah shaa 'ayííłgeed, The doctor told me not to move, but I moved and he stuck me with a needle.

MOVE FORWARD, TO (to progress), náás kódzaa, he moved forward (lit. he did thus forward).

F. náás kó-deesh-nííł (díí, doo, zhdoo, dii', dooh)
PROG. náás kwáásh-niił (-nííł) (kwáá, kwáá, kójoo, kwii', kwáah)
P. náás kós-dzaa (kwíini, kó, kójii, kwíi, kóh)
R. náás kónásh-t'ịịh (kónáni, kóná, kóńjí, kónéii, kónáh)
O. náás kóosh-ne' (kóó, kóo, kójó, kóo', kóoh)

Łíí' náás kódzaago bidah 'íígo', When the horse moved forward I fell down.

Naabeehó dine'é ła' da'ííłta'go 'índa bidine'é náás kódzaa, Only after some of the Navahos went to school did the people progress.

MOVE IN CLOSE TO HIM, TO, bit'ááh yíyá, I moved in close to him (bit'ááh, near to him).

F. bit'ááh deshááł (díínááł, doogááł, jidoogááł) D. diit-'ash
(dooh, doo, jidoo) PL. dii-kah (dooh, doo, jidoo)
I. bit'ááh yisháah (ninááh, yigháah, jigháah) D. yiit-'aash (woh,
yi, ji) PL. yii-kááh (woh, yi, ji)
P. yí-yá (yíni, yí, jí) D. yiit̩-'áázh (woo, yí, ji) PL. yii-kai
(wooh, yi, ji)

R. násh-dááh (nání, ná, ńjí)　　D. néiit-'ash (náh, ná, ńjí)　　PL.
néii-kah (náh, ná, ńjí)

O. wósha' (wóóya', wóya', jóya')　　D. woot-'aash (wooh, wó, jó)
PL. woo-kááh (wooh, wó, jó)

Diné t'óó 'at'ááh dookai léi' nihaa yíkai,　Some
people who had moved in nearby came over to us.
Nit'ááh deesháał nisin,　I want to move in close
to you.

MOVE IN WITH THEM, TO (to move in amongst them; to take up their residence among them), yitah haazdéél, they moved in with them (lit. they went out among them).

F. hidoodił　I. hadeeł　P. haazdéél　R. náhádił　O. hódeeł

Díkwíí shįį́ nááhaiídą́ą́' Kiis'áanii ła' diné yitah
dahaazdéél,　A number of years ago some of the
Pueblo people moved in with the Navahos (to live
among them, intermarrying with them and becoming part of the tribe).

MOVE IT, TO (by sliding or pushing, with continuous contact) (to slide it; to push it), yishkił, I am moving (sliding, pushing) it along.

F. dideeshkił　(didííł, yididooł, jididooł, didiil, didooł)
PROG. yish-kił　(yíł ,yooł, jooł, yiil, woł)
I. dish-keed　(díł, yidił, jidił, diil, doł)
P. dél-kid　(díníł, yidees, jidees, deel, disooł)
R. ńdísh-ki'　(ńdíł, néidił, nízhdíł, ńdiil, ńdół)
O. dósh-keed　(dóół, yidół, jidół, dool, dooł)

Shich'į' díłkeed,　Push (slide, move) it toward
me.

Hazhóó'ógo shich'į' díłkeed, 'áko doo ła' danihididoots'įįł da,　Push (move) it toward me quietly,
so no one will hear it.

MOVE IT, TO, hidéłnáá', I moved it; made it move.

203

F. hideesh-nááł (hidííł, yidiyooł, hizhdooł, hidiil, hidooł)
I. hidish-nááh (hidíł, yidiyiíł, hizhdił, hidiil, hidoł)
P. hidéł-nááʼ (hidíníł, yidiis, hizhdees, hideel, hidisooł)
R. náhidish-nááh (náhidíł, néidiyiíł, náhizhdił, náhidiil, náhidoł)
O. hidósh-nááł (hidóół, yidiyół, hizhdiyół, hidool, hidooł)

Tsin hidéłnááʼ ńtʼééʼ neeshchʼííʼ nááłdááz, I
moved the tree and nuts fell.

Tʼáadoo nahíʼnání, Donʼt move!

MOVE IT ALONG, TO (by successive impulses; by
jerks), heeshʼááł, I am moving it (one roundish,
bulky object) along by tugging at it.

PROG. heesh-ʼááł (híí, yiyoo, jiyoo, hiit, hooh)

Tsitsʼaaʼ ʼayóí ʼáníłdááz léiʼ tʼóó náás heeshʼaał-
go wóneʼé yah ʼííʼą́, I got the heavy trunk inside
by tugging at it (as by moving first one end and
then the other).

MOVE IT ABOUT, TO, nayiiłná, he moved it about.

F. nahideesh-naał (nahidííł, neidiyooł, nahizhdooł, nahidiil, nahidooł)
CI. nahash-ná (nahíł, nayiił, njiił, nahiil, nahoł)
P. naháł-nááʼ (nahíníł, nayiis, njiis, nahiil, nahooł)
R. nináhásh-naah (nináhíł, nináyiíł, nináyiił, nináhiil, nináhół)
O. nahósh-nááʼ (nahóół, naiyół, njiyół, nahool, nahooł)

Níyol tsin nayiiłná, The wind is moving the
tree (making the tree move).

MOVE OUT, TO (to go out horizontally) (plural ani-
mate objects), chʼínídéél, they moved out.

F. chʼídoodił I. chʼédeeł P. chʼínídéél R. chʼínádił O. chʼíoodeeł

Bįįh tsékooh biyiʼdę́ę́ʼ chʼínídéél, The (plural)
deer moved out of the canyon.

MOVIE, TO BE A, chʼídiʼyoolkił, there will be a
movie (lit. indefinite something will move hori-
zontally out one after another).

204

F. ch'ídi'yoolkił   I. ch'í'iilkeed   P. ch'í'iiskid   R. ch'íná'iilki'
O. ch'í'iyólkeed

Díí tł'éé' ch'ídi'yoolkił,   There will be a movie
tonight.

Ch'í'iilkeedígííshą' haa yoolyé,   What's the
name of the movie?

'Ólta'ídi tł'éédą́ą́' ch'í'iiskid,   There was a
movie last night at the school.

MOVIE, TO SHOW A, ch'í'iyéłkid (or 'i'iyéłkid),
I showed a movie (lit. I caused indefinite some-
thing to move horizontally out (or in) one after an-
other).

F. ch'í-di'yeesh-kił   (di'yííł, di'yooł, zhdi'yooł, di'yiil, di'yooł)
I. ch'í'iish-keed   (ch'í'iyíł, ch'í'iił, ch'í'jiił, ch'í'iyiil, ch'í'iyoł)
P. ch'í'iyéł-kid   (ch'í'iyíníł, ch'í'iis, ch'í'jiis, ch'í'iyeel, ch'í'iyooł)
R. ch'í-ná'iish-ki'   (ná'iyíł, ná'iił, ná'jiił, ná'iyiil, ná'iyoł)
O. ch'í'iyósh-keed   (ch'í'iyóół, ch'í'iyół, ch'í'jiyół, ch'í'iyool, ch'í'iyooł)

Díí tł'éé' ch'ídi'yeeshkił biniiyé níyá,   I came to
show a movie tonight.

— N —

NAMED AFTER HIM, TO BE, yoolyé, he is named
after him.

N. biinish-yé   (biiníl, yool, bijool, biiniil, biinoł)
SP. biisis-ye'   (biisíníl, yoos, bijoos, biisiil, biisooł)

Shidá'í biinishyé,   I am named after my uncle.
'Áníłts'íísí yę́ędą́ą́' díí Bilagáana biisínílye',
You were named after this white man when you
were very small.

NAMED THUS, TO BE (to be one's name; to mean;
to signify), 'óolyé, he is named thus; that is his
name; it means.

N. 'iinish-yé   ('íiníl, 'óol, 'ájool, 'íiniil, 'íinoł)   ('áhoolyé: place)
SP. 'iisis-ye'   ('íisíníl, 'óos, 'ájoos, 'íisiil, 'íisooł)   ('áhoosye': place)

Shí 'íinishyé,   That's my name; I'm the one (in answer to the question 'who is X?').

'Eii díí hastiin 'óolyé,   That is this man's name.

T'ah 'ánísts'íísí yę́ędą́ą́' 'íisisye',   That became my name when I was still small.

Ha'át'íishą' 'óolyé "gun" Bilagáanak'ehjí, What does the English word "gun" mean?

NASTY DAY, TO BE A — (to be nasty weather; to be foul weather), baa hoo'ih, (spacial) it is filthy.

Dooládó' baa hoo'ih da ya',   It sure is a nasty day, isn't it?   It's nasty weather, isn't it?

NEAR THE SUMMIT (of a hill or mountain), nábínibidiidi (obsolescent).

Nábínibidiidi shash léi' sizį́įgo yiiłtsą́,   I saw a bear standing near the summit.

Nábínibidiidi shighan ńt'éé',   I used to live up near the summit.

Nábínibidiidę́ę́' tó deezlį́, The water comes from up near the summit.

NEARLY OVER, TO BE (as a meeting) (to be almost time, as for a meeting to begin; to be just about gone, a moribund), bílátah dah hashzhiizh, it is nearly over; it is almost time; he's just about gone (lit. time has progressed up to its tip).

K'ida'dilye'ígíí bílátah dah hashzhiizh,   Planting season is nearly over.

'Áłchíní 'ólta'dę́ę́' nináhákáhígíí ts'ídá bílátah dah hashzhiizhgo k'i'díílá, I planted (my corn) just before the children returned home from school (lit. when it was nearly time for the children to return home from school).

Nda'iinishígíí bílátah dah hashzhiizhgo shinanit'a'í béésh yee shich'į' hoolne', My boss called me on the telephone just before quitting time (lit. when it was nearly time to stop working).

Kéyah bik'é niná'áshdléhę́ę ts'ídá bílátah dah hashzhiizhgo béeso 'ałtso shee neest'į́į' lá, I found that all my money had been stolen just about the time another payment on my land fell due.

NEED IT, TO (to wish for it because one needs it), bíká cho'oosh'į, I need it; I wish I had it.

N. bíká cho'oosh-'į (cho'iinił, cho'ooł, cho'jooł, cho'iil, cho'ooł)

Shiyáázh ch'ééh bíká cho'oosh'į, I need my son (but he doesn't show up, or respond to my need).

NEIGHBORING (surrounding), bináhaazláii, those that surround him (biná-, beside him; -haazlá-, a slender flexible object, or plural objects, lie; -ii, those which).

Bilagáana tł'óó'déę́' nihináhaazláii 'ayóo k'é daaní, The neighboring white people on the outside are very friendly.

'Ał'ąą dine'é t'óó 'ahayóí nihináhaazlá, We're surrounded by many different peoples.

NERVOUS, TO GET (to get the shakes; to get the jitters), shitah nahwii'ná (or hoditłid), I am nervous (lit. my body moves).

F. shitah hodidoo'náát   I. shitah hodii'nááh   N. shitah nahwii'ná (hoditłid)   P. shitah hodiis'náá'   R. shitah náhodii'nááh   O. shitah hodiyó'náát

T'áá 'ákwíí jį́ 'ahbínígo shitah náhodii'nááh, I get nervous every morning; I have an attack of nervousness every morning.

Tł'éédą́ą́' tł'é'íiłnii' bich'į' hoolzhishgo shitah hodiis'náá', It was along toward midnight last night when I became nervous.

NERVOUS, TO MAKE HIM, bitah hodiyéłnáá', I made him nervous (lit. I caused his body to shake).

F. bitah ho-dideesh-náát   (didííł, didooł, zhdidooł, didiil, didooł)
I. bitah ho-diish-nááh   (diił, diił, zhdiił, diil, dooł)
P. bitah ho-diyéł-náá'   (diyíníł, diis, zhdiis, diyiil, diyooł)
R. bitah náho-diish-nááh   (diyíł, diił, zhdiił, diyiil, diyół)
O. bitah ho-doosh-náá'   (doół, dooł, zhdooł, dool, dooł)

Naabeehó bizaad naaltsoos bikáá' bee 'ak'e-eshchínígíí diné 'áłah silį́'ígíí bich'į' yíníłta' bidishníí ńt'éé' t'óó bee bitah hodiyéłnáá', I made him nervous when I told him to read the written Navaho to the assembled people.

T'áadoo níníł'íní, bitah hodidííłnááł, Don't look at him; you'll make him nervous.

NEWBORN BABY, 'awééchí'í (lit. the red baby).

'Awééchí'í dóó ńléí sáanii, hastói da są́ yik'ee 'ádaat'éejį' bá 'át'é díí 'azee'ál'į́ 'áhoolyaaígíí, This hospital is for young and old (lit. for people from the time they are newborn babies to the time when they are aged).

NEWSPAPER, naaltsoos hane' bee hahinidéhígíí (lit. paper with which news stories fall one after another).

Ts'ídá t'áá 'ákwíí jį́ naaltsoos hane' bee hahinidéhígíí shaa nináhájeeh, I take the daily newspaper.

NEXT DAY, ON THE —, biiskání.

P. biiskání   U. biiłkáhí

Biiskání baa níyá, I went to see him on the next day.

Yóó' 'anádááh dóó biiłkáhí nináhádááh,   He goes away and comes back on the next day.

NICE DAY, TO BE A —, nizhónígo 'oo'ááł,   it's a nice day (lit. the sun is moving along beautifully).

F. nizhónígo 'i'doo'ááł   PROG. nizhónígo 'oo'ááł   P. nizhónígo 'i'íí'ą́   R. nizhónígo 'aná'át'ááh   O. nizhónígo 'o'ó'ááł

Nizhónígo 'oo'ááł ya',   It's a nice day, isn't it?
'Adą́ą́dą́ą́' nizhónígo 'i'íí'ą́,   It was a nice day yesterday.

NICE NIGHT, TO BE A —, nizhónígo yoołkááł,   it is a nice night (lit. it is moving toward dawn beautifully).

F. nizhónígo yidoołkááł   PROG. nizhónígo yoołkááł   P. nizhónígo yiską́   R. nizhónígo néílkááh   O. nizhónígo yółkááł

Damį́įgo yę́ędą́ą́' bitł'éé' nizhónígo yiską́ą́ dóó biiskání nizhónígo ha'íí'ą́,   Last Sunday was a nice night, and the next day dawned beautifully.

NOT BAD AT IT, TO BE   (to be pretty good at it; to be doing all right),   doo hodishkan da,   I'm not so bad (poor) at it; I do pretty well at it.

N. doo hodish-kan da   (hodíł, hodíł, hozhdíł, hodiil, hodoł)

'Ak'e'elchíigi doo hodishkan da,   I'm not doing so badly at writing; I do pretty well at writing.
Díí hastiin sání doo hodiłkangóó Bilagáana bizaad bił bééhózin,   This old man is pretty good at (speaking) English.
Díí łį́į' néiltihígíí doo hodiłkan da lá,   This race horse is doing all right (is not doing badly).

NOT BE ENOUGH TO LAST, TO   (to run out),   bi'-oh nééłna',   there was not enough to last; it ran out (lit. it lasted less than it).   (V. to run out.)

209

F. bi'oh dínóołnah   I. bi'oh neełnééh   P. bi'oh nééłna'
R. bi'oh náníłnah   O. bi'oh nółnééh

T'áadoo 'ałtso niná'iyídléhé nibéeso bi'oh dínóołnah,   Your money will run out before you can pay all your bills.

T'áadoo bighangi niikáhí chidí bitoo' bi'oh nééłna', Our gas ran out just before we got to his place.

T'áá bi'oh nééłna'goshą', What if there's not enough to last?   What if it runs out?

Chidí bitoo' Na'nízhoozhí t'áá bich'i'jį' ndínóołnah, I don't think that there is enough gasoline to last until we get to Gallup.

Nát'oh ńdeeshdáałjį' bi'oh dínóołnah, The cigarets will not last until I get back.

NOT CARE ABOUT IT, TO (to waste it), bił tsi' niséyá, I didn't care about it; I wasted it.

F. bił tsi' deesháął (díínáął, doogááł, jidoogááł) D. bił tsi' diit-'ash (dooh, doo, jidoo) PL. bił tsi' dii-kah (dooh, doo, jidoo)
PROG. bił tsi' yisháął (yínáął, yigááł, joogááł) D. bił tsi' yiit-'ash (woh, yi, joo) PL. bił tsi' yii-kah (woh, yi, joo)
P. bił tsi' nisé-yá (nisíní, naa, nji) D. bił tsi' nisiit-'áázh (nisoo, naazh, njizh) PL. bił tsi' nisii-kai (nisooh, naas, njis)
R. bił tsi' ninásh-daah (ninání, niná, ninájí) D. bił tsi' ninéiit-'ash (nináh, niná, ninájí) PL. bił tsi' ninéii-kah (nináh, niná, ninájí)
O. bił tsi' naoosha' (naóóya', naooya', njóya') D. bił tsi' naoot-'aash (naooh, naoo, njó) PL. bił tsi' naoo-kááh (naooh, naoo, njó)

Na'akai, ndáá' da t'áá 'ałtso bił tsi' yiikah, We do not care about our Yei Bichei and War Dance ceremonies (so we trample them in disrespect).

Shich'į' na'ílyáá ńt'éé' t'óó bił tsi' niséyá, I just wasted the money that was paid to me.

NOT COUNT IN IT, TO (to have no part in it), doo shił 'ólta' da,I am not counted (in it).

Shínaaí siláuyodę́ę́' nádzáá dóó kéyah bee 'íhólníhę́ęgi doo shił 'ólta' da hazlį́į́, Since my brother got back from the army I don't count in matters pertaining to the land (I've come to be left out in the cold when it comes to land matters).

NOT TOO LONG AGO (in the recent past), t'ah naghái yę́ędę́ę́' (lit. from still there in the past).

T'ah naghái yę́ędę́ę́' ła' da'íiníilta', Not too long ago some of us went to school.

T'ah naghái yę́ędę́ę́' shibéégashii t'óó 'ahayói ńt'éé'; k'ad t'éiyá t'áá 'ashdla'í, Not too long ago I had a lot of cattle; now I have only five.

T'ah naghái yę́ędą́ą́' Naakaii Bito' hoolyéegi béégashii bee łá'í 'ídlínígíí bee 'anishtah ńt'éé', k'ad 'éí dooda, Not so long ago I was a member of the Mexican Springs Cattle Association, but not now.

NOTHING, TO BE, doo shił sih da, it is nothing to me.

Béeso shich'į' nehelyéhígíí doo shił sih da, The pay I get is nothing.

Doo shił sih da, That was nothing (as one might say after someone struck him, and one does not want to admit that the blow was hard).

Miil béeso doo shił sih da, A thousand dollars is nothing to me.

NOTHING LIKE IT (insuperable), t'áadoo beełt'éhé da (lit. there is nothing like it).

Shilį́į́' t'áadoo beełt'éhé da nisingo baa ntséskees, I think there is nothing like my horse.

Kindi níyáá ńt'éé' t'áadoo beełt'éhégóó 'ííyą́ą́', I went to town and really had a good meal.

NOTHING THE MATTER WITH ONE, TO BE— (to be nothing wrong with one; to be in good physi-

211

cal condition; to be in good health; peacefully), doo 'át'éhégóó.

Doo 'át'éhégóó naashá,   There's nothing the matter with me.

Diné doo 'át'éhégóó ndaakaaígíí naanish bá da-hóló̧,   There are jobs for men in good physical condition.

Doo 'át'éhégóó kindȩ́ȩ́' ł[í̧í̧' bił náldloozh,   There was nothing wrong with him when he got back (lit. when the horse trotted back wth him).

Doo 'át'éhégóó kwii kééhwiit'[̧,   We live here peacefully.

NOW BEFORE IT'S TOO LATE,   t'ahádą́ą́'.

T'ahádą́ą́' tó yígeed ła' 'ádadiilnííł,   Let's make a ditch now before it's too late.

T'ahádą́ą́' 'azee'ííł'íní bich'i̧' dínááh,   Go to the doctor now before it's too late.

NUISANCE TO ONE, TO BE A—,   bá deeshnih, he is a nuisance to me.

N. deesh-nih   (dííl, dool, jidool, diil, dooł)   (hodoonih)
(bá deeshnih, he's a nuisance to me;   shá díílnih, I'm a nuisance to you;   shá doolnih, I'm a nuisance to him;   ná diilnih, you're a nuisance to us;   shá doołnih, I'm a nuisance to you (pl.);   bá hodoonih, he's a nuisance to impersonal it; etc.)

T'áá 'áłaji̧' bighangi náshdáahgo biniinaa shá doolnih,   I am a nuisance to him because I keep going to his place.

She'ashkii bá díílnihdą́ą́' 'áádȩ́ȩ́' hooghangóó 'ańjíł'aah,   If my boy becomes a nuisance to you send him home.

T'óó ná hodoonih, níwohji̧' 'akóó,   You're a terrible nuisance. Beat it! Scram!

Nilééchąą'í t'áá 'ałtso yá dadoolnih,   Your dog is a nuisance to everyone.

NUMBER, 'ákwí (cp. díkwíí, how many; several).

'Áłchíní 'áneelą́ą́' ndahachíhígíí bééhózingo 'éi-yá 'ólta' 'ákwíígo bíighah ha'níigo baa hwiinít'į́, Only when the number of births is known can a sufficient number of schools be planned.

'Ákwíígóó yoołkáałgo bi'dizhchínígíí dó' bee bił dahołne',   Also tell him the date of birth (lit. the number of days).

— O —

OFFEND HIM, TO (to hurt his feelings; to break his heart; to upset him), shíní yiyiił'a', he offended me; he hurt my feelings; he upset me, etc.

F. bíní yideesh-'aał (yidííł, yidooł, jiidooł, yidiil, yidooł)
I. bíní yiish-'aah (yiił, yiyiił, jiił, yiil, wooł)
P. bíní yiił-'a' (yinił, yiyiił, jiił, yiil, wooł)
R. bíní néiish-'aah (néiił, náyiił, ńjiił, néiil, náooł)
O. bíní woosh-'aah (woół, yooł, jooł, wool, wooł)

Díí hastiin Bilagáana bizaad doo yidiits'a' dago bee baa yishdloh ńt'éé' bíní yiił'a',   I offended this man (hurt this man's feelings) when I laughed at him for not being able to understand English.

Bilagáana bijáád 'agod léi' baa joodloh ńt'éé' bíní jiił'a',   He offended the one-legged white man by laughing at him.

Hastiin t'áadoo yiniihí dibé yázhí ła' bits'ą́ą' na-háłnii'go bee bíní yiił'a',   I upset the man when I sold one of his lambs without his knowledge.

Shódziihgo shíní yiyiił'a',   He offended me by calling me names (cursing me).

213

Diné bíní jiił'aahgo hwe'ena'í 'ájiił'įįh, When one offends a person he often makes an enemy.

OFFENSE, TO TAKE — (to be hurt; to be heart-broken), shíní yii'a', I took offense; I was hurt.

F. shíní yidoo'aał   I. shíní yii'aah   P. shíní yii'a'
R. shíní néii'aah   O. shíní woo'aah

Díí 'asdzání diné yóó' 'abidíí'ąągo yik'ee bíní yii'a', This woman's heart was broken when her husband deserted her.

OFTEN, t'áá kónígháni nahalingo (lit. seeming to be just a little while).

T'áá kónígháni nahalingo Na'nízhoozhígóó 'ałnánáshdááh, I often go back and forth to Gallup.

OLD, TO GET (BE), są baa níyá, I got old; I am old (lit. I arrived at old age; I went to old age).

F. są baa deeshááł (díínááł, doogááł, jidoogááł) D. są baa diit-'ash
(dooh, doo, jidoo) PL. są baa dii-kah (dooh, doo, jidoo)
I. są baa nisháah (nínááh, yíghááh, jíghááh) D. są baa niit-'aash
(noh, yí, jí) PL. są baa nii-kááh (noh, yí, jí)
P. są baa ní-yá (yíní, ní, jiní) D. są baa niit-'áázh (noo, ní, jiní)
PL. są baa nii-kai (nooh, yí, jí)
O. są baa wósha' (wóóya', wóya', jóya') D. są baa woot-'aash
(wooh, wó, jó) PL. są baa woo-kááh (wooh, wó, jó)

Są baa jigháahgo jiyáanii baa 'áhojilyąągo yá'-'át'ééh, It is well that one be careful about what he eats when he gets old.

Są baa 'adoodáłígíí doo yik'ee'ąą hadoogáłí da, A person cannot keep from getting old.

OLD, TO BE TOO — FOR IT, baa diitih, I am too old for it (lit. I passed it up ageing). (Cp. baa diishwod, I passed it up running.)

F. baa dideesh-tih (didíí, didoo, jididoo, didii, didooh)
I. baa diish-tih (dii, dii, jidii, dii, dooh)

214

P. baa dii-tih (dini, dii, didii, dii, doo)
R. baa ńdiish-tih (ńdii, ńdii, nízhdii, ńdii, ńdooh)
O. baa doosh-tííh (doó, doo, jidoo, doo, dooh)

T'ah doo 'ólta' baa diishtíih da, I'm not yet too old for school.

K'ad naanish yéę yaa diitih, He is too old for work now.

ONANISM, TO COMMIT, 'ádaa naadá.

F. 'ádaa ndeesh-daał (ndíí, ndoo, nizhdoo) D. 'ádaa ndiit-'ash (ndooh, ndoo, nizhdoo) PL. 'ádaa ndii-kah (ndooh, ndoo, nizhdoo) CI. 'ádaa naash-dá (nani, naa, nji) D. 'ádaa neiit-'aash (naah, naa, nji) PL. 'ádaa neii-kai (naah, naa, nji)
P. 'ádaa nisís-dzá (nisíní, naas, njis) D. 'ádaa nishiit-'áázh (nishoo, naazh, njizh) PL. 'ádaa nisii-kai (nisooh, naas, njis)
R. 'ádaa ninásh-daah (ninání, niná, ninájí) D. 'ádaa ninéiit-ash nináh, niná, ninájí) PL. 'ádaa ninéii-kah (nináh, niná, ninájí)
O. 'ádaa naoosh-da' (naóó, naoo, njó) D. 'ádaa naoot-'aash (naooh, naoo, njó) PL. 'ádaa naoo-kai (naooh, naoo, njó)

ON ACCOUNT OF IT (in view of it; because of it), binahjį' (lit. at a point aside from it).

Shidoh hólǫ́ǫgo binahjį' doo 'ádiishkóoh da, I am egotistical because of my muscles.

Na'aldloosh bits'ą́ą́dóó béeso baa hinidéhígíí binahjį' doo 'ádiilkóóhgóó naanish doo yinízin da, On account of his income from livestock he's too full of pride to want a job.

ON IT (up on it), bik'iih (⟨bik'i dah).

Bik'i dah 'asdáhí naaltsoos bik'iih (or bik'i dah) siłtsooz, The paper is lying on the chair.

Beeldléí tsinaabąąs bik'i dah 'asdáhí bik'iih siłtsooz ńt'éé' bił bidah 'ííyol lá, The wind blew the blanket down that was lying up on the wagon seat.

Hééł télii bik'iih (bik'i dah) siyínę́ę bidah 'ííłhęęzh lá, The pack that was on the burro fell off.

ON ONE'S OWN, TO BE—, (be self-supporting), 'ák'indishdá, I'm on my own; I'm self-supporting.

N. 'ák'i-ndish-dá (ndí, ndi, nizhdi) D. 'ák'i-ndii-t'aash (ndoh, ndi, nizhdi) PL. 'ák'i-ndii-kai (ndoh, ndi, nizhdi)

Shilį́į́' hólǫ́ǫgo bee 'ák'indishdá, I'm on my own since I have livestock; I am self-supporting with my livestock.

'Aséyeh dóó t'áá shí 'ák'indishdá sélį́į́', I became self-supporting after I got married.

T'áá hó 'ák'inizhdidáago, t'áá hó naat'áanii jílį́į́ łeh, When one is on his own he is his own boss.

ON THE CHANCE THAT, t'óó bik'ijigóó (lit. merely along over it).

T'óó bik'ijigóó 'ádazhdííniid, They merely said something on the chance that what they said would turn out to be the right thing to say.

T'óó bik'ijigóó déyá, I'm just going on the chance (that I'll find it there). (As when one is looking for something and does not know exactly where to look.)

T'óó bik'ijigóó 'ákǫ́ǫ́ dínááh, 'áadi da bik'ídíínáałgo da 'át'é, Why don't you just go on the chance that you'll find him there?

ON YOUR WAY (in the future; in the same direction as the one in which one is going; in a more convenient position), (t'áá) nee'nijį'.

T'áá nee'nijį' díí naaltsoos naalyéhé yá sidáhí shá baa dííłtsos, Deliver this note to the trader for me on your way.

T'áá nee'nijį'go dah ńdaah, Sit so you face the direction in which we (the train) are moving.

T'áá nee'nijį' chidí nibídoogił, The car will be

216

pushed into a more convenient position (facing the direction in which you will be towed).

T'áadoo yígháhí díí chidí t'áá nee'nijį' bá ndoolbąs, Let's get this car into a more convenient position before he comes (you push it back onto the road, for example, so all he will have to do when he comes is to start towing or pushing it).

T'áá nee'nijį' sizįįgo 'ádoolnííł, It will be made to stand in a more convenient location.

Nee'nijį' 'áhoot'ée dooleełígíí bee nił hodeeshnih, I'll tell your future.

Nee'nijį' t'áá haa'í da naa ńdeeshdááł, I'll come back to see in the future.

Nee'nijį' doo 'ééhózin da, No one can tell what the future may hold.

OPENLY AND PUBLICLY, t'áá nábinázláago (ná-, eyes; -binázlá, they lie around it: in the presence of many eyes).

Beehaz'áanii bik'ehgo na'nilkaadí 'ániid 'ánáánályaaígíí t'áá nábinázláago baa náhódóot'ịịł, The new grazing regulations will be openly and publicly discussed.

OPERATE ON HIM, TO (to perform a surgical operation on him), nishéłgizh, I operated on him (lit. I cut around on him).

F. ndeesh-gish (ndííł, neidooł, nizhdooł, ndiil, ndooł)
Cl. naash-gizh (nanił, neił, njił, neiil, naał)
P. nishéł-gizh (nishíníł, neish, njish nishiil, nishooł)
R. ninásh-gish (nináníł, ninéíł, ninájíł, ninéiil, nináł)
O. naoosh-gizh (naóół, nayół, njół, naool, naooł)

Yiskáągo 'ahbínígo 'azee'ííł'íní nashidoołgish, The doctor will operate on me tomorrow morning.

OPERATION, TO PERFORM AN —, ni'shéłgizh, I

performed an operation (lit. I cut around on some one indefinite).

F. n'deesh-gish   (n'dííł, n'dooł, nizh'dooł, n'diil, n'dooł)
Cl. na'ash-gizh   (na'íł, na'ał, n'jił, na'iil, na'oł)
P. ni'shéł-gizh   (ni'shíníł, na'ash, n'jish, ni'shiil, ni'shooł)
R. niná'ásh-gish   (niná'íł, niná'áł, niná'jíł, niná'iil, niná'ół)
O. na'ósh-gizh   (na'óół, na'ół, n'jół, na'ool, na'ooł)

Damíįgo biiłkáhí niná'áshgish ní 'azee'ííł'íní, The doctor said that he operates on Mondays.

OPINIONS, TO BE MANY —, yíní 'ahąąh neelzhéé' (lit. minds are strung out side by side).

T'áadoo le'é baa náhát'ínę́ę t'óó díkwíigo shíí yíní 'ahąąh neelzhee' yileeh, Whenever something is discussed there are many (variant) opinions.

OPPOSE IT, TO (to be against it),   bich'ą́ą́h naash-'na', I oppose it; I am opposed to it; I am against it (lit. I am rolling around in front of it, hindering it).

F. bich'ą́ą́h ndeesh-'nah   (ndíí, ndoo, nizhdoo, ndii, ndooh)
Cl. bich'ą́ą́h naash-'na'   (nani, naa, nji, neii, naah)
P. bich'ą́ą́h nisis-'na'   (nisíní, naas, njis, nisii, nisoo)
R. bich'ą́ą́h ninásh-'nah   (ninání, niná, ninájí, ninéii, nináh)
O. bich'ą́ą́h naoosh-'na'   (naóó, naoo, njó, naoo, naooh)

Tódiłhił Naabeehó bich'į' 'ąą 'álnéhígíí yich'ą́ą́h naas'na', He opposed liquor for Navahos.

OPPOSE ONE, TO (the people; a mob), shéédididla', they oppose me (by booing or heckling me).

N. shéé-dididla'   (néé-, béé-, hwéé-, 'éé-, nihéé-, nihéé-)

'Áłchíní t'óó cha yee shéédididla', The children opposed me, with crying.

Wááshindoondi Bilagáana bich'į' haasdzíí' nít'éé' t'óó shéédididla', I talked with the white men in Wushington, but they opposed me.

218

Naaki nááhaiídą́ą́' diné t'óó shéédididla' łeh
ńt'éé'; k'ad 'éí doo 'ádaaníi da, The people used
to oppose me two years ago, but now they do not.

OPPOSITE DIRECTIONS, TO BE IN —, 'ahidiníł-
náago.

'Ahidiníłnáago shitéézh, They are lying in op-
posite directions (i.e. the head of one is at the feet
of the other, and vice versa).

Kǫ' na'ałbąąsii 'ahidiníłnáago 'ahinoolchéełgo
ła' hak'i ch'élwod, The two trains were going in
opposite directions, and one of them ran over him.

Łį́į́' 'ahidiníłnáago chaha'oh sizį́, The two hors-
es are standing together in the shade, facing in
opposite directions.

Nástááán 'ahidiníłnáago nooséełgo sinil, The
two logs are lying with the tips pointing in opposite
directions.

ORPHANED, TO BE —, (to be left an orphan), bąąh
'áhásdįįd, he was orphaned; he was left an orphan
(lit. things became none beside him).

F. bąąh 'áhodoodįįł   I. bąąh 'áhádįįh   P. bąąh 'áhásdįįd
N. bąąh 'áhádin   R. bąąh 'ánáhádįįh   O. bąąh 'áhódįįh

Díí 'ashkii 'awéé' nilínę́ędą́ą́' bąąh 'áhásdįįd,
This boy was orphaned (left an orphan) when he
was a baby.

'Áłchíní bąąh 'ádahasdįįdígíí kwii dabighan,
This is the orphans' home.

OUT, TO BE NO — (to be "sunk"), t'áadoo hóósi-
hígi da.

Chidí bitoo' 'ásdįįd lágo t'áadoo hóósihígi da,
When we found that we had run out of gas (we
knew that) there was no out (we were sunk).

219

OUT, TO BE —, sits'ą́ą́' bidoodzo, I was out (lit. a line was drawn away from me; away from my interests).

F. sits'ą́ą́' bididoodzoh   I. sits'ą́ą́' bididzóóh   P. sits'ą́ą́' bidoodzo
R. sits'ą́ą́' bińdídzoh   O. sits'ą́ą́' bidódzóóh

Shągh háá'áhígíí biniinaa béeso ła' sits'ą́ą́' bididoodzoh, I am going to to be out some money because of my debts.

Díkwíishą' nits'ą́ą́' bidoodzo, How much were you out? How much was deducted in your case?

OUTSIDER, 'eyóní (unrelated person); dé'éyóní; naadé'éyóní (foreigner, total stranger, outlander).

T'ááłá'í daniidlínígíí kóne'é yah 'adiikahgo t'áadoo le'é baa ńdadíit'įįł, dé'éyóní danilínígíí 'éí bíni' 'áłtsé t'áá tł'óo'di ndaakai dooleeł, We're going in here to discuss something, but outsiders will have to remain outside.

OUTSTRETCHED, TO HAVE THE ARMS —, k'ídadéshnii', I have my arms outstretched.

N. k'ída-désh-nii' (díníl, dées, zhdées, déel, dóoł)

K'ídadéshnii'go sétį, I am lying with my arms outstretched.

K'ídadéshnii'go chaha'ohgóó sétįį ńt'éé' łįį' shik'idiiltáál, I was lying in the shade with my arms outstretched when the horse stepped on me.

Mósí k'ídadéesnii'go 'ałhosh, The cat is asleep with its legs outstretched.

OUTSTRETCHED, TO HAVE THE LEGS —, k'ídés'eez, I have my legs outstretched.

N. k'ídés-'eez (k'ídíníl, k'ídées, k'ízdées, k'ídéel ,k'ídóoł)

Hastiin honibąąhgóó k'ídées'eezgo 'ałhosh, The man is sleeping with his legs outstretched by the fire.

Łééchąą'í k'ídadées'eezgo tsinaabąąs yiyaagóó sitį, The dog is lying, with outstretched legs, underneath the wagon.

OVERNIGHT (in one night), t'ááła' 'óotł'éé'. Naaki nááhaiídą́ą́' t'ááła' 'óotł'éé' neeznáadi 'adées'eez bíighahgo nihee yidzaaz, Two years ago ten feet of snow fell overnight.

OVERSLEEP, TO (to have sleeping sickness; to be in a coma), 'adiniishghaazh, I overslept; I'm in a coma; I have the sleeping sickness.

F. 'adi-dínéesh-wosh (dínííl, dínóol, zhdínóol, díníil, dínóoł)
I. 'adi-niish-gháásh (niil, niil, zhniil, niil, nooł)
P. 'adi-niish-ghaazh (ninil, niil, zhniil, niil, nooł)
R. ńdi'niish-wosh (ńdi'niil, ńdi'niil, ńdizh'niil, ńdi'niil, ńdi'nooł)
O. 'adi-noosh-gháásh (noól, nool, zhnool, nool, nooł)

Díí hastiin 'adiniilghaazh, This man overslept; this man is in a coma.

T'áá ká 'adinoólgháásh, Don't oversleep.

OWE HIM, TO (to be in debt to him), bąąh háítsi, he owes (it to) me (lit. I stuck a slender stiff object on him).

F. bąąh hadees-tsih (hadíí haidoo, hazhdoo, hadii, hadooh)
I. bąąh haas-tsééh (hani, hai, haji, haii, haah)
P. bąąh háí-tsi (háíní, hayíí, hajíí, haii, haoo)
R. bąąh hanás-tsih (hanání, hanéí, hańjí, hanéii, hanáh)
O. bąąh haoos-tsééh (haóó, hayó, hajó, haoo, haooh)

Naaki béeso nąąh háítsi, You owe me two dollars.

Látsíní 'íishłaa dóó naalyéhé yá sidáhí bich'į' naháłnii'. Tádiin béeso bąąh 'azlį́į́'. Naadiin 'éí shaa yí'nil; neeznáá 'éí t'óó bąąh háítsi, I made a bracelet and sold it to the trader for thirty dollars.

221

He gave me twenty dollars, and still owes me ten.

T'áadoo nqqh háá'áhí,   Don't get into debt.

T'áadoo 'qqh háíníł'áhí,   Don't let people owe you (i.e. don't cause them to owe you).

T'áadoo 'qqh háá'á t'éiyá baa nanináhí,   Don't play with debt.

T'áásh shqqh hadoojiłgo 'át'é,   Is my credit good?

OWN IT JOINTLY WITH HIM, TO (to share it with him),   bił 'ałts'ą́ą́' 'anisk'iiz,   I own it jointly with him; I share it with him.

> N. bił 'ałts'ą́ą́' 'anis-k'iiz   ('aníł, 'ał, 'ajíł, 'aniil, 'anoł)

Díí kéyahígíí shizhé'é dóó shinálí yił 'ałts'ą́ą́' 'ałk'iiz,   My father and my grandfather own this land jointly.

Shich'į̱' na'ílyáago béesooígíí shideezhí bił 'ałts'ą́ą́' 'anisk'iiz dooleeł,   When the money is paid to me I'll share it with my sister.

Naalyéhé yá sidáhí biye' yił díí naalyéhé bá hooghan 'ałts'ą́ą́' 'ałk'iiz,   The trader owns this post jointly with his son.

— P —

PACK, TO (one's clothing) (to put things away; to straighten things up; to tidy up),   hasht'e'iishłaa, I packed; I straightened things up; I tidied up (lit. I made indefinite things in readiness).

> F. hash-t'e'deesh-łííł   (t'e'díí, t'e'doo, t'ezh'doo, t'e'diilnííł, t'e'dooh)
> I. hash-t'e'esh-łééh   (t'e'í, t'e'e, t'e'ji, t'e'iilnééh, t'e'oh)
> P. hash-t'e'iish-łaa   (t'e'iini, t'e'ii, t'e'jii, t'e'iilyaa, t'e'ooh)
> R. hasht'e-ná'iish-'įįh   (ná'iil, ná'iil, ń'jiil, ná'iil, nú'ool)
> O. hash-t'e'osh-łe   (t'e'óó, t'e'ó, t'e'jó, t'e'oolne', t'e'ooh)

Ch'aa déyáago biniiyé hasht'e'iishłaa, I packed to go on a trip.

K'adę́ę́ nikihoołtjjh 'éí bąą hasht'e'eshłééh, I am putting things away because it looks like it is about to rain.

Shichei k'ad nihaa yíghááh, 'éí bąą hasht'e'esh-łééh, I'm straightening up (tidying up) because my grandfather is coming to see us.

PACK IT, TO, hasht'eeshłaa, I packed it (them) (lit. I made them in readiness).

F. hasht'e-deesh-łííł (díí, idoo, zhdoo, diilnííł, dooh)
I. hash-t'eesh-łééh (t'eni, t'ei, t'eji, t'eiilnééh, t'eeh)
P. hash-t'eesh-łaa (t'eini, t'eyii, t'ejii, t'eiilyaa, t'eooh)
R. hasht'e-néiish-'jjh (néiil, náyiil, ńjiil, néiil, náooł)
O. hasht'e-oosh-łe' (óó, yó, jó, oolne', ooh)

Ch'aa déyáago biniiyé shi'éé' hasht'eeshłaa, I packed my clothes to go on a trip.

Ni'éé' hasht'enilééhgóó ńdídááh, Go pack up your clothing.

PART OF IT (a segment of it; a piece of it), t'áá bi-ghąądídóó.

Wólázhiní t'áá bighąądídóó yigááł, Part of the black ant is walking (as an ant which is cut in two).

T'áá bighąądídóó sháa ní'aah, Give me part of it (a single roundish bulky object).

T'áá bighąądídóó yíjih, Take part of them.

PART OF THE DAY, shághąądídóó (lit. a piece of the sun). (cp. shá bíighah, all day; lit. proportionate to the sun.)

'Ałk'idą́ą́' 'ólta'di t'áá shághąądídóó naaltsoos-ígíí bídahoo'aah łeh ńt'éé', Formerly book work took up only part of the day at school.

223

Naaki yiskánídą́ą́' shá bíighah ndeiilnishgo 'i'-íí'ą́. 'Adą́ą́dą́ą́' 'éí t'áá shághąądídóó ndashiilnish, The day before yesterday we worked all day. Yesterday we worked only part of the day.

PASS, TO (a day) (to be sunset), 'i'íí'ą́, a day passed; evening came; the sun set.

F. 'i'doo'ááł   I. 'e'e'aah   P. 'i'íí'ą́   R. 'aná'át'ááh
O. 'o'ó'ááł

Díí 'azee' naaki níláago díį'di 'anánííłnahgo 'aná'át'áah dooleeł, Take two of these pills four times a day (lit. while you repeatedly swallow two of this medicine four times the sun will be repeatedly setting — i.e. the days will repeatedly pass).

'Adą́ą́dą́ą́'. shidá'ák'ehdi naashnishgo 'i'íí'ą́, I spent the day yesterday working in my garden (lit. yesterday the day passed as I worked in my garden).

PASS, TO (an hour, hours), 'ahéé'ílkid, an hour passed (lit they — the hands of the clock — slowly moved around to complete a circle).

F. 'ahéénínáá'doolkił   PROG. 'oolkił   P. 'ahéé'ílkid
R. 'ahééníná'álki   O. 'ahéé'ólkeed

Shichidí binaashnishgo t'ááłáhádi 'ahéé'ílkid, I spent an hour working on my car (lit. while I worked on my car they moved around to complete one circle).

T'ááłáhádi 'ahéé'ílkidę́ędą́ą́' kwii níyá, I got here an hour ago.

PASS AWAY, TO (to die), deeteel yáábí'iisha', he passed away (lit. the moose tossed him up with its horns). (Deeteel, broad horns, is commonly identified as a moose. It figures as a mythological

224

monster. The verb stem -sha' refers to an action of tossing or flipping by means of a pointed or hook-like object. It is possible that the expression in reference had its origin at a time when the Navahos lived in an area where the moose was an actual threat.) (V. to flip it.)

F. deeteel yáábí'iidooshah I. deeteel yáábí'iishééh P. deeteel yáábí'iisha' R. deeteel yáábíná'iishah O. deeteel yáábó'ooshééh

Bilagáana ła' kwii naalyéhé yá sidáhí nilį́į́ ńt'éé' kóhoot'éédą́ą́' deeteel yáábí'iisha', A white man used to run this trading post, but he passed away a year ago.

Hastiin náhookǫs biyaadi bił ndeiilzheeh ńt'éé' nihits'ą́ą́' deeteel yáábí'iisha', The man up north with whom we used to hunt passed away on us.

PASS AWAY, TO (to die), deeteel haya'iiką́, he passed away (lit. the moose scooped him up). (A variant of deeteel yáábí'iisha', given above. Here the action denoted by the verb is one of scooping).

F. deeteel haya'iidookááł I. deeteel haya'iikaah P. deeteel haya'iiką́ R. deeteel hayaná'iikááh O. deeteel haya'ookááł

Shichei ńt'éé' t'áadoo hwiiłtsání deeteel haya'iiką́, My grandfather passed away before I saw him.

Hastiin yázhí joolyéé ńt'éé' táá' nááhaiídą́ą́' deeteel haya'iiką́, Mr. Yazzie passed away three years ago.

Hwéeldi hoolyéedi shimá sání yę́ę deeteel haya-'iiką́, My grandmother died at Fort Sumner.

PASS THE NEWS AROUND, TO (to spread the word) hane' naash'á, I'm passing the news around; I'm spreading the word (lit. I am carrying the story about as a single roundish object).

F. hane' ndeesh-'aał   (ndíí, neidoo, nizhdoo, ndiit, ndooh)
Cl. hane' naash-'á   (nani, nei, nji, neiit, naah)
P. hane' nisé-'ą   (nisíní, neiz, njiz, nisiit, nisoo)
R. hane' ninásh-'aah   (ninání, ninéí, ninájí, ninéiit, nináh)
O. hane' naosh-'aał   (naóó, nayó, njó, naoot, naooh)

Diné yitah hane' neidoo'aał yiniiyé łį́į́' yik'i dah 'aznil,   He saddled his horse in order to go pass the news around among the people.

T'áadoo le'é baa hane' nani'á jiní,   I hear that you're passing the news around.

PASS THE NIGHT, TO (a number of nights) (to stay), nashíiłka',   I spent the night(s); I stayed.

N. nashíił-ka'   (nanííł, nabííł, nahwííł, nanihííł, nanihííł)

Shibéeso 'ádingo biniinaa Bee'aldíilasinildi t'áá bíhólnííhgóó nashíiłka'go 'ashdla' shiiská,   Because I was broke I spent five nights in Albuquerque, just sleeping any old place.

Háadishą' nániilkááh,   Where are you staying?

T'áá bíhólnííhgóó nashíiłka',   I'm staying just any place I can.

PASS THE WORD TO HIM, TO (to get word to him), bee bi'níłnii',   I passed the word to him; I got word to him.

F. bee bi'deesh-nih   (bi'dííł, yi'dooł, bizh'dooł, bi'diil, bi'dooł)
I. bee bi'nish-nííh   (bi'níł, yi'íł, bi'jíł, bi'niil, bi'oł)
P. bee bi'níł-nii'   (bi'ííníł, yi'níł, bizh'níł, bi'niil, bi'nooł)
R. bee biná'ásh-nih   (biná'íł, yiná'áł, biná'jíł, biná'iil, biná'ół)
O. bee bi'ósh-nííh   (bi'óół, yi'ół, bi'jół, bi'ool, bi'ooł)

Tó Naneesdizí hoolyéedi 'áłah 'aleehgo 'áadi díínááł bidishníigo Hastiin Nééz 'adą́ą́dą́ą́' bi'níłnii',   I passed the word to Mr. Long yesterday, telling him to go to the meeting at Tuba City.

PATCH IT UP, TO (to do makeshift repair work on

it, as when one wires a broken fender together; to fix it up), dah náhá̱cha', I patched it up; I fixed it up; I made repairs on it.

F. dah náhideesh-chah (náhidíí̱, néidiyoo̱, náhizhdiyoo̱, náhidiil, náhidoo̱)

Cl. dah náhásh-cha' (náhí̱, náyii̱ ,ńjii̱, náhiil (or náhaal), náhó̱)

P. dah náhá̱-cha' (náhíni̱, náyiish, ńjiish, náhiil (náhaal), náhoo̱)

R. dah nínáhásh-chah (nínáhí̱, nínáyii̱, nínájii̱, nínáhiil, nínáhó̱)

O. dah náhósh-cha' (náhóó̱, náyó̱, ńjíyó̱, náhool, náhoo̱)

Hastiin bilį́į́' biyéél bibii'dees'eez k'ínídláád ní-t'éé' dah náyiishcha', The man's stirrup broke so he patched it up.

Tsinaabǫǫs bee bíńdiidlohí sits'ą́ą́' k'é'élto̱', 'éí shá dah náhidíí̱chah biniiyé naa níyá, The brake on my wagon broke, so I came to get you to patch it up (fix it up).

PATIENT, TO BE (to be able to stand it; to be able to withstand) , ha'ólní, he is patient; he can stand; he can withstand.

N. ha'íínísh-ní (ha'ííníl, ha'ól, ha'jól, ha'ííníil, ha'íínó̱)

Ghą́ą́'ask'idii 'ayóo dibáá' yich'i̱' hada'ólní, A camel can stand (lit. be patient toward) thirst for a long time.

Shitélii 'ayóo dichin yich'i̱' ha'ólní, My burro can really withstand hunger.

Dibé yázhí 'ayóo ha'ólní, Lambs can really withstand (stand) a lot (lit. are really patient).

Hada'íínó̱ní, Be patient! Just hold on!

PAVED, TO BE (a road), 'atiin hasṯah, the road was paved (lit. hasṯah, the space or area was a-nointed, as with salve).

F. 'atiin hodoolṯah   Cl. 'atiin halṯah   P. 'atiin hasṯah
R. 'atiin náhálṯah   O. 'atiin hólṯah

227

Lók'aah Nteeldóó Tségháhoodzáníjį' 'atiinígíí hodooltłah jiní, The road from Ganado to Window Rock is to be paved, they say.

PAVED, TO BE —, 'ahozdííłhééł; 'azdííłhééł (lit. a black line extends away into the distance). (cp. diłhił, it is black; diníłhééł, there is a black streak.)

'Éí k'ad 'atiingóó bee 'adahozdeesxéél, Those roads are paved now (lit. plural black lines extend away into the distance on those roads now).

'Atiingóó 'ak'ahkǫ' bee 'azdííłhéelgo 'ályaa, The road was paved (i.e. surfaced with oil). (lit. Along the road a black line extending away into the distance was made with oil.)

Wólázhiní diníłhééł, There is a black streak of ants.

PAY ATTENTION TO HIM, TO, baa ná'áhodisht'į́, I am paying attention to him.

N. baa ná'áho-dish-t'į́ (díl, díl, zhdíl, diil, dół)

T'áadoo baa ná'áhodílt'íní, bíni' yáłti', Don't pay any attention to him; just let him talk.

Shi'niidlí ch'ééh bidishníigo doo shaa ná'áhodílt'į́į da, I told him I was cold, but he wouldn't pay any attention to me.

Díí hastiin nihich'į' yáłti'ígíí t'éiyá baa ná'áhodółt'į́. Náánáłahgóó yádaati'ígíí 'éí t'áadoo baa ná'áhodółt'íní, You (dpl) pay attention to what this man is saying to you. Don't pay any attention to the others that are talking.

PAY FOR IT, TO (to make payment for it; to lease it; to rent it), bik'é 'aséłáh, I paid for it; I leased it; I rented it.

F. bik'é n'deesh-łééł (n'díí, n'doo, nizh'doo, n'diilyééł, n'dooh)

228

I. bik'é na'nish-łé (na'ní, ni'í, n'jí, ni'niilyé, ni'noh)
P. bik'é 'asé-łáh ('asíní, 'as, 'ajis, 'asiilyá, 'asoo)
R. bik'é niná'ásh-dlééh (niná'í, niná'á, niná'jí, niná'ii, niná'áh)
O. bik'é na'ósh-łééł (na'óó, na'ó, n'jó, na'oolyééł, na'ooh)

Díí kin t'ááłá'í nááhaijį' bik'é 'asełáh, I leased (paid for) this house for a year.

Kin t'áá náhidizííd bik'eh béeso neeznádiingo bik'é neheshłé, I pay a hundred dollars a month for this house.

Háadishą' kin shįį́ bik'é niná'ídlééh, Where is the house you rent (lease, pay for)?

Haa'ída kin ła' bik'é ni'iishłée dooleeł ch'ééh nisin, I wish I could rent (lease) a house somewhere (but I can't).

Nínádízi'go kin bii' shighanígíí bik'é niná'ásh-dlééh, I pay for my house by the month.

Yiskąggo chidí 'ałtso bik'é ni'diilyééł, Tomorrow we'll make our final payment on the car.

PAY NO ATTENTION TO HIM, TO (to give him no heed), doo shá yiyíists'ą́ą' da, he paid no attention to me (lit. he didn't hear it for me).

WITH PREPOUNDED -á, FOR.

F. yídées-ts'įį́ł (yídííł, yíídóoł, yizhdóoł, yídiil, yídóoł)
SP. (N). yinís- (yísínís-) ts'ą́ą' (yíníł (yísíníł), yiyíis, jíis, yísiil, yísóoł)
R. néínís-ts'įįh (néíníł, náyííł, ńjííł, néíníil, néínół)
O. wóos-ts'ą́ą' (wóoł, yóoł, jóoł, wóol, wóoł)

Naat'áanii baa níyáa ndi bich'į' yáshti'ígíí doo shá yiyíists'ą́ą' da, I went to see the boss, but he paid no attention to what I told him (he was deaf to what I told him).

Ha'át'éego lá doo shííshíníłts'ą́ą' da, Why don't you pay attention to me?

229

PEACEFUL AND UNTROUBLED, t'áá hasht'e hodí-t'éego (lit. it being prepared just right).

Shichei yę́ę́ t'ah naagháhą́ądą́ą́' t'áá hasht'e ho-dít'éego diné kéédahat'į́í ńt'éé', In my grand-father's time people led a peaceful, untroubled existence.

PEOPLE THINK (it is thought; the opinion is held), t'óó 'ílį́igo baa ntsáhákees ('ílį́, indefinite some-thing is; ntsáhákees, impersonal it thinks).

'Ólta' yá'át'ééh dadooleeł sha'shin t'óó 'ílį́igo baa ntsáhákees, People think that schools will probably be a good thing.

Tódiłhił beehaz'áanii bich'ą́ą́h hólónígíí yá'á-t'ééh sha'shin t'óó 'ílį́igo diné ła' yaa ntsídaakees, Some people think that the anti-liquor laws are a good thing. (In this example the subject "people" is definite "diné.")

PERSIST IN, TO (to keep making efforts; to keep at it), bídíshgoh, I am persisting in it (lit. I am hit-ting against it, butting it).

N. bídísh-goh bídí, yídí, bízhdí) DPL. bídíníi-dah (bídínóh, yídíní, bízhdíní)

Náásgóó 'ólta'ígíí t'éiyá t'áá 'íiyisíí bídíshgoh dooleeł, I'm going to persist in my efforts to get an education as time goes on .

Kéyah hasht'e halnéehgi t'áá 'íiyisíí bídíshgoh, I am keeping at the preparation of my land; I am working steadily at the task of making my land ready.

PICK, TO (to harvest by breaking off), 'ashhizh, I am picking; I am harvesting (lit. I am breaking indefinite things off).

F. 'adeesh-hish ('adíí, 'adoo, 'azhdoo, 'adii, 'adooh)
I. 'ash-hizh ('í, 'a, 'aji, 'iig, 'oh)
P. 'íí-yizh 'íiní, 'íí, 'ajíí, 'iig, 'oo)
R. ná'ásh-gish (ná'í, ná'á, ń'jí, ná'ii, ná'óh)
O. 'ósh-hizh 'óó, 'ó, 'ajó, 'oog, 'ooh)

Nił 'adeeshhish biniiyé naa níyá, I came to help you pick (harvest).

Ghąąjį' ńdízídígíí bii' ná'áshgish, I pick (corn) in October.

PICK IT, TO (to harvest it by breaking it off), yish-hizh, I am picking it (lit. I am breaking it off).
F. deesh-hish (díí, yidoo, jidoo, diig, dooh)
I. yish-hizh (ni, yi, ji, yiig, woh)
P. yí-yizh (yíní, yiyíí, jíí, yiig, woo)
R. násh-gish (nání, néí, ńjí, néii, náh)
O. wósh-hizh (wóó, yó, jó, woog, wooh)

Naadą́ą́' yishhizh ńt'éé' nikihoníłtą, I was picking corn when it began to rain.

Neeznáá yiskánídą́ą́' bidą́ą́' 'ałtso yiyííyizh lá, He picked all his corn ten days ago; he finished harvesting his corn ten days ago.

PICK ON HIM, TO (to provoke him; to needle him), bé'ésts'ih, I am picking on him (lit. I am pinching on him).
F. bí'dees-ts'ih (bí'díí, yi'doo, bízh'doo, bí'dii, bí'dooh)
Cl. bé'és-ts'ih (bí'í, yé'í, bí'jí, bí'ii, bí'óh)
P. bí'sé-ts'ih (bí'síní, yé'éz, bí'jíz, bí'sii, bí'soo)
R. bíná'ás-ts'ih (bíná'í, yíná'á, bíńjí, bíná'ii, bíná'óh)
O. bí'ós-ts'ih (bí'óó, yí'ó, bí'jó, bí'oo, bí'ooh)

T'áá 'áłajį' 'ahé'éts'ihgo biniinaa 'ayóo 'ahijoo-dlá, They hate each other because they are always picking on each other.

T'áadoo shí'íts'ihí, Quit picking on me.

Ní'séts'ih hanii, I didn't pick on you.

231

Sitsilí yé'éts'ihgo biniinaa ńdííłts'in, I hit him for picking on my little brother.

PICK IT UP, TO (to acquire the ability to; to acquire the knowledge of), 'ádiih yishyá, I picked it up (lit. I put it into myself: a single flexible object).

F. 'ádiih deesh-yééł   (dííl, yidool, jidool, diil, dooł)
I. 'ádiih yish-yé   (nil, yil, jil, yiil, woł)
P. 'ádiih yish-yá   (yíníl, yool, jool, yiil, wooł)
R. 'ádiih násh-dlééh   (nání, néí, ńjí, néi:, náł)
O. 'ádiih wósh-ya'   (wóól, yól, jól, wool, wooł)

Díí hastiin t'ah 'ániid naagháhą́ądą́ą́' 'áłah ní-da'adleehgóó hastóí binááł yádaałti'go bits'ą́ą́dóó saad 'ádiih yoolyá, When this man was young he attended meetings where he heard leaders speak; in this way he pickd up a knowledge of rhetoric.

Méhigo hoolyéedi Naakaii bił ndaashnishgo bits'ą́ą́dóó Naakaii bizaad 'ádiih yishyá, When I was in Mexico working among the Mexicans I picked up Spanish from them.

Shichei hatáál biniiyé nabi'didlóózgóó bikéé' tádíshááhgo bits'ą́ą́dóó sin t'óó 'ahayóí 'ádiih yishyá, By going around to ceremonies with my grandfather I picked up a lot of songs from him.

PICK UP HIS LANGUAGE, TO, bizaad náhááláá', I picked up his language (lit. I gathered up his words).

F. bizaad náhideesh-łah   (náhidíí, néidiyoo, náhizhdoo, náhidiid, náhidooh)
CI. bizaad náhásh-łááh   (náhí, náyii, ńjii, náhiid, náhóh)
P. bizaad náhá-láá'   (náhíní, náyiiz, ńjiiz, náhiid, náhoo)
R. bizaad nínáhásh-dlah   (nínáhí, nínáyii, nínájii, nínáhii, nínáhóh)
O. bizaad náhósh-łááh   (náhóó, néiyó, ńjiyó, náhood, náhooh)

Naakaii bitahgi shighan ńt'óó' bizaad 'ałtso náháláá', I used to live among the Mexicans, and I

232

picked up their language (lit. I gathered up all their words).

T'áadoo hodina'í nihizaad náhidíílah, Before long you'll pick up our language.

PICKING PINYONS, TO BE OUT — (to go pinyon picking; to gather pinyons), ná'iishłááh, I'm picking pinyons (lit. I am gathering indefinite objects).

F. ńdi'yeesh-łah (ńdi'yíí, ńdi'yoo, nízhdi'yoo, ńdi'yiid, ńdi'yooh)
I. ná'iish-łááh (ná'iyí, ná'ii, ń'jii, ná'ayiid, ná'ayoh)
P. ná'iyé-láá' (ná'iyíní, ná'iiz, ń'jiiz, ná'iyiid, ná'iyoo)
R. níná'iish-dlah (níná'ayí, níná'ii, níná'jii, níná'ayii, níná'ayoh)
O. ná'iyósh-łááh (ná'iyóó, ná'iyó, ń'jiyó, ná'iyoo, ná'iyooh)

Diné kǫ́ǫ́ kéédahat'inígíí t'áá 'ałtso ńda'iilááhgóó 'adahaazná, The people from around here are all out picking pinyons.

PILE UP, TO (to be accumulated; to be a large pile or group; to be piled, heaped), yanáa'á, there is a pile; they are piled. (nihił yanáa'á, we have a pile of them.)

Beehaz'áanii haa shį́į́ néelą́ą́' nihił yanáa'á, We have accumulated a great number of laws (lit. a great number of laws have accumulated with us)

Hastiin léi' 'áłchíní bił yanáa'áago yił nahalne', An old man is telling stories to a "bunch" of children (lit. the children are piled with him).

Ła' nááhooghanjí shik'éí yanáa'á, My relatives are all crowded (piled) up in the other hogan.

Naadą́ą́' tsinaabąąs biyi' yanáa'á, There is a pile of corn on the wagon.

PINCH OF IT (a small amount of it; a little or it; a negligible amount of it), t'óó yists'ihgo (lit. there being merely a pinch of it).

T'óó yists'ih bíighahgo naanish bídahwiil'ą'ígíí ła' bee 'ák'idadííníikááh,　Some of us are trying to make a living with whatever little knowledge we have of trades.

Bilagáana bizaad t'óó yists'ihgo hoł bééhózinígíísh bee 'ayóí 'áhodoonííł,　There is little that one can do when he knows only a smattering of English.

Nát'oh t'óó yists'ihgo hayííjaa' dóó 'ázayoojaa', He took a pinch of tobacco and put it in his mouth.

PLACE ONE'S HEAD, TO (to put one's head; to lay one's head), nininisht'ą, I placed my head (down). (The head is referred to by the stem having to do with movement of a single roundish object, but in conjunction with the stem classifier -d-.)

> F. ndínéesh-t'ááł　(ndíníí, ndínóo, ndízhnóo, ndíníi, ndínóoh)
> I. nininish-t'aah　ninini, ninee, nizhnee, nininii, nininoh)
> P. nininish-t'ą　(ninííní, ninee, nizhnee, nininii, nininooh)
> R. ninánísh-t'ááh　(ninání, ninání, ninázhní, ninánii, ninánóh)
> O. ninósh-t'ááł　(ninóó, ninó, nizhnó, ninoo, ninooh)
> N. nésh-'ą　(níníníl, nées, jinées, néel, nóoł)

Bitsék'eegi nésh'ą,　I have my head in her lap.
Shilééchąą'í shikáá' ninánít'ááh,　My dog always puts his head on me.
Mósí bikáa'gi nizhneet'aah ńt'éé' hayaa haaltáál,　He was going to lay his head on the cat, but it jumped up and scampered away.

PLACE THEM ONE BEHIND THE OTHER, TO (as chairs in a row), 'ałt'anihénil, I placed them one behind the other.　('ałt'a-. one upon another in a pile; one after another in a row.)　(cp. chidí t'óó 'ałt'aniheezhjéé', there is a traffic jam; the cars have merely run to form a row or pile.)

F. 'ałt'a-nihideesh-nił (nihidíí, niidiyoo, nihizhdoo, nihidii', nihidooh)
I. 'ałt'a-nihish-nííł (nihí, niyii, nijii, nihii', nihoh)
P. 'ałt'a-nihé-nil (nihíní, niyiiz, njiiz, nihii', nihoo)
R. 'ałt'a-nináhásh-nił (nináhí, nináyii, ninájii, nináhii', nináhóh)
O. 'ałt'a-nihósh-nííł (nihóó, niiyó, njiyó, nihoo', nihooh)

Bik'idah'asdáhí 'ałt'anihénil, I placed the chairs one behind the other.

Díí bik'idah'asdáhí 'ałt'anihidíínił, Put these chairs in a row, one behind the other.

Bik'idah'asdáhí 'ałt'anihees'nilgo sinil, The chairs are setting, one behind the other.

PLAN, TO (to have a plan), nahosé'ą, I have a plan (lit. I have carried impersonal it about as a single roundish object).

F. hodideesh-'ááł (hodidíí, hodidoo, hozhdidoo, hodidiit, hodidooh)
I. nahash-'á (nahó, naha, nahoji, nahwiit, nahoh)
P. nahosé-'ą (nahosíní, nahaz, nahojiz, nahosiit, nahosoo)
R. nináhásh-'aah (nináhó, nináhá, nináhoji,˙ nináhwiit, nináhóh)
O. nihósh-'ááł (nihóó, nihó, nihojó, nihoot, nihooh)

Tségháhoodzánígóó deesháál dishníigo nahosé'ą, I planned to go to Window Rock.

Díí bee nahwiildlaadí haa doolnííł nínízingo bee nahosíní'ą, What do you plan to do with this plow?

Náásgóó haa deeshnííł diníigo nahosíní'ą, What are your plans for the future?

PLAY CARDS, TO (to gamble with cards), 'adishka', I am playing cards.

F. 'adideesh-kał ('adidíí, 'adidoo, 'azhdidoo, 'adidii, 'adidooh)
CI. 'adish-ka' ('adí, 'adi, 'azhdi, 'adii, 'adoh)
P. 'adíí-kaad ('adííní, 'adíí, 'azhdíí, 'adii, 'adoo)
R. 'ańdísh-ka' ('ańdí, 'ańdí, 'anízhdí, 'ańdii, 'ańdóh)
O. 'adósh-ka' ('adóó, 'adó, 'azhdó, 'adoo, 'ądooh)

Nił 'adishka', I'm playing cards with you.

Díí łįį' baa 'adidiikał, Let's play for this horse.

PLAY DEAD, TO, dasétsą́ 'áhodéshchį́, I am playing dead (lit. I am pretending that I have brought my death into being. V. to pretend —).

P. dasé-tsą́ (dasíní, daaz, dajiz)   DPL. nee-'ná (sinoo, neez, jineez)
N. 'áho-désh-chį́ (díníl, deesh, zhdeesh, deel, disooł)

Díí ch'osh tsin bee bi'nítsi ńt'éé' daaztsą́ 'áhodeeshchį́, I touched this bug with a stick and it played dead.

PLEASE, -íín (children attach this suffix to verbs or nouns, usually prolonging the vowel, when begging their parents for something).

'Ałk'ésdisí ła' shaa ní'aahíín, Please give me some candy.

Naadą́ą́' ła'íín, Some corn, please.

Béeso shaa ní'aahíín, Please give me a dollar.

PLEASE, t'áá shǫǫdí. (t'áá shǫǫdíín is an intensive form, often used by children. See -íín above.)

PLENTIFUL, TO BE — (to be plenty of it; to abound) bee 'áda'aziin, there is plenty of it; it is plentiful.

F. bee 'áda'doozįįł   N. bee 'áda'aziin   P. bee 'áda'azįįd
R. bee 'áńda'azįįh   O. bee 'áda'ózįįh

'Ałk'idą́ą́' Naabeehó bikéyah bikáa'gi ch'il dóó tó bee 'áda'aziin ńt'éé' jiní, It is said that formerly water and grass were plentiful in the Navaho country.

Díí dziłyi'góó dine' bee 'áda'aziin, There is plenty of wild game in these mountains.

Shichaii bíká déyá, nihiba' 'áda'aziingo 'ádajiił-'įįh, I'm going after my grandfather, and I want plenty of food prepared and waiting for us.

Nuulyéhé bá hooghandi t'éiyá ch'iyáán bee 'áda'aziin, ndi t'áadoo bik'é ndaolyéłí da, There's plenty of food at the trading post, but we have nothing with which to pay for it.

PLENTY, TO HAVE —, bee 'ák'eeshdlá, I have plenty of it.

F. bee 'ák'i-deesh-dlaał (díí, doo, zhdoo, dii, dooh)
N. bee 'ák'eesh-dlá ('ák'ini, 'ák'ee, 'ák'iji, 'ák'ii, 'ák'ioh)
P. bee 'ák'isis-dla ('ák'isíní, 'ák'ees, 'ák'ijis, 'ák'isii, 'ák'isooh)
O. bee 'ák'iosh-dla' ('ák'ióó, 'ák'ioo, 'ák'ijó, 'ák'ioo, 'ák'iooh)

'Ániid naasháádą́ą́' béeso bee 'ák'isisdla', I had plenty of money when I was young.

K'ad ch'iyáán bee 'ák'eeshdlá, I have plenty of food now.

POINT IT OUT TO HIM, TO (a fact), bich'į' neiséłta', I pointed it out to him.

F. bich'į' neídéesh-tah (neídííł, neídóoł, neízhdóoł, neídíil, neídóoł)
I. bich'į' nayínísh-ta' (nayíníł, nayół, njół, nayíniil, nayínół)
P. naíséł-ta' (naísíníł, nayós, njós, naísíil, naísóoł)
R. bich'į' nináyínísh-tah (nináyíníł, nináyół, ninájół, nináyíniil, nináyínół)
O. bich'į' naósh-ta' (naóół, nayół, njół, naool, naooł)

Beehaz'áanii bich'į' neiséłta', I pointed out the regulations to him.

Tódiłhił doo bee haz'ą́ą́góó shił njósta', He pointed out to me the fact that liquor is illegal.

POSTAL SERVICE, naaltsoos naagéh (lit. the carrying of papers).

POSTMAN, naaltsoos neiyéhé (lit. the one who carries papers about).

POSTMAN, TO BE A —, naaltsoos naashhéh, I am a postman (lit. I haul papers about).

Cl. naaltsoos naash-héh (nani, nei, nji, neiig, naah)

237

POSTOFFICE, naaltsoos nehegeehégi, (lit. where papers are usually brought by hauling).

POUT, TO (to cause trouble), naashchxǫ', I am pouting; I am causing trouble (lit. I am going around ruining things, making things ugly).

F. ndeesh-chxǫǫł (ndíí, ndoo, nizhdoo, ndii, ndooh)
CI. naash-chxǫ' (nani, naa, nji, neii, naah)
P. nishé-chxǫ' (nishíní, naazh, njizh, nishii, nishoo)
R. ninásh-chxǫǫh (ninání, niná, ninájí, ninéii, nináh)
O. naoosh-chxǫ' (naóó, naoo, njó, naoo, naooh)

Kingóó niséyáago shiye' t'áadoo bilasáana ła' bá naháłnii' dago biniinaa naachxǫ', My son is pouting because I went to town and didn't buy him any apples.

PRAISE HIM, TO, baa hashniih, I am praising him. (V. to brag.)

F. baa hodeesh-nih (hodíí, hodoo, hozhdoo, hodii', hodooh)
CI. baa hash-niih (hó, ha, hoji, hwii', hoh)
P. baa hosé-nih (hosíní, haz, hojiz, hosii', hosoo)
R. baa náhásh-'nih (náhó, náhá, náhojí, náhwii, náhóh)
O. baa hósh-nih (hóó, hó, hoó, hoo', hooh)

Shilį́į́' 'ayóo bidziilgo biniinaa baa hashniih, I am praising my horse because of his strength.

Siláago nilínę́ę́dą́ą́' t'áadoo yináldzidígóó bee baa has'ne', As a soldier he was praised for his bravery.

PRAYING MANTIS, Naakaii nááséét (lit. Mexicans are movng along as a mob; a mob of Mexicans are coming. The insect is so-called because it is said that if one asks it "Háádę́ę́' Naakaii nááséét, From whence are the Mexicans coming?" it will turn and point in the proper direction. To any other question it will remain motionless.

238

PREPARE SOMETHING TO EAT FOR HIM, TO, bitsá 'í'iishłaa, I prepared something to eat for him.

F. bitsá 'í'deesh-łííł ('í'díí, 'í'doo, 'ízh'doo, 'í'diilnííł, 'í'dooh)
I. bitsá 'é'ésh-łééh ('í'í, 'é'é, 'í'jí, 'í'iilnééh, 'í'óh)
P. bitsá 'í'iish-łaa ('í'iini, 'í'ii, 'í'jii, 'í'iilyaa, 'í'ooh)
U. bitsá 'é'ésh-'į ('í'íl, 'é'él, 'í'jíl, 'í'iil, 'í'ół)
R. bitsá 'áná'iish-'įįh ('áná'iil, 'áná'iil, 'íń'jiil, 'áná'iil, 'áná'ooł)
O. bitsá 'ó'ósh-łe' 'ó'óó, 'ó'ó, 'í'jó, 'í'oolne', 'ó'óoh)

'Áłchíní shá bitsą 'í'díílííł, Prepare (fix) something for the children to eat for me.

'Áłchíníísh t'ah doo bitsą 'í'íléeh da, Haven't you prepared (fixed) anything for the children to eat yet?

PRETEND TO BE IN A HURRY, TO (to deliberately be late), na'áhodisziid, I am just fooling around taking my time.

N. na'áho-dis-ziid (díl, dil, zhdil, diil, doł)

Na'áhodisziidgo kǫ' na'ałbąąsii t'áá shídin dah diilwod lá, I was just fooling around and missed the train.

T'áadoo na'áhodílziidí, Don't be fooling around (let's go).

PRETEND TO BE ASLEEP, TO (to feign sleep), 'áhodishwosh, I am pretending to be asleep.

N. 'áho-dish-wosh (díl, dil, zhdil, diil, doł)

Shíká 'adoolwoł nisingo baa níyáá ńt'éé' t'óó 'át'įigo 'áhodilwoshgo ch'ééh bich'į' yáshti', I went to get him to help me, but I couldn't get anything out of him because he was pretending to be asleep.

PRETEND TO BE SICK, TO (to feign illness), da'áhodistsaah, I am pretending to be sick.

239

N. da'áho-dis-tsaah (díl, dil, zhdil, diil, doł)

T'óó da'áhodistsaah n̄t'éé' 'azee'ál'į́įgóó díínááł shi'di'níí n̄t'éé' náádiisdzá, I was pretending to be sick, but when I was told to go to the hospital "I got well."

Doo 'adínéeshkał da nízingo da'áhodiltsaah, He is pretending to be sick so he won't have to herd today.

PROGRESS, TO, hoogááł (lit. impersonal it, or things, are going along).

Nihikéyah bikáa'gi nizhónígo hoogááł, Things are progressing (going) nicely in our country.

K'ad 'ashdladiin nínáánááhaigo shį́į́ daa shį́į́ yit'éego nááhoogáał dooleeł, I wonder how things will be going (progressing) fifty years from now?

PROGRESS, TO BE IN (to be going on), baa 'ooldah, it is in progress; it is going on (lit. it is being done; indefinite plural subjects are progressively going about it). (V. to commence)

PROG. baa 'ooldah (baa da'íldééh) Cl. baa na'aldeeh

Ha'át'íí lá baa na'aldeeh, What is going on now?

Łahgóó 'anaa' t'ah baa da'íldééh, The war is still going on in some places.

Dił há daníl'į́igo baa 'ooldah, They are examining blood for people (lit. the looking at blood for one is in progress).

Ndáá' dóó Na'akai t'ahdii t'ááłáhági 'át'éego baa 'ooldah, They still have War Dances and the Yei Bichei.

PROMISE, TO, 'ádee hadeesdzíí', I promised.

240

F. 'ádee hadidees-dzih (hadidíí, hadidoo, hazhdidoo, hadidii, hadidooh)

I. 'ádee hadis-dziih (hadí, hadi, hazhdi, hadii, hadoh)

P. 'ádee hadees-dzíí' (hadííní, hadoo, hazhdoo, hadii, hadooh)

R. 'ádee hańdís-dzih (hańdí, hańdí, hanízhdí, hańdii, hańdóh)

O. 'ádee hadós-dziih (hadóó, hadó, hazhdó, hadoo, hadooh)

Doo náá'deeshdlį́į́ł da níigo yee 'ádee hadoo-dzíí', He promised not to get drunk anymore.

T'áá ni 'ádínínígíí bik'ehgóó 'ánít'ée dooleełgo daats'í 'ádee hadíínídzíí', Do you promise to do as you say you will?

PROMPTLY (quickly; without delay), haneetehee.

Haneetehee 'áádę́ę́' dah diiyá, I got off to a quick start (from there).

Haneetehee 'ííyą́ą́', I ate quickly.

Haneetehee 'adííyį́į́ł, Eat quickly.

Haneetehee shikéyah biní'deesht'ih, I'll fence my land right away.

Nihee 'aneest'į́į'go haneetehee siláago bił hweeshne', When we were robbed I told the police promptly.

K'adgo haneetehee chidí naat'a'í bee naaltsoos ndaagé, Nowadays the mail is carried quickly by airplane.

PROUD OF IT, TO BE ——, bee dah neesht'ą́ą́ł, I am proud of it (lit. with it I go along with my head held high).

PROG. bee dah neesh-t'ą́ą́ł (níí, noo, jinoo, nii, nooh)

Bi'éé' 'ániidí yígíí yee dah noot'ą́ą́ł, He is proud of his new shirt.

Ha'át'íísh dó' bee dah neesht'áał doo, What do I have to be proud of?

PULL HIM ALONG, TO (when he is resisting and

241

pulling back, as a balky horse, or an unwilling prisoner), deeshdąsh, I am pulling him along.

F. dideesh-dąsh   (didííł, yididooł, jididooł, didiil, didooł)
PROG. deesh-dąsh   (dííł, yidooł, jidooł, diil, dooł)
I. dinish-dą́ą́sh   (diníł, yideeł, jideeł, diniil, dinoł)
P. diníł-dązh   (dííníł, yidiníł, jidiníł, diniil, dinooł)
R. ńdísh-dąsh   (ńdíł, néidił, nízhdíł, ńdiil, ńdół)
O. dósh-dą́ą́sh   (dóół, yidół, jdół, dool, dooł)

   Hastiin łį́į́' yizloh ńt'éé' náházbąsgo 'ahéébidi-níłdązh, The man roped the horse and they pulled each other around and around in a circle.

   Kǫ' na'ałbąąsii k'adę́ę́ dah diilyeedgo Bilagáana 'asdzání 'ashkii 'áłts'íísí léi' 'ákǫ́ǫ́ yidoołdąsh, Just as the train was about to leave, a white woman pulled her (recalcitrant) little boy along (to get on the train).

PULL IT UP, TO (with a string or rope, as a pail of water from a well), de délo', I pulled it up.

F. de dideesh-toh   (didíí, yididoo, jididoo, didiid, didooh)
I. de dish-teeh   (dí, yidi, jidi, diid, doh)
P. de dé-lo'   (díní, yideez, jideez, deed, disoo)
R. de ńdísh-dloh   (ńdí, néidi, nízhdi, ńdii, ńdóh)
O. de dósh-teeh   (dóó, yidó, jidó, dood, dooh)

   Sis yee bee'eldǫǫh de yoolohgo tsé yąąh haas-'na', He climbed the cliff, pulling his gun up after him by means of his belt.

   'Asdzání tó hahadleehdę́ę́' tó de yideezlo' ńt'éé' tł'óół k'inídláád, The woman was pulling a bucket of water up from the well when the rope broke.

PUMP HIM, TO (to seek information by indirectly questioning him; to fish for information from him), bíka'séłhil, I pumped him for information.

F. bíka-di'yeesh-hił   (di'yííł, di'yooł, zhdi'yooł, di'yiil, di'yooł)
I. bíka-'iish-hil   ('iyíł, 'ííł, jíłł, 'iily, 'oł)

242

P. bíka-'séł-hil ('síníł, 'as, 'jis, 'siily, 'sooł)
R. bíka-ná'ásh-hił (ná'ił, ná'áł, ná'jíł, ná'iily, ná'ół)
O. bíka-'ósh-hil ('óół, 'ół, 'jół, 'ooly, 'ooł)

Naabeehó binahagha' baa hane' ch'ééh bíka'-séłhil, I pumped him for information about the Navaho religion, but in vain.

T'áadoo le'é bee bíkadi'yeeshhił biniiyé bich'į' yisháá, I am going to see him to try to get certain information out of him.

PUNCTURE IT, TO (to prick it), bighá'nítsi, I punctured it; I pricked it (lit. I stuck a slender object through it).

F. bighá-'dees-tsih ('díí, 'doo, zh'doo, 'dii, 'dooh)
I. bighá-'nís-tsééh ('ní, 'í, 'jí, 'nii, nóh)
P. bighá-'ní-tsi ('ííní, 'ní, zh'ní, 'nii, 'noo)
R. bighá-ná'ás-tsih (ná'i, ná'á, ń'jí, ná'ii, ná'óh)
O. bighá-'ós-tsééh ('óó, 'ó, 'jó, 'oo, 'ooh)

Díí 'ashkii chidí bikee' sits'ą́ą́' yighá'nítsi lá, This boy punctured my tire.

Ne'etsa doo bighá'jítsééh da; t'óó his bii' haleeh, Don't prick a pimple; it will get infected.

PUSH IT OVER, TO (a slender stiff object), naa'ííłhod, I pushed it over. (V. to fall over stiffly.)

F. naa-'adeesh-hoł ('adííł, 'iidooł, 'azhdooł, 'adiilw, 'adooł)
I. naa-'iish-heed ('anił, 'iił, 'ajił, 'iily, 'ooł)
P. naa-'ííł-hod ('íííł, 'ayííł, 'ajííł, 'iilw, 'ooł)
R. naa-'násh-ho' ('ánáníł, 'anéíł, 'ańjíł, 'anéiilw, 'anáł)
O. naa-'oosh-heed ('óół, 'ayół, 'ajół, 'ooly, 'ooł)

'Anít'i' dáńdítįįhgi tsin 'ałts'ą́ą́hjí 'íí'áhígíí t'áá 'áłah naa'ííłhod, I pushed over both of the posts that stood on each side of the gate.

PUT ASIDE, TO BE (to be shelved; to be pigeon-holed; to be made inoperative; to be displaced), nah-

jį' kóbi'diilyaa,　it (he) was put aside; displaced.

F. nahjį' kóbidi'doolnííł　I. nahjį' kóbi'dilnééh　P. nahjį' kóbi'-
diilyàa　U. nahjį' kóbi'diil'įįh　R. nahjį' kónábi'diil'įįh　O. nah-
jį' kóbi'dólne'

Béeso yíníshkeedgo naaltsoos bee yah 'ííłtsooz
ńt'éé' t'óó nahjį' kólyaa,　I submitted a paper in
which I made a request for money, but it was
merely put aside (pigeon-holed).

Diné binant'a'í nahjį' kóbi'diilyaa,　The leader
of the people was put aside.

PUT DIRT ON IT, TO (a hogan roof),　'ééhwíyénil, I put dirt (back) on it.

F. 'ééhó-díyéesh-nił　(díyíí, díyóo, zhdíyóo, díyíi', díyóoh)　(díyóo')
I. 'éé-hwíish-nił　(hwíi, hwíi, hójii, hwíi', hóoh)　('ééhwíi'nił)
P. 'éé-hwíyé-nil　(hwíyíní, hwíiz, hójíiz, hwíyée', hóyóo)　('ééhwíis'nil)
R. 'éníná-hwíish-'nił　(hwíi, hwíi, hójíi, hwíi, hóoh)　('énínáhwíi'nił)
O. 'éé-hwiyósh-nííł　(hwiyóó, hwiyó, hojiyó, hwiyoo' hwiyooh)

Áádę́ę́' shaa díínááł dóó shił 'ééhódíyíi'nił, You
must come over and help me put dirt on my hogan.

T'áadoo 'ééhwíishniłí nahóółtą́ągo biniinaa wó-
ne'é 'ałtso sits'ą́ą́' ńda'astłéé' lá,　It rained before
I topped my hogan with dirt and everything got wet
inside.

PUT IT ASIDE, TO (to set it aside; to shelve it; to pigeon-hole it; to place it in abeyance),　nahjį' kwíishłaa, I put it aside.

F. nahjį' kódeesh-łííł　(kódíí, kwíidoo, kózhdoo, kódiilnííł, kódooh)
I. nahjį' kósh-łééh　(kóní, kwíi, kójí, kwíilnééh, kóh)
P. nahjį' kwíish-łaa　(kwíini, kóyii, kójii, kwíilyaa, kóoh)
R. nahjį' kónéiish-'įįh　(kónéiil, kónáyiil, kóńjiil, kónéiil, kónáooł)
O. nahjį' kóosh-łe'　(kóó, kóyó, kójó, kóolne', kóoh)

PUT IT AROUND ONESELF, TO (as a belt or sash) (to put on a belt; to gird oneself),　'ádinísíst'i', I

put it around myself; I put it on   (lit. I caused a
slender object to encircle me).

F. 'ádi-ńdeesh-t'ih   (ńdííl, néidool, nízhdool, ńdiil, ńdooł)
I. 'ádi-násh-t'ih   (nániil, néíl, ńjíl, néiil, náł)
P. 'ádi-nísís-t'i'   (nísíníl, néís, ńjís, nísiil, nísooł)
R. 'ádiní-násh-t'ih   (nániil, néíl, nájíl, néiil, náł)
O. 'ádi-náoosh-t'ih   (náóól, náyól, ńjól, náool, náooł)

Tł'óół 'ádinéíst'i' dóó tsé ńt'i' góyaa bidaal-
ch'ą́ą́l, He put a rope around himself and lowered
himself down the cliff.

Béésh łigaii sis yę́ę́ 'ádinéíst'i' dóó kingóó dah
diiyá, He put on his silver belt and started off for
town.

PUT IT IN HIS MIND, TO (to give him the notion),
biyah 'aniiłįid, I put it in his mind.

F. biyah 'adínéesh-łįił ('adínií, 'adínóo, 'azhdínóo, 'adíniid, 'adínóo)
I. biyah 'aniish-łįih ('anii, 'anii, 'azhnii, 'aniid, 'anooh)
P. biyah 'anii-łįid ('aninił, 'aniił, 'azhniił, 'aniid, 'anoo)
R. biyah ná'niish-łįih (ná'nii, ná'nii, názh'nii, ná'niid, ná'noo)
O. biyah 'anoosh-łįí' ('anóó, 'anoo, 'azhnoo, 'anood, 'anooh)

Bee'aldíilahsinilgóó déyá dishníigo bił hashne',
ńt'éé' biyah 'aniiłįid, I put the idea of going to
Albuquerque in his mind when I told him I was go-
ing to go there.

Ndáá'góó deekai diníigo bił hwíínílne'go biyah
'adínííłįił sha'shin, Don't tell him we're going to
the Squaw Dance because if you do he might take
a notion to go too.

PUT IT IN ONE'S MOUTH, TO, 'ázaasht'ą, I put
it (a roundish bulky object) in my mouth. (The
same prefixes are used with the other "to handle"
stems, which are listed herewith.)

THE "TO HANDLE" STEMS ARE:

jih, jááh, jaa', jih, jááh,   A LARGE NUMBER OF SMALL OBJECTS.
łjoł, łjooł, łjool, łjoł, łjooł,   NON-COMPACT MATTER.
kááł, kaah, ká, kááh, kááł,   MATTER IN AN OPEN CONTAINER.
lééł, lé, lá, dlééh, lééł,   ONE SLENDER FLEXIBLE OBJECT.
nił, nííł, nil, 'nił, nííł,   SEVERAL OBJECTLS.
tííł, tiih, tá, tííh, tííł,   A SINGLE SLENDER STIFF OBJECT.
łtoh, łteeh, łééé', łtoh, łteeh,   MUSHY MATTER.
łtoh, łteeh, łééé', łtoh, łteeh,   MUSHY MATTER.
łtsos, łtsóós, łtsooz, łtsos, łtsóós, A SINGLE FLAT FLEXIBLE OBJECT.

F. 'áza-deesh-t'ááł   (díí, idoo, zhdoo, dii, dooh)
I. 'ázaash-t'aah   ('ázani, 'ázei, 'ázaji, 'ázaii, 'ázah)
P. 'ázaash-t'ą   ('ázéíní, 'ázayoo, 'ázajoo, 'ázeii, 'ázaooh)
R. 'áza-násh-t'ááh   (nání, néí, ńjí, néii, náh)
O. 'áza-oosh-t'ááł   (ó, yó, jó, oo, ooh)

Naalyéhé yá sidáhí 'ashkii yázhí béeso yaa yiní'ą́ą́ ńt'éé' 'ázayoot'ą,   The trader gave the little boy a dollar and he put it in his mouth.

PUT IT OFF, TO (to procrastinate; to delay), náás hweesh'ááł, I put it off; I procrastinate on it (lit. I keep carrying it forward as a single roundish object).

PROG. t'óó bił náás hweesh-'ááł (hwíí, hoo, hojoo, hwiit, hooh)

Shinaanish t'óó bił náás hweesh'ááł, I keep putting off my work.

T'áadoo le'é t'óó bił náás dahojí'aahígíí haadáádahodiyiildóóh, People who put things off (procrastinate) usually get far behind.

Doo t'áadoo le'é t'óó bił náás hojoo'áał da, 'éí doo yá'át'éeh da, Don't put off doing things; it's a bad habit.

Nich'į' deesháął dishnínę́ę t'ah ndi t'óó bił náás hweesh'ááł, I'm still putting off the visit I promised to make you.

Hastiin bąąh dah haz'ánígíí 'azee'ííł'íní yich'į'

doogááł ha'nínę́ę t'óó bił náás hwíí'áałgo biniinaa k'ad yéigo 'ádzaa, This patient is worse now because you kept putting off the visit you were to make with him to the doctor.

PUT IT OFF, TO (to procrastinate; to just let it slide) t'óó bił náás hoolzhiizh (lit. merely with it time moved forward).

'Ólta'góó díníyáhą́ą t'áadoo t'óó bił náás hoolzhishí, Don't put off starting to school.

Niná'ídléhę́ę t'áadoo t'óó bił náás hoolzhishí, Don't let your bills slide; don't put off paying your debts.

PUT IT ON, TO (to dress in it; to be dressed in it; to have it on), bee hadiisdzaa, I put it on; I dressed in it.

F. hadideesh-nííł (hadidíí, hadidoo, hazhdidoo, hadidii', hadidooh)
I. hadish-nééh (hadí, hadi, hazhdi, hadii', hadoh)
P. hadiis-dzaa (hadini, hadii, hazhdii, hadii, hadooh)
R. háádiish-t'įįh (háádii, háádii, háázhdii, háádii, háádooh)
O. hadósh-ne' (hadóó, hadó, hazhdó, hadoo', hadooh)
N. hadínísh-t'é (hadíní, hadí, hazhdí, hadíníí, hadínóh)

'Éétsoh bee hadínísht'é, I have on an overcoat.
'Ahbínídą́ą' ńdiish'na'go she'éé' yá'ádaat'éhígíí bee hadiisdzaa, This morning when I got up I put on my good clothes.

Nahasdzáán tł'oh dadootł'izhgo yee hadít'é, The earth is covered with grass.

PUT IT ON HIM, TO (to dress him in it; to prepare it), hadiishłaa, I put it on him; I dressed him in it; I prepared it.

F. hadideesh-łííł (hadidíí, haididoo, hazhdidoo, hadidiilnííł, hadidooh) (hadidoolnííł)
I. hadish-łééh (hadí, haidi, hazhdi, hadiilnééh, hadoh) (hadilnééh)

247

P. hadiish-łaa (hadini, hadii, hazhdii, hadiilyaa, hadooh) (hadilyaa)

R. háádiish-'įįh (háádiil, háaidiil, háázhdiil, háádiil, háádooł)
(háádíl'įįh)

O. hadósh-łe' (hadóó, haidó, hazhdó, hadoodle' (hadoolne'), hadooh)
(hadoolne')

She'awéé' bi'éé' bee hadiishłaa, I dressed my baby; I put the baby's clothes on it.

She'éé' béésh łigaii bee hadiishłaa, I put silver (adornments) on my shirt.

Naaltsoos 'anaa' yaa halne'go bee hadiishłaa, I prepared a book on the war.

PUT ONE'S ARMS OUT, TO (to outstretch one's arms), k'idéshnii', I put my arms out.

F. k'idideesh-nih (k'ididííl, k'ididool, k'ízhdidool, k'ididiil, k'ididooł)

I. k'idísh-nííh (k'idíl, k'idíl, k'ízhdíl, k'idiil, k'ídół)

P. k'idésh-nii' (k'idíníl, k'ídees, k'ízhdees, k'ídeel, k'idisooł)

R. k'índísh-nih (k'índíl, k'índíl, k'ínízhdíl, k'índiil, k'índół)

O. k'idósh-nííh (k'idóól, k'idól, k'ízhdól, k'idool, k'idooł)

Wóshdę́ę́'go yiizį́įhgo k'ídílnííh, Stand facing this way and put out your arms.

K'ízhdéesnii' n̄t'éé' haye' jooł yee hagaan néidííłne', When he put out his arm his son hit it with the ball.

Tsé bighą́ą́' hasíníyáago k'ídidíílnih, When you get on top of the rock put your arms out.

K'ídóshnííh laanaa, I wish I could stretch my arms.

PUT ONE TO A LOT OF TROUBLE, TO (to balk on him; to give him trouble), bich'į' mą' 'ádéshchį́, I put him to a lot of trouble; I gave him a lot of trouble (lit. I caused trouble to come into existence toward him). (rn mą', trouble; mą'll, coyote, "the troublesome one?")

248

F. bich'į' mą' 'ádideesh-chííł   ('ádidííl, 'ádidool, 'ádizhdool, 'ádidiil, 'ádidooł)
N. bich'į' mą' 'ádísh-'į   ('ádíl, 'ádíl, 'ázhdíl, 'ádiil, 'ádół)
P. bich'į' mą' 'ádésh-chį ('ádíníl, 'ádeesh, 'ázhdeesh, 'ádeel, 'ádishooł)
R. bich'į' mą' 'áńdísh-chííh   ('áńdíl, 'áńdíl, 'ánízhdíl, 'áńdiil, 'áńdół)
O. bich'į' mą' 'ádósh-chííł   ('ádóól, 'ádól, 'ázhdól, 'ádool, 'ádooł)

Hataałii shá nahodoołaał biniiyé baa níyáá nít'éé' shich'į' mą' 'ádeeshchįįgo biniinaa doo hah nánísdzáa da, I am late getting back home because I went to see a medicine man about a ceremony he is to perform for me, and he gave me a lot of trouble.

T'áá tsxįįłgo haa'í da nináádeeshnish nisin nít'éé' naanish shich'į' mą' 'ádeeshchį, I wanted to find another job quickly, but I had trouble finding one (i.e. the work made itself "mą'" toward me).

— Q —

QUITE A DISTANCE (quite a ways), t'áá 'ahanah; t'áá 'ahanahdi.

T'áá 'ahanahdi shighan 'éí bąą t'ah 'ahbííní-dą́ą́' dah dideesháááł, It's quite a ways (distance) to my home, so I'll start real early in the morning.

— R —

RACKET, TO BE A (to be an uproar), hahodíídláád, there was a racket; there was an uproar.

F. hahodidoodlał   I. hahodidlaad   P. hahodíídláád
R. hanáhodidla'   O. hahodódlaad

'Áłah 'ílįįgo naat'áanii t'ááłá'í yah 'ííyáá ńt'éé' hahodíídláád, When the Superintendent walked into the meeting there was quite a racket (as the sound of cheering, etc.)

249

RAISE A CRY ABOUT IT, TO (to raise a hue and cry about it; to "squawk" about it; to rise in arms about it), baa hahodiildláád, we raised a cry about it (lit. we caused impersonal it to break out about it).

F. baa haho-dideesh-dlał (didííł, didooł, zhdidooł, didiil, didooł)
I. baa haho-dish-dlaad (díł, dił, zhdił, diil, doł)
P. baa haho-dííł-dláád (dííníł, dííł, zhdííł, diil, dooł)
R. baa hanáho-dish-dla' (díł, dił, zhdił, diil, doł)
O. baa haho-dósh-dlaad (dóół, dół, zhdół, dool, dooł)

Nihidá'ák'eh 'ałníí' góne' chidí bitiin 'ádoolnííł nihi'doo'niidgo baa hahodiildláád, When we heard that a road was to be built through the middle of our fields we raised a cry about it.

RAISE HIM, TO (to rear him; to bring him up), biyaa hooł'a', I raised him (lit. I caused space to appear under him; I caused light to show under him). (V. to grow up.)

F. biyaa hwiideesh-'aał (hwiidííł, hwiidooł, hwiizhdooł, hwiidiil, hwii-dooł)
I. biyaa hoosh-'aah (hooł, hooł, hojiił, hool, hooł)
P. biyaa hooł-'a' (hwiinił, hooł, hojiił, hwiil, hooł)
R. biyaa náhoosh-'aah (náhooł, náhooł, náhojiił, náhool, náhooł)
O. biyaa hoosh-'aah (hóół, hooł, hojooł, hool, hooł)

'Ashkii shidá'í nilįįgo biyaa hooł'a', I raised my sister's son (i.e. my nephew).

Haa hoolyéedi niyaa hoo'a', Where were you raised; where were you brought up?

RAISE HIM, TO (to rear him; to bring him up), biyaa hosélį́į', I raised him (lit. I caused space to come into being under him). (V. to grow up).

F. biyaa hodeesh-łeeł (hodíí, hodoo, hozhdoo, hodiid, hodooh)
I. biyaa hash-łeeh (hó, ho, hoji,, liwiid, hoh)
P. biyaa hosé-łį́į' (hosíní, has, hojis, hosiid, hosoo)

R. biyaa náhásh-dleeh (náhó, náhá, náhoji, náhwii, náhóh)
O. biyaa hósh-łe' (hóó, hó, hojó, hood, hooh)

Háíshą' niyaa hasłį́į́', Who raised you?
Na'nízhoozhídi shiyaa hazlį́į́', I was raised in Gallup; I was brought up in Gallup.

REALIZE, TO (to become aware of the fact that), baa 'áhoniizį́į́' (baa 'ákoniizį́į́') , I realized; I became aware of the fact that. (Either 'áho- or 'áko-.)

F. baa 'áho-dínées-sį́į́ł (díníí, dínóo, zhdínóo, díníid, dínóoh)
I. baa 'áho-niis-sį́į́h (nii, nii, zhnii, niid, nooh)
P. baa 'áho-nii-zį́į́' (nini, nii, zhnii, niid, noo)
N. baa 'áho-nis-sin (níní, ní, zhní, niid, noh)
R. baa 'ánáho-niis-dzį́į́h (nii, nii, zhnii, nii, nooh)
O. baa 'áho-noos-sį́į́' (noó, noo, zhnoo, nood, nooh)

'Ałné'é'áahgo dichin baa 'ánáhoniisdzį́į́h, At noon I always come to the realizaton that I am hungry.
'Ałní'ní'ą́ągo 'índa ch'ééh déyáhígíí baa 'áhoniizį́į́', I didn't realize that I was tired until noon.
Shibéeso t'áá hooghandi baa yisénah lá, kindi níyáago 'índa baa 'áhoniizį́į́', I didn't realize that I had left my money at home until I got to town.

REALLY (believe it or not; there's no two ways about it), t'áá dóonídí.
K'ad t'áá dóonídí 'ada'niit'ą́ąjį' 'ahoolzhiizh, It's really time for things to get ripe—there's no question about that.
Naakiiskánídą́ą́' kwii níyá, ch'iyáán 'ayóo da'ílį́į́ léí' biniinaa k'ad t'áá dóonídí shibéeso 'ásdįįd, I came here two days ago and the food is sure expensive; I'm really broke.
Dą́ądą́ą́' dibé nda'iiłchíihgo ts'ídá t'áá dóonídí dibé yázhí t'áadoo ła' nihits'ą́ą́' daaztsą́ą da, We

251

didn't lose a single lamb last spring during lambing season; believe it or not.

REASON, WHAT IS (YOUR) — (what is your feeling toward it?), haashǫ' yíní'ní, what is your reason; what is your attitude?

N. yínísh-'ní (yíní, yó, jó, yínii, yínóh)

Shą́ą́' nichidí hólǫ̊ ni'. Haashǫ' yíní'níigo doo nił ndzit'i da, You have a car. What is your reason for not using it?

Nagháí łį́į'shǫ' haa yíní'níigo t'áá bídin łį́į' ła' taah nííníyood, What is your reason for leaving that horse behind when you watered the others?

RECEIVE IT, TO (by mail) (to get it by mail), shaa yílwod, I received it (lit. it arrived to me running).

F. shaa doolwoł   I. shaa yílyeed   P. shaa yílwod
R. shaa nálwo'   O. shaa wólyeed
R. naaltsoos shaa nináhájeeh

Yiską́ą́go shį́į́ shibéeso shaa doolwoł, I'll probably receive (get) my money tomorrow.

Hoozdo hoolyéedi naasháago ninaaltsoos yę́ę shaa yílwod, I received your letter while I was in Phoenix; your letter came to me while I was in Phoenix.

Háadishǫ' naaltsoos naa nináhájeeh, Where do you get your mail?

Haa nízah nináhálzhishgoshǫ' naaltsoos naa nináhájeeh, How often do you get your mail?

RECEIVE VOTES, TO, naaltsoos bá 'aníídee', he received votes (lit. papers fell for him).

F. bá 'adínóodah   I. bá 'aniidééh   P. bá 'aníídee'
R. bá 'anádah   O. bá 'anódééh

Hastiin Tsoh naaltsoos naakidi miil bíighahgo bá 'aníídee', Mr. Tso received (got) 2000 votes.

Hastiin Yázhíshq̨' naaltsoos díkwíí bá 'aníídee', How many votes did Mr. Yazzie receive?

Díkwíí naaltsoos ná 'aníídee' jiní, How many votes did you get, according to reports?

RECEIVE WORD, TO (to be brought word), hane' shaa yít'ą̨, I received word (lit. news was brought to me).

F. shaa doot'ą́ą́ł   I. shaa yít'aah   PROG. shich'į' yit'ą́ą́ł
P. shaa yít'ą̨   R. shaa nát'ą́ą́h   O. shaa wót'ą́ą́ł

Daaztsą̨ ha'níigo tł'éédą́ą́' hane' shaa yít'ą̨, I received word of his death last night; word of his death was brought to me last night.

Haada hoodzaago (or haada hóót'į̨idgo) t'áá 'áko hane' shaa díí'ą́ą́ł, Bring me word immediately if anything happens.

RECIPROCALLY (each other; back and forth), t'áá 'ahideełnáago.

T'áá 'ahideełnáago 'ahá nda'agééh, They intermarry with one another.

T'óó 'ahideełnáago 'ałk'i ndadiit'ą́ą́h, We just pass the buck back and forth; we just blame each other.

REDUCED, TO BE — (by drawing a boundary line), bihideesdzo, they were reduced (one after another)

F. bihididoodzoh   I. bihididzóóh   P. bihideesdzo
R. bináhídídzoh   O. bihidódzóóh

Naabeehó bikéyah ła' bihididoodzoh, The Navaho reservation will be reduced in size.

'Anaa' dahazlį̨'ę́ę́dą́ą́' tónteel wónaanídi kéyah

253

naaznilígíí t'óó 'ahayóí bidahideesdzo,   Many of the countries across the sea have been reduced in size since the war.

Naat'áanii t'ááłá'í wolyéhígíí bizaadk'ehgo shidá'ák'ehę́ę́ łahjį' sits'ą́ą́' bidoodzo,   My farm was reduced in size by the Superintendent's orders.

REFLECT IT, TO (to cast reflected light; to shine it), 'adíínishdíín,   I am reflecting it; I am throwing it (a light).

N. 'adíínísh-díín   ('adííníł, 'adiníł, 'adizhníł, 'adiníil, 'adinół)

Bii'adéest'į́į' bee binák'eejį' 'adíínishdíín,   I am reflecting (throwing) light into his eyes with a mirror.

Tł'ée'go bee ndildlaadí bee 'adíínishdíingo shimá bighandi łį́į' shił yíldloozh,   I got to my mother's home on horseback at night by flashlight.

REFUSE EMPHATICALLY, TO,   shíla' yismazgo dooda dííniid,   I refused emphatically (lit. twirling my hand I said no.   Twirling of the hand is an old gesture of negation or refusal).

Cl. (sh-)íla' yis-maz   (nił, yił, jił, yiil, woł)

Bíla' yiłmazgo yich'ą́ą́h naas'na',   He stood opposed to it (lit. he rolled about in front of it as he twirled his hand in refusal).

Bíla' yiłmazgo dooda shidííniid,   He refused me emphatically.

REGENERATE, TO (to come back into being),   náho(di)deesdlį́į',   it (they) regenerated.

F. náhodoodleeł   I. náhádleeh   P. náho(di)deesdlį́į'
R. nínáhádleeh   PROG. náhoodleeł   O. náhódle'

Níléí 'o'c'aułı blyáajı diné náhodideesdlį́į' jiní,

254

The Navahos regenerated there in the west, it is told.

RELATIVES, ONE'S, hatí'ízíní (by blood or by maternal clan only); hak'éí (by blood or by either the maternal or paternal clan lines).

RELATIVES (by blood or by clan), shik'éí, my relatives. (In the following list the possessive pronominal prefix ha-, his, one's is prefixed to each relationship term, but is not translated. In certain instances variant terms are used, depending upon whether the speaker is a man or a woman. These are identified by placing (M) after terms used only by men, and (F) after terms used only by women. If (MF) or no such designation at all follows a term, the indication is that that form is employed by both men and women.)

Members of a clan consider themselves to be related as members of an extended family, and properly apply kinship terms to one another, although in the white man's way of reckoning they are wholly unrelated. The type of kinship term chosen with regard to a fellow clansman depends upon whether he or she is related to one through the maternal or the paternal clan, upon relative age, etc. One is born **into** his mother's clan, and born **for** his father's clan.

Let us suppose that both A and B were born into the tsi'naajinii clan, but A was born for deeshchii'nii, while B was born for tó dích'íi'nii. A and B are of the same clan (t'ááłá'í dine'é nilį) so, depending upon their relative age with relation to each other, they will apply an appropriate kinship term of the category used in connection with one's

255

relatives on his mother's side.

Now let us suppose that A is tó dích'íi'nii, born for deeshchii'nii, while B is tsi'naajinii, born for deeshchii'nii. They belong to different maternal clans, but were both born for the same clan ('ahidiilchíín). They will therefore choose appropriate kinship terms from the category referring to relatives on one's father's side. For example, the fathers of A and B would be clan brothers; so either would be referred to as "father" by the sons of the other.

mother, hamá.

maternal aunt, hamá yázhí; hák'a'í.

maternal uncle, hadá'í.

maternal grandfather, hachaii (hacheii).

maternal grandmother, hamá sání; hachó.

maternal great grandfather, naakidi náháchaii.

maternal great grandmother, naakidi náháchó.

maternal male cousin on aunt's side, hatsilí; hánaaí (MF)

maternal female cousin on aunt's side, hadeezhí; hádí (MF).

maternal male cousin on uncle's side, hoł naa-'aash (M); hazeedí (F).

maternal female cousin on uncle's side, hazeedí (MF).

maternal great uncle (mother's mother's brother), hachiull.

maternal great aunt (mother's mother's sister), hamá sání.

maternal great uncle (mother's father's brother), hachaii.

maternal great aunt (mother's father's sister), hamá sání.

father, hazhé'é; hataa'.

paternal grandfather, hanálí.

paternal grandmother, hanálí.

paternal uncle, hazhé'é yázhí; habízhí.

paternal aunt, habízhí.

paternal great grandfather, naakidi náhánálí.

paternal great grandmother, naakidi náhánálí.

older brother, hánaaí (MF).

younger brother, hatsilí (MF).

brother (friend), hak'is (M); halah (F).

older sister, hádí (MF).

younger sister, hadeezhí (MF).

sister, halah (M); hak'is (F).

sister-in-law (brother's wife), há'áyéhé; há'áyééh; hayé (MF).

nephew (brother's son), haye' (M); habízhí (F). or hayáázh (F).

niece (brother's daughter), hatsi' (M); habízhí or hach'é'é (F).

brother-in-law (sister's husband), hayé (MF).

nephew (sister's son), hadá'í (M); hayáázh (F); hatséłke'é (MF), plural of tsíłké, youth; used in referring to one's grandsons and nephews as a group. hach'eeke'é, plural of ch'iké, maiden, is used in referring to one's granddaughters and nieces as a group.

wife, hwe'esdzáán; ha'áád.

mother-in-law (wife's mother), doo joo'íinii.

father-in-law (wife's father), baadaaní jílíní.

brother-in-law (wife's brother), biyé jílíní.

sister-in-law (wife's sister), biyé jílíní.

wife's relatives, bá'jíyéhé.

husband, hahastiin.

father-in-law (husband's father), bizhá'áád jílíní.

mother-in-law (husband's mother), bizhá'áád jílíní.

brother-in-law; sister-in-law (husband's brother and sister), bá'jíyéhé.

husband's relatives, bá'jíyéhé.

son, haye' (M); hayáázh (F).

daughter, hatsi' (M); hach'é'é (F).

daughter-in-law (son's wife), hazhá'áád (MF). hach'é'é (F).

grand-daughter; grandson (son's daughter or son), hanálí (MF).

grand-daughter; grandson (daughter's son or daughter), hatsóí (MF).

son-in-law (daughter's husband), haadaaní.

parents,   hashchíinii.

children, ha'áłchíní.

clan,   dóone'é.

RELIABLE, TO BE — (to be trustworthy), doo naaki nilį́įgóó (lit. not in two manners).
 T'áá 'íiyisíí doo naaki nilį́įgóó baa ntsáhákees, He is considered a very reliable person (lit. he is very much one not thought of in two manners).

RELIEVED, TO BE — (emotionally), shik'ihooldo, I was (am) relieved (lit. things wafted upon me) (V. time is up; make pretty good time; be losing.)
 Shąąh háá'áhą́ą 'ałtso niná'níshdláago shik'i-hooldo, I am relieved after paying all my bills.
 'Azee'ííł'íní yá'ánít'ééh shidííniidgo shik'ihool-do, I was relieved when the doctor told me I was all right.

RELY ON HIM, TO (to be dependent on him; to de-pend on him), bééhéet'eezh, we rely on him; we are dependent on him. (Duoplural only.)

 N. bééhée-t'eezh (bééhíshóoh, yééhéesh, bééjíish)

 Sha'áłchíní shééhéesht'eezh, My children rely on me; my children depend on me.
 Kwii be'ak'id siyínígíí neeznáago hooghango bééhéet'eezh, There are ten families of us here who depend on this pond.

REPEATED OVER AND OVER, TO BE —, bikék'eh náhodeeshzhiizh, it has been repeated over and over; it has been repeated constantly (lit. time doubles back on its trail).

F. bikék'eh náhodidoolzhish   I. bikék'eh náhodilzhíísh   P. bikék'eh náhodeeshzhiizh   R. bikék'eh nínáhodilzhish   O. bikék'eh náhodólzhíísh

'Anaa' t'óó bikék'eh náhodiilzhíishgo baa na'-aldeeh,   Wars are repeated over and over; war occurs again and again.

'Ajidláągo doo chidí hoł ndzit'i da danihi'di'-níigo bee nihich'į' yádaati'go bikék'eh nínáhodilzhish ndi ła' doo bik'i da'doohtą́ą́ 'át'ée da,   You (pl.) have been told over and over about drunken driving, but some of you can't understand.

Wááshindoondi sitį́į dooleełii naaltsoos bá 'a-he'níłígíí t'áá dį́į' nináháháāh bik'eh bikék'eh nínáhodilzhish,   The presidential election is repeated every four years.

REPORT (BACK) TO HIM, TO,   bił náhweeshne', I reported (back) to him.

F. bił náhodeesh-nih   (náhodííl, náhodool, náhozhdool, náhodiil, náhodooł)

Cl. bił náhásh-ne'   (náhól, náhál, náhojil, náhwiil, náhół)

P. bił náhweesh-ne'   (náhwííníl, náhool, náhojool, náhwiil, náhooł)

R. bił nínáhásh-nih   nínáhól, nínáhál, nínáhojil, nínáhwiil, nínáhół)

O. bił náhósh-ne'   (náhóól, náhól, náhojól, náhool, náhooł)

'Adą́ą́dą́ą́' dį́niilt'é t'áadoo ndashiilnish da; 'éí nihinant'a'í bee bił náhodeeshnih,   I am going to report to our boss the fact that four of us did not work yesterday.

Sha'áłchíní bił náháshne' 'áłtsé dishníigo naanish 'aa dahidit'aah dóó t'ą́ą́ hááyá,   I went back from the employment office to tell (report to) my family (concerning a job offer).

REPORTED, TO BE —,   bił bíhóóne', it was reported regarding him (them).

I 'ááłáhádi miil jilt'é 'aa 'adiniih wolyéhígíí bił

hódahóóne', A thousand were reported to have the gonorrhea.

Shibéeso bizis yóó' 'íiłne' ńt'éé' diné ła' bił bíhóóne', I lost my billfold, but a man was reported as having it.

REPUBLICAN PARTY, chịịh yee 'adilohiijí (lit. on the side of the elephant).

Chịịh yee 'adilohiijíísh 'atah naaltsoos 'ííní'ah, Did you vote Republican?

Hastiin Dewey wolyéhígíí chịịh yee 'adilohiijí naaltsoos bá 'adahidoo'nił yiniiyé tádígháάh, Mr. Dewey was the Republican candidate.

RESENT IT, TO (to gripe him), bik'ee 'ák'i'sísdli', I resented it (because of hurt feelings).

WITH PREPOUNDED BIK'EE, ON ACCOUNT OF IT.

F. 'ák'i-'deesh-dliił ('díí, 'doo, zh'doo, 'dii, 'dooh)
N. 'ák'e'esh-dlí ('ák'e'í, 'ák'e'e, 'ák'i'ji, 'ák'i'ii, 'ák'i'oh)
P. 'ák'i'sís-dli ('ák'i'síní, 'ák'e'es, 'ák'i'jis, 'ák'i'sii, 'ák'i'sooh)
R. 'ák'i-ná'ásh-dliih (ná'í, ná'á, ń'jí, ná'ii, ná'óh)
O. 'ák'i'ósh-dliih ('ák'i'óó, 'ák'i'ó, 'ák'i'jó, 'ák'i'oo, 'ák'i'ooh)

Naalyéhé yá sidáhí 'aghaa' 'íłịịgo shá 'ánílééh ch'ééh yidííniidgo yik'ee 'ák'e'esdli', He asked the trader for more money for his wool, but the trader wouldn't give him any more. This he resented (this griped him).

'Ayóo 'ák'e'edlí, He's a perpetual griper.

RESOLUTION, TO INTRODUCE A — (to introduce a legislative bill), naaltsoos bee niiltsooz, a resolution (bill) was introduced (regarding it) (lit. a paper was set down with it).

F. naaltsoos bee ndees-tsos (ndííł, niidooł, nizhdooł, ndiil, ndooł) (naaltsoos bee ndooltsos)
I. naaltsoos bee ninis-tsóós (niníł, niyíł, njíł, niniil ninoł) (naaltsoos

261

bee niiltsóós)

P. naaltsoos bee niníł-tsooz (nííníł, niiníł, nizhníł, niniil, ninooł)
(naaltsoos bee niiltsooz)

R. naaltsoos bee ninás-tsos (ninánił, ninéíł, ninájíł, ninéiil, nináł)
(naaltsoos bee nináltsos)

O. naaltsoos bee noos-tsóós (noół, niyół, njół, nool, nooł) (naaltsoos
bee nooltsóós)

Siláago t'áá łánígo bich'į' ndahalyée dooleeł
ha'níigo bee naaltsoos niiltsooz, A resolution was
introduced calling for higher wages for the police.

Háishą' díí naaltsoos niiníłtsooz, Who intro-
duced this resolution?

Naaltsoos ndeestsos nisin, I want to introduce
a resolution.

RETICENT TOWARD EACH OTHER, TO BE — (to
hold back from each other), bee 'ahíłká siiti', we
are reticent toward each other (bee, with it; 'ahíł-
ká, after, for each other; siiti', we are careful of
it, as of something fragile).

N(P). bee 'ahíłkásii-ti' ('ahíłkásoo, 'ahíłkás, 'ahíłkájís)

Hastói t'áá 'ałtso yaa ńdaat'įįgo yá'át'ééh; t'áa
doo bee 'ahíłká siiti'í, All the men should discuss
it; let's not be reticent toward one another; let's
not hold back from each other.

'Ashiiké dóó 'at'ééké 'ayóo 'ahíłkádaasti'go bi-
niinaa doo 'ałch'į' yádaałti' da, The boys and the
girls are so reticent toward one another that they
do not even speak to one another.

RETRACT THE PREPUCE, TO, 'ák'eeshchąą', I re-
tracted my prepuce.

F. 'ák'i-deesh-chįįł (dííl, idool, zhdool, diil, dooł)
I. 'ák'eesh-chįįh 'ák'inil, 'ák'iil, 'ák'ijil, 'ák'iil, 'ák'ioł)
P. 'ák'eesh-chąą' ('ák'ííníl, 'ák'iyool, 'ák'ijool, 'ák'iil, 'ák'iooł)
R. 'ák'inásh-chįįh ('ák'inánil, 'ák'inéíl, 'ák'ińįjíl, 'ak'inéiil, 'ák'ináł)
O. 'ák'ioosh chįįį' ('ak'ioól, 'ák'iyól, 'ák'ijól, 'ák'iool, 'ák'iooł)

REVULSION, TO HAVE A FEELING OF — (to give one the creeps; to give one goose-pimples), shaa hodiisííd, it gave me a feeling of revulsion; it gave me goose-pimples; it gave me the creeps.

F. bik'ee shaa hodidoosih   I. bik'ee shaa hodiisííh   P. bik'ee shaa hodiisíí'   R. bik'ee shaa náhodiisih   O. bik'ee shaa hodoosííh

Tł'iish bik'ee shaa náhodiisih, Snakes give me a feeling of revulsion; snakes give me the creeps.

Tsé deigo bąąh hasis'na' dóó yaago ńdísht'įįhgo bik'ee shaa dahasih, I climbed up the rock, and every time I looked down it (the height) gave me goose-pimples.

RIDICULOUS, TO BE (to be unreasonable, foolish, incomprehensible), doochǫǫł.

Hastiintsoh t'áá 'áłaji' be'éé' yik'í hidizheeh łeh, 'áko doochǫǫł 'ájít'įį dooleeł daniidzin, Mr. Tso is always spitting on his clothing, and we think that is a ridiculous thing to do.

Doochǫǫł 'át'éego ha'éé' bik'í hizhdizheeh dooleeł, It is ridiculous (intolerable) for a person to spit on his clothing.

Doochǫǫł 'át'éego 'ák'í hidíjeeh, It's ridiculous the way you spit on yourself.

RIDGE (dyke), ndeelt'ą'.

Ńléí ndeelt'ą' ni'áhídóó nówohji' t'áadoo nda'nołkaadí, Don't herd on the other side of that ridge.

RIGHT BEFORE YOUR EYES, nináyaagi (lit. under your eyes).

Naanish nihináyaagi dahólǫǫ ndi doo daah'įį da, There are jobs available right here, but you do not see them.

Naaltsoos bináyaagi niníłtsooz ndi t'áadoo yi-yiiłtsą́ą́ da, I set the paper right before his eyes (right in front of him) but he didn't see it.

RIGHT FROM THE BEGINNING (from the very beginning; right from the start), t'ah bitł'áahdi-dą́ą́' (lit. still at its bottom in the past).

T'ah bitł'áahdidą́ą́' hazhó'ó 'áłchíní bízhi' 'á-daalne'go yá'át'ééh, dóó t'áá 'éí bízhi'go 'ahool-'áa dooleeł, It is well to give a child a permanent name right from the beginning; then that will always be his name.

T'ah bitł'áahdidą́ą́' k'éé'dílyééh binabídi'nees-tą́'ą́ągi 'át'éego naadą́ą́' k'éididlééh, He plants his corn just as he was taught to plant it in the beginning.

RIGHT HERE, kwiidí (ib. kwe'é). .

T'áá kwiidí shighango nááhai, I lived right here for a year.

RIPEN, TO (to get hard; to mature), deests'in, it is ripe; it has hardened. (Cp. ts'in, bone. V. to be expert in it.)

F. didoots'įįł I. dits'in P. dííts'įid SP. deests'in R. ńdíts'įįh O. dóts'in

Naayízí t'áadoo hazhó'ó dadits'iní bich'į' ńdiił-k'aaz, Cold weather set in before the pumpkins had fully ripened.

Naayízí didoots'įįł biniiyé hasht'e' nii'nil, We stored the pumpkins so they would ripen.

RISE, TO (bread or dough), dah 'adiisool, it has risen (lit. it has formed bubbles or blisters). (V. to form a water blister.)

F. dah 'adidoosoł I. dah 'adiisóół P. dah 'adiisool
R. dah ń'diisol O. dah 'adoosóół

264

Taos'nii' dah 'adiisool,   The dough has risen.
Hoozdo góne' taos'nii' 'ajikáahgo t'áadoo hodina'í dah 'adiisoł,   If one puts dough in a warm place it rises quickly.

ROAD SYSTEM, da'nítiin (da-, distributive plural; -' ⟨ 'a-, indefinite pronoun subject; -ní-, ni-perfective; -tiin, trail, road).

Diné bikéyah bikáa'gi doo yá'át'ééhgóó da'nítiin,   The road system on the Navaho Reservation is not good.

Diné bikéyah bikáa'gi nizhónígo da'nítiingo 'ádoolnííł jiní,   It is said that a good road system will be built on the Navaho Reservation.

ROCK, TO (to tip from side to side), ndik'ǫ', it is rocking (V. to be on bad terms with each other.)

F. ndidook'ǫǫł   Cl. ndik'ǫ'   P. ndiík'ǫǫd
R. ninádík'ǫǫh   O. ndók'ǫǫł

.   'Ayóo níyolgo biniinaa tsinaa'eeł shił ndik'ǫ', The boat is rocking with me because of the wind.

ROLL WITH GLEE, TO (to roll with laughter), dlooł naa'anámas, he is rolling with glee (lit. with glee he falls over rolling).

F. dlooł naa-'adees-mas ('adíí, 'adoo, 'azhdoo, 'adii', 'adooh)
Cl. dlooł naa-'anás-mas ('anání, 'aná, 'ańjí, 'anéii', 'anáh)
P. dlooł naa-'íí-mááz ('íiní, 'íi, 'jíí, 'ii', 'oo)
R. dlooł naa-'anás-mas ('anání, 'aná, 'ańjí, 'anéii, 'anáh)
O. dlooł naa-'oos-máás ('óó, 'oo, 'ajó, 'oo', 'ooh)

Bił ch'íhoní'ǫǫgo dlooł naa'íímááz (or naa'abííłmááz),   When I told him about it he rolled (over) with glee.

ROOMS, TO BE MANY (in a building), biyi' ndahwiisdzą́, there are many rooms in it (lit. inside it

265

there are holes about).

Kin ntsaa si'ánígíí biyi' ndahwiisdzą,   There
are many rooms in the big building.

Nagháíí kin t'ááłá'ígo bii' haz'ą; díí t'éiyá naa-
kigo bii' haz'ą, 'áádóó ła' t'éiyá t'áá 'ałtso lą'ígo
biyi' ndahwiisdzą,   That building has only one
room; this one has two rooms, and the other one
has many rooms.

ROUGH, TO BE (to be rugged),   nahoneeshjéél (ib.
honoojí.)

'Atiin t'óó báhádzidgo nahoneeshjéél,   The
road is very rough.

RUB IT, TO (to rub a flexible object against it), bí-
dinééyiizh, I rubbed it.

F. bídideesh-hish   (bídidíí, yíididoo, bízhdidoo, bídidiig, bídidooh)
CI. bídísh-hish   (bídí, yíidi, bízhdí, bídiig, bídóh)
P. bídiné-yiizh   (bídíní, yíideezh, bízhdeezh, bídeeg, bídishoo)
R. bíńdísh-gish   (bíńdí, yínéidi, bínízhdi, bíńdii, bíńdóh)
O. bídósh-hish   (bídóó, yíidó, bízhdó, bídoog, bídooh)

Díí bikáá' dah 'asdáhí naaltsoos bee da'ach'ii-
shígíí bídinéyiizh,   I rubbed this chair with sand-
paper; I sandpapered this chair.

RUB IT ON HIM, TO (to smear it on him) (salve,
ointment, mushy matter),   bísétłéé', I smeared it
on him; I rubbed it on him.

F. bídeesh-tłoh   (bídíí, yíidoo, bízhdoo, bídii, bídooh)
I. bésh-tłoh   (bíní, yíí, bíjí, bíi, bóh)
P. bísé-tłéé'   (bísíní, yííz, bíjíz, bísii, bísoo)
R. bíninásh-tłoh   (bínínání, yínínéi, bínínájí, bínínéii, bínínáh)
O. bóosh-tłoh   (bóó, yíyó, bíjó, bóo, bóoh)

Shigaan neezgaigo 'azee'ííł'íní 'azee' ła' shá
yííztłéé',   The doctor rubbed some medicine on
my aching arm.

266

T'áá 'e'e'ááh bik'eh tłah shinii' bínínáshtłoh, I put cream (ointment) on my face every night.

RUIN IT FOR HIM, TO (to mess it up for him), bits'ą́ą́' bił ná'eeshnáád, I ruined it for him (lit. away from him); I messed it up for him. (Cp. shilį́į́' ná'oolnáád, my horse did better than I expected.)

F. bits'ą́ą́' bił ń'deesh-nał (ń'dííl, ń'dool, nízh'dool, ń'diil, ń'dooł)
I. bits'ą́ą́' bił ná'ásh-naad (ná'íl, ná'ál, ń'jíl, ná'iil, ná'ół)
P. bits'ą́ą́' bił ná'eesh-náád (ná'ííníl, ná'ool, ń'jool, ná'iil, ná'ooł)
R. bits'ą́ą́' bił níná'ásh-na' (níná'íl, níná'ál, níná'jíl, níná'iil, níná'ół)
O. bits'ą́ą́' bił ná'ósh-naad (ná'óól, ná'ól, ń'jól, ná'ool, ná'ooł)

Hastiin kin 'íílééh ńt'éé' bits'ą́ą́' bił ńda'joolnáád, The man was building a house but someone came along and ruined it for him.

'Ashkii bichidí nizhóní ńt'éé' bits'ą́ą́' bił ńda'joolnáád, The boy's car was nice looking until someone messed it up for him.

RUN, TO (to make a run; to take a run), yiishtee', I ran; I made a run; I took a run.

F. yideesh-tih (yidííl, yiidool, jiidool, yidiil, yidooł)
I. yiish-tééh (yiil, yiil, jiil, yiil, wooł)
P. yiish-tee' (yinil, yiil, jiil, yiil, wooł)
R. néiish-tih (néiil, néiil, ńjiil, néiil, náooł)
O. woosh-tééh (woól, wool, jool, wool, wooł)

'Ahbínídą́ą́' índa táadi yiishtee', This morning was the third time I have taken a run.

Tsxį́į́łgo hasht'e' 'ádílnééh; t'ááłáhádi neeznádiin 'adées'eezdę́ę́' nízhdiijee'go 'atah yidííltih, Hurry and get ready; when they run the hundred yard dash you can run too.

RUN A RESTAURANT, TO (to run an eating place; to operate a cafe), bá 'adą́, he runs a restaurant

267

(lit. indefinite subject eats for him; eating takes place for him).

Diné bikéyah bikáa'gi k'ad diné lá'í bá da'adá, A number of Navahos are now running restaurants on the reservation.

RUN BACK AND FORTH, TO, 'ałnánálwo', he is running back and forth.

CI. 'ałnánásh-wo' ('ałnááníl, 'ałnánál, 'ałnájíl, 'ałnánéiil, 'ałnánáł) OR D. 'ałnánáhi'niil-chééh ('ałnánáhi'noł, 'ałnánáhi'nil, 'ałnánáhizh'-nil) PL. 'ałnánéii-jah ('ałnánáh, 'ałnáná, 'ałnáájí)

Díí 'ashkii t'áá 'ákwíí jí 'ólta'góó 'ałnánálwo', This boy runs (goes) back and forth to school every day.

Mósí 'ałnánálwo'go biyázhí 'ałtso hooghan góne' yah 'ayiizhjaa', The cat kept running back and forth until she had brought all her kittens into the hogan.

'Ałnánáshwo'go t'áadoo hodíína'í naayízí tsinaabąąs bii' hééł 'íishłaa, I kept running back and forth and got the pumpkins loaded into the wagon in a little while.

RUN OUT, TO (to become exhausted), shi'oh 'anééłna', it ran out (before my turn came); it ran out before I could be supplied (lit. it lasted less than me).

F. shi'oh 'adínóołnah   I. shi'oh 'aneełnééh   P. shi'oh 'anééłna'
R. shi'oh ná'nítnah   O. shi'oh 'anółnééh

Nát'oh shi'oh 'anééłna', The cigarets ran out (before I could be supplied).

Naaltsoos t'áá 'ákwíí jí hane' bee hadahinidéhígíí shi'oh 'anółnééh lágo, I hope the supply of newspapers doesn't run out (before I get mine).

RUNT, TO BE A — (to be dwarfed; to be small in stature), shił łeeh yoot'į́į́', I am a runt (lit. I am seen at the same time as the ground).

Sik'isóó t'áá 'ałtso baa dadzólníigo, shí t'éiyá shił łeeh yoot'į́į́', My brothers are all husky fellows; I am the only runt.

RUSH AT HIM, TO (to spring at him; to chase him), yich'į' yaaltáál, he rushed at him.

F. bich'į' yeideesh-tał (yeidííł, yeidool, yeizhdool, yeidiil, yeidooł)
I. bich'į' yaash-taał (yaal, yaal, yajiil, yeiil, yaoł)
P. bich'į' yaash-táál (yeinil, yaal, yajiil, yeiil, yaooł)
R. bich'į' yanáash-tał (yanáal, yanáal, yańjiil, yanéiil, yanáał)
O. bich'į' yaosh-taał (yaóól, yaool, yajool, yaool, yaooł)

Łééchąą'í chidí yich'į' yaooltaał lágo, Don't let the dog spring at (chase) the car.

Naakaii béésh dah yoo'áałgo hach'į' yaaltáál, The Mexican rushed at him with a knife.

Yah 'ííyáago bich'į' yeidííltał, Rush him when he comes in.

RUSH, IN A (hurriedly), t'áá hatsxį́įłgo.

Hooghan t'áá hatsxį́įłgo 'ályaa, 'éí bąą doo hózhǫ́ yá'át'éeh da, The hogan was built in a rush; that's why it's not much good.

T'áá hatsį́įłgo yoodlą́ą́', He gulped it down; he drank it hurriedly.

— S —

SACRIFICE IT, TO, nááhéłnii', I sacrificed it. (Cp. nahałnii', I traded it; I bought or sold it.)

F. nááhideesh-nih (nááhidííł, néiidiyooł, nááhizhdooł, nááhidiil, nááhidooł)
I. nááhásh-niih (nááhíł, nááyiyiił, náájiił, nááhiil, nááhooł)

P. nááhéł-nii' (nááhíníł, nááyiis, náájiis, nááheel, nááhooł OR náá-hisooł)

U. nááhásh-nih (nááhíł, nááyiyiił, náájiił, nááhiil, nááhooł)

O. nááhósh-niih (nááhoół, nááyiyół, náájiyół, nááhool, nááhooł)

Nahodoołtį́į́ł biniiyé ntł'iz nááhéłnii', I sacrificed hard goods (as turquoise) so it would rain.

God bich'į' dibé nááhaaznii', A sheep was sacrificed to God .

Hataałii 'iikááh 'áyiilaa dóó naadą́ą́' 'ak'áán yich'į' nááyiisnii', The medicine man made a sandpainting and sacrificed cornmeal to it.

SACRIFICE, TO MAKE A — (ntł'iz, hard goods as turquoise, abalone, etc. are deposited in a holy place for the divinities), náá'iiséłnii', I made a sacrifice.

F. náá-'iideesh-nih ('iidííł, 'iidooł, 'iizhdooł, 'iidiil, 'iidooł)

I. náá-'iish-niih ('iyíł, 'iił, 'jiił, 'iyiil, 'iyoł)

P. náá-'iiséł-nii' ('iisíníł, 'iis, 'jiis, 'iisiil, 'iisooł)

U. náá-'iish-nih ('iyíł, 'iił, 'jiił, 'iyiil, 'iyoł)

O. náá-'oosh-niih ('oół, 'ooł, 'jooł, 'ool, 'ooł)

Nahodoołtį́į́ł biniiyé dził bikáa'jį' náá'iiséłnii', On the mountain top I made a sacrifice for rain.

Kiis'áanii léi' tł'iish yich'į' náá'iisnii', A Hopi made a sacrifice to a snake.

SACRIFICES FOR, TO MAKE — (to deprive oneself of things; to suffer for), bá 'atésht'į, I make sacrifices for him; I deprive myself of things for his sake.

F. bá 'atídeesh-t'įįł ('atídíí, 'atídoo, 'atízhdoo, 'atídii, 'atídooh)

CI. bá 'atésh-t'į ('atíní, 'até, 'atíjí, 'atíi, 'atíoh)

P. bá 'atéé-t'įįd ('atííní, 'atéé, 'atíjíí, 'atíi, 'atíoo)

R. bá 'atínásh-t'įįh ('atínání, 'atíná, 'atíńjí, 'atínéii, 'atínáh)

O. bá 'atíosh-ne' ('atíóó, 'atíó, 'atíjó, 'atíoo, 'atíooh)

Shu'úłchíní bá 'atésht'į, I make sacrifices for

270

my children; I deprive myself of things for my children's sake; I put myself out a lot for my children; I go without things for my children's sake.

T'áadoo biniiyéhégóó ha'áłchíní bá 'atíjíít'įįd, He deprived himself of things for his children's sake, but all to no good end; after all the sacrifices he made for his children they didn't turn out well.

SAME DAY, THE —, t'áá 'ahíłjį́.

Shizhé'é 'áłtsé t'ááłá'í ńdeezidjį' béésh ńt'i' yąąh naashnish 'áádóó bik'ijį' shí t'ááłá'í ńdeezidjį' béésh ńt'i' bąąh nináóshíshnish, 'ako ndi t'áá 'ahíłjį́ nihich'į' na'ílyá, My father first worked for a month on the railroad, and afterward I worked for a month; however, we were both paid on the same day.

SATISFIED WITH IT, TO BE — (to agree to it), shíni' beełt'é, I am satisfied with it (lit. it is similar to my mind or desire).

'Adą́ą́dą́ą́' diné 'ólta' yaa yinít'įįgo haadzí'ę́ę t'áá 'íiyisíí shíni' beełt'é, I was well satisfied with what the man said about education yesterday.

Łį́į́' naa níłtį́įgo bik'é shich'į' na'íínílahígíí ts'ídá shíni' beełt'é, I was well satisfied with what you paid me for the horse I gave you.

SAVE IT, TO (money), hasht'e' nihénil, I saved it; I put it aside.

1. TO SAVE IT; TO SET IT ASIDE.
F. hasht'e' nihideesh-nił (nihidíí, niidiyoo, nihizhdoo, nihidii', nihidooh)
I. hasht'e' nihesh-nííł (nihí, niyii, njii, nihii', nihoh)
P. hasht'e' nihé-nil (nihíní, niyiiz, njiiz, nihii', nihoo)
R. hasht'e' ninásh-'nił (ninahí, nináyii, ninájii, nináhii, nináhóh)
O. hasht'e' nihósh-nííł (nhóó, niiyó, njiyó, nihoo', nihooh)

271

2. TO SET IT ASIDE FOR ONESELF.

F. 'ádá hasht'e' nihidideesh-'nił (nihididíí, niidiyoo, nihizhdiyoo, nihidii, nihidooh)

I. 'ádá hasht'e' nihidish-'nííł (nihidí, niidiyii, ṇihizhdi, nihidii, nihidoh)

P. 'ádá hasht'e' nihidésh-'nil (nihidíní, niidiyiis, nihizhdees, nihidee, nihidooh)

R. 'ádá hasht'e' nináhidish-'nił (nináhidí, ninéidiyii, nináhizhdi, nináhidii, nináhidoh)

O. 'ádá hasht'e' nihidósh-'nííł (nihidóó, niidiyó, nizhdiyó, nihidoo, nihidooh)

Chidí ła' nahideeshnih biniiyé béeso hasht'e' nihidish'nííł, I'm saving money to buy a new car.

Béeso 'ádá hasht'e' nihidí'nííł 'áko hasínítihgo doo nich'į̇' 'anáhóót'i' da dooleeł, Save your money so you won't be needy when you're old.

Béeso ła' 'ádá hasht'e' nihidésh'nil ńt'éé' 'ałtso naháłnii', I spent all my savings.

SAVE IT OUT, TO (to change one's mind about it and keep it after all), 'áásésįįd, I saved it out.

F. 'áádees-sįįł ('áádíí, 'áaidoo, 'áázhdoo, 'áádiil, 'áádooh)

I. 'ánás-sįįh ('ánání, 'ánéí, 'áńjí, 'ánéiil, 'ánáh)

P. 'áásé-sįįd ('áásíní, 'ánéís, 'áńjís, 'áásiil, 'áásoo)

R. 'áninás-sįįh ('áninání, 'áánźí, 'áánájí, 'áánéiil, 'áánáh)

O. 'ánáos-sįįh ('ánáóó, 'ánáyó, 'áńjó, 'ánáool, 'ánáooh)

Díí béeso yiską̄ągo choideesh'įįł biniiyé 'áásésįįd, I saved out this money to use tomorrow.

Bee'atsidí yee shił dzidiłne' ńt'éé' t'óó 'ánéísįįd, He was going to hit me with a hammer, but he changed his mind about it.

'Aak'eedgo dibé yázhí ła' 'áádeessįįł, 'áko 'éí díí ghaaí bidookįįł, I'm going to save out some lambs this fall to eat this winter.

Hastiin bibéégashii ła' shaa yíłteeh ńt'éé' shąą 'ánéísįįd, The man was going to give me one of his cattle, but he changed his mind.

272

SCALP HIM, TO, bitsiiziz 'íishłaa, I scalped him (lit. I made his scalp lock).

F. bitsiiziz 'ádeesh-łííł ('ádíí, 'íidoo, 'ázhdoo, 'ádiilnííł, 'ádooh)
I. bitsiiziz 'ásh-łééh ('ání, 'íí, 'ájí, 'íilnééh, 'óh)
P. bitsiiziz 'íísh-łaa ('íini, 'áyii, 'ájii, 'íilyaa, 'óoh)
R. bitsiiziz 'ánásh-'įįh ('ánéiil, 'ánáyiil, 'áńjiil, 'ánéiil, 'ánáł)
O. bitsiiziz 'óosh-łe' ('óó, ''ayó, 'ajó, 'óolne', 'óoh)

Bilagáana t'áá shizdeezlo' shį́į hatsiiziz 'á-deeshłííł, I'll scalp the white man who cheats me.

Naakaii léi' dziłyi'di bidááh niit'áázh dóó bił nizniilghaal dóó bitsiiziz 'íilyaa, We came upon a Mexican in the mountains and clubbed him and took his scalp.

SCATTER IT VIOLENTLY, TO (to blow it in, as when the wind blows sand into the hogan), 'ííghaz, I scattered it (violently).

F. 'adees-xas ('adíí, 'iidoo, 'azhdoo, 'adiig, 'adooh)
I. 'iis-xaas ('ani, 'ii, 'aji, 'iig, 'ooh)
P. 'íí-ghaz ('íiní, 'ayíí, 'ajíí, 'iig, 'oo)
R. 'anás-xas ('anání, 'anéí, 'ańjí, 'anéiig, 'anáh)
O. 'oos-xaas ('oó, 'ayó, 'ajó, 'oog, 'ooh)

Níyol hooghan góne' łeezh yah 'ayííghaz, The wind blew dirt into the hogan.

Tł'óó'góó bee'eldǫǫh bik'a' 'ííghaz, I threw the cartridges away; (I tossed the cartridges outside, scattering them violently).

Shinii'jį' łeezh yik'íízghaz, He threw dirt in my face.

SCATTER RUNNING, TO (when each individual goes in a separate direction the singular stem is used; if the scattering is by groups the plural stem is used, without the l-classifier).

F. taaidiil-woł (-jah) (taaidooł, taaidool, taaizhdool)

273

I. taool-yeed (-jeeh) (taoł, taool, tajool)
P. taisiil-wod (-jéé') (taisooł, taoos, tajoos)
R. tanáool-wo' (jah) (tanáooł, tanáool, tańjool)
O. taool-yeed (-jeeh) (taooł, taool, tajool)

Bee'eldǫǫh ńdadiits'ííhgo tanáoolwo',   When we hear gunfire we scatter on the run.

Łééchąą'í dashiiłtsą́ą́ ńt'éé' taooswod,   When the dogs saw me they scattered.

SCATTER WALKING, TO (to scatter at a walk; to disperse), taisiidzá, we scattered; we dispersed. (The singular stem indicates individual action, while the plural stems indicate group action.)

F. taaidiidááł (taaidoohgááł, taaidoogááł, taaizhdoogááł)
PROG. łą́ą́go yiidááł (wohhááł, yigááł, joogááł)
P. taisiidzá (taisooyá, taooyá, tajooyá)
R. tanáoodááh (tanáohááh, tanáooghááh or tanáoodááh, tańjoo-
     ghááh or tanńjoodááh)
O. taoodza' (taoohááh, taooghááh, tajooghááh)

F. taaidii-kah (-ldah) (taaidooh, taaidoo, taaizhdoo)
I. taoo-kááh (-ldééh) (taooh, taoo, tajoo)
P. taisii-kai (-ldee') (taisooh, taoos, tajoos)
R. tanáoo-kah (-ldah) (tanáoh, tanáoo, tańjoo)
O. taoo-kááh (-ldééh) (taooh, taoo, tajoo)

Díí 'asdzáán ba'áłchíní łą́ą́go yigááł,   This woman's children are scattered all over (i.e. they live widely separated).

K'ad kodóó taaidiikah,   Let's scatter out (in groups) from here.

Dził bighą́ą́' hasiikai dóó taisiikai,   After we got on top of the mountain we scattered out (in groups).

K'adę́ę taookááh ńt'éé' deezhchííl,   Just as we were about to scatter it started snowing.

SCATTERED ABOUT, TO BE — (to lie scattered

about), nikidél'á; nikidébéézh; ndeeztǫǫd, they
are scattered about.

Níyol shinichxǫ'í yę́ę́ nikidébéezhgo 'áyiilaa,
The wind scattered my things all over (lit. made
my things scattered all over).

Chidí náhidéélts'id dóó bik'ijį' diné ndeeztǫǫd-
go yiiłtsą́, After the car turned over I saw the
people lying scattered all around.

Chidí naat'a'í bikáá'dę́ę́' naaltsoos nikiyiiłkaad
They scattered bills from the airplane.

SCATTERED ALONG IN A LINE, TO LIE —, diní-
tǫǫd, it lies scattered along in a line.

Ts'íhootso bighą́ą́'dóó dził bąąhgóó ńléí ni'ii-
jíhí hoolyéejį' chézhin dinítǫǫd, There is a line of
lava rocks that lie scattered from the top of St.
Michaels along the ridge of the mountain to the
Sawmill.

SCHOOL AGE CHILDREN, 'áłchíní 'ólta' yaa da-
neesánígíí (lit. children who have grown to school)

'Áłchíní 'ólta' yaa daneesánígíí t'óó 'ahayói hó-
lǫ́ǫ́ ndi 'ólta' bá 'ádin, There are many school-
age children, but there are no schools for them.

SCHOOL AGE, TO BE BEYOND — (to be too old for
school), 'ólta' baa dáádiitih, I have gotten be-
yond school age (lit. I have aged past school and
closed it to myself).

F. 'ólta' baa dáá-dideesh-tih (didíí, didoo, dizhdoo, didii, didooh)
I. 'ólta' baa dáá-diish-tííh (dii, dii, zhdii, dii, dooh)
P. 'ólta' baa dáá-dii-tih (dini, dii, zhdii, dii, doo)
R. 'ólta' baa dáníná-diish-tih (dii, dii, zhdii, dii, dooh)
O. 'ólta' baa dáá-doosh-tííh (doó, doo, zhdoo, doo, dooh)

Shiye' 'ólta' yaa dáádiitihgo biniinaa t'óó béésh
ńt'i' yą́ą́h naalnish, Since my son is beyond

275

school age he just works on the railroad.

SCOLD HIM, TO (a child), bich'a hoshííshkeed, I
scolded him. (Note the prefix -sh- in the stem
classifier position.)

    F. bich'a hodeesh-keeł (hodíísh, hodoosh, hozhdoosh, hodii, hodooh)
       (hodookeeł; hodi'dookeeł)
    I. bich'a hoshish-keeh (hoshí, hash, hojish, hoshii, hoshoh)
       (ho'dishkeeh)
   CI. bich'a hoshish-ké (hoshíní OR hoshí, hash, hojish, hoshii, hoshoh)
       (ho'dishké)
    P. bich'a hoshíísh-keed (hoshííní, hóósh, hojííh, hoshii, hoshooh)
       (ho'dooshkeed)
    R. bich'a náhoshish-keeh (náhoshí, náhásh, náhojish, náhoshii, ná-
       hoshoh) (náho'dishkeeh)
    O. bich'a hoshósh-ke' (hoshóó, hósh, hojósh, hoshoo, hoshooh) (ho'-
       dóshke')

Sha'áłchíní be'ádadíláahgo bich'a náhoshish-
keeh, I scold my children every time they are
naughty.

Haye' dibé ła' yóó' 'ayíínil lágo biniinaa bich'a
hojííshkeed, He scolded his son because the boy
lost some sheep.

'Ashkii 'aneez'įį'go biniinaa bizhé'é bich'a
hóóshkeed, The boy got a scolding from his fa-
ther for stealing.

SCOOP IT UP, TO (to dip it up with something flat),
biya'iiką́, I scooped it up; I dipped it up.
(V. to pass away.)

    F. biya-'iideesh-káá́ł ('iidíí, 'iidoo, 'iizhdoo, 'iidii, 'iidooh)
    I. biya-'iish-kaah ('ii, 'ii, 'ji, 'ii, 'ooh)
    P. biya-'ii-ką́ ('iini, 'ii, 'jii, 'ii, 'oo)
    R. biya-ná'iish-kááh (ná'ii, ná'ii, ń'jii, ná'ii, ná'ooh)
    O. biya-'oosh-káá́ł ('oó, 'oo, 'joo, 'oo, 'ooh)

Tó ła' shá biya'iikaah, Dip up some water for
me.

Díí wóláchíí' bighan biya'iidííkááł dóó nízaad-góó 'adííkááł,   Scoop up this (red) ant hill and take it far away.

SCRIBE, saad yee na'azoii   (lit. one who marks a-bout with words).

SCRIBE, TO BE A — (to know how to write; to be a writer), saad bee na'asso, I am a scribe; I can write.

N. saad bee na'as-so   (na'í, na'a, ń'ji, na'iid, na'oh)

Saad bee na'asso bíhooł'ą́ą́',   I learned how to write;   I learned to be a scribe.
Diné saad yee na'azoii ła' nihaa doogááł,   A scribe will come to see us.

SEAT HIM, TO (to make him sit down), binéłdá, I seated him; I made him sit down; I had him sit down (lit. I caused him to sit down).   (A plural agent can, of course, be expressed as acting upon a singular object: bineeldá, we had him sit down; or a single agent can act on plural objects: bidi-néłbin, I had them (more than two) sit down.)

F. bidínéesh-daał   (bidínííł, yidínóoł, bizhdínóoł)   D. bidíníil-keeł (bidínóoł, yidínóoł, bizhdínóoł)   Pl. bidíníilbįįł (bidínóoł, yidí-nóoł, bizhdínóoł)

I. binish-daah   (biníł, yinił, bizhnił)   D. biniil-keeh   (binoł, yinił, bizhnił)   Pl. bidiniil-bįįh (bidinoł, yidinił, bidizhnił)

P. binéł-dá   (biníníł, yinees, bizhnees)   D. bineel-ké   (binooł, yi-nees, bizhnees)   Pl. bidineel-bin (bidinooł, yidinees, bizhdinees)

R. nábinish-daah   (nábiníł, náyinił, nábizhnił)   D. nábiniil-keeh nábinoł, náyinił, nábizhnił)   Pl. nábidiniil-bįįh (nábidinoł, náyidinił, nábizhdinił)

O. binósh-da'   (binóół, yinół, bizhnół)   D. binool-keeh   (binooł, yinół, bizhnół)   Pl. bidinool-bįįh (bidinooł, yidinół, bizhdinół)

Naakaii łizhinii bikáá' dah 'asdáhí yikáá' dah bineesdá dóó bikee' bá náyiishį́į́',   The negro had

him take a seat in a chair and then shined his shoes.

Hataałii 'asdzání yik'i nahałáhą́ą 'iikááh yikáá' yineesdá, The medicine man made the woman over whom he is performing sit down on the sandpainting.

Díí 'ashkii łééchąą'í télii yikáá' dah yineesdá, This little boy made the dog sit on the burro's back.

SECOND IN AUTHORITY, t'áá yikéé' góne' náánásdzį́, he is the second in authority (he stands in the place right behind him).

N. náásís-dzį́ (náásíní, náánás, náájís)

Hastiintsoh Hastiin Yázhí t'áá yikéé' góne' náánásdzį́ k'ad, Mr. Tso is now second in authority after Mr. Yazzie.

Naat'áanii nilínígíí doo sidáa da, 'ako t'áá yikéé' góne' náánásdzínígíí baa díínááł, The boss isn't in, but you can see the second in authority.

SECONDARY SCHOOL, 'ólta' náhást'éídóó naakits'áadahjį' ni'iiltáhígíí (lit. the school in which studying goes on from the ninth to the twelfth).

SEE IT, TO (the one I'm looking for), shá yiniłtsą́, you saw it (for me).

P. yiił-tsą́ (yinił, yiyiił, jiił, yiil, wooł)

Shilį́į'shą' háadi shá yiniłtsą́, Where did you see my horse (that I am looking for)?

SEE HIM THERE, TO (to see his genitals), baa 'iiłtsą́, I saw him "there;" I saw his genitals.

F. baa 'iidees-tséél ('iidííł, 'iidooł, 'iizhdooł, 'iidiil, 'iidooł)

278

I. baa 'iis-tsééh ('iił, 'iił, 'ajiił, 'iil, 'ooł)
P. baa 'iił-tsá ('iinił, 'iił, 'ajiił, 'iil, 'ooł)
R. baa ná'iis-tsééh (ná'iił, ná'iił, ń'jiił, ná'iil, ná'ooł)
O. baa 'oos-tsééł ('oół, 'ooł, 'ajół, 'ool, 'ooł)

SEND WORD TO HIM, TO, bich'į' hane' 'ádeesh-łííł, I'll send word to him (lit. I'll make news toward him).

Bich'į' hane' —
F. 'ádeesh-łííł ('ádíí, 'ídoo, 'ázhdoo, 'ádiilnííł, 'ádooh)
I. 'ásh-łééh ('ání, 'íi, 'ájí, 'íilnééh, 'óh)
P. 'ásh-łaa (or 'íísh-łaa) ('íini, 'áyii, 'ájii, 'íilyaa, 'óoh)
R. 'ánásh-'įįh (or 'ánéiish-) ('ánéiil, 'ánáyiil, 'áńjiil, 'ánéiil, 'ánáooł)
O. 'óosh-łe' ('óó, 'áyó, 'ájó, 'óolne', 'óoh)

Bich'į'ísh hane' 'íinilaa, Did you send word to him yet?

Doo hodíína' bich'į' hane' 'ánílééh, You had better send word to him right away.

SEND WORD OUT AMONG THE PEOPLE, TO (to get word around), diné bitahgóó hane' 'ályaa, word was gotten out among the people; word was passed around among the people.

Diné bitahgóó hane' —
F. 'ádeesh-łííł ('ádíí, 'íidoo, 'ázhdoo, 'ádiil, 'ádooh)
I. 'ásh-łééh ('ání, 'íi, 'ájí, 'íilnééh, 'óh)
P. 'ásh-łaa (or 'íísh-łaa) ('íini, 'áyii, 'ájii, 'íilyaa, 'óoh)
R. 'ánásh-'įįh (or 'ánéiish-) ('ánéiil, 'ánáyiil, 'áńjiil, 'ánéiil, 'ánáooł)
O. 'óosh-łe' ('óó, 'áyó, 'ájó, 'óolne', 'óoh)

Yiskáągo 'áłah doohłeeł nihi'doo'niidgo jíídą́ą́' diné bitahgóó hane' 'ádeiilyaa, We were told to call a meeting so we sent word out among the people.

SENT TO THE PENITENTIARY, TO BE —, są́ 'aghą́ą́góó yah 'abi'doolt'e', he was sent to the penitentiary (lit. he was put inside where old age kills).

Sǫ́ 'aghą́ą́góó —
F. yah 'abidi'doolt'eeł   I. yah 'abi'dilt'e'   P. yah 'abi'doolt'e'
R. yah 'anábi'dilt'eeh   O. yah 'abi'dólt'e'

Diné ła' yiyiisxį́į lágo biniinaa sǫ́ 'aghą́ą́góó yah 'abi'doolt'e' dóó 'áadi 'ashdla'áadah nee ńdoohah bi'doo'niid, He murdered a man and was sent to the penitentiary where he was sentenced to spend fifteen years.

SEPARATE, TO (with reference to one group of people separating from another), 'ałts'ázdéél, they separated from each other (lit. they went in opposite directions from each other).

(Given in 3o. person only.)
F. 'ałts'ádoodił   I. 'ałts'ádeeł   P. 'ałts'ázdéél   R. 'ałts'ánádił
O. 'ałts'áoodeeł

Hwéeldi hoolyéédę́ę́' Tséhootsooídi nináda'iis'ná 'áádóó dibé hataas'nii' dóó da'níłts'ą́ą́'góó diné 'ałts'ádahazdéél jiní, The people moved back from Fort Sumner to Fort Defiance where sheep were distributed among them, after which they separated and each group went its own way.

SERIOUS (of major importance), t'áadoo 'aanídí.

T'áadoo le'é t'áadoo 'aanídí baa ńdajit'į́įgo yá'át'éeh dooleeł, It will be well to discuss something serious.

Diné t'áadoo 'aanídí baa ńdajit'į́, The people are criticizing him severely (discussing him seriously).

SET ON, TO BE — (one's mind), shíni' nilį́, I am set on; my mind is set on.

Naalyéhé bá hooghan 'áhodeeshłííł nisingo 'éí t'éiyá shíni' nilį́, My mind is set on the trading post I want to build.

SET THEM ASIDE, TO (to store them up), hasht'e' ndinishjaa', I set them aside; I stored them up.

F. hasht'e' ndideesh-jih   (ndidíí, niididoo, ndizhdoo, ndidii, ndidooh)
I. hasht'e' ndinish-jááh   (ndiní, niidee, nizhdee, ndinii, ndinoh)
P. hasht'e' ndinish-jaa'   (ndííní, niidee, nizhdee, ndinii, ndinoo)
R. hasht'e' ninádísh-jih   (ninádí, ninéi, ninázhdí, ninádii, ninádóh)
O. hasht'e' ndósh-jááh   (ndóó, niidó, nizhdó, ndoo, ndooh)

(The same prefixes are used with the other "to handle" stems.)

THE "TO HANDLE" STEMS ARE:

'ááł, 'aah, 'ą́, 'ááh, 'ááł,   A SINGLE ROUNDISH BULKY OBJECT.
jih, jááh, jaa', jih, jááh,   A LARGE NUMBER OF SMALL OBJECTS.
yééł, yeeh, yį́, gééh, yééł,   A BURDEN, PACK OR LOAD.
łjoł, łjooł, łjool, łjoł, łjooł,   NON-COMPACT MATTER.
kááł. kaah, ką́, kááh, kááł.   MATTER IN AN OPEN CONTAINER.
lééł, lé, lá, dlééh, lééł,   ONE SLENDER FLEXIBLE OBJECT.
nił, nííł, nil, 'nił, nííł,   SEVERAL OBJECTS.
łtééł, łteeh, łtį́, łtééh, łtééł,   A SINGLE ANIMATE OBJECT.
tį́į́ł, tįįh, tą́, tį́į́h, tį́į́ł,   A SINGLE SLENDER STIFF OBJECT.
tłoh, tłeeh, tłéé', tłoh, tłeeh,   MUSHY MATTER.
łtsos, łtsóós, łtsooz, łtsos, łtsóós,   A SINGLE FLAT FLEXIBLE OBJECT.

Béésh ńt'i' bąąh naashnishgo Naakaii bizaad ła' hasht'e' ndinishjaa', 'éí k'ad bee yáshti', I stored up some Mexican words when I was working on the railroad, and I now use them in talking.

Díí tł'oh chidí naat'a'í bikáádę́ę́' bidah 'adahaas'nilígíí ła' hasht'e' ndiní'níiłgo yiską́ągo da 'áádę́ę́' baa 'adííłbąs, Set aside some of this hay that was dropped by plane and come for it tomorrow in a wagon.

'Áłah 'aleehdi bee hadeesdzihígíí biniiyé saad ła' hasht'e' ndinish'nil, I had my speech all prepared (set aside) for the meeting.

SET THEM ON TOP OF EACH OTHER, TO (to put them one on top of the other — with reference to one to three objects), 'ałk'ininínil, I set them on top of one another ('ałk'i-, upon each other; -ni-

nínil, I set them down). (V. to stack them on one another.)

F. 'ałk'i-ndeesh-nił   (ndíí, niidoo, nizhdoo, ndii', ndooh)
I. 'ałk'i-ninish-nííł   (niní, niyí, njí, ninii', ninoh)
P. 'ałk'i-niní-nil   (nííní, niiní, nizhní, ninii' ninoo)
R. 'ałk'ini-násh-'nił   (nání, néí, nájí, néii, náh)
O. 'ałk'i-noosh-nííł   (noó, niyó, njó, noo', nooh)

Díí naaltsoos 'ałch'į' be'díítł'óół naakigo dóó 'ałk'i ndíínił, Make two bundles of these books and set them on each other.

Hastiin yaateeł táá' 'ałk'i niinínil dóó yikáá'góó 'iiłhaazh, The man put three sheepskins one on top of the other and went to sleep on them.

SEVERAL MATTERS, t'áá díkwíígóó.

'Áłah 'azlįį'di t'áá díkwíígóó shįį yádááti' ndi t'áadoo 'ałtso naaltsoos bikáá' 'iishłaa da, At the meeting there was talk about several matters but my notes do not cover them all.

Nilįį' t'áá díkwíígóó da bee tánáádideeshdaał 'áko 'índa naa ńdeeshtééł, I'll use your horse to go on several more trips and then I'll give him back to you.

SEXUAL RELATIONS WITH HER, TO HAVE to cohabit with her; to have intimate relations with her), yí'įł, I had sexual relations with her.

F. yídéesh-'įł   (yídíí, yídóo, yízhdóo, yídíit, yídóoh)
Cl. yínísh-'įįł   (yíní, yó, jó, yíníit, yínóh)
P. yi-'įł   (yíní, yiyíí, jíí, yíit, wóó)
R. néínísh-'įł   (néíní, náyó, ńjó, néíniit, néínóh)
O. wóosh-'įł   (wóó, yó, jó, wóot, wóoh)

SHAKE ONE'S HEAD, TO, sitsiits'iin séłmas, I shook my head.

F. dees-mas   (dííł, yidooł, jidooł, diil, dooł)

Cl. yis-maz (nił, YIł, jił, yiil, woł)
P. séł-mas (sínił, yis, jis, siil, sooł)
R. néiis-mas (néiił, náyiił, níjiił, néiil, náooł)
O. wós-mas (wóół, yół, jół, wool, wooł)

Díí 'ashkii ch'ééh bich'į' yáshti'go t'óó bitsii-ts'iin náyiiłmas, When I talk to this boy he just shakes his head.

Bilagáana ła' shich'į' haadzíi'go t'óó sitsiits'iin séłmas. Doo diists'a' da, 'éí bąą, When the white man spoke to me I just shook my head, because I couldn't understand him.

SHARE IT WITH HIM, TO bił 'ałts'á'deeshdzoh, I shared it with him (by marking it off, as land) (V. other stems listed below).

(The following prefixes are used with the classifying stems listed below.)

F. 'ałts'á-di'deesh- (di'díí, di'doo, zhdi'doo, di'dii, di'dooh)
I. 'ałts'á'dísh- ('ałts'á'dí, 'ałts'á'dí, 'ałts'ázh'dí, 'ałts'á'dii, 'ałts'á'dóh)
P. 'ałts'á'deesh- ('ałts'á'dííní, 'ałts'á'doo, 'ałts'ázh'doo, 'ałts'á'dii, 'ałts'á'doo[h])
R. 'ałts'á-ń'dísh- (ń'dí, ń'dí, nízh'dí, ń'dii, ń'dóh)
O. 'ałts'á'dósh- ('ałts'á'dóó, 'ałts'á'dó, 'ałts'ázh'dó, 'ałts'á'doo, 'ałts'á'dooh)

dził, dzííd, dziid, dzi', dzííd (liquid, by pouring).
tłoh, tłeeh, tłéé', tłoh, tłeeh (mushy matter).
'nił, 'nííł, 'nil, 'nił, 'nííł (plural, animate or inanimate).
dzoh, dzóóh, dzoh, dzoh, dzóóh (land, by marking off boundaries).
gish, géésh, gizh, gish, géésh (anything, by cutting or slicing).
tih, tííh, ti', tih, tííh (anything slender and stiff, by breaking off).
'nish, 'níísh, 'nizh, 'nish, 'níísh (slender flexible by breaking, as rope).
dǫǫs, dǫǫs, dǫǫz, dǫǫs, dǫǫs (cloth, by ripping or tearing).

Díí naak'a'at'ąhí shideezhí bił 'ałts'ádi'dees-dǫǫs, I'll share this cloth with my younger sister; I'll divide this cloth up with my younger sister.

Dasínítsąągo niye' naakiígíí nikéyahąą 'aheeł-t'éego 'ałts'ádi'doodzoh, When you die your two sons will share your land equally; when you die

283

your land will be equally divided between your two sons.

SHARPEN IT TO A POINT, TO (to put a point on it), hááhéshéé', I sharpened it to a point; I put a point on it.

F. háá-hideesh-shih (hidíí, yidiyoo, hizhdiyoo, hidiil, hidooh)
CI. háá-hásh-shééh (hí, yii, jii, hiil, hóh)
P. háá-hé-shéé' (hííní, yii, jii, hiil, hoo)
R. hániná-hásh-shih (hí, yii, jii, hiil, hóh)
O. háá-hósh-shééh (hóó, yiyó, jiyó, hool, hooh)

Bá'ólta'í bee 'ak'e'elchíhí shá hááyiishéé', The teacher sharpened my pencil for me.

Tsin hááhéshée'go bee gah háádiz, I sharpened the stick to a point and twisted the rabbit out (of its hole) with it.

SHATTER IT, TO (to scatter them) (by concussion), diiłtaa', I shattered it; I scattered them.

F. dideesh-tah (didííł, yididooł, jididooł, didiil, didooł)
I. diish-tááh (diił, yidiił, jidiił, diil, dooł)
P. diił-taa' (diinił, yidiił, jidiił, diil, dooł)
R. ńdiish-tah (ńdiił, ńdiił, nízhdiił, ńdiil, ńdooł)
O. doosh-tááh (dooł, yidooł, jidooł, dool, dooł)

Tsé yee tsésǫ' yéę yidiiłtaa', He shattered the window with a rock.

Ch'é'étiingi 'abe' tózis bii' yéę diiłtaa', I shattered (broke to pieces) the bottle of milk at the door.

SHEEPSKIN (bedding), yaatł'oh (ib. yaateeł).

Shiyaatł'oh shá ch'íníjááh, Take my sheepskins out for me.

SHIVERS, TO GIVE ONE THE —, t'óó bik'ee shaa

284

dahasxiih, it gives me the shivers. (Cp. revulsion.)

Dił yiistséehgo t'óó bik'ee shaa dahasxiih łeh, The sight of blood gives me the shivers.

SHOCK HIM, TO (to give him a shock), bidiitsi, I shocked him; I gave him a shock (lit. I put a slender stiff object to him).

F. bididees-tsih (bididíí, yiididoo, bizhdidoo, bididii, bididooh)
I. bidiis-tsééh (bidii, yiidii, bizhdii, bidii, bidooh)
P. bidii-tsi (bidini, yiidii, bizhdii, bidii, bidoo)
R. béédiis-tsi' (béédii, yéiidii, béézhdii, béédii, béédooh)
O. bidoos-tsééh (bidoó, yiidoo, bizhdoo, bidoo, bidooh)

15 volts bíighahgo shidiitsi, I got a shock, taking 15 volts.

'Atsiniltł'ish 150 volts bíighahgo yiidiitsi, He gave him a 150 volt shock.

SHOCK, TO GET A — (to get shocked), 'atsiniltł'ish shiih yilwod, I got a shock (lit. electricity ran into me).

F. shiih doolwoł   I. shiih yilyeed   P. shiih yilwod   R. shiih nálwo'   O. shiih wólyeed

Chidí bináá' bidinishchid ńt'éé' 'atsiniltł'ish shiih yilwod, I got a shock when I touched the headlight of the automobile.

SHORTLY BEFORE (it won't be long until), t'áá nííhąądí; t'áá nííhąądígo.

Késhmish t'áá nííhąądí yęędą́ą́' 'aséyeh, I got married shortly before Christmas.

Dibé 'adadí'nóołchííłjį' t'áá nííhąądí, It won't be long now before lambing time.

'Ałní'doo'áałjį̇' t'áá nííhąądígo naanish sits'ą́ą́'

285

'ásdįįd, I ran out of work shortly before noon.

Késhmish t'áá nííhąądí, It won't be long until Christmas.

SHOW, TO (to bring to light), bąąh haníídee', they showed (lit. they fell out alongside it).

F. bąąh hadínóodah   I. bąąh hanidééh   P. bąąh haníídee'
R. bąąh hanánídah   O. bąąh hanódééh

Nabídahoneestą́ą́'go doo dahóyánígíí bąąh haníídee', Giving the children tests showed which were the least intelligent ones.

Béésh 'áłts'ózí ndaneesdizígíí bighániníłdee'-go tséhígíí t'éiyá bąąh haníídee', When I sifted the dirt through a screen the rocks showed up.

SHOW HIM, TO (to show him how; to teach him), bínabinéłtą́ą́', I showed it to him; I taught it to him (by showing him).

F. bínabidínéesh-tįįł   (bínabidínííł, yíneidínóoł, bínabidízhnóoł, bínabidíníil, binabidínóoł)

Cl. bínabinish-tin   (bínabiníł, yíneinił, bínabizhnił, bínabiniil, bínabinoł)

P. bínabinéł-tą́ą́'   (bínabiníníł, yíneinees, bínabizhnees, bínabineel, bínabinooł)

R. bíninábinish-tįįh   (bíninábiníł, yíninéinił, bíninábizhnił, bíninábiniil, bíninábinoł)

O. bínabinósh-tą́ą́'   (bínabinóół, yíneinół, bínabizhnół, bínabinool, bínabinooł)

Naalyéhé bá hooghangóó 'atiinígíí yínashineestą́ą́', He showed me the road to the trading post.

Chidítsoh naabąąs bínabineeltą́ą́', We showed him (taught him) how to drive a truck.

Na'nízhoozhígóó 'atiinígíí bínashiníłtin, Show me the road to Gallup.

SHOW IT TO HIM, TO (as a lure) (to try to get him

286

to do something by insisting that he take whatever you are offering him as a bribe), bísé'ą́, I showed it to him (and insisted that he take it) (lit. I held it against him—a single roundish bulky object).

(These prefixes are used with all other "to handle" stems.)

F. bídeesh-'ą́ą́ł   (bídíí, yíidoo, bízhdoo, bídiit, bídooh)
I. bésh-'ą́ą́h   (bíní, yíí, bíjí, bíit bóh)
P. bísé-'ą́   (bísíní, yííz, bíjíz, bísiit, bísoo)
R. bínásh-'ą́ą́h   (bínání, yínéí, bíńjí, bínéiit, bínáh)
O. bóosh-'ą́ą́ł   (bóó, yíyó, bíjó, bóot, bóoh)

THE "TO HANDLE" STEMS ARE:

'ą́ą́ł, 'aah, 'ą́, 'ą́ą́h, 'ą́ą́ł,   A SINGLE ROUNDISH BULKY OBJECT.
jih, jááh, jaa', jih, jááh,   A LARGE NUMBER OF SMALL OBJECTS.
yééł, yeeh, yí, gééh, yééł,   A BURDEN, PACK OR LOAD.
łjoł, łjooł, łjool, łjoł, łjooł,   NON-COMPACT MATTER.
kááł, kaah, ką́, kááh, kááł,   MATTER IN AN OPEN CONTAINER.
lééł, lé, lá, dlééh, lééł,   ONE SLENDER FLEXIBLE OBJECT.
nił, nííł, nil, 'nił, nííł,   SEVERAL OBJECTS.
łtééł, łteeh, łtį́, łtééh, łtééł,   A SINGLE ANIMATE OBJECT.
tį́į́ł, tįįh, tą́, tį́į́h, tį́į́ł,   A SINGLE SLENDER STIFF OBJECT.
tłoh, tłeeh, tłéé', tłoh, tłeeh,   MUSHY MATTER.
łtsos, łtsóós, łtsooz, łtsos, łtsóós,   A SINGLE FLAT FLEXIBLE OBJECT.

T'ááłá'í béeso ch'ééh bésh'áahgo doo yinízin da, I showed him the dollar (and tried to get him to take it and do what I wanted him to do), but he wouldn't take it.

Saad bésh'áah ndi doo síists'ą́ą' da, I'm trying to talk him into it (e.g. into a fight), but he ignores me (here one is holding words against him).

SICKNESS (ailment), ts'ííh niidóóh (-ts'íís, body) ts'ííh, into the body; niidóóh, heat goes).

'I'niihahgo ts'ííh niidóóh nikidiighááh, Sickness starts going around with the beginning of winter.

SIDE IN WITH HIM, TO (to be his partner, friend), bich'onishní, I side in with him; I'm his friend.

F. bich'o-deesh-niił (díí, doo, zhdoo, dii', dooh)
N. bich'onish-ní (bich'oní, yich'oo, bich'ojí, bich'onii', bich'onoh)
P. bich'osé-ni' (bich'osíní, yich'ooz, bich'ojiz, bich'osii', bich'osoo)
R. bich'o-násh-'niih (nání ná, nájí, néii, náh)
O. bich'oosh-niih (bich'oó, yich'oo, bich'ojó, bich'oo', bich'ooh)

Shí díí 'ashiiké bich'odeeshniił, I'll take the side of these boys.

Jooł bee ndeii'néego díí hastiin bich'onásh'niih, When we play ball I always take this man's side.

SIGH, TO, 'ádił haasdzol, I sighed (lit. I breathed out with myself).

F. 'ádił hadees-dzoł (hadíí, hadoo, hazhdoo, hadii, hadooh)
I. 'ádił haasdzooł (hani, haa, haji, haii, haah)
P. 'ádił haas-dzol (háíní, haa, hajoo, haii, haooh)
R. 'ádił hanás-dzoł (hanání, haná, hańjí, hanéii, hanáh)
O. 'ádił haoos-dzooł (haóó, haoo, hajó, haoo, haooh)

Hachidí doo diits'į́įhgóó biniinaa t'óó 'ádił hajoodzol, She just sighed when she found out her car wouldn't start.

T'áadoo le'é doo 'aaníinii biniinaa diné 'ádił hadahadzooł łeh, People usually sigh when they are unhappy (usually sigh at something bad).

SIMPLIFY MATTERS, TO (to make everything easy), t'áá 'ałtsojį' bee 'ihónéedzą́, matters are simplified; everything is made easy (lit. everything is possible with it).

'Ólta' t'éiyá t'áá 'ałtsojį' bee 'ihónéedzą́, Only through school can everything be made easy for one.

Bilagáana bizaad jidiits'a'go t'éiyá t'áá 'ałtsojį' bee 'ihónéedzą́, Matters are simplified for one only when he knows English.

SINCE THEN (from that time on), -dóó wóshdéé'
(lit. this way from —).

United States Alaska bíí' silį́į́'dóó wóshdéé' dí-
kwíidi miil ntsaaígíí shį́į́ bíighahgo Alaska bits'ą́ą́-
déé' 'óola shóyoost'e', Alaska came into the pos-
session of the United States and since that time it
has brought in many millions of dollars worth of
gold.

Naabeehó ła' da'ííłta'dóó wóshdéé' t'áá yá'á-
t'éehgo deeskai, Since having finished school,
some Navahos are getting along all right.

SINK INTO THE SOIL, TO (water) (to soak in), tó
łeeh siníítsiz, the water sank into the soil; the
water soaked into the ground.

F. tó łeeh sidínóotsis   I. tó łeeh sinitséés   P. tó łeeh siníítsiz
R. tó łeeh násinitsis   O. tó łeeh sinótséés

Nahóółtą́ą́ ńt'éé' t'óó 'ałtso łeeh siníítsiz, It
rained, but the water all sank (soaked) into the
soil (ground).

SIT AROUND IDLE, TO (to sit around with nothing
to do; to loll around), t'áadoo 'óosh'į́'ígóó sédá,
I am sitting around with nothing to do.

O. t'áadoo 'óosh-'į́'ígóó   ('óół, 'áyół, 'ájół, 'óol, 'óoł)
N. sé-dá (síní, si, jiz)   D. sii-ké (soo, si, jiz)   Pl. naháa-tą́
nahóo, naháaz, njíiz)

T'áadoo 'áyół'į́'ígóó t'óó tsiyaagóó sidáá lágo
baa níyá, I found him sitting under a tree with
nothing to do.

SIT WAITING, TO (guarding it, or to see someone),
bíséłdá, I am sitting waiting on (or guarding) it.

N. bíséł-dá (bísíníł, yés, bíjís)   D. bísiil-ké (bísooł, yés, bíjís)
Pl. bínaháal-tą́ (bínahísóoł, yínaháas, bínjíis)

Shichidí shá bísíníłdá, Sit and guard my car for me.

Naat'áanii bíséłdá, I'm sitting and waiting to see the Superintendent.

SKY, IN THE, yót'ááh.

Chidí naat'a'í léi' yót'áahdi 'ahídeezgoh, Two planes collided in the air (sky).

Naal'eełí léi' yót'áahdi dayít'ááh, There are some ducks flying in the sky.

Ńléí dził bigháá'dóó łid yót'ááh yít'i', There is smoke going up into the sky from that mountain top.

SLACK, TO BECOME (to get loose), diniitłóó', it became slack; it got loose. Ńtłóó', it is slack.

F. dínóotłóół   I. diniitłóóh   P. diniitłóó'   N. ńtłóó'
R. ńdiniitłóóh   O. dinootłóół

'Aná'ázt'i' ńtłóo'go biniinaa béégashii t'óó yigháńdaakah, Because the fence is slack (loose) the cows go right through it.

SLIGHT HIM, TO (to consider him inferior; to not think much of him), nahdigo baa ntséskees, I do not think much of him; I slight him. (V. all alike.)

N. nahdigo baa ntsés-kees   (ntsíní, ntsé, ntsíjí, ntsíí, ntséh)

Ba'áłchíní ła' nahdigo yaa ntsékees, He slights some of his children; he thinks less of some of his children than he does of others.

Díí łį́į' t'éiyá nahdigo baa ntséskees, I don't think much of this horse; this horse doesn't amount to much, in my thinking.

SLIP HIM THE INFORMATION, TO (to let him in on it; to whisper it to him), bee bijeeh neeshne',

I slipped him the information; I let him in on it; I whispered it in his ear (lit. bee, with it; bijeeh, into his ear; neeshne', I told).

F. bee bijeeh dínéesh-niił (dínííl, dínóol, dízhnóol, díniil, dínóoł)
Cl. bee bijeeh nish-ne' (níl, nil, jinil, niil, noł)
P. bee bijeeh neesh-ne' (nííníl, nool, jinool, niil, nooł)
R. bee bijeeh nánísh-niih (nániíl nániíl, názhníl, nániil, nánół)
O. bee bijeeh nósh-ne' (nóół, nól, jinól, nool, nooł)

Na'aldloosh bi'oh 'ándaalne' t'óó bihodeest'á-nę́ędą́ą́' naat'áanii t'áałá'í wolyéhígíí yee shijeeh noolne', At the time when stock reduction was first planned, the Superintendent slipped me the information.

Naabeehó binant'a'í béésh bąąh dah naaznilí danilínígíí 'áłah nilįįgo 'ákóne' yah 'ííyá, dóó 'a-łąąjį' dah sidáhígíí naat'áanii t'áałá'í wolyéhígíí ńlą́ą́hdę́ę́' hágo niłní bidishníigo bee bijeeh nishne', While the Council was in session I went in and whispered to the Chairman that the Superintendent wanted to see him.

'Ałjeeh daneesne', They slipped the word around to one another (whispered in one another's ear).

SLOW, TO BE (in acting), ndishna', I am slow in acting.

N. ndish-na' (ndíl, ndil, nizhdil, ndiil, ndoł)
SP. ndésh-na' (ndíníl, ndees, nizhdees ndeel, ndisooł)

Ndéshna'go t'éiyá tsinaabąąs shik'iilts'id dooleeł ńt'éé', If I had been slow in acting the wagon would have fallen on me.

Tsinaabąąs shił naaniilts'íidgo t'áadoo ndéshna'í bidah dah diishwod, As the wagon was in the act of turning over, I jumped down quickly.

Doo ndishna' da, I'm fast (in acting or thinking; my reaction time is short).

Doo ndołna'góó shį́į́ t'éiyá t'áá shé'áłtsé 'ałtso 'ádoohłį́į́ł, If you can think and act faster than I can you'll finish it before me (as a puzzle).

SMALL ITEMS (something; minor matters), t'áá bihoniyázhí.

T'áá bihoniyázhígi nda'iis'nii', They sold small items (as candy bars, cigarets, etc.).

T'áá bihoniyázhígóó shił nahólne', Tell me some little short story.

Kindi níyáago t'áá bihoniyázhígóó na'iyéłnii', When I got to town I bought the small items (that I needed).

Hooghandi t'áá bihoniyázhígóó 'ańdahazt'i' 'ákǫ́ǫ́ binaashnishgo 'i'íí'ą́, I spent the whole day working on small (odd) jobs at home.

SMASHED, TO BE (to be crushed), bitah hwiistǫ', he (his body) was smashed; he was crushed.

F. bitah hwiidooltǫǫł   I. bitah hwiiltǫ'   P. bitah hwiistǫ'
R. bitah náhwiiltǫǫh   O. bitah hoyóltǫ'

Díí 'asdzání tsin bik'ijį' naa'anííkaadgo bitah hwiistǫ' t'óó nahalin, It looks like this woman was crushed (smashed) when the tree fell on her.

Chidí bik'iilts'idgo bitah hwiistǫ', His body was smashed (crushed) when the car fell on him.

SMELL LIKE, TO (to have the odor of), honishchin, I smell like; I have the odor of.

N. honish-chin   (honíl, hal, hojíl, honiil, honoł)

Tódiłhił ła' woohdlą́ą́' lá, 'áyǫǫ honołchin, You both drank some whiskey, no wonder you smell like it.

Chidí bitoo' ni'éé' bik'i yainí'ą́ą́ lá, 'áyą́ą honílchin, You must have spilled some gasoline on your clothing; you smell of it.

Kwii tółikaní halchinígíí halchin lá, Say, it (the place) smells like perfume here.

SNATCHES, IN, t'óó yists'ihígo (lit. by pinches).

T'óó yists'ihígo 'ídahwiil'ą́ą́', We learned in snatches (by going sporadically to school).

SNOWBOUND, TO BE(COME), (to get snowed in), shich'ą́ą́h 'ííchííl, I got snowed in; I am snowbound (lit. it snowed in my way, obstructing me)

F. shich'ą́ą́h 'adoochííł   I. shich'ą́ą́h 'iichííł   P. shich'ą́ą́h 'ííchííl
R. shich'ą́ą́h 'anáchííł   O. shich'ą́ą́h 'oochííł

Haidą́ą́' shich'ą́ą́h 'ííchííl na'nishkaadgo, Last winter I became snowbound while herding; last winter I got snowed in while I was herding.

SNOW SPARSELY, TO yas 'aheesaal, it snowed sparsely; a few flakes of snow fell.

F. 'ahidoosał   CI. 'ahisą́ą́ł   P. 'aheesaal   R. 'anáhásał
O. 'ahósą́ą́ł

Yas bidah 'ahisą́ą́ł, Snowflakes are falling.

'Ahbínídą́ą́' yas 'aheesaal, A sparse snowfall took place this morning; there was a light snow this morning.

SOAK IT UP, TO (to absorb it), yizts'ǫs, it soaked it up; it absorbed it (lit. it sucked it).

F. yidoots'ǫs   I. yiyiits'ǫs   P. yizts'ǫs   R. náyiits'ǫs   O. yóts'ǫs

Díí naaltsoos "blotter" wolyéhígíí bee'ak'e'elchíhí tóhígíí náyiits'ǫs biniiyé, This paper called a "blotter" is for the purpose of soaking up ink.

SOFT WORK (an easy job; white collar job), naanish t'áadoo ts'ídá bich'į' na'aldzilí (lit. work toward which there is no real strain or effort).

Naanish t'áadoo ts'ídá bich'į' na'aldzilígíí 'éí da'íítta'ígíí bindaanish, Those who went to school have the soft jobs.

SOLUTION FOR IT, TO BE THE — (to take effect on it; to act on it; to faze it), bidééłniid, it was the solution for it; it fazed it.

F. bidídóołniił   P. bidééłniid   N. bidééłní
R. binínádééłnih   O. bidóołníí'

'Íhoo'aah t'éiyá nihidídóołniił, Education is the only solution for us.

SOMETHING AWFUL (some terrible thing), yáadida.

'Azee'íít'íní yáadida jéí'ádįįh bits'ą́ą́dóó hólónígíí nii' hóló shiłní, The doctor tells me that I have something awful in me that causes tuberculosis.

Naakétł'áhí bighandi yáadida yíyą́ą́', I had some awful thing to eat at the Papago's house.

SORCERER, TO BE A — (to practice sorcery; to be a witch; to practice witchcraft; to practice black magic), 'ánísht'į́įh, I am a sorcerer, witch.

N. 'áník-t'į́įh   ('áni, 'ání, 'ázhní, 'ánii, 'ánóh)

'Ázhnít'į́įh lá ha'níigo biniinaa hak'éí t'áá bí dah dahodiilo', His own relatives hung him because he was said to be a sorcerer (witch).

(One method of practicing sorcery or witchcraft is to obtain from the intended victim some object or matter which is closely identified with him, such as hair, fingernail or toenail parings, feces, urine, body dirt or clothing. This is buried in a grave, after which the victim is expected to sicken and die unless a diagnostician (as a hand-trembler or star-gazer or listener) discerns the cause of the victim's illness. The diagnostician may sometimes name the witch, in which case the witch is expected to die. The diagnostician will recommend the proper restorative ceremony. Meantime the witch will do all in his or her power to prevent the diagnostician from recognizing and revealing him.)

SPILL IT OUT ,TO (V. to dump it).

SPIRITEDLY (vigorously; with spirit or vigor), t'áá chánahgo.

T'áá chánahgo haadzíí', He spoke spiritedly (vigorously; loudly and forcefully).

Díí 'ashkii t'áá chánahgo 'íílta', This boy is well educated (i.e. he studied assiduously).

Dibé dóó łíí' t'áá 'íiyisíí t'áá chánahgo baa hwiiníst'įįd, The livestock (problem) was vigorously discussed.

SPLINTER, TO (as a piece of wood), bąąh háádláád, it splintered; a splinter broke out on it.

F. bąąh hadoodlał   I. bąąh haadlaad   P. bąąh háádláád
R. bąąh hanádla'   O. bąąh haoodlaad

Tsin niheeshjíí' t'áadoo le'é bee 'ádeeshłííł biniiyé dilkǫǫhgo 'áshłééh ńt'éé' sits'ą́ą́' bąąh háádláád, I was planing a piece of lumber to make something from it when it splintered.

Bik'i dah 'asdáhí hats'ą́ą́' bąąh háádláád, A splinter broke out on his chair.

SPLIT IT, TO (by cutting it lengthwise), 'ałtániił-
gizh, I split it; I cut it in two lengthwise.

F. 'ałtá-dínéesh-gish   (dínííł, idínóoł, zhdínóoł, díníil, dínóoł)
I. 'ałtá-niish-géésh   (niił, iniił, zhniił, niil, nooł)
P. 'ałtá-niił-gizh   (ninił, iniił, zhniił, niil, nooł)
R. 'ałtá-nániish-gish   (nániił, néiniił, názhniił, nániil, nánooł)
O. 'ałtá-noosh-géésh   (noół, inooł, zhnooł, nool, nooł)

'Atsį' 'ałtádínéeshgish,   I'll split the meat.

Hastiin níbaal shá 'ałtáiniiłgéésh,   The man is
splitting the tarpaulin for me (by cutting it in two).

Ni'éé' 'ałtánoółgéésh lágo,   Don't split your
shirt; don't cut your shirt in two.

SPLIT IT, TO (with an axe),   hadiiłkaal, I split it.

F. hadideesh-kał   (hadidííł, haididooł, hazhdidooł, hadidiil, hadidooł)
I. hadiish-kaał   (hadiił, haidiił, hazhdiił, hadiil, hadooł)
P. hadiił-kaal   (hadiinił, haidiił, hazhdiił, hadiil, hadooł)
R. háádiish-kał   (háádiił, hanéidiił, háázhdiił, háádiil, háádooł)
O. hadoosh-kaał   (hadoół, haidooł, hazhdooł, hadool, hadooł)

Díí tsin shá hadiiłkaał,   Split this wood for me.

Díí tsin shá hadiniłkaalgo bik'é nich'į' n'deesh-
łééł,   I'll pay you to split all this wood for me.

Tsinę́ę tsénił yee haidiiłkaal,   He split the wood
with an axe.

SPREAD, TO (fire, oil on a surface, impetigo, etc.),
'ąą dideeznóód,   it spread ('ąą, expanding; di-,
fire; -deeznóód, it moved swiftly?).

F. 'ąą didoonooł   Prog. 'ąądoonooł   I. 'ąą didinood
P. 'ąą dideeznóód   R. 'ąą ńdidino'   O. 'ąą didónood

Ch'il deenínii 'áłch'į́į́dí shijoolgo biih hodíínil
ńt'éé' 'ąą dideeznóodgo k'asdą́ą́' kéyah hodiiłtłah,
I set fire to a little bunch of tumble weeds and the
fire spread until nearly the whole country was a-
blaze.

296

Chidí bitoo' shíla' bikáa'gi ndoolch'ą́ą́l ńt'éé' 'ąą dideeznóód, The gasoline dripped on my hand and spread.

'Awéé' biniitsį'gi 'áłts'íísígo łóód dah yists'id ńt'éé' t'áadoo naaki yiłkaahí 'ąą dideeznóodgo k'ad binii' t'áá si'ą́ą́ ńt'éé' łóód t'éiyá, A little sore appeared on the baby's face, and within a couple of days it spread and covered the whole face.

SPREAD AMONG THEM, TO (a rumour), bitahgóó 'adahideezdláád, a rumour spread among them.

F. 'adahididoodlał   P. 'adahideezdláád   I. 'adahididlaad
R. 'ańdahididla'   O. 'adahidódlaad

'Adą́ą́dą́ą́' 'anaa' bik'i'deesdee' ha'níigo 'aseezį́ nihitahgóó 'adahideezdláád, Yesterday a rumour spread among us to the effect that the war was over.

SPREAD AMONG THEM, TO (a disease epidemic), bitahgóó nikidadiiłnii', it spread among them.

F. nikidadidoołnih   I. nikidadiiłnííh   P. nikidadiiłnii'
R. nikéédadiiłnih   O. nikidadoołnííh

Haidą́ą́' Naabeehó bitahgóó tahoniigááh nikidadiiłnii', Last winter the influenza spread among the Navaho.

Diné bitahgóó tahoniigááh nikidadiiłnii'go diné t'óó 'ahayóí dabííghą́ą́', During that time when the influenza spread among the people, a lot died.

T'áá 'áníiltso hadanihi'dishch'iizhgo t'áadoo le'é 'ąąh dah dahoyooł'aałii doo nihitahgóó nikidadidoołnih da, If we are all vaccinated disease will not spread among us.

SPREAD IT OUT, TO (as a blanket), niníłkaad, I spread it out (on the ground).

F. ndeesh-kał (ndííł, niidooł, nizhdooł, ndiil, ndooł)
I. ninish-kaad (niníł, niyíł, njíł, niniil, ninoł)
P. niníł-kaad (ninííníł niníł, nizhníł, niniil, ninooł)
R. ninásh-ka' (nináníł, ninéíł, ninájíł, ninéiil, ináł)
O. noosh-kaad (noół, niyół, njół, nool, nooł)

Beeldléí ni'gi niníłkaad, I spread the blanket out on the ground.

Shichaii yikáá' dínóodaał biniiyé ni'góó yaateeł niníłkaad, I spread a sheepskin out on the ground for my grandfather to sit on.

'Ak'idahi'niłí 'asdzání yá niiníłkaadgo yikáá' neezdá, He spread out the saddle blanket and the woman sat down on it.

SPRING OUT FROM UNDER IT, TO, biyaa haashtáál, I sprang out from under it. (V. to dart in.)

F. biyaa hadeesh-tał (hadííl, hadool, hazhdool, hadiil, hadooł)
I. biyaa haash-taał (hanil, haal, hajil, haiil, haoł)
P. biyaa haash-táál (háíníl, haal, hajool, haiil, haooł)
R. biyaa hanásh-tał (hanáníl, hanál, hanjíl, hanéiil, hanáł)
O. biyaa haoosh-taał (haóól, haól, hajól, haool, haooł)

Łį́į' shił yildlosh ńt'éé' gałbáhí léi' shiyaadóó haaltáál, I was riding along on horseback when a cottontail sprang out from under me.

SQUEAKING SOUND IN THROAT, TO HAVE A — (considered a bad omen), shii' ('a)doolk'áázh, I had a squeaking sound in my throat (lit. there was a grinding inside of me).

F. shiidi'doolk'ash   I. shii'dilk'áásh   P.   shii'doolk'áázh
R. shiiní'dílk'ash   O. shii'dólk'áásh

Kingóó deesháál niizį́į' ńt'éé' shii'doolk'áázh, I intended to go to the trading post but there was

298

a squeaking sound in my throat (that warned me not to go).

Niyooch'iid lá, 'áyąą nii'doolk'áázh,   I know you're lying because I heard a squeaking sound in your throat.

STACK THEM ON ONE ANOTHER, TO (to pile them one on the other — with reference to three or more objects), 'ałk'inihénil, I stacked them on one another; I piled them one on top of the other ('ałk'i-, upon one another; -nihénil, I set them down one after another).

F. 'ałk'i-nihideesh-nił   (nihidíí, niidiyoo, nizhdiyoo, nihidii', nihidooh)
I. 'ałk'i-nihish-nííł   (nihí, niyii, njii, nihii', nihoh)
P. 'ałk'i-nihé-nil   (nihíní, niyiiz, njiiz, nihii', nihoo)
R. 'ałk'ini-náhásh-'nił   (náhí, náyii, nájii, náhii, náhóh)
O. 'ałk'i-nihósh-nííł   (nihóó niiyó, njiyó, nihoo', nihooh)

Naaltsoos t'áá 'ákwíí jí hane' bee hadahinidéhígíí 'ałk'i nihénil dóó doo bił náhidididooyoł da biniiyé tsé bik'i niní'ą,   I piled the newspapers on the ground and put a rock on them so they would not blow away.

STALL, TO (to balk; to refuse to go),   niiltee', it stalled; it balked; it wouldn't go.

F. ndooltih   I. niiltééh   P. niiltee'   R. nináltih   O. nooltééh

'Adąądąą' chidí sits'ąą' niiltee',   Yesterday the car stalled on me (balked on me).

Łíí' bee 'eesbąs ńt'éé' sits'ąą' niiltee',   The draft horses I was using balked on me.

STALL ON ONE, TO (to stop on one),   sits'ąą' niiltła, it stalled on me; it stopped on me (i.e. contrary to my interests and desires).

F. sits'ąą' ndooltłił   I. sits'ąą' niiltłáád   P. sits'ąą' niiltła

299

R. sits'ą́ą́' nináltłi'   O. sits'ą́ą́' nooltłáád

Jóhonaa'éí nits'ą́ą́' niiltłagoshą', What if your watch stops on you?

Haalá hóót'įįd, chidíísh nits'ą́ą́' niiltła, What's the matter, did your car stall on you?

Shíká 'anilyeed. Díí chidí sits'ą́ą́' niiltła, Help me. This car has stalled on me.

STAMPEDE, TO (to rush in a body, as frightened animals, people leaving work areas at quitting time, people fleeing in panic, etc.), dah diilyiz, we rushed; we stampeded; we flocked.

F. dah didiilyis   (didooł, didool, shdidool)
I. dah diil-yéés   (dooł, diil, shdiil)
P. dah diil-yiz   (dooł, diil, shdiil)
R. dah ńdiil-yis   (ńdooł, ńdiil, nízhdiil)
O. dah dool-yéés   (dooł, dool, shdool)

Tł'ée'go dibé shijé'ę́ę mǫ'ii yitah yílwod lágo dibé hooghan yich'į'go dah diilyiz, At night a coyote prowled among the sheep when they were bedded down and they all stampeded toward the hogan.

STAMPEDE, TO BE A —, dah 'adiilyiz, there was a stampede (lit. indefinite someone, people, or things stampeded).

F. dah 'adidoolyis   I. dah 'adiilyéés   P. dah 'adiilyiz
R. dah ń'diilyis   O. dah 'adoolyéés

'Áłah 'ílį́įgo k'ad t'óó kónízáháji' ch'éédoohjah hodoo'niidgo tł'óó'góó dah 'adiilyiz, There was a stampede (rush) for the outside when a recess was called at the meeting.

STAND IT UP ON ITS END, TO, nábidiił'na', I stood it up on its end.

F. nábidideesh-'nah (nábididííł, náyididooł, nábidizhdooł, nábidi-
diil, nábididooł) (nábididool'nah)
I. nábidiish-'nééh (nábidiił, náyidiił, nábizhdiił, nábidiil, nábidooł)
(nábidiil'nééh)
P. nábidiił-'na' (nábidinił, náyidiił, nábizhdiił, nábidiil, nábidooł)
(nábidiil'na')
R. nínábidiish-'nah (nínábidiił, nínáyidiił, nínábizhdiił, nínábidiil,
nínábidooł) (nínábidiil'nah)
O. nábidoosh-'nééh (nábidoół, náyidooł, nábizhdooł, nábidool, nábi-
dool) (nábidool'nééh)

Ndiniilt'éego nástáán nábidiil'na' dóó chásh-
k'eh hats'ózí bik'ijį' naa'iilt'e'go ha'naa naní'áago
'íilyaa, Two of us stood the log on end and put it
across the arroyo to make a bridge.

STAND ON ONE'S HEAD, TO, sitsiits'iin bee sézį,
I'm standing on my head (lit. with my head).

-tsiits'iin —
N. bee sé-zį (síní, si, ji, siid, soo)

STAND ON ONE'S HANDS, TO, shíla' bee sézį, I
am standing on my hands (lit. with my hands).

-la' —
N. bee sé-zį (síní, si, ji, siid, soo)

STAND, TO BE UNABLE TO — (to dislike so in-
tensely that it is intolerable to one), yish'į, I can-
not stand it. (V. against.)

F. deesh-'įįł (díí, yidoo, jidoo, diit, dooh)
N. yish-'į (ni yi, ji, yiit, woh)
P. sé-'įįd (síní, yiz, jiz, siit, soo)
R. násh-'įįh (nání, néí, ńjí, néiit, ńáh)
O. wósh-'įįh (wóó, yó, jó, woot, wooh)

Díí 'ashkii naayízí 'ayóo yi'į, This boy can't
stand pumpkin.
Tódiłhił 'ayóo yishdlą́ą́ ńt'éé' k'ad sé'įįd, I used
to drink a lot of whiskey but now I can't stand it.

STAND WAITING, TO (guarding it, or to see some-
one), bísésį, I am standing waiting (or guarding).

N. bísé-sį (bísíní, yé, bíjí, bísiil, bísooł)

STANDING IN IT, TO BE —, bii' dés'eez, I am
standing in it.

N. bii' dés-'eez (díníl, dées, jidées, déel, dóoł)

Niyáázh hashtł'ish yii' dées'eez, Your son is
standing in the mud.

START, TO (to begin; to commence), ho(di)deesh-
zhiizh, it started; it began (with or without -di-).

F. ho(di)didoolzhish   I. ho(di)dilzhíísh   P. ho(di)deeshzhiizh
R. náho(di)dilzhish   O. ho(di)dólzhíísh

Díí jį naadą́ą́' bik'i ńdahodiigoł. Dá'ák'eh yaa
nihoneel'ánídę́ę'go ho(di)didoolzhish, Today we
will start to hoe the corn. We will start from the
lower end of the field.

START TALK, TO (to give rise to talk), saad háált-
t'i', I started talk; I started the talk (lit. I caused
words to stretch up out like a slender object).

F. saad hadeesh-t'ih   (hadííł, haidooł, hazhdooł, hadiil, hadooł)
I. saad haash-t'ééh   (hanił, haił, hajił, haiil, haał)
P. saad háált-t'i'   (háíníł hayííł, hajííł, haiil, haooł)
R. saad hanásh-t'ih   (hanáníł, hanéíł, hańjíł, hanéiil, hanáł)
O. saad haoosh-t'ééh   (haóół, hayół, hajół, haool, haooł)

Social Security nihaa didoot'áłígíí biniiyé saad
háált'i', I started talk going in order to get Social
Security for you.

T'áá bí saad hayííłt'i'go 'áłt'ąą ti'hooznii', He
suffered a lot, but he started the talk himself.

START TO AFFECT IT, TO, yaa ńdidoodááł, it will
start to affect it (lit. it will start on it; it will begin
to do something about it).

F. yaa ńdidoodááł   I. yaa ńdiidááh   P. yaa ńdiidzá
R. yaa nínádiidááh   O. yaa ńdoodza'

Díí 'azee' yidáanii hanáá' yaa ńdidoodááł jiní, It is said that peyote will start to affect one's eyes.

START TO COME INTO EXISTENCE, TO (to start coming into being), hodideezlįįd, it started to come into existence (ib. ho(di)deezlį́į́').

F. hodidooleeł   I. hodileeh   P. ho(di)deez-lįįd [or -lį́į́']
R. náhodidleeh   O. hodóle'

Chidí kǫ́ǫ́ ndaajeehígíí t'áá 'ániidígo dahodeezlįįd, The cars that go around here just recently came into being.

START TO DANCE, TO (to begin dancing), 'i'niishzhiizh, I started to dance; I began dancing.

F. 'idí'néesh-zhish   ('idí'nííl, 'idí'nóol, 'idízh'nóol, 'idí'niil, 'idí'nóoł)
I. 'i'niish-zhíísh   ('i'niil, 'i'niil, 'izh'niil, 'i'niil, 'i'nooł)
P. 'i'niish-zhiizh   ('in'nil, 'i'niil, 'izh'niil, 'i'niil, 'i'nooł)
R. 'iná'niish-zhish   ('iná'niil, 'iná'niil, 'izhná'niil, 'iná'niil, 'iná'nooł)
O. 'i'noosh-zhíísh   ('i'oól, 'i'nool, 'izh'nool, 'i'nool, 'i'nooł)

T'óó jiníyáá dóó t'áá 'áko she'esdzáán bił 'izh'niilzhiizh, As soon as he came he started to dance with my wife.

K'ad ndishníigo nich'į' kwíisdzaago 'índa 'idí'níílzhish, When I say now and give you this signal you'll start to dance.

STARTLE HIM, TO (to scare him; to frighten him; to give him a start), bee biyah hodéłhiz, I startled him (lit. I caused things to shake under him with it).

F. bee biyah hodidees-xis (hodidííł, hodidooł, hozhdidooł, hodidiil, hodidooł)
I. bee biyah hodis-xéés (hodíł, hodił, hozhdił, hodiil, hodoł)

303

P. bee biyah hodéł-hiz (hodíníł, hodees, hozhdees, hodeel, hodisooł)

R. bee biyah náhodis-xis (náhodíł, náhodił, náhozhdił, náhodiil, ná-
hodoł)

O. bee biyah hodós-xéés (hodóół, hodół, hozhdół, hodool, hodooł)

'Asdzą́ą́ bee'eldǫǫh bee biyah hodéłhiz, I start-
led the woman with a gun.

Dílwoshgo biniinaa 'awéé' biyah hodíníłhiz, By
shouting you scared the baby.

Shilį́į́' náldzid, sits'ą́ą́' biyah hodóółhéés, My
horse is still wild; don't scare him.

STAY CLOSE BY HIM, TO, yináádááł (or yináá-
gááł), I am staying close by him.

PROG. bináásh-dááł (bináá, yináá, biníjoo) or binááshááł (bináá-
nááł, yináágááł, biníjoogááł) D. binéii-t'ash (binááh, yináá,
biníjoo) Pl. binéii-kah (binááh, yináá, biníjoo)

T'áá kǫ́ǫ́ sha'áłchíní binááshááł (binááshdááł)
dooleeł, I'll stay here close by my family.

Shimá daatsaahgo biniinaa t'áá kǫ́ǫ́ binááshááł
My mother is ill so I am staying close by her.

STEP IN IT, TO (as into mud), biih deeshtááł, I
stepped in it.

F. biih dideesh-tał (didííl, didool, jididool, didiil, didooł)

I. biih dish-taał (díl, dil, jidil, diil, doł)

P. biih deesh-tááł (dííníl, dool, jidool, diil, dooł)

R. biih ńdísh-tał (ńdíl, ńdíl, nízhdíl, ńdiil, ńdół)

O. biih dósh-taał (dóól, dól, jidól, dool, dooł)

Tł'éédą́ą́' hashtł'ish biih jidooltáál, Last night
he stepped in the mud.

Háí lá díí hashtł'ish tsé nádleehé t'ah ditłee'go
yiih dooltáál, Who stepped in this fresh cement?

T'áadoo hashtł'ish bil' sinízíní, Don't stand in
the mud.

STERILE, TO BE (a man), doo há 'achíígóó (lit. so nothing is born for him). (V. barren.)

Doo bá 'achíígóó —
F. 'ádoolnííł I. 'álnééh P. 'ályaa U. 'ál'įįh O. 'óolne'

'Aa 'adiniih wolyéhígíí t'éiyá doo há 'achíígóó 'áhooł'įįh, Gonorrhea can make a person sterile.

STICK INTO IT, TO (to pierce it; to penetrate it), baa 'ííjil, it stuck into it; it pierced it.

F. baa 'adoojił I. baa 'iijííł P. baa 'ííjil R. baa 'anájił
O. baa 'oojííł

Hosh shaa 'ííjil, The thorn stuck me.

Bibéézh 'ayííłhan dóó tsin baa 'ííjil, He threw his knife and it stuck in the tree.

Hosh 'ayóo 'adijił, Cactus thorns really stick.

Łįį' bikáá'dę́ę́' bidah 'ajíígo'go tsin hála' baa 'ííjil, A piece of wood stuck in his hand when he fell off the horse.

Chidí bikee' ił 'adaalkaałí ła' baa 'oojííł lágo, I hope no nail pierces any of our tires.

'Asdzą́ą́ ná'áłkad ńt'éé' bíla' tsah baa 'ííjil, The woman stuck her finger with a needle while she was sewing.

STICK IT OUT STRAIGHT, TO (to hold it out, as one's arm or finger), k'ínítsi, I stuck it out.

F. k'ídees-tsih (k'ídíí, k'íidoo, k'ízhdoo, k'ídii, k'ídooh)
I. k'íní s-tsééh (k'íní, k'íí, k'íjí, k'ínii, k'ínóh)
P. k'íní-tsi (k'ííní k'íiní, k'ízhní, k'ínii, k'ínoo)
R. k'ínás-tsih (k'ínání, k'ínéí, k'ínjí, k'ínéii, k'ínáh)
O. k'íoos-tsééh (k'íóó, k'íyó, k'íjó, k'íoo, k'íooh)
N. k'ínísh-'á (k'ííníł, k'íiníł, k'ízhníł, k'íniil, k'íínół)

Níla' k'ínítsééh, díí yoostsah daats'í t'áá níighah, Hold out your finger; let's see if this ring is your size (fits you).

Nishtł'ajigo chidí bił naanályeedgo t'áá k'éhóz-don bigaan k'ínéítsih, When he intends to make a left turn in his car he sticks his arm out straight.

Shíla' k'íínísh'á, I have my finger stuck out; I am holding my finger out.

Tsin bigaan k'éz'á, The limb sticks out.

STICK UP INTO THE AIR, TO (a stiff object), yaal-kaal, it sticks up into the air.

Łį́į́' léi' bitsee' yaalkaalgo yilwołgo yiiłtsą́, I saw a horse running with his tail sticking up into the air.

STINGY, TO BE (to be tight), bił hatsoh, he is stingy (lit. impersonal it, things, are big with him; i.e. he exaggerates the size of things).

T'áadoo nił hatsohí, Don't be stingy.

Bił hatsohgo biniinaa t'ááłáhádi ná'ádį́į́hgo 'a-ná'át'ááh, He's so tight he eats only once a day.

Ha'át'éegoshą' 'ayóo nił hatsoh, Why are you so stingy (tight).

STOMACH, TO HAVE A FULL — (to be well-fed; to be opulent), bizábąąh dahashzhoh, he has a full stomach (lit. his lips are moist). (When a person is well-fed and not overworked, his lips are usually moist. Hence the expression. On the other hand, hunger and hard work cause the lips to become dry and cracked. Hence the antonym, bizábąąh dahazgan, his lips are dry.)

Diné bidibé dahólóonii t'óó bighangi ndaháaz-tą́ągo bizábąąh dahashzhoh, ndi bidibé 'ádaadinii 'éí bizábąąh dahazgango bik'é 'anáá'doolnahii yiniiyé naanish yidadii'á, A man who has sheep can sit at home with a full stomach, while the man

306

who has no sheep works hard for his bread and butter (lit. the man with sheep just sits at home with moist lips, but the one with no sheep has dry lips as he works hard for what he will swallow next)

STONE HIM TO DEATH, TO, bił nizníłne', I stoned him to death.

F. bił nizhdeesh-niił (nizdííł, nizdooł, niizhdooł, nizdiil, nizdooł)
I. bił nizhnish-ne' (nizníł, ndzíł, niijíł, nizniil, niznoł)
P. bił nizníł-ne' (ndzííníł, nizníł, niizhníł, nizniil, niznooł)
R. bił ninájísh-niih (ninádzíł, ninádzíł, ninéiijił, ninádziil, ninádzół)
O. bił njósh-ne' (ndzóół, ndzół, niijół, ndzool, ndzooł)

'Ahbínídą́ą́' hooghan bine'jí tł'iish bił nizníłne', I killed a snake back of the hogan with a stone this morning.

Hastiin gah yił nizníłne', The man stoned the rabbit to death; killed the rabbit with stones.

Díí hastiin łį́į́' sits'ą́ą́' yił nidzíłne' ńt'éé' lá, I caught this man in the act of stoning my horse to death.

STOP, TO (in a train), kǫ' na'ałbąǫsii shił niiltła, I stopped (lit. the train stopped with me); shił ni'-íltła, I stopped (lit. something indefinite stopped with me).

1. DEFINITE PRONOUN SUBJECT.
F. shił ndoołtłił   I. shił niiltłááá   P. shił niiltła
R. shił nináłtłi'   O. shił nooltłááá
2. INDEFINITE PRONOUN SUBJECT.
F. shił n'doołtłił   I. shił ni'íłtłááá   P. shił ni'íltła
R. shił niná'áłtłi'   O. shił na'ółtłááá

Bee'aldíilahsinilgóó kǫ' na'ałbąǫsii bee yiikah-go Na'nízhoozhígi t'óó kóníghániji' nihił niiltła, When we were on our way to Albuquerque the train stopped a little while in Gallup.

Na'nízhoozhídi shił n'díiłtłił, Stop for me in

Gallup (i.e. stop the train or bus for me so I can get off in Gallup).

STOP DANCING, TO (to quit dancing), ni'nish-zhiizh, I stopped dancing; I quit dancing.

F. n'deesh-zhish (n'dííl, n'dool, nizh'dool, n'diil, n'dooł)
I. ni'nish-zhíísh (ni'níl, ni'íl, n'jíl ni'niil, ni'nooł)
P. ni'nish-zhiizh (ni'ííníl, ni'íl, n'jíl, ni'niil, ni'nooł)
R. niná'ásh-zhish (niná'íl, niná'ál, niná'jíl, niná'iil, niná'ół)
O. ni'ósh-zhíísh (ni'óól, ni'ól, n'jól, ni'ool, ni'ooł)

Shijiiłtsą́ą́ ńt'éé' ni'jílzhiizh, She stopped dancing when she saw me.

Tł'é'ííłníí'góó hoolzhishgo ni'niilzhiizh, We stopped dancing at midnight.

STRAIGHT, TO BE —, k'ézdon (k'éhózdon).

STRAIGHTEN IT (BACK) OUT, TO (a material object that is bent, or a problem), k'ééséłdǫǫd, I straightened it out; I made it straight again.

F. k'éédeesh-dǫǫ ł (k'éédííł, k'ínéidooł, k'éézhdooł, k'éédiil, k'éédooł)
I. k'ínásh-dǫǫh (k'ínáníł, k'ínáníł, k'ínéíł, k'íńjíł, k'ínéiil)
P. k'ééséł-dǫǫd (k'éésíníł, k'ínéís, k'ééjís, k'éésiil, k'éésooł)
R. k'éénásh-dǫǫh (k'éénáníł, k'éénéíł, k'ééńjíł, k'éénéiil, k'éénáł)
O. k'ínáoosh-dǫǫh (k'ínáóół, k'ínáyół, k'íńjół, k'ínáool, k'ínáooł)

'Ił 'adaalkaałí k'ééséłdǫǫd, I straightened the nail; I made the nail straight again.

'Ádąąh dah hast'ą́ągo bá k'ééséłdǫǫd, He got into trouble, but I straightened it out for him.

'Agha'diit'aahii bich'į' déyá; 'éí daats'í shá k'ééhodoołdǫǫł, I'm going to see a lawyer; maybe he can straighten things out for me.

STRAIGHTEN IT OUT, TO (to straighten something that was not previously straight; to put it out straight—one's hand, finger, arm), k'íséłdǫǫd, I straightened it out; I put it out straight.

308

F. k'ídeesh-dǫǫł   (k'ídííł, k'íidooł, k'ízhdooł, k'ídiil, k'ídooł)
I. k'ésh-dǫǫh   (k'íníł, k'ííł, k'jíł, k'íil, k'éł)
P. k'íséł-dǫǫd   (k'ísíníł, k'íís, k'íjís, k'ísiil, k'ísooł)
R. k'íninásh-dǫǫh   (k'íninánił, k'ínínéíł, k'íninájíł, k'ínínéiil, k'íńnáł)
O. k'íoosh-dǫǫh   (k'íóół, k'íyół, k'íjół, k'íool, k'íooł)

Díí béésh tó bii' danílínígíí k'ídeeshdǫǫł dóó t'áadoo le'é bee 'ádeeshłííł,   I'll straighten out this water pipe and make something out of it.

Díí bééshkágí shá k'íníłdǫǫh,   Straighten out this tin for me.

STRAIGHTEN UP, TO (one's body) (to stand erectly; to stand straight),   k'ísédǫǫd, I straightened up; I stood erectly.

F. k'ídeesh-dǫǫł   (k'ídíí, k'ídoo, k'ízhdoo, k'ídii, k'ídooh)
I. k'ésh-dǫǫh   (k'íní, k'é, k'íjí, k'íi, k'éh)
N. k'íínísh-don   (k'ííníł, k'íinił, k'ízhníł, k'íniil, k'ínół)
P. k'ísé-dǫǫd   (k'ísíní, k'éz, k'íjíz, k'ísii, k'ísoo)
R. k'ínásh-dǫǫh   (k'ínáni, k'íná, k'íńjí, k'ínéii, k'ínáh)
O. k'íoosh-dǫǫh   (k'íóó, k'íó, k'íjó, k'íoo, k'íooh)

Díí dibé 'ałtso tádíígizhgo 'índa k'ídeeshdǫǫł, I won't straighten up until I have finished shearing this sheep.

Tł'óo'di ch'íníyáago 'índa k'ísédǫǫd,   I didn't straighten up until I got outside.

STRETCH ONESELF, TO, 'ádésk'ą́ą́z, I stretched myself (lit. I straightened myself).

F. 'ádidees-k'ąs   ('ádidíí, 'ádidoo, 'ádizhdoo, 'ádidii, 'ádidooh)
I. 'ádís-k'ąqs   ('ádí, 'ádí, 'ázhdí, 'ádii, 'ádóh)
P. 'ádés-k'ą́ą́z   ('ádííní, 'ádees, 'ázhdees, 'ádee, 'ádisoo)
R. 'áńdís-k'ąs   ('áńdí, 'áńdí, 'ánízhdí, 'áńdii, 'áńdóh)
O. 'ádós-k'ąqs   ('ádóó, 'ádó, 'ázhdó, 'ádoo, 'ádooh)

Yiizį' dóó 'ádésk'ą́ą́z,   I stood up and stretched (myself).

Mósí yázhí 'ałhosh ńt'éé' ńdii'na'go 'ádees-k'ą́ą́z, The kitten got up from its sleep and stretched (itself).

STRIKE, TO (a bolt of lightning), 'adeeshch'ił, a bolt of lightning struck; lightning struck.

F. 'adidoolch'ił   I. 'adiilch'ił   P. 'adeeshch'ił   R. ń'diilch'ił
O. 'adoolch'ił

Shį́į́dą́ą́' na'niilkaadgo t'áá 'áháníjį' 'adeeshch'iłgo bik'ee deelyiz, Last summer while we were herding a bolt of lightning struck nearby and almost frightened us to death.

STRIKE A HAPPY MEDIUM, TO, ts'ídá le'dółt'e' góne' 'ályaa, it struck a happy medium (lit. it was made in fairness, justice).

T'áá 'ákwíí zhíní doo ts'ídá t'áá le'dółt'e' góne' nihee hodiłtįįh da, Our summer rains never strike a happy medium (there's either too much or too little).

Nahasdzáán bikáá' bee k'énáhodoodleełii doo ts'ídá t'áá le'dółt'e' góne' 'álnéeh da, Our world peace efforts never strike a happy medium.

Dibé binaaltsoos doo ts'ídá t'áá le'dółt'e' góne' 'álnéeh da, The grazing regulations never strike a happy medium.

Bik'ehgo na'nilkaadí ha'nínígíí ts'ídá le'dółt'e' góne' 'ályaago 'índa dibé binaaltsoosígíí ła' shá 'ádoolnííł, When the grazing regulations have struck a happy medium in their makeup, I'll get a permit.

STRIKE IT OFF, TO (with a blow of a knife, sword, axe, club, etc.; to cut it off; to knock it off), k'íníłhaal, I struck it off; I cut, knocked, it off.

F. k'ídeesh-hał (k'ídííł, k'íidooł, k'ízhdooł, k'ídiil, k'ídooł)

310

I. k'inísh-haał   (k'íníł, k'ííł, k'íjíł, k'íniil, k'ínół)
P. k'íníł-haal   (k'íníł, k'ííníł, k'ízhníł, k'íniil, k'ínooł)
R. k'íní-násh-hał   (náníł, néíł, nájíł, néiil, náł)
O. k'íoosh-haał   (k'íóó, k'íyó, k'íjó, k'íoo, k'íooh)

Siláago 'atah nishłínę́ędą́ą́' 'ana'í ła' diltłish bee bik'os k'íníłhaal,   When I was in the army I struck (cut) the head off an enemy with a sword.

STRIKE ONE'S FOOT AGAINST IT, TO   (to hit it with one's foot; to step into it; to kick against it) (i.e. to strike it a glancing blow with one's foot), bízdéétááł, I struck my foot against it.

F. bízhdideesh-tał   (bízdidíí, yízdidoo, bíizhdidoo, bízdidii, bízdidooh)
I. bízhdeesh-taał   (bízdee, yízdee, bíizhdee, bízdee, bízdooh)
P. bízdéé-tááł   (bízdííní, yízdéé, bíizhdéé, bízdee, bízdoo)
R. bínízhdeesh-tał   (bínízdee, yínízdee, bínéizhdee, bínízdee, bínízdooh)
O. bízhdósh-taał   (bízdóó, yízdoo, bíizhdoo, bízdoo, bízdooh)

Hastiin tł'óó'góó dah diilwod ńt'éé' honibągqhgi gohwéí si'ánę́ę yízdéétáalgo k'asdą́ą́' naa'eelts'id, The man jumped up to go outside, and he struck his foot against the coffee pot that was setting by the fireside and it nearly fell over.

STRONG AS, TO BE AS —, yee bóodziil, he is as strong as it.

N. bee shóo-dziil   (nóo, bóo, hóo, nihóo, nihóo)

Kǫ' na'ałbągqsii bitsiits'iin t'ááłá'í si'ánígíí diné dabidziilii neeznádiindi miil yilt'éego yee bóodziil, A locomotive is as strong as a hundred thousand men.

Díí hastiin shash yee bóodziil,   He is as strong as a bear.

STRONGER, TO BE — (to be as strong as; to be strong in a comparative sense), 'áshóodziil, I am stronger; I am as strong as. ('áshóodziil, I am

strong in a comparative sense bears the same relation to shidziil, I am strong, as 'ánísnééz, I am tall in a comparative sense, bears to nisneez, I am tall.)

N. 'áshóo-dziil   ('ánóo, 'ábóo, 'áhóo, 'ánihóo, 'ánihóo)

Chidí naa'na'í łį́į' yilááh 'ábóodziil, A tractor is stronger than a horse.

Haalá yit'éego shilááh 'ánóodziil, How much stronger are you than me?

STUB ONE'S TOE ON IT, TO, bik'ą́ą́h deeshtáál, I stubbed my toe on it (bik'ą́ą́h, against it; deeshtáál, I moved my foot as in stepping).

F. bik'ą́ą́h dideesh-tał (didííl, didool, dizhdool, didiil, didooł)
I. bik'ą́ą́h dish-taał (díl, dil, shdil, diil, doł)
P. bik'ą́ą́h deesh-táál (díínil, dool, shdool, diil, dooł)
R. bik'ą́ą́h ńdísh-tał (ńdíl, ńdíl, nízhdíl, ńdiil, ńdół)
O. bik'ą́ą́h dósh-taał (dóól, dól, shdól, dool, dooł)

Kǫ' na'ałbąąsii bitiin báátis yisháah ńt'éé' béésh ńt'i' bik'ą́ą́h deeshtáalgo tsé'yaa 'íítłizh, I was going to cross the railroad tracks but I stubbed my toe and fell on my face.

STUFFED, TO BE (to the point of bursting), bídazneesdog; bidazneesdoig. (neesdog; neesdoig, a cake made from yucca fruit.)

'Ak'áán t'óó bídazneesdoiggo naazyį́, The flour sacks are stuffed (with flour).

Da'iidą́ą́' ńt'éé' nihibid t'óó bídazneesdoiggo ch'íniikai, We ate and went out with our stomachs stuffed.

SUCH AND SUCH A CLAN, TO BE —, kódóone'é nilį́, he belongs to such and such a clan.

Kódóone'é nishłį́ dishníigo hastói bił 'ahił da-

312

hweeshne', I talked to the men and told them I was such and such a clan.

Ła' dahooghangóó sáanii ba'áłchíní kódóone'é nílį́ deiłníigo yee ndeinitin, In some families the womenfolk talk to the children and tell them what clan they belong to (lit. and tell them that they belong to such and such a clan).

SUCH AND SUCH A PERSON, 'ákó'óolyéenii.

'Ákó'óolyéenii 'ádíshní díí yáshti'ígíí ha'níigo yá'át'ééh, It is best to identify oneself as such and such a person when he speaks.

SUCH AND SUCH A PLACE, 'ákóhoolyéedi.

'Ákóhoolyéedę́ę́' naashá ha'níigo dó' yá'át'ééh, It is also best for one to say that he is from such and such a place (i.e. best for one to say where he comes from).

Sitsilí 'ákóhoolyéedi nínaaí naaghá shá bididííniił, Tell my younger brother that I am here at such and such a place.

SUDDENLY OCCUR TO ONE, TO (to suddenly dawn on one), shoh niizį́į́', it suddenly occurred to me; it suddenly dawned on me (lit. I thought "shoh").

P. shoh nii-zį́į́' (nii, niini, nii, jinii, niid, noo)

'Adą́ą́dą́ą́' kingóó deekaigo béeso baa yisénah lá k'adę́ę kindi niikáahgo 'índa shoh niizį́į́', Yesterday we were going to town and I forgot my money. We were nearly there when it suddenly occurred to me.

SUIT OF CLOTHING, 'éé' 'ałk'ihodé'nilgo (lit. clothes that lie on top of one another on one).

Na'nízhoozhídi 'éé' t'áá 'ałk'ihodé'nilgo naháł-nii', I bought a suit of clothing in Gallup.

Shiye' 'éé' 'ałk'ihodé'nilgo shá nahidííłnih shi-dííniid, My son asked me to get him a suit of clothing.

Díí hastiin 'éé' t'áá 'ałk'idahodé'nilgo díį' bee hóló̱, This man has four suits of clothing.

SUPPORT HIM, TO (to give him support; to bolster him; to be with him), bee bininiilzhoozh, we are supporting him (lit. we are lying alongside and parallel to him as slender objects).

N. bee bininiil-zhoozh (bininooł, yinineel, binizhneel)

Baa nanináhígíí bee nininiilzhoozh dooleeł, We will give you our support in what you are doing.

Nihinant'a'í 'ánínígíí t'áá 'áníiltso bee bininiilzhoozh dooleeł, We'll support what our leader said.

Díí nihá binaashnishígíí t'áá 'ánółtso bee shininoołzhoozhgo t'áadoo hodina'í ła' dadiilníiłgo 'át'é, If all of you will support me we will succeed in what we want to accomplish.

SURE ENOUGH (and sure enough), niik'ehé̱é̱.

Naaki yiskáą̱go naalyéhé bá hooghangi niba' naasháa dooleeł níigo shá nahaz'á̱, 'áádóó naaki yiskáą̱go naalyéhé bá hooghangi níyáá ńt'éé' niik'ehé̱é̱ 'ákwii naaghá, He made a date with me saying that in two days he would be waiting for me at the trading post. In two days I went to the trading post and sure enough he was there.

SUSPEND IT, TO (to hold it up; to hold it in abeyance), dah hétł'ó̱, I suspended it; I held it up.

F. dahideesh-tł'óół (dahidíí, dahidiyoo, dahizhdoo, dahidii, dahidooh)

I. dahash-tł'ó (dahí, dahiyii, dah jii, dahii, dahoh)
P. dahé-tł'ǫ́ (dahíní, dahiyiiz, dah jiiz, dahee, dahisoo)
R. dah náhásh-tł'óóh (náhí, náyii, ńjii, náhii, náhóh)
O. dahósh-tł'óół (dahóó, dahiyó, dah jiyó, dahoo, dahooh)

Bik'ehgo na'nilkaadí baa hwiinít'ínę́ę 'éí k'ad t'óó dahaastł'ǫ́, The grazing regulations which were discussed are now suspended (lit. tied up).

Wááshindoondi béeso nihá baa hwiinít'ínę́ę 'éí naaltsoos 'anáádaha'niłígíí biniinaa t'óó dahaastł'ǫ́, The Federal funds which were discussed for us have been held up by the election.

SUSPICIOUS, TO GET (that he is flirting with one's spouse), bísísni, I became suspicious of him (and my wife) (lit. I found out against him).

F. bíídéesh-nih (bíídííl, yíídóoł, bíízhdóoł, bíídiil, bíídóoł)
N. bíínísh-nííh (bííníl, yóól, bíjól, bííníil, bíínół)
P. bísís-nih (bísíníl, yóos, bíjoos, bísiil, bísooł)
R. bínáosh-nih (bínáool, yínáool, bíńjól, bínáool, bínáooł)
O. bíoosh-nih (bíóól, yíól, bíjól, bóol, bóoł)

Hastiin shá na'niłkaadígíí bísísnih, I got suspicious that the man who herds for me was flirting with my wife.

SWARM, TO (to go in large numbers; to go in droves) (ten or more in a group), 'i'íísol, they swarmed away out of sight.

F. 'i'diil-zoł ('i'dooh, 'i'doo, 'izh'doo)
PROG. 'iil-zoł ('oh, 'oo, 'ajoo)
I. 'i'iil-zóół ('o'oh, 'i'o, 'i'ji)
P. 'i'iil-zol ('i'oo, 'i'íí, 'i'jíí)
R. 'aná'iil-zoł ('aná'óh, 'aná'á, 'aná'jí)
O. 'o'ool-zóół ('o'ooh, 'o'oo, 'i'jó)

Kin bizánághah góne' łééchąą'í t'óó 'ahayói 'i'íísol, A big pack of dogs went (swarmed) around the corner of the house.

Kin bii' 'ólta'ígíí biyi'déé' 'áłchíní ch'í'nísol 'ał-ní'ní'ą́ą́go, At noon the children came swarming out of the school house.

SWARM, TO (bees, flies), dah ná'ásoł, there is a swarm. (Also a large group or mass of people, a school of fish, flock of birds, etc.).

Cl. dah ná'iil-zoł (ná'óh, ná'á, ń'jí)

Tsé bighą́ą́'gi 'áłchíní t'óó 'ahayói dah ná'ásoł, There's a swarm of children up on top of the rock.

Shikin góne' tsé'édǫ́'ii dah ná'ásoł, There's a swarm of flies in my house.

Táyi' łóó' t'óó 'ahayói dah ná'ásołgo yiiłtsą́, In the water I saw a school of fish (a lot of fish).

K'i'dííláhą́ą́gi gáagi dah ná'ásoł, There's a flock of crows on my field.

SWEAT THERE, TO (in the genital region), shaa 'anii'ééł, I'm sweating there (in the genitals).

F. shaa 'adínóo'oł   I. shaa 'anii'eeł   P. shaa 'anii'ééł
R. shaa ná'nii'oł   O. shaa 'anoo'eeł

SWORN IN, TO BE —, naaltsoos bik'ehgo 'ádee hadeesdzíí', he was sworn in (lit. he promised according to the book — i.e. the Bible).

Naaltsoos bik'ehgo 'ádee —
F. hadidees-dzih (hadidíí, hadidoo, hazhdidoo, hadidii, hadidooh)
I. hadis-dziih (hadí, hadi, hazhdi, hadii, hadoh)
P. hadees-dzíí' (hadííní, hadoo, hazhdoo, hadii, hadooh)
R. hańdís-dzih (hańdí, hańdí, hanízhdí, hańdii, hańdóh)
O. hadós-dziih (hadóó, hadó, hazhdó, hadoo, hadooh)

Wááshindoon bá jidilnishgo 'áłtsé naaltsoos bi-k'ehgo 'ádee hazhdidzih, The first thing you have to do when you start working for the Government is to be sworn in.

316

Diné 'asdzání yił 'ałhaa yít'aashgo naaltsoos yik'ehgo 'ádee hadidzih, When a man marries a woman he has to swear an oath.

SYMPATHIZE WITH HIM, TO, shił baa hojoobá'í, I sympathize with him; I'm sorry for him; I feel sorry for him.
Diné 'azee'ál'įį góne' shijé'ígíí t'áá 'ałtso shił baa hojoobá'í, I sympathize with all the people who are lying in the hospital.

— T —

TAKE A RUN, TO (to make a run), dághá déshwod, I took a run. (The 'run' described by this term was a custom, especially in former times, for young men. It was a form of exercise taken early in the morning in order to make the youth healthy and strong, able to withstand hardship.)

F. dághá dideesh-woł (didííl, didool, dizhdool) D. dághá 'ahidí'-níil-chééł ('ahidí'nóoł, 'ahidí'nóol, 'ahizhdí'nóol) Pl. dághá didii-jah (didooh, didoo, zhdidoo)

I. dághá dish-yeed (díl, dil, zhdil) D. dághá 'ahidí'níil-chééh ('ahidí'nół, 'ahidí'níl, 'ahizhdí'níl) Pl. dághá dii-jeeh (doh, dii, zhdii)

P. dághá désh-wod (díníl, dees, zhdees) D. dághá 'ahidíneel-chą́ą́' ('ahidínóoł, 'ahidíneel, 'uhidízhnéel) Pl. dághá dee-jéé' (dishoo, deezh, zhdeezh)

R. dághá ńdísh-wo' (ńdíl, ńdíl, nízhdíl) D. dághá náhidí'níil-chééh (náhidí'nóoł, náhidí'níil, náhizhdí'níil) Pl. dághá ńdii-jah (ńdooh, ńdii, nízhdii)

O. dághá dósh-yeed (dóól, dól, zhdól) D. dághá 'ahidí'nóol-chééł ('ahidí'nóoł, 'ahidí'nool, 'ahizhdí'nool) Pl. dághá doo-jeeh (dooh, dó, zhdó)

Ahbínígo ńléí dził si'ání bitsįįį' dághá ńdíshwo' ńt'éé' 'ániid naasháhą́ądą́ą́', When I was young

317

I used to take a run every morning to the base of that mountain over there.

TAKE ADVANTAGE OF IT, TO, bee 'ák'isisdla', I took advantage of it.

F. bee 'ák'i-deesh-dlaał   (díí, doo, zhdoo, dii, dooh)
N. bee 'ák'eesh-dlá   ('ák'ini, 'ák'ee, 'ák'iji, 'ák'ii, 'ák'ioh)
P. bee 'ák'isis-dla'   ('ák'isíní, 'ák'ees, 'ák'ijis, 'ák'isii, 'ák'isooh)
R. bee 'ák'i-násh-dlaah   (nání, ná, ńjí, néii, náh)
O. bee 'ák'i-oosh-dla'   (óó, oo, jó, oo, ooh)

Bilagáana bizaad bíhooł'ą́'ígíí bee 'ák'eeshdlá, I take advantage of the fact that I have learned the English language.

'Ólta'di bíhwiinił'ą́'ígíí bee 'ák'inidláago t'áá ni 'ák'inanildzil dííleeł, If you take advantage of your education, you can become self-supporting.

'Ólta' bee sha'deet'ánígíí bee 'ák'isisdla', I took advantage of my opportunities for schooling.

TAKE FULL ADVANTAGE OF IT, TO (to make as much use of it as possible; to get all the enjoyment possible out of it; to really make use of it), bee ní'sísdįid, I took full advantage of it.

F. bee ń'deesh-dįįł   (ń'dííl, ń'dool, nízh'dool, ń'diil, ń'dooł)
Cl. bee ná'ásh-dįįh   (ná'íl, ná'ál, ń'jíl, ná'iil, ná'ół)
P. bee ní'sís-dįid   (ní'síníl, ná'ás, ń'jís, ní'siil, ní'sooł)
R. bee níná'ásh-dįįh   (níná'íl, níná'ál, níná'jíl, níná'iil, níná'ół)
O. bee ná'ósh-dįįh   (ná'óó, ná'ó, ń'jó, ná'oo, ná'ooh)

Díí chidí t'áá 'iiyisíí bee ní'sísdįidgo 'índa shaa nahaaznii', I really made use of this car before I sold it.

Bíí' 'ílíinii t'ah doo yíká yígháahdą́ą́' díí béésh hataałí bee ná'íldįįh, Get all the enjoyment you possibly can out of this phonograph before the owner comes for it.

Ha'át'íishą' biniiyé t'áá 'áłahjį' dzi'izí nił ndzi-
t'i? Why do you ride on your bicycle all the
time? Jó t'ah doo yéigo ńdiiłk'áásdą́ą́' bee
ń'deeshdįįł nisingo 'ásht'į, I want to take full ad-
vantage of it (get all the fun I can from it) before
cold weather sets in.

TAKE IT, TO (a pill) (to swallow it), 'íiłna', I
took it; I swallowed it.

F. 'adeesh-nah ('adííł, 'iidooł, 'azhdooł, 'adiil, 'adooł)
I. 'iish-neeh ('anił, 'iił, 'ajił, 'iil, 'ooł)
P. 'íił-na' ('ííníł, 'ayííł, 'ajííł, 'iil, 'ooł)
R. 'anásh-nah ('ananíł, 'anéíł, 'aníjíł, 'anéiil, 'anáł)
O. 'oosh-neeh ('oół, 'ayół, 'ajół, 'ool, 'ooł)

Díí 'azee' naakigo díį'di 'ananíłnahgo 'aná'át'-
áah dooleeł, Take two of these pills four times a
day (lit. while you repeatedly swallow two of this
medicine four times, the sun will repeatedly set).

T'ááłá'í 'ahééníná'álki'go díí 'azee' t'ááłá'í
'ananíłnah dooleeł, Take one of these pills every
hour.

Díí 'azee' tó bił 'ananíłnah dooleeł, Take these
pills with water.

TAKE IT UNDER CONSIDERATION, TO (to give
it consideration; to ponder about it), nabik'ítsés-
kees, I have it under consideration; I am giving it
thought (lit. nabik'í- about upon it; -tséskees, I
am thinking).

F. nabik'í-tsídees-kos (tsídííł, tsídooł, tsízhdooł, tsídiil, tsídooł) (na-
bik'ítsíhodookos)
CI. nabik'í-tsés-kees (tsíníł, tséł, tsíjíł, tsíil, tsół) (nabik'ítsáhákees)
P. nabik'í-tsíséł-kééz (tsísíníł, tsés, tsíjís, tsísiil, tsísoł) (nabik'ítsí-
háskééz)
R. nabik'í-tsínás-kos (tsínáníł, tsínáł, tsíńjíł, tsínéiil, tsínáł) (nabi-
k'ítsínáhákos)

O. nabik'í-tsóos-kees (tsóół, tsóoł, tsíjół, tsóol, tsóoł) (nabik'ítsóhó-
kees)

Hazhó'ó nabik'ítsínáskosgo 'índa dibé yázhí shaa nináhánih, I always give full consideration to the matter before I sell my lambs.

Bilagáana kéyah naa nahashniih shiłnínígíí t'ah nabik'ítséskees, A white man wanted to buy my land; I'm still considering the matter.

Béeso ła' sha'níníił shidinínígíí nabik'ítséskees, I have taken under consideration your request for a loan; I am thinking over your request for a loan.

TAKE IT OFF, TO, hadiistsooz, I took it off (a shirt); hadiisht'á, I took it (them) off (trousers); hadiishdlá, I took them off (shoes); hahidiish'nil, I took them off (clothes).

1. SHIRT (single flat flexible object).
F. hadidees-tsos (hadidííl, haididool, hazhdidool, hadidiil, hadidooł)
I. hadiis-tsóós (hadiil, haidiil, hazhdiil, hadiil, hadooł)
P. hadiis-tsooz (hadinil, haidiil, hazhdiil, hadiil, hadooł)
R. hańdiis-tsos (hańdiil, hanéidiil, haní̜zhdiil, hańdiil, hańdooł)
O. hadoos-tsóós (hadoól, haidool, hazhdool, hadool, hadooł)

2. TROUSERS (single roundish bulky object).
F. hadideesh-t'ááł hadidíí, haididoo, hazhdidoo, hadidii, hadidooh)
I. hadiish-t'aah (hadii, haidii, hazhdii, hadii, hadooh)
P. hadiish-t'á̜ (hadini, haidii, hazhdii, hadii, hadooh)
R. hańdiish-t'ááh (hańdii, hanéidii, haní̜zhdii, hańdii, hańdooh)
O. hadoosh-t'ááł (hadoó, haidoo, hazhdoo, hadoo, hadooh)

3. SHOES (plural objects).
F. hadideesh-dléél (hadidíí, hadidoo, haididoo, hadidii, hadidooh)
I. hadiish-dlé (hadii, haidii, hazhdii, hadii, hadooh)
P. hadiish-dlá (hadini, haidii, hazhdii, hadii, hadooh)
R. hańdiish-dlééh (hańdii, hanéidii, haní̜zhdii, hańdii, hańdooh)
O. hadoosh-dléél (hadoó, haidoo, hazhdoo, hadoo, hadooh)

4. CLOTHES (plural objects).
F. hahidideesh-'nił (hahididíí, haididoo, hahizhdidoo, hahididii, ha-
hididooh)

320

I. hahidiish-'nííł   (hahidii, haidiyii, hahizhdii, hahidii, hahidooh)
P. hahidiish-'nil   (hahidini, haidiyii, hahizhdii, hahidii, hahidooh)
R. hanáhidiish-'nił   (hanáhidii, hanéídiyii, hanáhizhdii, hanáhidii, hanáhidooh)
O. hahidoosh-'nííł   (hahidoó, haidiyoo, hahizhdoo, hahidoo, hahidooh)

Bi'éé' haidiiltsooz dóó bitsii' tánéízgiz, He took off his shirt and washed his hair.

Hastiin bi'éé' haidiyii'nil dóó táchééh góne' yah 'ee'na', The man took off his clothes and went (crawled) into the sweathouse.

Tooh biniiłt'a síníyáago ni'éé' hahididíí'nił dóó tsé'naa n'dííłkǫ́ǫ́ł, When you get to the river take off your clothes and swim across.

Hooghandi nánísdzáago díí tł'aajį'éé' bii' sé-'eezígíí hadideesht'ááł dóó ła' biih náádeest'is, When I get back home I'll take off these trousers and put on another pair.

Shikee' hadiishdlá, I took off my shoes.

Naanishdę́ę́' nináháshdáahgo shikee' háádiishdlééh dóó náánáła' biih nást'is, When I get back from work I take off my shoes and put on another pair.

TAKE ONE'S FAMILY, TO, sha'áłchíní nishé'eezh, I took my family (lit. I led my wife and children there and back).

1. START LEADING THEM.
F. dideesh-'ish   (didíí, yididoo, jididoo, didiit, didooh)
I. dish-'éésh   (dí, yidi, jidi, diit, doh)
P. dé-'eezh   (díní, yideezh, jideezh, deet, dishoo)
R. ńdísh-'ish   (ńdí, néidi, nízhdí, ńdiit, ńdóh)
O. dósh-'éésh   (dóó, yidó, jidó, doot, dooh)

2. TO TAKE THEM THERE AND BACK HOME AGAIN.
F. ndeesh-'ish   (ndíí, niidoo, nizhdoo, ndiit, ndooh)
CI. naash-'eesh   (nani, nei, nji, neiit, naah)
P. nishé-'eezh   (nishíní, neizh, njizh, nishii, nishoo)

321

R. ninásh-t'ish (ninání, ninéí, ninájí, ninéii, ninár)

O. naoosh-'éésh (naóó, naoo, njó, naoot, naooh)

Sha'áłchíní Hoozdogóó deesh'ish, I'll take my family to Phoenix.

Kin bii' hooghan dooleełígíí 'ádingo biniinaa sha'áłchíní t'áadoo dé'eezh da, I can't take my family because there is no housing.

Morenci-di nanilnish yéędą́ą́'ash na'áłchíní 'ákǫ́ǫ́ nishíní'eezh, Did you take your family when you worked at Morenci?

TAKE ONE'S TIME, TO, t'áá kóódígo, leisurely; in no hurry.

T'áá kóódígo níyá, I took my time in coming; I came at my leisure.

T'áá kóódígo 'ashą́, I'm taking my time eating; I'm eating slowly.

TAKE THE LEAD, TO (to assume leadership), 'atsi ni'ádinishtį́, I took the lead; I assumed leadership (lit. I carried myself to a position at the head).

F. 'atsi ni'ádideesh-tééł (ni'ádidííl, ni'ádidol, ni'ádizhdool) Pl.'atsi ni'ádidii-'nił (ni'ádidooh, ni'ádidoo, ni'ádizhdoo)

I. 'atsi ni'ádinish-teeh (ni'ádiníl, ni'ádíl, ni'ázhdíl) Pl. 'atsi ni'á-dinii-'nííł (ni'ádinoh, ni'ádí, ni'ázhdí)

P. 'atsi ni'ádinish-tį́ (ni'ádííníl, ni'ádeel, ni'ázhdeel) Pl. 'atsi ni'á-dinii-'nil (ni'ádinooh, ni'ádee, ni'ázhdee)

R. 'atsi niná'ádísh-tééh (niná'ádíl, niná'ádíl, niná'ázhdíl) Pl. 'atsi niná'ádii-'nił (niná'ádóh, niná'ádí, niná'ázhdí)

O. 'atsi ni'ádósh-tééł (ni'ádóól, ni'ádól, ni'ázhdól) Pl. 'atsi ni'á-doo-'nííł (ni'ádooh, ni'ádó, ni'ázhdó)

Hazhó'ó yiikah ńt'éé' shínaaí 'atsi ni'ádeeltį́, We were walking slowly along, and my older brother took the lead.

Nihinant'a'í hólǫ́ǫgo kééhwiit'į́į́ ńt'éé' 'áko 'éí 'ádin silį́į'go diné ła' t'áá bí 'atsi ni'ádeeltį́, We

322

had a leader, but when he died another man came forward and assumed leadership.

TALK AGAINST HIM, TO, bits'ą́ą́jí nishłį́igo yáshti', I talk against him (lit. bits'ą́ą́jí, on the side a-way from him; nishłį́igo, I being; yáshti', I talk).
Ha'át'íísh biniinaa sits'ą́ą́jí nílį́igo yáníłti', Why do you talk against me?
Hastiin nihinant'a'í nilínígíí Wááshindoon yits'ą́ą́jí nilį́igo yáłti', Our leader talks against the government.

TALK HIM OUT OF IT, TO, bighaninisdzood, I I talked him out of it (lit. I drove it through him).

F. bigha-dínées-dzoł (díníí, idínóo, zhdínóo, díníi, dínóoh)
I. bigha-nisdzood (ní, ini, zhni, nii, noh)
P. bigha-ninis-dzood (nííní, inee, zhnee, ninii, ninooh)
R. bigha-nánís-dzo' (nání, néini, názhní, nánii, nánóh)
O. bigha-nós-dzóód (nóó, inó, zhnó, noo, nooh)

Shibéeso shighaineedzood, He talked me out of my money.
Shidá'í łį́į' biyéél bighaninisdzood, I talked my uncle out of his saddle.
Shizhé'é béeso ła' bighadínéesdzoł, I'll talk my father out of some money.

TALK MEAN ABOUT IT, TO (to say nasty things about it; to be uncomplimentary of it) (prompted by envy, jealousy, etc.), yiyiiłkóóh, he talks mean about it; he says nasty things about it. (Cp. egotistic.)

F. yideesh-koh (yidííł, yiidooł, yizhdooł, yidiil, yidooł)
I. yiish-kóóh (yiił, yiyiił, jiił, yiil, wooł)
P. yiił-kwi (yinił, yiyiił, jiił, yiil, wooł)
R. néiish-koh (néiił, néiił, ńjiił, néiil, náooł)
O. woosh-kóóh (woół, yooł, jooł, wool, wooł)

323

Be'éé' 'ániidí yígíí t'áadoo yiiłkóhí,   Don't talk nasty about his new clothes; don't say nasty things about his new clothes.

Chidí 'ániid naháłnii'ígíí jiiłkóohgo biniinaa shá hóóchįįd,   He said nasty things about my new car and made me angry.

TAUT, TO BE, ńdon. (Cp. tight.)

Tł'óół ńdongo yikáá' ha'naa naníyá,   He walked across on the taut (tight) rope.

TEACH ONESELF, TO, na'ádinéshtą́ą́',   I taught myself (lit. I showed myself how).

F. (na)'ádi-dínéesh-tį́į́ł   (díníí, dínóo, zhdínóo, díníi, dínóoh)
PROG. 'ádi-neesh-tį́į́ł   (níí, noo, zhnoo, nii, nooh)
CI. na'ádi-nish-tin   (ní, ni, zhni, nii, noh)
P. na'ádi-nésh-tą́ą́'   (níní, nees, zhnees, nee, nooh)
R. niná'ádi-nish-tį́į́h   (ní, ni, zhni, nii, noh)
O. na'ádi-nósh-tą́ą́'   (nóó, nó, zhnó, noo, nooh)

Nááts'ózí bizaad t'áá bí yee na'ádineestą́ą'go k'ad yá'át'éehgo yee yáłti',   He taught himself the Japanese language, and now he speaks it well.

Béésh łigaii yitsidgi t'áá shí na'ádinishtin,   I'm teaching myself silversmithing.

Naakaii bizaad bee 'ádineeshtį́į́ł,   I'm teaching myself Spanish; I'm learning Spanish myself.

TEACH IT TO HIM, TO (to make him learn it), bíbiyiił'ą́ą́',   I taught it to him; I made him learn it. (Cp. bínabinéłtą́ą́',   I showed him how to do it; I taught him by showing him how.)

F. bíbidiyeesh-'áał   (bíbidiyííł, yíidiyooł, bíbizhdiyooł, bíbidiyiil, bíbidiyooł)
I. bíbiyiish-'aah   (bíbiyiił, yíiyiił, bíbijiyiił, bíbiyiil, bíbiyooł)
P. bíbiyiił-'ą́ą́'   (bíbiyinił, yíiyiił, bíbijiyiił, bíbiyiil, bíbiyooł)
R. bínábiyiish-'ááh   (bínábiyiił, yínéiyiił, bínábijiyiił, bínábiyiil, bínábiyooł)

O. bíbiyoosh-'ááł   (bíbiyóół, yíyiyooł, bíbijiyooł, bíbiyool, bíbiyooł)

Díí 'ashkii Bilagáana bizaad shá bíbiyiił'aah, Teach this boy English for me.

T'ah 'ashkii nilínę́ędą́ą́' bichaii ńt'éé' hatáál díkwíí shį́į́ yíbiyiił'ą́ą́', When he was a boy his grandfather taught him several ceremonies. (In the foregoing example yí- is the pronoun representing what was taught, while bi- represents the person taught.)

TELL ABOUT IT, TO (to give an account of it), baa nahashne', I am telling about it.

F. baa naho-deesh-nih   (dííl, dool, zhdool, diil, dooł)
Cl. baa na-hash-ne'   (hól, hal, hojil, hwiil, hoł)
P. baa na-hosis-ne'   (hosíníl, has, hojis, hosiil, hosooł)
R. baa niná-hásh-nih   (hól, hál, hojil, hwiil, hół)
O. baa na-hósh-ne'   (hóól, hól, hojól, hool, hooł)

'Éé' neishoodii God bizaad yaa nináhálnih, The missionary tells about the Gospel.

Hastiin 'ałk'idą́ą́' Hwéeldi hoolyéedi 'ádahóót'įįdę́ę yaa nahalne' ńt'éé' be'esdzáán yah 'ííyá, The man was telling about happenings at Fort Sumner when his wife came in.

TELL HIM OFF, TO (to criticize him severely; to give him a piece of one's mind), yí'įįd, I told him off.

F. yídéesh-'įįł   (yídíí, yíídóo, yízhdóo, yídíit, yídóoh)
Cl. yish-'į́   (ni, yi, ji, yiit, woh)
P. yí-'įįd   (yíní, yiyíí, jíí, yiit, woo)
R. násh-t'įįh   (nání, néí, ńjí, néii, náh)
O. wósh-'įįh   (wóó, yó, jó, woot, wooh)

Tségháhoodzání dóó naashá dishníigo bee 'ádaa hweeshne' ńt'éé' diné hááhgóóshį́į́ dashíí'įįd. When I said that I was from Window Rock the people really told me off.

325

TERMS WITH HIM, TO BE ON BAD — (to be on the outs with him; to be at odds with him), bił 'ałch'į' ndishk'ą', I'm on bad terms with him (lit. I am rocking back and forth toward each other with him). (Cp. tsinaa'eeł 'ayóo ndik'ą', the boat is really rocking.)

N. bił 'ałch'į' ndish-k'ą'   (ndí, ndi, nizhdi, ndii, ndoh)

Shįįdą́ą́' bił 'ałch'į' ndishk'ą'go ná'ahóónáád, I was on bad terms with him for a long time last summer.

Díí sáanii naakigo 'ahidiníłnáago ba'áłchíní 'ahee ndaa'néego yiniinaa 'ałch'į' ndik'ą', Because of the fact that the children of these women are always hurting one another, their mothers are not on good terms with each other.

TEST CEREMONY, TO CARRY ON A — (to carry on a portion of a ceremony to determine whether it is the right one. If, after a half day or so, it appears to be the right one, then the complete ceremony is used.), 'azada'ashnil, I am carrying on a test ceremony (lit. I am putting things into mouths).

F. 'aza-da'deesh-nił   (da'díí, da'doo, dazh'doo, da'dii', da'dooh) ('azada'doo'nił)
Cl. 'aza-da'ash-nil   (da'í, da'a, da'ji, da'ii', da'oh)   ('azada'a'nil)
P. 'aza-da'sé-nil   (da'síní, da'az, da'jiz, da'sii', da'soo)   ('azada'as'nil)
R. 'aza-ná'ásh-'nił   (ná'í, ná'á, ń'jí, ná'ii', ná'óh)   ('azaná'á'nił)
O. 'aza-da'ósh-nil   (da'óó, da'ó, da'jó, da'oo', da'ooh)   ('azada'ó'nil)

Naaki yiskánídą́ą́' dóó 'adą́ą́dą́ą́' nagháí dził bitsį́į́jí diné ła' bizada'ashnilgo shee 'i'íí'ą́, The day before yesterday and all day yesterday I tested ceremonies for a man over by the foot of that mountain there.

THE BEST ONE CAN (go all out), t'áá 'ii' shéłjaa'-ági (lit. t'áá, just; 'ii', in something; shéłjaa'-, I keep them; -ági, to that extent, at that amount; bee, with it), the best I can; with all I've got.

N. t'áá 'ii' shéł-jaa'ági bee (shíníł, yish, jish, shiil, shooł)

T'áá 'ii' shéłjaa'ági bee bíká 'adeeshwoł, I'll help him the best I can; I'll do everything I can to help him.

T'áá 'ii' shíníłjaa'ági bee shíká 'anilyeed, 'áko doo ch'ééh 'ádiit'įįł da, Give me all the help you can so we won't fail.

THEATER, da'níl'į bá hooghanígíí (lit. a building for looking at things).

Na'nízhoozhídi da'níl'į bá hooghanígíí tł'óó'-góó siikéé' nt'éé' nikihoníłtą́, We were sitting outside the theater in Gallup when it began to rain.

THEN WHAT? 'ákoshą' ?

Naat'áanii bich'į' diit'ash, We'll go to the Superintendent. 'Ákoshą', Then what?

Shibéeso hólǫ́, I have some money. 'Ákoshą', Well, so what ?

THINK ONE WAS, TO (to think that such and such was the case, only to find out otherwise; to be under the false impression that; to be under the delusion that), neesht'áá', I thought that —. (Cp. níí'aa', I deceived him.)

F. dínéesh-t'ah (díníí, dínóo, dízhnóo, díníi, dínóoh)
I. nish-t'ááh (ní, ni, jini, nii, noh)
P. neesh-t'áá' (nííní, noo, jinoo, nii, nooh)
R. nánósh-t'ah (nání, nánó, názhnó, nánii, nánóh)
O. nósh-t'ááh (nóó, nó, jinó, noo, nooh)

Mą'ii 'át'į nisingo neesht'áá', I thought it was

327

a coyote, but it wasn't.

T'ááłá'í béeso 'ásh'į́ nisingo neesht'áa'go 'ash-dla'ígíí baa níłtsooz lá,   I thought that I was giv-ing him a one-dollar bill, but I found that it was a five-dollar bill.

THOROUGHLY (completely),   haleebee.

Haleebee 'ájít'į́į́ łeh,   Now get going; now get in there and do your best (lit. one customarily acts thoroughly).

'Ádąąh dahast'áanii haleebee nayídééłkid,   I questioned the criminal thoroughly;   I grilled the criminal.

Diné nohłíinii haleebee 'ólta' baa ntsídaahkees-go yá'át'ééh,   You Navahos must give education your most careful thinking.

THREATEN HIS LIFE, TO, bizéé' nisé'ą́, I threat-ened his life (lit. I carried his death around).

F. bizéé' ndeesh-'aał (ndíí, neidoo, nizhdoo, ndiit, ndooh)
Cl. bizéé' naash-'á (nani, nei, nji, neiit, naah)
P. bizéé' dé-'ą́ (díní, yideez, jideez, disiit, disoo)
P. bizéé' nisé-'ą́ (nisíní, neiz, njiz, nisiit, nisoo)
R. bizéé' ninásh-'aah (nináńí, ninéí, ninájí, ninéiit, nináh)
O. bizéé' dósh-'áął (dóó, yidó, jidó, doot, dooh)

Be'esdzáán bits'ą́ą́' yóó' 'eelwodgo yiniinaa yi-zéé' nei'á,   He is threatening the life of his wife because she ran away from him.

THROW ONESELF DOWN, TO,   'ádee 'ajeesh-ghaal, I threw myself down.

F. 'ádee 'azhdeesh-ghał ('azdííl, 'azdool, 'iizhdool, 'azdiil, 'azdooł)
I. 'ádee 'ajish-ghaał ('adzíl, 'adzil, 'iijil, 'adziil, 'adzoł)
P. 'ádee 'ajeesh-ghaal ('adzííníl, 'adzool, 'iijool, 'adziil, 'adzooł)
R. 'ádee 'ańjísh-ghał ('ańdzíl, 'ańdzíl, 'anéijil, 'ańdziil, 'ańdzół)
O. 'ádee 'ajósh-ghaał ('adzóól, 'adzól, 'iijól, 'adzool, 'adzooł)

Ni'jį' 'ádee 'ajeeshghaal,   I threw myself down
on the ground.

Bee'eldǫǫh shich'į' yideeztsigo ni'jį' 'ádee 'a-
jeeshghaal,   When I saw him point the gun at me
I threw myself down.

Łį́į' shik'ijį' 'ádee 'adzoolghaal,   The horse
threw himself down on me.

THROW HIM OUT, TO, ch'íhiníłhan, I threw him
out.

F. ch'íhideesh-hą́ą́ł   (ch'íhidííł, ch'íidiyooł, ch'íhizhdiyooł, ch'íhidiil,
ch'íhidooł)
I. ch'íhinish-han (ch'íhiníł, ch'íyiił, ch'íjiił, ch'íhiniil, ch'íhinoł)
P. ch'íhiníł-han (ch'íhííníł, ch'íiníł, ch'íhizhníł, ch'íhiniil, ch'íhinooł)
R. ch'í-náhásh-hą́ą́h (náhíł, náyiił, ńjiił, náhiil, náhół)
O. ch'íhósh-han (ch'íhóół ch'íiyół, ch'íjiyół, ch'íhool, ch'íhooł)

Díí 'ashkii hataałii yá nahałt'i'go biniinaa tł'óó'
góó ch'íhiníłhan,   I threw this boy out because he
was making fun of the medicine man.

Łééchąą'í yah 'anáánáádzáago ch'íhidííłhą́ą́ł,
Throw the dog out if he comes in again.

THROW THEM OUT, TO, ch'íhéłtł'íid, I threw
them out.

F. ch'íhideesh-tł'ił   (ch'íhidííł, ch'íidiyooł, ch'íhizhdiyooł, ch'ıhidiil,
ch'íhidooł)
I. ch'íhinish-tł'iid (ch'íhiníł, ch'íiyiił, ch'íjiił, ch'íhiniil, ch'íhinoł)
P. ch'íhéł-tł'íid (ch'íhíníł, ch'íyiis, ch'íjiis, ch'íheel, ch'íhisooł)
R. ch'í-náhásh-tł'i' (náhíł, náyiił, ńjiił, náhiil, náhół)
O. ch'íhósh-tł'iid (ch'íhóół, ch'íiyół, ch'íjiyół, ch'íhool, ch'íhooł)

'Ahbínígo mósí dóó łééchąą'í ch'ínáyiiłtł'i', He
throws the cats and dogs out every morning.

'Asdzání bá hóóchįįdgo 'ásaa' ch'íyiistł'íid, The
woman got so angry at him that she threw the
dishes out.

329

TIE IT UP, TO, be'sétł'ǫ́, I tied it up.

F. be'deesh-tł'óół (be'díí, ye'doo, bezh'doo, be'dii, be'dooh) (be'doo-tł'óół)

I. be'esh-tł'óh (be'í, ye'e, be'ji, be'ii, be'oh) (be'etł'ó)

P. be'sé-tł'ǫ́ (be'síní, ye'ez, be'jiz, be'sii, be'soo) (be'estł'ǫ́)

R. bená'ásh-tł'óóh (bená'í, yená'á, beń'jí, bená'ii, bená'óh) (bená'á-tł'óóh)

O. be'ósh-tł'óół (be'óó, ye'ó, be'jó, be'oo, be'ooh) (be'ótł'óół)

Díí 'ashkii t'áadoo hodíina'í béégashii yáázh ye'eztł'ǫ́, This boy tied up the calf quickly.

Hastiin tsinaabąąs bijáád ye'eztł'ǫ́ǫ́ dóó bidah góyaa bida'ííłbą́ą́z, The man tied up his wagon wheels and went down the grade.

Naaltsoos 'ałch'į' be'sétł'ǫ́, I tied the papers up in a bundle.

TIGHT, TO BE, 'ak'inaazdon, it (clothing) is tight. (Cp. ńdon, taut; tight; stretched tight.)

Shitł'aají'éé' shik'inaazdon, My trousers are tight on me.

TIMES GET BETTER (times become better), hats'ííd nááhodeezt'i', times got better; times became better again.

F. hats'ííd nááhodidoot'ih   I. hats'ííd nááhodit'ééh   P. hats'ííd nááhodeezt'i'   U. hats'ííd nááhodit'ih   O. hats'ííd nááhodót'ééh

Diné 'anaa' yik'ee ti'dahooznii'. K'ad t'éiyá 'anaa' bik'i'deesdee' dóó hats'ííd nááhodeezt'i', People suffered during the war. Now the war is over, and times have become better again.

T'ahádóó nihá hats'ííd nááhodeezt'i' dooleeł, Times will soon get better for us.

TIME IS UP (to be at the end of one's rope), shiyaa 'ahooldo, time is up for me; I have come to the end of my rope (lit. shiyaa, under me; 'ahooldo,

things have wafted in).

F. shiyaa 'ahodooldoh   I. shiyaa 'ahaldóóh   P. shiyaa 'ahooldo
R. shiyaa 'anáháldoh   O. shiyaa 'ahóldóóh

Té'é'į biniinaa k'adéę shiyaa 'ahaldóóh,   Poverty has just about brought me to the end of my rope.

K'ad lą́ą shiyaa 'ahooldo niizį́į́',   I thought for sure that my time was up.

TIME IS UP (time for it),   bílátah dahashzhiizh, time is up for it; it's time for it (lit. time has progressed to its tip).

Náhást'éí tł'éé' hatáál baa na'aldeehígíí k'ad bílátah dahashzhiizh,   Time is up for the nine day chant; the nine day chant has reached its end.

Hastiin 'awáalya góne' t'ááłá'í nee ńdidooził bi'doo'niidéę k'ad bílátah dahashzhiizh,   The man's one month jail sentence is nearly up now.

TINGE IT, TO (to taint it; to contaminate it; to give it the taste of; to take the taste or odor of it), bídiich'aal,   it tinged it; it has taken the taste or odor of it.

F. bídidooch'ał   I. bídiich'aał   P. bídiich'aal   R. bíńdiich'ał
O. bídooch'aał

'Atsį' tł'ohchin bił sist'e' 'ííshłaa ńt'éé' bídiich'aal lá,   I fixed my lunch with meat and onion, and I see that the meat has become tinged with the smell of the onion.

Béésh tł'ohchin bee nehéłgizh ńt'éé' tł'ohchin béésh bídiich'aal lá,   The knife with which I sliced the onon smells of onion.

Tł'ohchin dóó 'abe' bił 'ahíiłghah njiniłgo 'ahídiich'ał,   If one puts milk and onions together the milk takes the taste of the onions.

331

TIRED OUT, TO BECOME (from traveling, going from place to place) (to run oneself ragged; to wear oneself out), 'ádił ninisdzá, I became tired out; I ran myself ragged; I wore myself out (lit. in company with myself I stopped going).

F. 'ádił ndeesh-dááł · (ndíí, ndoo, nizhdoo)   D. 'ádił ndii-t'ash (nidooh, ndoo, nizhdoo)   Pl. 'ádił ndii-kah (ndooh, ndoo, nizhdoo)

I. 'ádił niish-dááh (niní, nii, njí)   D. 'ádił ninii-t'aash (ninoh, nii, njí)   Pl. 'ádił ninii-kááh (ninoh, nii, njí)

P. 'ádił ninis-dzá (nííní, nii, njí)   D. 'ádił ninii-t'áázh (ninooh, nii, njí)   Pl. 'ádił ninii-kai (ninooh, nii, njí)

R. 'ádił ninásh-dááh (ninání, niná, ninájí)   D. ninéii-t'ash (nináh, niná, ninájí)   Pl. ninéii-kah (nináh, niná, ninájí)

O. 'ádił noos-dza' (noó, noo, njó)   D. 'ádił noo-t'aash (nooh, noo, njó)   Pl. 'ádił noo-kááh (nooh, noo, njó)

Bilagáana nízaadi t'áadoo le'é yaa yinít'įįgo doo 'ákǫǫ yiniiyé 'ádił niidááh da; t'óó naaltsoos 'ákǫǫ 'ííł'įįgo doodaii' béésh da yee halne'go ła' yiyiił'įįh, The white man does not tire himself out running around here and there whenever something comes up; he writes a letter or makes a telephone call to take care of it.

Dibé binaaltsoos ła' shá bínéidoodzoh diníigo t'áadoo biniiyéhégóó 'ádił ninídááh, You're just getting yourself tired out for nothing trying to get your stock permit increased.

Sha'áłchíní t'áá 'ałtso 'ólta'jį' ndeeshnił nisingo da'ólta'góó haa'í lá doo biniiyé 'ádił ninisdzáa da, I sure ran myself ragged trying to get all my children into school.

Na'nishkaadgo ná'oolkiłí hálátsíín naaz'ánígíí shílátsíín si'ánę̨ę yóó' 'ííłne' lágo biniinaa na'néłkaadę̨ęgóó nanishtáago 'ádił ninisdzá, I lost my wrist watch while I was herding sheep, so I went back to where I had been herding and ran myself ragged (wore myself out) looking for it.

TOMORROW EVENING, tł'anáályééł .

Tł'anáályééł ndáá'góó diikah, Let's go to the Squaw Dance tomorrow evening.

Tł'anáályééł ńdahodiiyá jiní, The sing is to start tomorrow evening.

TOMORROW'S ANOTHER DAY (what's the rush?), t'áásh díí jį́ t'éiyá 'anáá'át'aah (lit. is this the only day the sun will set again?)

TOPS, TO BE (to be pretty hard to beat; to be insuperable), doo ts'íí 'át'ée da, he is tops; he can't be beat.

Doo ts'íí 'áńisht'ée da, I'm tops; I'm pretty hard to beat.

Mą'ii doo ts'íí 'át'ée da, The coyote is really pretty hard to beat (outwit).

Naghái łį́į́' doo ts'íí 'át'ée da, That horse is tops; that horse can't be beat.

TOSS IT OVER IT, TO (a slender flexible object), bi'ąiłdééł, I tossed it over it.

F. bi'ąideesh-dił (bi'ąidííł, yi'ąidooł, bi'ąizhdooł, bi'ąidiil, bi'ąidooł)
I. bi'ąish-deeł (bi'ąinił, yi'ąiyiił, bi'ąjiił, bi'ąiyiil, bi'ąooł)
P. bi'ąił-déél (bi'ąinił, yi'ąyiił, bi'ąjiił, bi'ąiyiil, bi'ąooł)
R. bi'ąnéiish-dił (bi'ąnéiił, yi'ąnáyiił, bi'ąńjiił, bi'ąnéiil, bi'ąnáooł)
O. bi'ąosh-deeł (bi'ąóół, yi'ąyooł, bi'ąjooł, bi'ąool, bi'ąooł)

Tsin naaniigo deez'áá léi' tł'óół yi'ąyiiłdééł dóó bįįh yiyiisxínéę dahidiyiilo', He tossed the rope over a limb and hung up the deer he had killed.

TOUCHY (likely to cause hard feelings; sore point), 'adishah (lit. it is 'snaggy,' like barbed wire).

T'áadoo le'é da'dishah ndahalinígíí bee 'ałch'į' yádeiilti' dooleełísh biniiyé 'áłah siidlį́į́', We did not come together in a meeting to discuss things about which we are touchy (sore points, things that hurt). (Cp. béésh 'adishahí, barbed wire.)

TOWN, AWAY FROM (in a rural area), kin bits'áhoní'ą́ądi (lit. kin, house, town; bits'á-, away from it; honí'ą́-, space or area extends; -di, at).
 Kin t'áá bits'áhoní'ą́ądi ninii'ná, We moved to a rural area.

TRADE, TO (to do business with; to patronize), na'iishniih, I trade; bił 'ahaa na'iishniih, I trade with him; I do business with him.

N. na'iish-niih (na'yíł, na'iił, n'jiił, na'iyiil, na'iyoł)

 Díí naalyéhé yá sidáhí t'éiyá bił 'ahaa na'iishniih, This is the only trader with whom I trade; this is the only trader I patronize.
 Nihí t'éiyá naalyéhé yá naazdáhí t'áá 'ałtso bił 'ahaa nda'iyiilniih, We trade with all the traders.

TRAFFIC JAM, TO BE A —, chidí t'óó 'ałt'aniheezhjéé', there was a traffic jam (lit. the cars ran one behind another and stopped, forming a horizontal row or accumulation).

F. 'ałt'anihidoojah I. 'ałt'anehejeeh P. 'ałt'aniheezhjéé'
R. 'ałt'anináhájah O. 'ałt'anihójeeh

 Doo baa 'ádahojilyą́ą dago chidí 'ałt'anihidoojah, There'll be a traffic jam here unless they're careful.
 Chidí 'ałt'aniheezhjée'go biniinaa doo hah níyáa da, I didn't arrive in time because I was delayed by a traffic jam.

TRANSPORTATION, gáál.
 Tségháhoodzánígóó gáál nihighą́, It's hard going to Window Rock (continuously).

Nihigáál 'ádin, We have no transportation.
Łį́į́' t'éiyá shigáál, A horse is my only transportation.

Díí chidí sání t'éiyá shigáál ńt'éé' sits'ą́ą́' k'é-éltǫ', This old car was my only transportation, but it broke down.

Nihigáál dooleeł biniiyé chidí ła' nahidoołnih, You (dpl) will have to buy a car for transportation.

TRANSPORTATION, TO BE A MEANS FOR (to be a means for going; to be used for going), bee hodoot'ih, it will be a means of transportation; it will be used as a means for going (lit. with it impersonal it will extend as a slender line).

F. bee hodoot'ih   I. bee hodit'ééh   P. bee nahazt'i'
R. bee náhát'ih   O. bee hodót'ééh

Tséhootsooígóó bee hodoot'ih biniiyé chidí sha'-ít'ą́, I borrowed a car as a means of transportation (so I could go) to Fort Defiance.

Tséhootsooígóó bee hodót'ééh laanaa, I wish it could be used as a means for transportation to Fort Defiance.

TREAT ONESELF, TO (to administer home treatment to myself), 'azee' 'ádąąh 'áshyaa, I treated myself (lit. I put medicine on myself).

F. 'ádąąh 'ádeesh-nííł ('ádííl, 'íidool, 'ázhdool, 'ádiil, 'ádooł)
I. 'ádąąh 'ásh-nééh ('áníl, 'ííl, 'ájíl, 'íil, 'ół)
P. 'ádąąh 'ásh-yaa ('íinil, 'áyiil, 'ájiil, 'íil, 'óoł)
U. 'ádąąh 'ásh-'įįh ('íil, 'áyiil, 'ájiil, 'íil, 'óoł)
O. 'ádąąh 'óosh-ne' ('óól, 'ayól, 'ájól, 'óol, 'óoł)

'Azee'ííł'íní 'ádingo t'áá hó 'azee' 'ádąąh 'á-jiil'įįh, One should treat himself (use home remedies) only when there is no doctor available.

335

TROUBLE AND DELAY (red tape), tsididiingóó nidahazt'i'go (lit. impersonal it extends about in too many things). (V. too many things.)

Tsididiingóó ndahazt'i'go 'índa yá'át'ééh násdlíí', After a lot of trouble and delay he got well.

Tsididiingóó ndahazt'i'go 'índa naanish bik'íníyá, After a lot of trouble and delay I found a job.

Tsididiingóó ndahazt'i'go 'índa chidí hashtł'ish yiih dinoolwodęę hanááłbą́ą́z, After a lot of trouble and delay I got the car out of the mud where it was stuck.

TROUBLE, TO GET HIM INTO —, bihodiiłt'i', I got him into trouble.

F. bihodideesh-t'ih (bihodidííł, yihodidooł, bihozhdidooł, bihodidiil, bihodidooł) (bihodidoot'ih)
I. bihodiish-t'ééh (bihodiił, yihodiił, bihozhdiił, bihodiil, bihodooł) (bihodiit'ééh)
P. bihodiił-t'i' (bihodinił, yihodiił, bihozhdiił, bihodiil, bihodooł) (bihodiit'i')
R. bináhodiish-t'ih (bináhodiił, yináhodiił, bináhozhdiił, bináhodiil, bináhodooł) (bináhodiit'ih)
O. bihodoosh-t'ééh (bihodoół, yihodooł, bihozhdooł, bihodool, bihodooł) (bihodoot'ééh)

Shiyáázh t'áadoo Na'nízhoozhígóó bił 'ałnáánít'ashgo bi'iyíłdlání, t'áá 'éí bee háadi da bihodidííłt'ih, Don't take my son into Gallup and get him drunk because one of these times you'll get him into trouble.

Shihodoółt'ééh lágo, Don't get me into trouble.

TROUBLE, TO GET ONESELF INTO —, 'ádihodiisht'i', I got myself into trouble.

F. 'ádiho-dideesh-t'ih (didííl, didool, zhdidool, didiil, didooł)
I. 'ádiho-diish-t'ééh (diil, diil, zhdiil, diil, dooł)

336

P. 'ádiho-diish-t'i'   (dinil, diil, zhdiil, diil, dooł)

R. 'ádináho-diish-t'ih   (diil, diil, zhdiil, diil, dooł)

O. 'ádiho-doosh-t'ééh   (doól, dool, zhdool, dool, dooł)

Hazhó'ó 'ádaa 'áhólyą́, 'ádihodoólt'ééh lágo, Take good care of yourself and don't get into any trouble.

'Ádihodideesht'ih sha'shin nisingo t'áadoo 'atah haasdzíí' da, I didn't say anything because I didn't want to get myself into trouble.

TROUBLE-FREE, TO BE —,   doo shihodiit'i' da (lit. impersonal it does not extend to me in a slender line).

Nąąh háá'áhą́ą́ tsį́į́łgo 'ałtso ninánídléh, 'áko doo nihodiit'i' da dooleeł, Hurry and pay all your debts, then you'll be trouble-free.

Chidí 'ałtso bik'é na'nílá, 'áko k'ad doo shihodiit'i' da, I've paid for my car so I'm trouble-free.

TRY BUT FAIL, TO (to make a vain attempt; to make a futile effort; to try unsuccessfully), t'óó bídégoh, I tried but failed (lit. I ran at it and hit it hard as in an attempt to knock it over, but I merely bounced back); t'óó bídínéedah, we tried but failed.

N. t'óó bídé-goh (bídíní, yídeez, bízhdeez)   DPL. t'óó bídínée-dah (bídínóo, yídínéez, bízdínéez)

Díí ch'iyáán naazkánígíí 'ałtso dadiidį́į́ł (deeshį́į́ł) dadii'níí (dishníí) ńt'éé' t'óó bídínéedah (bídégoh), We (I) said we (I) were (was) going to eat all this food, but we (I) couldn't (because there was too much).

TRY HIM OUT, TO (to test him; to tempt him), bínétą́ą́', I tried him (it) out; I tested it.

F. bídínéesh-tah (bídíníí, yídínóo, bízhdínóo, bídíníi, bídínóoh) (bíhodínóotah)

I. bínísh-tááh (bíní, yíní, bízhní, bínii, bínóh) (bíhonitááh)

Cl. nabínísh-taah (nabíní, nayíní, nabízhní, nabínii, nabínóh) (nabíhonitaah)

P. bíné-táá' (bíníní, yíneez, bízhneez, bínee, bínoo) (bíhoneestą́ą́')

R. bínánísh-tah (bínání, yínání, bínázhní, bínánii, bínánóh) (bínáhonitah)

O. bínósh-tááh (bínóó, yínó, bízhnó, bínoo, bínooh) (bíhonótááh)

Díí naanish daats'í yééhósin nisingo bínétą́ą́', I gave him a try-out to see if he could do this work.

Chidí bínétą́ą́', I tried out (tested) the car.

'Ólta'jį' 'ííyáago 'áłtsé shíhoneestą́ą́', When I first entered school I was given a test.

Béeso daats'í ła' jidínóo'į́į́ł nízingo shíneeztą́ą́', He tempted me to see if I would steal the money.

TURN AROUND, TO (while walking or standing) (to wheel; to turn), náháyá, I turned around.

F. náhi-deeshááł (díínááł, doogááł, zhdoogááł) D. náhi-diit-'ash (dooh, doo, zhdoo) Pl. náhi-dii-kah (dooh, doo, zhdoo)

I. náhásháah (náhínááh, náhágháah, ńjiighááh) D. náhiit-'aash (náhóh, náhá, ńjii) Pl. náhii-kááh (náhóh, náhá, ńjii)

PROG. náheeshááł (náhíínááł, náhoogááł, ńjiyoogááł) D. náhiit-'ash (náhooh, náhoo, ńjiyoo) Pl. náhii-kah (náhooh, náhoo, ńjiyoo)

P. náhá-yá (náhíní, náhaa, ńjii) D. náhiit-'áázh (náhoo, náhaazh, ńjiizh) Pl. náhii-kai (náhooh, náhaas, ńjiis)

R. nínáhásh-dááh (nínáhí, nínáhá, nínájii) D. nínáhii-t'ash nínáhóh, nínáhá, nínájii) Pl. nínáhii-kah (nínáhóh, nínáhá, nínájii)

O. náhósha' (náhóóya', náhóya', náhijóya') D. náhoot-'aash (náhooh, náhó, náhijó) Pl. náhoo-kááh (náhooh, náhó, náhijó)

Shidiizts'ą́ą'go náhaayá, He turned around when he heard me.

TURN AROUND, TO (while walking) (to do a 'to the rear march'), naaníséyá, I turned around.

F. naaní-deesh-dááł (díí, doo, zhdoo) DPL. naaní-diit-'ash (-kah) (dooh, doo, zhdoo)

I. naa-násh-dááh   (nání, ná, nájí)   DPL. naa-néiit-'aash   (-kááh)
(náh, ná, nájí)

P. naa-nísé-yá   (nísíní, ná, níjí)   D. naa-níshiit-'áázh   (níshoo, názh, ńjízh)   PL. naa-nísii-kai   (nísooh, nás, ńjís)

R. naaní-násh-dááh   (nání, ná, nájí)   DPL. naaní-néii-t'ash   (-kah)
(náh, ná, nájí)

O. naa-náoos-dza'   (náóó, náoo, nájó) DPL. naa-náoot-'aash   (-kááh
(náooh, náoo, nájó)

Kingóó déyáá ńt'éé' béeso t'áá hooghandi baa yisénah lágo biniinaa Hastiin Nééz bighaní bíighahdóó naaníséyá,   I was on my way to the trading post when I realized that I had forgotten my money, so I turned around at Mr. Nez's place.

Díí tsinaabǫǫs 'abiké'ígíí bikéé' dínááh; t'áá 'ádingo 'éí naalyéhé bá hooghandóó naanídíídááł, Follow this wagon track; if you don't see it you can turn around at the trading post.

TWIN(S),   naakii (lit. the one that is two: twosome, doublet).   (Similarly, tá'í, dį́'í, 'ashdla'í, hastání: triplet, quadruplet, quintuplet, sextuplet.)

Naakii yishchį́,   She gave birth to twins.

Naakii nishłį́,   I am a twin.

TWISTED OUT OF SHAPE, TO BE — (to be misshapen; to be awry),   dah dadigiz, he is twisted out of shape. (Cp. digiz, it is crooked; askew.)

N. dah dadinis-giz   (dadiní, dadi, dazdi, dadinii, dadinoh)

Díí hastiin naałniih 'agizii wolyéhígíí yik'ee bíla' dah dadigiz,   This man's hand is all twisted out of shape as a result of rheumatism.

Tsin t'áá 'íí'áii chidí bił shídeezgo'go biniinaa shichidí dah dadigiz,   My car is all twisted out of shape because I ran into a tree with it.

TWO-STORIED HOUSE,   kin bii' naaki 'ałdei hooghango (lit. house in which there are two homes, one above the other).

— U —

UNABLE TO MAKE IT, TO BE — (in a figurative sense), t'áá k'ad daaztsą́, he couldn't make it; he gave out (as in attempting unsuccessfully to climb a mountain) (lit. he just now died).

P. dasé-tsą́ (dasíní, daaz, dajiz) DPL. nee'-ná (sinoo, neez, jineez)

Ch'íńdahanii, t'áá k'ad daaztsą́, Aw he won't help me; aw he doesn't know anything about it (as one might say upon being referred to someone in whom he lacked confidence).

Doo lá dó' t'áá k'ad dasétsą́ą da lá, Aw nuts, I'm no good (as one might say as he throws down his cards in disgust after having been continuously beaten).

UNABLE TO WORK, TO BE — (to be unfit for work; to be too old or weak for work), naanish bi'oh néésh'ą́ą́d, I became unable to work; I could no longer work (lit. naanish, work; bi'oh, less than it; néés'ą́ą́d, I measured, measured up to).

F. naanish bi'oh dínéesh-'ą́ą́ł (dínííl, dínóol, dízhnóol, díniil, dínóoł)
I. naanish bi'oh nish-'ą́ą́h (níl, nil, jinil, niil, noł)
P. naanish bi'oh néésh-'ą́ą́d (nííníl, nées, jinéés, niil, nooł)
R. naanish bi'oh nánísh-'ą́ą́h (nánil, náníl, názhníl, nániil, nánół)
O. naanish bi'oh nósh-'ą́ą́h (nóól, nól, jinól, nool, nooł)

Shichaii tsosts'idiin binááhaigo 'índa naanish yi'oh néés'ą́ą́d, My grandfather did not become unfit for work until he was seventy years old; my grandfather was able to work up until the time he

340

was seventy.

Díí łį́į́' sání kónááhoot'éhé naanish yi'oh dínóol-'ąął, This old horse will be unable to work next year.

UNANIMOUSLY, TO PASS —, t'áadoo ła' dooda daaníní bee lą 'azlį́į́', it passed unanimously (lit. without one saying "no" it was approved.).

Diné náhást'éigo Wááshindoongóó dookah ha'-nínígíí t'áadoo ła' dooda daaníní bee lą 'azlį́į́', The proposal that nine men go to Washington passed unanimously (without a dissenting voice).

UNDECIDED, TO BE — (to be confused; to be unable to make up one's mind; to not know what to do), shił hazkééh, I am undecided, confused.

Kin diiltłago t'óó shił hazkééh, I was just confused when the house was burning.

'Adishka' ńt'éé' t'óó shił hazkééh, I (got confused and) didn't know what to do next when I was playing cards.

T'óó shił hazkééh, I can't make up my mind (which pair of shoes to buy, what to do, etc.).

UNFAIR ADVANTAGE OF HIM, TO TAKE — (to shortchange him; to defraud him; to clean him out in gambling), łíshécháázh, I took unfair advantage of him; shortchanged, defrauded, him.

F. łídeesh-cháásh (łídíí, łíidoo, łízhdoo, łídii, łídooh) (łíbidi'doo-cháásh)

I. łísh-cháázh (łíní, łíí, łíjí, łíi, łóh) (łíbi'dicháázh)

P. łíshé-cháázh (łíshíní, łísh, łíjísh, łíshii, łíshoo) (łíbi'dishcháázh)

R. łínásh-cháásh (łínání, łínéí, łíńjí, łínéii, łínáh) (łínábi'dicháázh)

O. łóosh-cháásh (łóó, łíyó, łíjó, łóo, łóoh) (łíbi'dócháázh)

'Atah 'adishka'go diné 'ałtso łíshécháázh, I cleaned everybody out at cards.

'Asdzání tó łikaní nayiiłniihígíí łíshécháázh, I 'sure took' the lady that sells pop; I put one over on the lady that sells pop. Ha'át'éegoshą', How?

Jó t'áadoo bich'į' ni'níláa da, Well, I didn't pay her for it.

Ńléí diné łíshízhcháázh, That fellow short-changed me (took advantage of me, "took" me).

Diné 'ayóo łíjícháazhgo wónáásdóó doo dahoo-dláą da yileeh, When you take unfair advantage of people they get so they won't trust you.

UNHITCH THEM, TO (horses, from a wagon), łíį' tsinaabąąs bąąh n'diinil, I unhitched the horses from the wagon.

łíį' tsinaabąąs bąąh —
F. ndi'deesh-nił (ndi'díí, na'iidoo, ndizh'doo, ndi'dii', ndi'dooh)
I. n'diish-nííł (n'dii, na'iidii, nizh'dii, n'dii', n'dooh)
P. n'dii-nil (ndi'ni, na'iidii, nizh'dii, n'dii', n'doo)
R. niná'diish-'nił (niná'dii, niná'iidii, ninázh'dii niná'dii, niná'dooh)
O. n'doosh-nííł (n'doó, na'iidoo, nizh'doo, n'doo, n'dooh)

Łíį' tsinaabąąs bąąh nizh'diinil dóó tł'oh ła' bá nizhníłjool, He unhitched the horses from the wagon and gave them some hay.

'Ałní'ní'ąągo łíį' bee nahwiildlaadí bąąh ndi'-díínił dóó tóógóó díí'ish, At noon unhitch the horses from the plow and lead them to water.

UNHURT, TO BE — (to be unscathed; to be un-damaged), t'áadoo 'ádzaaí da, it was unhurt (lit. it was not the one that did).

Hanáá' t'áadoo 'ádzaaí da lá, It turned out that his eye was unhurt; his eye was found to be unhurt.

UNINTELLIGIBLE, TO BE — (to be so written that it cannot be understood; to be illegible), doo bik'izh'dootą́ą́' 'át'éégóó bik'e'eshchį́, it is unintelligible (lit. it was written in a way that it cannot be understood).

Díí naaltsoos doo bik'izh'dootą́ą́' 'át'éégóó bik'e'eshchį́, This book is unintelligible; a person cannot understand this book, the way it is written.

Doo bik'izh'dootą́ą́' 'át'éégóó t'óó baa'ihgo 'ak'e'shínítłchį́, You write so poorly that your writing is unintelligible (illegible).

UNITE, TO (to gang up; to act as a body), t'áátła' bizhi'ee (lit. in one body).

T'áá tła' bizhi'ee baa tiih diijah, Let's unite and tackle it together.

Naabeehó dine'é t'áátła' bizhi'ee daazlį́į́', The Navaho people have united.

UNLESS, -góogo.

T'áadoo nahóółtą́ą́góogo shinaadą́ą́' 'ałtso dadoogą́ą́ł, My corn will all dry up unless it rains.

Béeso neeznádiingo t'áadoo sha'íínínilgóogo chidí t'óó shigháádoot'áář, Unless you lend me a hundred dollars my car will be repossessed (taken back away from me).

Ch'iyáán yá'át'éehii doo niyą́ą́góogo yéigo nąąh dahwiidoo'aał, You will get sick unless you eat good food.

UNLUCKY, TO BE —, sits'ą́ą́jí 'aztą́, I am unlucky (lit. in the direction away from me there is setting of a slender stiff object); sits'ą́ą́jí 'oo'ááł, this is my unlucky day (lit. in the direction away from me the sun is moving, i.e. the day is passing); sits'ą́ą́jí yoołkááł, this is my unlucky night (lit. in the direction away from me the night is passing);

343

sits'ą́ą́jí ni'níkę́ę́z, I had an unlucky break; I had a stroke or streak of bad luck (lit. in the direction away from me a single slender stiff object moved to a halt). (V. to be lucky.)

Ha'át'éego lá t'áá 'áłahjį' sits'ą́ą́jí 'aztą́ą́ lá, I don't know why it is that I'm always so unlucky.

UNROLL IT AND SPREAD IT OUT, TO (a blanket or other flat object that is rolled up), k'íhinéłtah, I unrolled it and spread it out.

F. k'íhidínéesh-tał (k'íhidínííł, k'íidínóoł, k'íhizhdínóoł, k'íhidíníil, k'íhidínóoł)

I. k'íhinish-táád (k'íhiníł, k'íiniił, k'íhizhnił, k'íhiniil, k'íhinoł)

P. k'íhinéł-tah (k'íhiníníł, k'íinees, k'íhizhnees, k'íhiniil, k'íhinooł)

R. k'ínáhinish-tah (k'ínáhiníł, k'ínéiniił, k'ínáhizhnił, k'ínáhiniil, k'ínáhinoł)

O. k'íhinósh-táád (k'íhinóoł, k'íinół, k'íhizhnół, k'íhinool, k'íhinooł)

Beeldléí k'íhinéłtah dóó bikáa'gi nédá, I unrolled the blanket, spread it out and sat down on it.

Kin bikáádę́ę́' naazkaadígíí k'íhinéłtah dóó 'ał̲níí' gónaa k'ínígizh, I unrolled the roofing paper and cut it down the middle.

'Eii beeldléí k'íhiníłtáadgo hazhó'ó níníł'į́, Unroll that blanket and take a good look at it.

UNSHELTERED (unprotected; out in the open), t'áá káajį'; t'áá káágóó.

'I'íí'ą́ągo t'áá káajį' dibé 'iinííłkaadgo yits'ą́ą́' nálwod lá doo 'áhályání, At nightfall he drove the sheep out in the open where there was no shelter, the fool.

T'áá káágóó shiiská, I spent the night out in the open.

UP TO (YOU), IT'S —, nila, it's up to you.

Shílaásh, Is it up to me? Is it for me to decide?

Nihíla bídahooł'aah daats'í, Whether you learn it or not is up to you (pl).

UPPER HOUSE OF CONGRESS (Senate), 'adeií hooghan (lit. 'adeií, upper; hooghan, hogan) (Cp. 'ayaaí hooghan, Lower House of Congress; 'ayaaí, lower.)

USE A LITTLE OF IT AT A TIME, TO (to use it in dabs), bił ni'nists'iih, I use it a little at a time (lit. I use it by pinches; I take pinches of it).

N. bił ni'nis-ts'iih (ni'ní, ni'í, n'jí, ni'nii, ni'noh)

T'áadoo biniiyéhégóó béeso bił ni'nists'iihgo hoolzhiizh, 'áłt'ąą t'áá 'át'é t'áá łahjį' 'ałtso shee neest'íí', It was foolish of me to use my money just a little at a time, because it was all stolen from me.

Naadą́ą́' 'ak'áán bił ni'nists'iihgo shéłjaa' nít'éé' tł'ízí 'ałtso sits'ą́ą́' dayooldéél lá, I was using my cornmeal just a little at a time, but the goats came and ate it all up for me.

Háadida naanish sits'ą́ą́' 'ásdįįdgo choidoo'įįł nisingo béeso bił ni'nists'iih, I am using my money sparingly (a little at a time) because I might need it if I lose my job.

USE IT, TO (liquor), ndisso', I use it (lit. I go around with my mouth full of it). (V. to hold it in one's mouth).

CI. ndis-so' (ndí, nei, nizhdi, ndiid, ndoh)

Diné ła' da'ólta'góó tódiłhił ndazhdizo' jiní, It is said that some people use liquor around the schools.

Naghái hastiin kinjį' 'íínáá dóó t'áá 'ákwíí jį́ tódiłhił dahidoozoh, That man moved to town and he uses liquor every day (lit. has his mouth full of liquor every day).

USE IT ON HIM, TO (a weapon), binahiséla', I used it on him.

F. binahideesh-łeeł (binahidíí, yineidiyoo, binahizhdoo, binahidiid or binahidiily, binahidooh)
CI. binahash-łé (binahí, yinayii, binjii, binahiil[y], binahoh)
P. binahá-la' (binahíní, yinayiiz, binjiiz, binihaal[y], binihoo)
SP. binahisé-la' (binahisíní, yinayiiz, binjiiz, binahisiil[y], binahisoo)
R. binináhásh-dlééh (binináhí, binináyii, binináhijii, binináhii, binináhóh)
U. binahash-łe' (binahí, yinayii, binjii, binahiil[y], binahoh)
O. binahósh-łe' (binahóó yinayó, binahijó, binahood or binahool[y], binahooh)

Díí hastiin shilį́į́' bee'eldǫǫh yinayiizla' lá bits'ą́ą́' dá'ák'eelwod lágo, This man used a gun on my horse when he found the animal in his field.

Bilagáana ła' bił 'ałk'iishwod ndi deení 'ádaat'éii t'áadoo binahiséla' da, I had a fight with a white man but I didn't use any weapons on him.

USE IT ON EACH OTHER, TO (a weapon), 'ahinidayiihya', they used it on each other; they went for each other with weapons.

F. 'ahindahidiil-yeeł ('ahindahidooł, 'ahindeidiyool, 'ahindahizhdool)
CI. 'ahindahiil-yé ('ahindahoł, 'ahindaiyil, 'ahindajiil)
P. 'ahindahaal-ya' ('ahindasooł 'ahindayiih, 'ahindajiih)
R. 'ahininádahiil-yeeh ('ahininádahoł, 'ahininádayiil, 'ahininádajiil)
O. 'ahindahool-ye' ('ahindahooł, 'ahindaiyól, 'ahindahijiyól)

Nááts'ózí bił 'ałk'ijiijé'ę́ędą́ą́' Nááts'ózí bisiláago deení bił 'ahindahaalya', During the time when we were fighting the Japanese, we used weapons on one another; we went for each other with weapons (sharp things).

Naakaii 'ałk'iijahgo béésh 'ahindayiilye' łeh jiní, It is said that, when the Mexicans fight, they use knives on one another.

346

— V —

VARYING AMOUNTS, IN, t'áá 'ał'qq 'ádanéelt'e'go (lit. t'áá, just; 'ał'qq, separate, different; 'ádanéelt'e'go, there being quantities of it).

'Adahwiis'áágóó 'ał'qq dine'é t'áá 'ał'qq 'ádanéelt'e'go dah naazhjaa', In different places there are varying densities of population; in different places there are varying numbers of people.

Ch'iyáán t'áá 'ał'qq 'ádanéelt'e'go nináháshnih, I buy food in varying amounts.

VEGETABLE DYE, ch'il bee da'iiltsxóhígíí (lit. the plants with which things are made yellow).

VERY NEARLY (come close to), t'óó k'asídą́ą́'. (Cp. k'asdą́ą́', nearly; almost.)

Jíídą́ą́' t'óó k'asídą́ą́' nihee nahóółtą, It came awfully close to raining today; it very nearly rained today.

VOTE, TO, 'atah naaltsoos 'ahénil, I voted; I took part in the voting (lit. I was among those who put in papers).

F. 'atah naaltsoos 'ahideesh-nił ('ahidíí, 'iidiyoo, 'ahizhdoo, 'ahidii', 'ahidooh)

I. 'atah naaltsoos 'ahish-nííł ('ahí, 'ayii, 'ajii, 'ahii', 'ahoh)

P. 'atah naaltsoos 'ahé-nil ('ahíní, 'ayiiz, 'ajiiz, 'ahii', 'ahoo)

R. 'atah naaltsoos 'anáhásh-'nił ('anáhí, 'anáyii, 'ańjii, 'anáhii, 'anáhóh)

O. 'atah naaltsoos 'ahósh-nííł ('ahóó, 'iiyó, 'ajiyó, 'ahoo', 'ahooh)

Diné 'atah naaltsoos 'ańdayii'niłii t'éiyá bee· haz'áanii t'áá bił yá'ádaat'ééh shíí t'áá bí 'ádeił'į, Only people who (have the right to) vote can make the laws they want.

Ha'át'éegoshạ' 'Indins danilíinii doo 'atah naal-
tsoos 'ańdayii'nił da,   Why is it that Indians can-
not vote?

VOTE FOR HIM, TO, naaltsoos bá 'ííłtsooz, I vot-
ed for him (lit. I put in a paper for him); naal-
tsoos bá 'ahii'nil, we voted for him (lit. we put in
papers for him).

F. naaltsoos bá 'adees-tsos   ('adííł, 'iidooł, 'azhdooł, 'adiil, 'adooł)
I. naaltsoos bá 'iis-tsóós   ('anił, 'iił, 'ajił, 'iil, 'ooł)
P. naaltsoos bá 'ííł-tsooz   ('ííníł, 'ayííł, 'ajííł, 'iil, 'ooł)
R. naaltsoos bá 'anás-tsos   ('anáníł, 'anéíł, 'ańjíł, 'anéiil, 'anáł)
O. naaltsoos bá 'oos-tsóós   ('oół, 'ayół, 'ajół, 'ool, 'ooł)

(The prefix -hi-, one time after another, is re-
quired in the plural because all the voters do not
cast their ballots simultaneously.)

F. naaltsoos bá 'ahidii'-nił   ('ahidooh, 'iidiyoo, 'ahizhdiyoo)
I. naaltsoos bá 'ahii'-nííł   ('ahoh, 'ayii, 'ajii)
P. naaltsoos bá 'ahee'-nil   ('ahoo, 'ayiiz, 'ajiiz)
R. naaltsoos bá 'anáhii-'nił   ('anáhóh, 'anáyii, 'ańjii)
O. naaltsoos bá 'ahoo'-nííł   ('ahooh, 'iiyó, 'ajiyó)

Hastiintsoh naaltsoos bá 'ííłtsooz,   I voted for
Mr. Tso.

Háíshạ' naaltsoos bá 'ííníłtsooz,   Who did you
vote for? For whom did you vote?

Hastiintsoh naaltsoos bá 'adahaa'nil,   We all
voted for Mr. Tso.

VOTE ON IT, TO (by rising), bee ńdiish'na', I
voted on (for) it (lit. I arose with it); bee ńdiijéé',
we voted on (for) it (lit. we arose with it).

F. bee ńdideesh-'nah   (ńdidíí, ńdidoo, nízhdidoo, ńdidii, ńdidooh)
I. bee ńdiish-'nééh   (ńdii, ńdii, nízhdii, ńdii, ńdooh)
P. bee ńdiish-'na'   (ńdini, ńdii, nízhdii, ńdii, ńdooh)
R. bee níná-ḋiish-'nah   (dii, dii, zhdii, dii, dooh)
O. bee ńdoosh-'nééh   (ńdoó, ńdoo, nízhdoo, ńdoo, ńdooh)

348

THE FOLLOWING FORMS MAY ALSO BE USED IN THE PLURAL:

F. bee ńdidii-jah (ńdidooh, ńdidoo, nízhdidoo)
I. bee ńdii-jeeh (ńdooh, ńdii, nízhdii)
P. bee ńdii-jéé' (ńdoo, ńdii, nízhdii)
R. bee níná-dii-jah (dooh, dii, zhdii)
O. bee ńdoo-jeeh (ńdooh, ńdoo, nízhdoo)

Naaltsoos bee niiltsoozígíí bee nízhdiijéé' They voted on the resolution.

Yá'át'ééh sha'shin nisingo díí naaltsoos 'atah bee ńdiish'na', I voted on (arose with) this bill because I considered it to be good.

VOW, TO (to promise; to pledge), 'ádee hadeesdzíí', I vowed; I promised (lit. with myself I spoke)

F. 'ádee hadidees-dzih (hadidíí, hadidoo, hazhdidoo, hadidii, hadidooh)
I. 'ádee hadis-dziih (hadí, hadi, hazhdi, hadii, hadoh)
P. 'ádee hadees-dzíí' (hadííní, hadoo, hazhdoo, hadii, hadooh)
R. 'ádee hańdís-dzih (hańdí, hańdí, hanízhdí, hańdii, hańdóh)
O. 'ádee hadós-dziih (hadóó, hadó, hazhdó, hadoo, hadooh)

Háadi da doo Wáashindoon bits'ą́ą́jí deeshłeeł da dishníigo 'ádee hadeesdzíí', I vowed that I would not be disloyal to the federal government.

Siláago sélį'ę́ędą́ą' 'áłtsé 'ádee hadeesdzíí', 'áko 'índa siláago bi'éé' bee hadiisdzaa, When I went into the army I was first sworn in before I got my uniform.

— W —

WALK ALONG SIDEWISE, TO (to shuffle along sidewise), naaniigo heesháát, I am walking along sidewise.

PROG. heesháát (híínáát, hoogáát, hijoogáát) D. hiit-'ash (hooh, hoo, hijoo) Pl. hii-kah (hooh, hoo, hijoo)

Ch'ééh naaniigo hoogáałgo bééhosésįid, He

349

was walking along sidewise, but that didn't keep
me from recognizing him.

WALK HIM AROUND, TO (to make him walk
around), nabiishłá, I am walking him around.
(The dual forms refer to two objects, and the plural
to more than two.) (Cp. nahashłá, I am perform-
ing a ceremony—lit. causing spacial it to go;
nínáábidiishłááh, I am curing him—lit. I am
causing him to get up again.)

F. nabidiyeesh-łaał (nabidiyíí, neidiyoo, nabizhdiyoo, nabidiyiid,
nabidiyooh) D. nabidiyeesh-'ash (nabidiyííł, neidiyooł, nabizhdi-
yooł, nabidiyiil, nabidiyooł) PL. nabidiyeesh-kah (nabidiyííł, nei-
diyooł, nabizhdiyooł, nabidiyiil, nabidiyooł)

Cl. nabiish-łá (nabiyí, nayii, nabijii, nabiyiid, nabiyoh)
D. nabiish-'aash (nabiyíł, nayiił, nabijiił, nabiyiil, nabiyoł)
PL. nabiish-kai (nabiyíł, nayiił, nabijiił, nabiyiil, nabiyoł)

P. nabiyé-łáá' (nabiyíní, nayiyiis, nabijiis, nabiyiid, nabiyoo)
D. nabiyéł-'áázh (nabiyíníł, nayiyiish, nabijiish, nabiyiil, nabiyooł)
PL. nabiyéł-kai (nabiyíníł, nayiyiis, nabijiis, nabiyiil, nabiyooł)

SP. nabisé-sá (nabisíní, nayiyii, nabijii, nabisiilzá, nabisoo)
D. nabiséł-'áázh (nabisíníł, nayiish, nabijiish, nabishiil, nabishooł)
PL. nabiséł-kai (nabisíníł, nayiyiis, nabijiis, nabisiil, nabisooł)

R. ninábiish-łaah (ninábiyí, nináyii, ninábijii, ninábiyiid, ninábiyoh)
D. ninábiish-'ash (ninábiyíł, nináyiił, ninábijiił, ninábiyii, ninábiyoł)
PL. ninábiish-kah (ninábiyíł, nináyiił, ninábijiił, ninábiyiil, ninábiyoł)

O. nabiyósh-łáá' (nabiyóó, nayiyó, nabijiyó, nabiyoo, nabiyooh)
D. nabiyósh-'aash (nabiyóół, nayiyół, nabijiyół, nabiyool, nabiyooh)
PL. nabiyósh-kai (nabiyóół, nayiyół, nabijiyół, nabiyool, nabiyooł)

'At'ééd 'awéé' néidiiłtįįgo nahgóó nayiiłá, The
girl picked up the baby and walked it around.

T'áá 'íiyisíí nił honiidoii łá. Nahgóó naniish-
łáago yá'át'ééh ńdíídleeł, You're really drunk. Let
me walk you around and you'll sober up.

WANDER ABOUT, TO (to go about), nahashłe', I
am wandering about.

F. nahodeesh-łeeł (nahodíí, nahodoo, nahozhdoo, nahodiid, naho-
dooh)

Cl. nahash-łe' (nahó, naha, nahoji, nahwiid, nahoh)
P. nahosé-ljid (-le') (nahosíní, nahaz, nahojiz, nahosiid, nahosoo)
R. nináhásh-łeeh (nináhó, nináhá, nináhoji, nináhwiid, nináhóh)
O. nahósh-łe' (nahóó, nahó, nahojó, nahood, nahooh)

Diné bikéyah bikáa'gi Bilagáana ła' nahazljid
(or nahazle'), A white man wandered (went, trav-
eled) about on the Navaho Reservation.
T'áadoo neesh'íní k'ad táá' nááhai. Háadi-
shą' nahóle' ńt'éé'? Ńléí 'ahééhéshįįh hoolyéégóó
yaa nahoséljid, 'áadi béésh ńt'i' bąąh naashnish
ńt'éé', I haven't seen you for three years. Where
have you been (wandering)? I wandered (bummed)
around California, working on the railroad.
me from recognizing him.

WASTE IT, TO (to squander it; to fritter it away),
bił ná'eeshnáád, I wasted it.

F. bił ń'deesh-nał (ń'dííl, ń'dool, nízh'dool, ń'diil, ń'dooł)
I. bił ná'ásh-naad (ná'íl, ná'ál, ń'jíl, ná'iil, ná'ół)
P. bił ná'eesh-náád (ná'ííníl, ná'ool, ń'jool, ná'iil, ná'ool)
R. bił níná'ásh-na' (níná'íl, níná'ál, níná'jíl, níná'iil, níná'ół)
O. bił ná'ósh-naad (ná'óól, ná'ól, ń'jól, ná'ool, ná'ooł)

Diné ła' habéeso bił nínáda'jilna', Some people
waste (squander) their money.
T'áadoo nibéeso bił ná'ílnaadí, Don't waste
your money; don't squander (fritter away) your
money.

WATCH OVER HIM, TO (to guard him), bik'i
désh'íí' or bik'i dínísh'íí', I watched over him (lit.
I looked upon him).

Cl. bik'i désh- [or dínísh-] 'íí' (díní, déez, zdéez, déet, dísóo)

Tł'éédą́ą́' tł'éé' bíighah dibé bik'i dínísh'íí', I
watched over the sheep all night last night.
Diné ndaalnishii bik'izdéez'íí' dooleeł biniiyé

351

naat'áanii 'áho'diilyaa,   He was made a boss so he could watch over the workers.

WATER BLISTER, TO FORM A —,   tó'diisool, a water blister formed.   (Cp. to rise).

F. tódi'doosoł   I. tó'diisóół   P. tó'diisool   R. tóń'diisoł
O. tó'doosóół

Shikee' 'ániidígo biniinaa shikee' bąąh tó'diisool,   A water blister formed on my foot because of my new shoes; my new shoes made a water blister on my foot.

Ha'át'éegi da tó'diisołgo doo bighá'jítséeh da, Never prick a water blister.

Tó'diisoolígíí t'áadoo baa nánít'íní,   Let that water blister alone.

WAY OFF (far; a long ways),   doo ya'akodi; doo ya'akodę́ę́'.

Naabeehó dine'é ła' doo ya'akodę́ę́' 'akéé' dayíkááh,   Some of the Navaho people are lagging far behind.

'Ałghazhdeeskai ńt'éé' doo ya'akodę́ę́' 'akéé' 'eeshwod,   I lagged way behind in the race.

Doo ya'akodi hadzííníłdon,   You missed it a long ways; you were way off on it (shooting).

Doo ya'akodę́ę́' níyá,   He came from away off; he came from a far distant place.

WEAR A HOLE IN IT, TO (by friction),   bigháníshaazh,   I wore a hole in it.

F. bighá-deesh-shash   (díí, idoo, zhdoo, diilzh, dooh)   (-doozhash)
Cl. bighá-nísh-sháásh   (ni, í, jí, niilzh, nóh)   (-zháásh)
P. bighá-ní-shaazh   (íní, iní, zhní, niilzh, noo)   (-nízhaazh)
R. bighá-násh-shash   (nání, néí, ńjí, néiilzh, náh)   (-názhash)
O. bighá-osh-sháásh   (óó, yó, jó, 'oolzh, 'ooh)   (-oozháásh)

352

'Ashkii tsé yąąh naa'na'go bikee' dóó bitł'aajį'-éé' yigháiníshaazh, The boy wore holes in his shoes and trousers by crawling around on the rock.

WELL? 'íishją́ą́ shį́į́.

'Íishją́ą́ shį́į́ ninii' yidlóóh, Well, is your face cold?

Shibéeso hóló̧, I have some money. 'Íishją́ą́ shį́į́, Well? (let's see it.)

WELL, TO BE — (to be all right), doo 'áni̊sht'éhé da (lit. I am not the one that is).

N. doo 'ánísh-t'éhé da ('áni̊, 'á, 'áji̊, 'ánii, 'ánóh)

Doo 'ániit'éhé da niidzin ńt'éé' nihighá'deeldláadgo jéí'ádi̧i̧h bee nihąąh dahaz'ą́ą́ lá nihi'-doo'niid, We thought that we were well, but we were x-rayed and told that we had tuberculosis.

K'ad doo 'áni̊t'éhé da shi'doo'niidgo 'azee'ál'į́-dę́ę́' shéé'ílnii', I was told that I was well and was released from the hospital.

K'ad doo 'áni̊t'éhé da, You're well now.

WELL-FED, TO BE — (to eat well), bichaan ntsaago, he is well-fed (lit. bichaan, his excrement, his bowels; ntsaago, being large, plump).

'Ałk'idą́ą́' nihichaan dantsaago kéédahwiit'į́ ńt'éé' jiní, It is said that, long ago, we were well-fed; they say that we used to eat well in the old days.

Dibé yázhí 'eii tózis yee da'adlánígíí bichaan dantsaago 'ádeinísin, 'ako t'áadoo hodina'í danitsxaaz dadooleeł, Keep the lambs well-fed on that bottle and they'll soon be fully grown.

Bilagáana bá da'adą́ą́ góne' yah 'íiyáago shichaan ntsaago ch'éénísdzá, I went in the white

353

man's restaurant and came out with a full stomach.

WELL KNOWN, TO BE — (to have a wide reputation), ts'ídá bééhózínígo yigááł, he is well known (lit. really being known about he walks along).

Ts'ídá bééhózínígo —
PROG. yishááł (yínááł, yigááł, joogááł, yiidááł, woháάł)

Díí diné ts'ídá bééhózínígo yigááłii 'át'é, 'áko bina'ntinígíí hazhó'ó deísółts'ą́ą́', This man is well known, so listen carefully to his advice.

WHAT IS THE MATTER WITH (ONE)? haalá (or haashą') níníłch'įįdii, what's the matter with you anyway (said in anger or disgust)?

Haalá or haashą' —
N. nísh-ch'įįdii (níníł, níł, jiníł, níil, nół)

Haashą' níníłch'įįdii, What the devil is the matter with you anyway?

Kiishą' tł'éédą́ą́' haa níłch'įįdii, What the devil was the matter with Kee last night?

WHAT WAS THE RIGHT THING TO DO, t'áá la' 'ákónéehee lá.

T'áá la' 'ákónéehee lá niizį́į́'go yi'iilaa, He did what he thought to be the right thing to do.

WHERE DID (YOU) GET IT? háádę́ę'shą' 'áníł'į́, (lit. from where do you make it?); háadishą' ńdini'ą́ (lit. where did you pick it up, find it?); háíshą' naa yiní'ą́ (lit. who gave it to you?)

WHILE (although, but in the sense that the alternative is inaccessible), yínee'.

Tséhootsooídi 'ak'áán naadiin 'ashdla' dahidédlo'ígíí naaki béeso bą́ą́híłį́, Na'nízhoozhídi yínee'

354

t'áálá'í dóó ba'aan díiyáál báąhílíi ndi bich'į' ní-
zaad, At Fort Defiance flour costs two dollars for
twenty five pounds, while in Gallup it's a dollar
and fifty cents — but it's too far to go.

WHINE, TO (to whimper) (as a dog when cold; chil-
dren, etc.), chadilwą́ą́', he is whining (cha-, the
stem -chah, cry, weep, used as a prefix, with the
onomatopoetic stem -wą́ą́' imitating the sound).

F. chadi-deesh-wą́ą́ł (dííl, dool, zhdool, diil, dooł)
Cl. cha-dish-wą́ą́' (díl, dil, zhdil, diil, doł)
P. cha-deesh-wą́ą́' (dííníl, dool, zhdool, deel, dooł)
R. cha-ńdísh-wą́ą́h (ńdíl, ńdíl, nízhdíl, ńdiil, ńdół)
O. cha-dósh-wą́ą́' (dóól, dól, zhdól, dool, dooł)

Tł'éédą́ą́' tł'óo'jį' łééchąą'í hak'az yik'ee cha-
dilwą́ą́' yiits'a', Last night I heard a dog whining
outside in the cold (lit. a dog was heard).

WHIRL, TO (to gyrate; to spin) (a circular object,
as a wheel, propeller, saw blade, etc.), náábał, it
is whirling; it is spinning.

F. ńdoobał Cl. náábał P. názbaal R. nínábał O. náoobał

Tsinaa'eeł biyaadi náábałgo yee naagháhígíí
bá ní'áii, propeller shaft (lit. that which extends
beneath a boat for the whirling thing by which it
goes about).

T'áadoo le'é tsinaa'eeł biyaadi náábałígíísh
yíní'į, Do you see that whirling thing under the
boat?

Tsin bee nehech'iishí náábałgo biih dóólchííd,
Don't get your hand into that whirling saw blade.

WHIRL IT, TO (to spin it; to turn it and make it
whirl), nááshbał, I am whirling it.

F. ńdeesh-bał (ńdííł, néidooł, nízhdooł, ńdiil, ńdooł)

355

PROG. náásh-bał (nááł, náyooł, ńjooł, néiil, nááł)
P. níséł-baal (nísíníł, néis, ńjís, nísiil, nísooł)
R. nínásh-bał (nínáníł, nínéíł, nínájíł, nínéiil, nínáł)
O. náoosh-bał (náóół, náyół, ńjół, náool, náooł)

Náyoogisgo bijááa néisbaal, He whirled the wheel by cranking it.

WHITE HOUSE (in Washington), kináhálgaaí.

Kináhálgaaí wolyéhígíí Wááshindoondi si'ą́, The White House is in Washington.

WHOLLY (fully; completely; everything about it; every inch of it), yíní 'át'éegi.

'Áadi yíníyáago ts'ídá yíní 'át'éegi na'ídídííłkił, When you go there make a full inquiry (i.e. get all the facts).

Naaltsoos naaznilígíí ts'ídá yíní 'át'éegi shił bééhózin, I know where every one of these books belong.

Díí chidí ts'ídá yíní 'át'éegi shił bééhózin, I know everything there is to know about this car.

Díí 'atiinígíí ts'ídá yíní 'át'éegi shił bééhózin, I know every inch of this road.

WHOOP, TO (to make a war whoop; to holler, put-ing one's hand intermittently over one's mouth), shidaa' yishkad, I am whooping (lit. I am slap-ing my lips, mouth).

CI. [shi]daa' yish-kad (ni, yi, ji, yii, woh)

Tsédáa'gi Chíshí 'asdzáán léi' bidaa' yikadgo deeswod, On the canyon rim a Chiricahua woman started to run, whooping as she went.

WHY? WHAT DO YOU MEAN BY THAT? 'áyaa-ńdashą'.

Tséhootsooídi yas t'óó 'ahayóí nahalin, It seems

356

that there is a lot of snow at Fort Defiance. 'Áyaańdashǫ', Why? What do you mean by saying that?

Naabeehó dine'é jéí 'ádįįh wolyéii doo yich'į' dabidziil da, The Navahos have no resistance to tuberculosis. 'Áyaańdashǫ', why do you say that?

WIFE-BEATER, 'iizáanii.

WISH, TO (something were the reverse of what it actually is), laanaa nisin, I wish that (lit. I think 'would that it were so').

N. t'óó laanaa nis-sin (níní, ní, jiní, niid, noh)

T'áadoo yéigo chidí bił ndaajeehí dooleełę́ę laanaa nisin, I wish they wouldn't drive so fast.

Kingóó jidóya' t'óó laanaa nisin, I just wish that one could go to town.

'Ajółta' laanaa nisin, I wish a person could go to school.

WISH THAT ONE HAD IT, TO (something that a person sees or hears about), bidáneeshní, I wish I had it.

N. bidáneesh-ní (bidáníínil, yidánool, bidázhnool, bidániil, bidánooł)
P. bidánéésh-niid[or -níí'] (bidáníínil, yidánoos, bidázhnoos, bidániil, bidánooł)

Chidí bits'a' t'áá 'ádaałts'íísíígíí ch'ééh ła' bidáneeshní, I wish I had a pickup truck, but I can not afford (get) one.

Díí hastiin naalyéhé bá hooghandi bił ní'áazhgo łį́į́' biyéél léi' yiyiiłtsą́ą́ ńt'éé' yidánoosníi'go béeso łahjį' yik'é 'ayíínil, When I got to the trading post with this man he saw a saddle that he wished he had, so he made a down payment on it.

WITCH (sorcerer, wizard, enchantress), 'áńt'į́hii.

357

WITCH PEOPLE, 'ánt' įįhnii.

WITH ALL OF ONE'S EQUIPMENT, t'áá yinéłee
(yinééł-, he is moving along with his goods; -ee,
an adverbializing suffix).

Naakiiską́ą́go t'áá yinéłee naa deesháál dóó
nda'azheehgóó diit'ash, In two days I'll come
with all my equipment and we'll go hunting.

Hoodzo tł'óo'di Naabeehó łą'í t'áá yinéłee ni-
daalnish, Outside the Reservation many Nava-
hos are migratory workers (lit. many work, carry-
ing with them all their household equipment).

WITH ALL (ONE'S) MIGHT AND MAIN (with all
of one's strength; tenaciously), dziilí bee (lit.
with strength, power).

Nihinahagha' dziilí bee bąąh dah shiijée' doo,
We will hold to our religion with all our might and
main.

T'áá dziilí bee 'ásht'įį ndi diné shaa diijéé', I
put forth my best effort (acted with all my might
and main) but the men beat me.

Niinahdę́ę́' t'áá dziilí bee hasis'na', I climbed
the grade with great effort.

WITHHOLD IT FROM HIM, TO (to keep him from
getting it; to hold it away from his reach), bits'ąą
kwíishłaa, I withheld it from him; I held it out of
his reach. bits'ąą kwíínísin, I withhold it from
him; I keep it out of his reach.

F. bits'ąą kódeesh-łííł (kódíí, kwíidoo, kózhdoo, kódiilnííł, kódooh)
N. bits'ąą kwíínís-sin (kwííní, kóyó, kójó, kwíín'iilzin, kwíínóh)
P. bits'ąą kwíish-łaa (kwíini, kóyii, kójii, kwíilyaa, kóoh)
R. bits'ąą kónéiish-'įįh (kónéiil, kónáyiil, kóńjiil, kónéiil, kónáł)
O. bits'ąą kóosh-łe' (kóó, kóyó, kójó, kóolne', kóoh)

Social Security wolyéhígíí Naabeehó bits'ąą

kóólzin,   Social Security is withheld from the Navahos.

Naaltsoos bits'ąą kwíínísin, 'áko biká'ígíí doo yidoołtséeł da,   Hold the paper away from him so he will not see what is on it.

'Ashkii nát'oh bits'ąą kwíishłaago t'áadoo ła' hayíítą́ą da,   I held the cigarets out of the boy's reach so he didn't get one.

WITHOUT A SINGLE EXCEPTION (every last one of them), t'áadoo ła' doodahí (lit. t'áadoo, without; ła', one; dooda-, no, not; -hí, the one).

'Áłchíní da'ółta'ídi níyáago t'áá 'ałtso t'áadoo ła' doodahí t'áá́łá'í béeso bitaasé'ą́, When I got to the school I gave a dollar to every last one of the children.

WITHOUT FURTHER DISCUSSION (right then and there; without further ado), t'áadoo háágóó da niyátéhé.

T'áadoo háágóó da niyátéhé 'ahbínídą́ą́' Naabeehó binant'a'í béésh bąąh dah naaznilí danilínígíí táá' yee lą da'asłį́į́', Without further discussion the Navaho Tribal Council passed three resolutions this morning.

Hastiin biye' yá 'ídééłkidgo t'áadoo háágóó da niyátéhé bee lą 'azlį́į́', When the man asked for (the girl's hand in marriage to) his son, it was agreed to without further discussion.

WITHOUT INTERRUPTION (continuously; without pause), t'áadoo bita' 'ahodeest'ání (lit. without there being any interval between them).

T'áadoo bita' 'ahodeest'ání dibé binaaltsoos baa ńdadíit'įįł dadii'níigo 'áłah siidlį́į́', We met for the purpose of discussing the grazing regula-

359

tions without interruption.

T'áadoo bita' 'ahodeest'ání 'adahwiis'áágóó ni-
hookáá' dine'é 'anaa' t'éí 'ałch'į' neis'ą́ hazlį́į́,
It came about that people everywhere wanted con-
tinuous warfare.

'Aak'eedjį' 'ahalzhishgo t'áadoo bita' 'ahodees-
t'ání t'áá 'át'é nikidahałtį́į́h, In the fall of the
year it starts raining continuously.

WITHOUT PREPARATION, t'ááła hodit'ehee.

T'ááła hodit'ehee doo njólnish 'át'ée da, One
cannot work without preparation.

'Ólta'jį' t'ááła hodit'ehee 'ííyá, I went off to
school without preparation.

WITHOUT SUCCESS, ch'į́į́góó; ch'ínígóó (more or
less a combination of the ideas expressed by łą́ą́-
góó, in many ways, and ch'ééh, unsuccessfully, in
vain).

Ch'į́į́góó baa ntséskees, I think about it (from
many angles) without success (as in trying to hit
upon a practical solution for a problem).

Ch'į́į́góó ch'ééh tádííyá, I went everywhere
(looking for something) but without success.

WITHOUT UNDERSTANDING (with their mouths
agape), t'óó jaa' dijoolee (lit. t'óó, merely; jaa',
ears; dijool-, spherical, round; -ee, adverbializing
suffix).

'Áłah ńda'adleehgóó Bilagáana da nihich'į' yá-
daałti'go t'óó jaa' dijoolee nihidine'é ła' nda-
háaztą́ą́ łeh, At meetings when a white man talks
to us some of our people merely sit there without
(a glimmer of) understanding; with their mouths
agape.

WITHSTAND IT, TO (to have resistance to it), bich'į' sidziil, I can withstand it; I have resistance to it (lit. toward it I am strong). (V. patient.)

Hak'az 'ayóo bich'į' sidziil, I can withstand the cold; the cold doesn't bother me.

WOODS, IN THE, hakázítah.

Ńdiiłk'aazgo hakázítahgóó ńdii'nééł, When cold weather sets in we'll move back to the woods.

Hakázítahdi t'éiyá t'ah yas hóló̧ó̧ lá, I found that there's still snow in the woods.

Hakázítahdi díkwíigo shį́į́ tó hadaazlį́, There's a number of springs in the woods.

WONDERFUL, IT WOULD BE — (to have the possessions that cause one to envy others), t'óó bidááhání (lit. they are merely wished for). (V. to wish that one had it).

Diné t'óó bidááháníigo chidí bił ndaajeeh, ła' nahideeshnih nisingo biniiyé níyáá ńt'éé' 'ayóo 'ílį́į́ lá, People are running around in cars and it would be wonderful to have one; I went to buy one but I found them to cost more than I can afford.

Naalyéhé bá dahooghangóó ch'ééh jiiyáán t'óó bidááháníigo dah naaznil. 'Áko ndi 'ayóo da'ílį́į́ lá, The watermelons in the store windows sure look good, but they're too high in price.

Tódiłhiłísh bidááhání, Who would want whiskey (lit. is whiskey something to be wished for)?

WORK SHOES (ankle high shoes), ké ndoots'osii.

WORMS, TO HAVE —, ch'osh neiyé, he has worms (lit. ch'osh, worms; neiyé, he carries a load or pack about)

Cl. ch'osh naash-yé, (nani, nei, nji, neiig, naah)

Díí łééchąą'í ch'osh neiyéé lá, I find that this dog has worms.

WORRIED ABOUT IT, TO BECOME (V. to be fed up with it).

WORRY ABOUT HIM, TO (to think about him with misgivings), bich'į' shíni' 'íít'i', I'm worried about him (lit. my mind stretches away toward him like a slender object).

F. yíní 'adoot'ih   I. yíní 'iit'ééh   P. yíní 'íít'i'   R. yíní 'anát'ih
O. yíní 'oot'ééh

Sha'áłchíní bich'į' shíni' 'íít'i', I am worried about my children; I'm thinking of my children.

WORTH (in quantity), bíighahgo (lit. being proportionate to it in size or amount).

Dííyáál bíighahgo (or yik'é) 'oodlą́ą́', He drank fifty cents worth of it.

WORTHWHILE, TO BE REALLY —, t'áá 'ákónéehee 'át'é, it is really worthwhile.

Díí diné bizaad bee 'ak'e'elchíhígíí ts'ídá t'áá 'ákónéehee 'át'é, This written Navaho language is something really worthwhile.

Díí kéyah nahíníłnii'ígíí ts'ídá t'áá 'ákónéehee 'ánít'į, You did something really worthwhile when you bought this land; you made no mistake when you bought this land.

WORTHY, TO BE— (to be worthy of respect; to be held in high regard; to be esteemed; to be valuable; to be valid), 'anishłį, I am worthy. (doo 'ílį́įgóó, unworthy, worthless.)

N. 'anish-łį ('aní, 'í, 'ají, 'aniid, 'anoh)

T'áadoo shaa yídlohí. T'áásh 'iiyisíí doo 'anishłį́įgóó shaa ntsíníkees, Don't laugh at me. Do you consider me wholly unworthy of respect?

Nihizaad doo 'ílį́į da, Our word is not valid; our ideas carry no force.

Díí tsé t'áá 'íiyisíí 'ílį́, This is a really valuable stone.

Doo 'ílį́į da, It wasn't fair; it doesn't count (as in a race where there was a false start.)

WOUNDED, (in a wounded condition), k'aak'ehgo (lit. k'aa-, arrow; -k'eh-, mark; -go, adverbializing suffix).

Ndeiilzheehgo bį́įh ła' t'óó k'aak'ehgo sitį́į léi' bik'íniit'áázh, When we were out hunting we came upon a deer that was lying wounded.

WOUNDED, TO BE (by a missile which grazes or gouges one, but does not penetrate), hashi'dookal, I was wounded. (Cp. to split it.)

F. habidi'dookał   I. habi'dikaał   P. habi'dookal   R. hanábi'di-kał   O. habi'dókaał

Haa'íshą' han'dookal, Where were you wounded?

Ha'át'éegoshą' habi'dookal, How was he wounded?

WRONG FOR HIM, THINGS GO —, t'óó bich'į' nahodeezgééz, things went wrong for him (lit. merely toward him things became crooked).

F. t'óó shich'į' nahodidoogis   I. t'óó shich'į' nahodígees   CI. t'óó shich'į' nahodígééz   P. t'óó shich'į' nahodeezgééz   R. t'óó shich'į' nináhodigis   O. t'óó shich'į' nahodógees

'Ólta'góó 'ajííyáá n̉t'éé' shich'į' nahodeezgééz jiníigo t'óó n̉jídzá, He went away to school, but he came back saying that everything had gone

363

wrong for him.

Díísh jíígóó Naabeehó dine'é t'áá 'ałtsodę́ę́' bi-
ch'į' nahodígéezgo hoolzhish,   Nowadays the Na-
vaho people are having bad luck from all sides.

WRONG, TO DO IT —, t'áá bąąhágóó 'ásht'į, I
am doing it wrong (did it wrong) (lit. just along
the edge I am doing).

N. t'áá bąąhágóó 'ásh-t'į   ('ání, 'á, 'ájí, 'íi, 'óh)

T'áadoo le'é nihidishnínígíí t'áá bąąhágóó 'á-
daaht'į,   Everything I tell you (pl.) to do, you do
wrong.

T'áá bąąhágóó 'ánít'į,   You're doing it wrong.

— X —

X-RAY HIM, TO (to take an x-ray of him), bighá-
di'níídláád, I x-rayed him (lit. I shined a light
through him).

F. bighá-di'deesh-dlał   (di'dííł, di'dooł, dizh'dooł, di'diil, di'dooł)
    (bighádi'doodlał)
I. bighá-di'nish-dlaad   (di'níł, 'díł, zh'díł, di'niil, di'noł)
    (bighá'díldlaad)
P. bighá-di'nííł-dláád   (díí'níł, di'níł, dizh'níł, di'niil, di'nooł)
    (bighá'deeldláád)
R. bighá-ń'dísh-dla'   (ń'díł, ń'díł, nízh'díł, ń'diil, ń'dół)
    (bigháń'díldla')
O. bighá-'dósh-dlaad   ('dóół, 'dół, zh'dół, 'dool, 'dooł)
    (bighá'dóldlaad)

Bijéíts'iinjį' bighádi'níídláád, I x-rayed his
his chest.

Sits'in ła' k'é'éltǫ' daats'í biniiyé 'azee'ííł'íní
shighádi'níídláád, The doctor took an x-ray of
me to see if I had a broken bone.

— Y —

YEAH, wehee. (Also bee wehee 'asétį́į', the same meaning as bee lą 'asétį́į', I approved it.)

YOUNGEST (the youngest member of the family; the baby of the family), lók'eeshchąą'í.

Díí diné dah yikahígíí 'eii 'at'ééd lók'eeshchąą'í 'át'é, This girl is the youngest member of that family.

YOUNGSTER ("kid;" "squirt), chąąmą'ii (lit. excrement-coyote).

Chąąmą'ii nishłínę́ędą́ą́' shimá sání bá na'nishkaad ńt'éé', When I was a youngster I used to herd for my grandmother.

NAVAHO—ENGLISH

—A—

'ąą didinood, to spread (fire; gasoline or oil on a surface; impetigo; a sore, rash, etc.) .

'ąą dínít'įįh, to increase; to multiply.

'abe' daastinígíí, ice cream.

'ach'ą́, meat hunger; a craving for meat.

'ach'ą́ ho'niiłhį́, to be meat hungry; to be hungry for meat; to crave meat.

'ách'į' jil'aah, to bring it upon oneself; to invite it upon oneself; to bring it down on oneself (trouble, police, evil, etc.).

'ádaa hoji'niih, to brag.

'ádaa njidá, to commit onanism; to be a lesbian.

'ádaa yijódlí, to think that one is good at it; to have a high (but unjustified) regard for one's skill at it.

'ádá 'ájilnééh, to make it for oneself; to make one's own.

'ádabizhdiłniih, to hurt him; to injure him; to make him hurt himself.

'ádá hasht'e' nihizhdi'nííł, to save it (money) for oneself; to put it (them) aside for oneself.

'ádazhdiniih, to hurt oneself; to injure oneself.

'ádee hazhdidziih, to promise; to vow; to swear an oath; to pledge.

'ádee 'iijoolghaał, to throw oneself down; to "hit the deck"; to prostrate oneself.

'ádééjílkááh, to get next to oneself; to come to the realization that one's actions, behavior, attitudes etc. are wrong.

366

'adeií hooghan, Upper House (of Congress); the Senate.

'adih (ib. dih), more; better (in the sense of ability to do more, or do better).

'ádihozhdiilt'ééh, to get oneself into trouble; to get oneself into a mess.

'ádiih jilyé, to pick it up; to acquire knowledge of it; to learn it (as a language or skill).

'adiilch'il, to be a bolt of lightning; to strike (lightning; to be a thunderclap; to be a crash of lightning.

'adiilyéés, to be a stampede; to be a panic; to be a rush

'adijil, "sticky"; "stickery"; full of stickers, or thorns; "pricky"; prickly (as some types of cacti that stick one even when one brushes against them lightly).

'ádíkájísti', to be bashful; to be reticent; to hold back.

'ádil nahodizhdiilchííd, to get jittery; to get fidgety; to get nervous and excited; to lose self-control.

'ádil nahozhdiyijááh, to lose one's head (in an emergency).

'ádil njídááh, to become tired out (from going from place to place, or traveling); to tire oneself out; to run oneself ragged.

'ádil njíldzííl, to be on pins and needles; to be tense; to be sitting on the edge of one's chair (as an emotional reaction to excitement, fear, worry, etc.).

'ádínjílt'ih, to put it around oneself; to gird oneself with it (a belt, sash, etc.).

'adishah, to be "snaggy" (as barbed wire).

'adizhniilgháásh, to go into a coma; to oversleep.

'adizhnłłdíín, to reflect it; to throw it (light); to cast it (light).

'agháadi 'ádaat'éhígíí, highlights; main points.

'aghá 'ázhnéeláá', to be in the majority.

'aghá baa honitł'a, to be the chief difficulty.

'aháah niijooł, to bend in the middle; to bow.

'ahájíníłł, to take it apart.

'ahá jinízin, to feel regretful; to feel badly (about something). (v. baa 'ahá jinízin).

'ahéé'íłkid, to pass (an hour); to spend (an hour); to take an hour.

'ahidiníłnáago, in opposite directions; contrariwise; head to tail.

'ahiih jinééh, to band together (a mob or gang).

'ahíjiijááh, to mix them; to put them together (plural separable objects).

'ahíjiiłjooł, to mix them (wool or other noncompact matter).

'ahíjiizííd, to mix them; to pour them together; (liquids, by pouring them together).

'ahíjíské, to live together (male and female).

'ahindajiilyé, to use it on each other (a weapon); to assail, assault, attack each other; to fight with weapons.

'ahosiilts'įįh, to move; to come (a sound).

'ahozdííłhéelgo 'ájílééh, to pave it (a road).

'áhozhdilwosh, to pretend to be asleep; to feign sleep.

'a'oh 'ázhnéelt'e', to be in the minority; to be the minority group.

'ajighaas, to scatter it violently; to throw them away; to blow it in (as dirt blown in by a gust of wind).

'aji'áád, to toss it in or away (a flat flexible object). —góó 'ayíí'ah, he sent it to— ; naaltsoos 'ayíí'ah, he filed it (a complaint); hwee 'ayíí'ah, he served papers on him.

'ajiizą́, to beat one's husband or wife.

'ajiłeeh, to have; to pass (a holiday).

'ajílį, to be worthy; to be valid.

'ajiłjił, to make love; to "neck"; to "pet". Bich'į' 'ajiłjił, to make love to her. 'Ałch'į' 'ajiłjił, to make love to each other.

'ajiłneeh, to take it (a pill); to swallow it.

'ajiyizh, to pick; to harvest (anything that is broken off, as corn).

'ajódziih, to curse; to swear; to blaspheme.

'ájoogáál, to be a leader.

'ájoolyé, to be named thus; this (that) is one's name.

'ák'é nínájídléh, to pay a fine; to be fined.

'ák'ihojilta', to entertain oneself; to while away the time; to pass time; to kill time.

'ák'ijilchįįh, to retract the prepuce.

'ak'inaazdon, tight; tight fitting (clothing).

'ák'inizhdidá, to be on one's own; to be supporting oneself; to be self-supporting; to be economically independent.

'ákó'ąą, on that side of the hill; over the hill to there.

'ákó'óolyéenii, such and such a person; who (one is).

'ákóhoolyéedi, at such and such a place; where (one is).

'ákǫ́ǫ́ háni', one would like to go there.

'ákwíí, number (of).

'ákwíígóó yoołkáałgo, date (of the month).

'ákwíizhnízin, to look at it that way; to hold that opinion of it.

369

'áłchíní 'ólta' yaa daneesánígíí, school age children.

'athą́ą́h hizhdiiłhan, to fasten them together (two sections of rope).

'ałk'injínííł, to set them one on top of the other; to place them one on the other; to superimpose them (1-3 objects).

'ałk'injiinííł, to stack them; to pile them on one another; to set them on one another (3 or more objects).

'ałnáájílwo', to run back and forth.

'ałníí' biláahgo, more than half.

'ałníí' t'áá bich'į'go, less than half.

'ałtázhniiłgéésh, to split it lengthwise; to cut it lengthwise.

'ałt'anijínííł, to place them one behind another (in a row).

'ałts'ájídeeł, to separate from one another (groups of people — as in the formation of the clans).

'ałtso 'ałyah jidiilnííh, to all go at once; to all go at the same time.

'anahodinidleeh, to begin (a long period of warfare); to set in (war).

'anajiłchí, to declare war on; to make war on.

'anákééh, to end; to be over (the season for —).

'áníjaa' to be the main group.

'áńjísįįh, to save it out; to keep it out; to change one's mind about it.

'ashdla'í, quintuplets.

'ataahojishkizh, to have a smattering of knowledge about it; to know some of them (people) here and there.

'atah yéé' bii' njighá, to share in the peril; to go through danger with others.

'atiin hałtłah, to be paved (a road); to be surfaced.

370

'atízhdinidleeh, to cry for joy; to be so happy that one cries.

'ats'áhoní'ą́ądi, out in the hinterland; in a rural area; away.

'atsíjíkees, to decide to go; to make up one's mind to go.

'atsi ni'ázhdílteeh, to take the lead; to assume the lead; to assume leadership; to take the helm.

'awáalya bą́ą́hílį, to carry a jail sentence.

'awáalya góne' są bi'niiłhí, to be sentenced to life imprisonment; to be sent up for life.

'awééchí'í, newborn baby.

'ayaaí hooghan, Lower House of Congress; House of Representatives.

'ayííłką, to come (a day or date) (preceded by -ji').

'ayóí 'ájoolbe', to be big-busted.

'ayóí 'ájoolbid, to be big-bellied; to be paunchy.

'ayóí 'ájoolchį́įh, to be big-nosed.

'ayóí 'ájooljáád, to be big-legged.

'ayóí 'ájooljaa', to be big-eared.

'ayóí 'ájoolkee', to have big feet.

'ayóí 'ájoołtł'aa', to be big-buttocked.

'ayóí 'ájoolts'íís, to be big-bodied; to be corpulent.

'ayóí nahojigiz, to know how to scheme.

'azada'jinil, to conduct a test ceremony.

'ázajit'aah, to put it in one's mouth (a roundish bulky object).

'ázajitįįh, to put it in one's mouth (a slender stiff object.

'ázajilteeh, to put it in one's mouth (an animate object).

'ázajijááh, to put them in one's mouth (plural separable objects, animate or inanimate).

'ázaji'nííł, to put them in one's mouth (several objects, animate or inanimate).

371

'ázajiljooł, to put it in one's mouth (non-compact matter).

'ázajitłeeh, to put it in one's mouth (mushy matter).

'azdííłhéelgo 'ájílééh, to pave it; to black-top it.

'azee' 'ádąąh 'ájílnééh, to treat oneself; to apply a home remedy.

'azhdika', to play cards; to gamble. Baa 'azhdika', to gamble for it; to play for it.

'ázhdík'ąąs, to stretch oneself; to stretch.

'ázhdíłtł'is, to harden oneself (by exercise).

'ázhdóone'é, one's clan; one's clan affiliations.

'ázhnít'įįh, to be a sorcerer, witch, necromancer.

— B —

baa 'ahá jinízin, to regret it; to deplore it; to feel badly about it.

baa 'ahanjíjeeh, to crowd about it; to crowd to it; to gather at it.

baa 'áhozhniizįįh (ib. 'ákozhniizįįh), to realize that; to become aware of the fact that.

baa 'ajiiłtsééh, to see him "there"; to see his privates.

baa' baa nízhdiidááh, to go off to war.

baa' baa njighá, to be at war; to be fighting (a war); to be carrying on a war.

baa dáázhdiildééh, to get away from it (through disuse) (a custom, habit, etc.).

baa dáázhdiilyéés, to get away from it (a style, custom, habit, etc., through its falling into diuse).

baa hahozhdiłdlaad, to raise a cry about it; to raise a hue and cry about it; to protest it loudly.

baa hojiniih, to praise him; to brag about him.

baa hozhniłné, to beat him at it; to win over him; to beat him.

baa 'iijííł, to stick into it (him, as a thorn).

baa 'iįh jinízin, to be fond of it (a baby).

baa je'jólná, to handle it with care; to be careful of it (for fear that it might break or be damaged).

baa jidlee', to be generous with it; to be open-handed with it.

baa jízííd, to give it to him (a liquid, by pouring).

baa nahojilne', to tell about it; to give an account of it.

baa náhojilne', to give a report on it.

baa nizhdiyį', to do it carefully; to do it painstakingly.

baa ń'diildééh, to commence; to begin; to start.

baa 'ooldah, to be in progress; to be going on.

baa naanish 'aghá, to receive more attention; to be the object of much activity (work).

baa ná'áhozhdílt'į, to pay attention to him; to pay heed to him; to notice him.

baazhdiichííd, to lose one's grip on it.

baazhdiildééh, to get away from it (a style, habit, custom etc., through its falling into disuse); to give it up.

baazhdiitííh, to become too old for it.

bąąh 'ajiisxį, to kill one of his relatives.

bąąh 'ajííghą́ą', to kill his relatives.

bąąh dah jinííł, to hitch them to it.

bąąh haadlaad, to splinter; to break out (a splinter).

bąąh hazhníídee', to show up; to come to light; to be separated out (as gravel from sand)

bąąh nizh'diinííł, to unhitch them (horses, from a conveyance).

bá 'aláąjį' dah jizdá, to be their leader.

bá 'atíjít'į, to make sacrifices for him; to deprive oneself of things for his sake.

bá béeso ła' 'ajinííł, to contribute money for it.

bá hodoonih, to be a nuisance.

bá hojiił'aah, to make room for him; to make space for him.

bá jíshchíín, to be one's father's clan; to be born for it.

ba'jízííd, to give him a drink; to lend it (a liquid) to him (by pouring it).

bá jidoolnih, to be a nuisance to him.

bá jizéés, to hurt his feelings; to tell him off; to show him up; to get his goat; to burn him up; to fix him up good.

bá n'jíjááh, to feed them (as chickens, by strewing plural objects — i.e. feed, about).

bá nihojí'aah, to give him (a period of time); to sentence him; to set a date for it.

bee 'áda'aziin, to be plentiful; to be plenty of; to abound.

bee 'adahozhdeesxéél to be paved (plural roads).

bee 'ahíłká jisti', to be reticent toward each other; to hold back from each other.

bee 'ajítis, to be best; to be better; to be greater.

bee 'ák'ijidlá, to have plenty of it; to take advantage of it.

bee baa hozhniłné, to beat him by (a certain number of points; by having a certain number more of something than he has, etc.,).

bee baa joochííd, to fail him on it; to fail to do what one should do about it.

bee bi'jíłnííh, to pass the word to him; to inform him.

bee bijeeh jinilne', to slip him the information; to whisper it into his ear.

374

bee bił 'ałkéłk'eji'aash, to come to an agreement with him on it (one person as subject).

bee bił 'ałkéłk'ejikááh, to come to an agreement with them on it (more than one person as subject).

bee binizhneelzhoozh, to give him (their) support; to back him up; to support him.

bee biyah hozhdiłhéés, to startle him with it; to scare him with it; to give him a scare; to surprise him with it.

bee dah jinoot'ááł, to be proud of it.

bee dah joogááł, to make a living by it; to support oneself by means of it.

bee dlozhdilchí, to "kid" him; to make fun of him; to ridicule him.

béé'deetįįh, to be invented; to be discovered.

bee hááhizhnoojah, to come up with it again and again; to recur (as a subject brought up for discussion; to be foremost in people's minds).

bee ha'jólní, to fall back on it; to count on it.

bee ha'jólní, to count on him; to be counting on him.

bee hasht'e' ntsíjíkees, to decide about it; to make up one's mind about it.

bee hizhdinaah, to live on it; to make one's living by means of it.

bee hodit'ééh, to be used as a means for transportation.

bee hojiił'aah, to make it a law that; to make a rule or a regulation to the effect that.

bee hóodziil, to be as strong as (him).

bee 'íighah jílį́, to be right up with him; to be on a par with him; to be on equal footing with him (in achievement, earning power, etc.).

béé'áldah, to be contracted (disease).

bee 'izh'dilnah, to support oneself by means of it;

to get one's bread and butter from it.

bééji'ááh, to dunk it; to dip it in it (as bread in soup).

bééjíghááh, to get it on oneself; to contract (a disease); to have (fun).

bééjíisht'eezh, to rely on him; to depend on him.

bee n'deezdíín, to give light; to give off light (as a fire).

bee ń'jíldįįh, to take full advantage of it; to make full use of it; to get all that one can out of it; to get all the enjoyment one can out of it.

bee nízhdii'nééh, to vote on it (by rising); to take a rising vote on it (one person).

bee nízhdiijeeh, to vote on it (by rising); to take a rising vote on it (plural people).

béeso bee haoobįįh, to cost one (money through loss to someone).

beezhdííts'in (-ts'įįd), to be expert in it; to "know one's stuff" about it; to be really good at it.

béézh'deetįįh, to guess it; to hit upon it; to conjecture it; to invent it; to discover it.

béézh'dítsééh, to make it larger; to enlarge it.

be'jiniih, to be an authority on it (in the sense of knowing how to counteract it — as a doctor in relation to disease).

be'jitł'ó, to tie it up.

bibąąh 'ahéé'nít'i', to have a border (as a rug).

bibahodiilzhíísh, to be completed.

bibazhdooghááh, to go through it; to use every last bit of it (Sgl.).

bibazhdoo'aash, to go through it; to use every last bit of it (D.).

bibazhdookááh, to go through it; to use every last bit of it (Pl.).

bíbijiyiił'aah, to teach it to him.

bich'a hojishké, to scold him; to berate him; to give him a tongue-lashing.

bich'ą́ą́h nji'na', to oppose it; to be opposed to it; to be against it.

bich'ą́ą́h njígháάh, to block him; to stand in his way.

bich'į' 'ádééhojoolzįįh, to introduce oneself to him.

bich'į'dashdiilyéés, to dash off toward it (a crowd or mob); to mob him.

bich'į' hadziil, to withstand it; to have resistance to it.

bich'į' hajiłt'ééh, to introduce it to him.

bich'į' hane' 'ájílééh, to send word to him; to send him word.

bich'į' mą' 'ádíl'į, to put one to a lot of trouble; to importune one; to be hard to deal with.

bich'į' nahojiiłná, to give him trouble.

bich'į' nizhdilniih, to determine it by trembling hand (a disease); to diagnose it.

bich'į' njółta' to point it out to him (a fact).

bich'į' yajiiltaał, to rush at him; to run after him; to chase him.

bich'ojíní, to side in with him; to take his side; to be his friend, partner, pal.

bidah 'aji'áád, to drop it down (a flat, flexible object).

bidah 'ajik'áííh, to fall down with one's legs spread apart.

bidah 'ajiłdeeł, to drop it down (a slender flexible object).

bidah 'ajiłjooł, to drop it down (non-compact matter).

bidah 'ajiłkaad, to drop it down (matter contained in an open vessel).

bidah 'ajiłne',   to drop it down (one roundish, bulky object).

bidah 'ajiłt'e',   to drop it down (a single animate object, or a single stiff object).

bidah 'ajinííł,   to drop them down (plural separable objects, animate or inanimate).

bidah 'ajiłeeh,   to drop it down (mushy matter).

bidah 'ajiyeeh,   to drop it down (a pack, load or burden).

bidazneesdog; bidazneesdoig,   stuffed; filled to the bursting point; bursting at the seams.

bidázhnoolní,   to wish one had it; to want it badly.

bidéélní,   to be the solution for it; to take effect on it; to act on it.

bídiich'ááł,   to tinge it; to taint it; to contaminate it; to take the taste or odor of it; to take up its odor.

bidił hajiłt'ood,   to take a blood sample from him; to get a sample of his blood.

bighá'jítsééh,   to puncture it; to prick it.

bighájísháásh,   to wear a hole in it (as in one's trousers, shirt, shoes, etc. by friction).

bigházh'díłdlaad,   to x-ray him; to take an x-ray of him.

bighazhnidzóód,   to talk him out of it.

bigháąh hizhdiiłhan,   to attach it to it; to fasten it to it (one rope to another)

bigháąh jiditsééh,   to attach it to the end of it; to fix it (a bayonet).

bíhálghan,   to live by; to live near to it; to stay closeby (in order to guard it).

bihididzóóh,   to be reduced (by drawing narrower boundaries); to be made smaller.

bihidínídééh,   to go (money).

bíhoneel'ąągo,   as far as (a limiting point).

bihozhdiiłt'ééh, to get him into trouble; to get him into a mess

bi'ajiiłdeeł, to toss it over it.

bi'jiiłdlą́, to make him drink it; to feed him (liquid); to water it.

bi'jilééh, to do as (one is told, etc.); to copy it.

bi'jíłnííh, to head them; to turn them (aside); to let him go (after thwarting him in his purpose).

bi'jíts'ih, to pick on him; to needle him; to provoke him.

bi'oh neełnééh, to be not enough to last; to be less than the amount required.

bi'oshnil'ąąh, to lack (time, funds, etc.); to be unable to afford it.

bíighahgo (bik'é), worth of (in quantity). Díí yáál bíighahgo, fifty cents worth of it.

biih jidiltaał, to step in it.

biih jizííd, to give him an injection of it; to inject it into him; to pour it into it.

bii' hajíítą́, to be an expert in it; to be good at it; to be skilled in it; to be an authority on it.

bii' héét 'ályaa, to be loaded with (into) it.

bii' hooghanígíí dóó 'adą́ągi, room and board.

bii' jidées'eez, to be standing in it.

bii' ndahwiisdzą́, to have many rooms in it.

biiłkáhí, on the next day (customary).

biiskání, on the next day (past in time).

bíizhdéétááł, to strike one's foot against it.

bíji'ááh, to show it to him as a lure or bribe; to hold it out to him (a roundish bulky object); to get him to do something.

bíjíkááh, to show it to him as a lure; to hold it out to him (anything in an open container).

bíjíłááh, to catch up with him; to overtake him (one person).

bíjíłʼaash, to catch up with him; to overtake him (two persons).

bijíłjį̃, to carry it to its final day; to finish it (a ceremony).

bíjíłkáá', to be afraid of him (through overawe, or inapproachability); to be overawed by him.

bíjíłkááh, to catch up with him; to overtake him (more than two persons).

bijilnééh, to be just in time for it; to be on time for it; to be just in time.

bíjíłteeh, to show it to him as a lure; to hold it out to him (a single animate object); to get him to do something.

bijíłtłʼéé', to carry it to its final night (a ceremony).

bíjíłtsóós, to show it to him as a lure; to hold it out to him (a flat flexible object); to get him to do something.

bíjíníił, to show them to him as a lure; to hold them out to him (several objects, animate or inanimate); to get him to do something.

bíjísdá, to sit waiting for him; to sit guarding him; to sit up with him.

bíjísį̃, to stand and wait for him; to stand guard over him.

bíjítįįh, to show it to him as a lure; to hold it out to him (a slender stiff object); to get him to do something.

bíjítłoh, to rub it on him; to smear it on him (ointment or mushy matter).

bíjólnííh, to be suspicious of him (that he is flirting with one's spouse).

bijoolyé, to be named after him.

bikáá' ni'ikęęs, to form a crust on it; to form a scab on it.

bíká cho'jooł'į, to need it; to wish that one had it because of need for it (ib. bícho'jooł'į).

bíka'jiiłhil, to pump him; to fish for information; to seek information by an indirect approach.

bíka'jiłkid, to "fish for" information; to make indirect inquiries in quest of information; to "nose around after" information.

bíká nizhdilniih, to divine its whereabouts by trembling hand (a lost object).

bikék'eh náhodilzhíísh, to be repeated over and over; to be constantly repeated.

bikéleezh 'ájílééh, to divine his whereabouts by getting some dirt from his footprints.

bikétł'á'jiiyííł, to boost him up; to give him a boost.

bik'ą́ąshdiltaał, to stub one's toe on it.

bik'ee 'ák'i'jidlí, to resent it; to gripe one; to get one's goat.

bik'ee'ąą ha'jiłbąąs, to detour around it; to go around it (in a wagon).

bik'ee'ąą hajighááh, to detour around it; to go around it (on foot).

bik'ee haya hodeesyiz, to frighten one; to become frightened.

bik'eenééh, to come off of it (skin, as from one's finger).

bik'ee njiltal, to be "burned up" about it; to be irked by it; to be angered by it.

bik'eet'ood, to come off of it (skin, as from one's finger).

bik'eezhdiniih, to have a grudge against him; to be sore at him; to disapprove of an act of his on moral grounds.

bik'é n'jílé, to pay for it; to make payment for it; to lease it.

bik'i 'ałná'jiizoh, to cross it out; to mark it out; to delete it.

bik'i dah jinilghaał, to mount it; to throw oneself upon it.

bik'idziigááh, to come into view (as something white). (ib. bik'i dah dziigááh.)

bik'ihojiłta', to entertain him

bik'íhoochįįh, to be covered; to be under a layer of.

bik'ihoolzhíísh, to come true; to materialize; to become a reality; to be realized; to come to pass.

bik'iih (ib. bik'i dah), upon it. (Cp. lók'aah ⟨ lók'aa' dah, as in lók'aah nteel ⟨ lók'aa' dah nteel, Ganado. Dah, up, off, often merges with a pronoun, postposition or other word in rapid speech. Thus also Be'aldíilasinil ⟨ bee 'aldííl dah sinil, Albuquerque: lit. where the gongs repose up at an elevation, so named from the gongs that were used in former times to announce the serving of meals at the Harvey House).

bik'íjoo'aash, to go through it; to use every last bit of it. (D.)

bik'íjooghááh, to go through it; to use every last bit of it (Sgl.).

bik'íjookááh, to go through it; to use every last bit of it (Pl.).

bik'i n'jiłhaał, to brush away (evil, as from a sick or moribund person).

bik'i nizhdilniih, to determine it by trembling hand (a disease); to diagnose it.

bik'izdéez'įį, to watch over him; to guide him.

bikiin, to live on it; to get sustenance from it.

bilááh 'áhóodziil, to be stronger than him.

bilááh jidighas, to be hot after more of it; to go for it (greedily).

bíla' 'ashdla'ii, human being.

bílák'e ji'aah, to hand it (over) to him (a single bulky, roundish object).

bílák'e jijááh, to hand them (over) to him (plural separable objects).

bílák'e jikaah, to hand it to him (matter contained in an open vessel).

bílák'e jilé, to hand it (over) to him (a single, slender, flexible object).

bílák'e jiłjool, to hand it (over) to him (non-compact matter).

bílák'e jiłteeh, to hand it over to him (a single animate object).

bílák'e jiłtsóós, to hand it (over) to him (a single, flat, flexible object).

bílák'e jinííł, to hand them (over) to him (plural objects).

bílák'e jitįįh, to hand it (over) to him (a single, slender stiff object).

bílák'ee jizhjaa', to be under his guardianship; to be wards of his (the subject is plural).

bílák'ee jiztį́, to be a ward of his; to be under his guardianship; to be his ward (singular subject).

bił 'ałch'į' nizhdik'ǫ' to be on bad terms with each other.

bílátah dahashzhiizh, to be nearly over; to be almost time; to be just about gone (a dying person); time is up; it's time for it (to begin or end); it's time.

bił 'ahijoo'nił, to go along playing (as children do).

bił 'ałts'ázh'dídǫ́ǫ́s, to share it with him; to divide it up with him (cloth, by ripping).

bił 'ałts'ázh'dídzííd, to share it with him; to divide it up with him (liquid, by pouring).

bił 'ałts'ázh'dídzóóh, to share it with him; to divide it up with him (land, by marking boundaries).

bił 'ałts'ázh'dígéésh,   to share it with him; to divide it up with him (by cutting, slicing).

bił 'ałts'ázh'dí'níił,   to share them with him; to divide them up with him (plural objects).

bił 'ałts'ázh'dí'níísh,   to share it with him; to divide it up with him (by breaking, a rope).

bił 'ałts'ázh'dítííh,   to share it with him; to divide it up with him (by breaking).

bił 'ałts'ázh'dítłeeh,   to share it with him; to divide it up with him (mushy matter).

bił baa 'i'jitsééh,   to give him an injection of it; to inject it into him.

bił hajíí'áázh,   to be his brother (or sister).

bił hajííjéé',   to be their brother (or sister).

bił hóhóone',   to be reported (as having it).

bił náhojilne',   to report back to him; to give him a report; to bring back word.

bił na'ahiji'nił,   to "horse" around with him; to play (as children); to engage in horseplay.

bił niijíłhaał,   to beat him with a club; to beat him to death; to club him; to club him to death.

bił niijíłne',   to stone him (to death); to kill him with a stone.

bił niijíłts'in,   to beat him with one's fists; to give him a pummeling; to beat him up.

bił niijítaał,   to kick him; to give him a kicking; to knock him out by kicking him.

bił n'jíts'iih,   to use it a little at a time; to use it sparingly.

bił njighá,   to have it (a disease).

bił tsi'joogáál,   to not care about it; to waste it; to lack esteem for it.

bił yanáa'á,   to pile up; to accumulate.

bínabizhnıłtin,   to show him; to show him how; to teach him.

binahjį',   on account of it; in view of it; because of it; beside it.

bíndíníisééh,   to grow back to it.

bíni' jishǫǫh,   to make him happy; to appease him.

biniiłt'ajígháah,   to come to it (an obstruction, barrier or specific place).

bíní jiił'aah,   to offend him; to hurt his feelings; to break his heart.

biníjízhah,   to curl oneself around it.

biníjoodą́ą́ł,   to stay close by him; to stay near him; to stay close at hand.

binjiilé,   to use it on him (a weapon); to assail, assault, attack him (with a weapon).

bitah hajizdéél,   to move in with them; to come to live with them.

bit'ááh jígháah,   to move in close to him.

bit'ááhjí,   in the direction of (it).

bit'aji'nééh,   to get into bed with him.

bitł'aabą́ą́shdi'aash,   to go through it; to use every last bit of it (D.).

bitł'aabą́ą́shdigháah,   to go through it; to use every last bit of it (Sgl.).

bitł'aabą́ą́shdikááh,   to go through it; to use every last bit of it (Pl.).

bitł'ááshjání,   dregs; grounds; precipitate.

bitsą́ 'í'jílééh,   to prepare food for him.

bits'ádi'ńlííd,   to glare; to shine (a bright surface, as snow).

bits'ą́ą́' bił ń'jílnaad,   to ruin it for him; to mess it up for him.

bits'ą́ą́' dashdiigháah,   to go, against his wishes; to go anyway; to go whether he likes it or not.

bits'ą́ą́jí jíłįigo yájíłti',   to talk against him.

bits'ąą kójósin,   to withhold it from him; to hold it out of his reach; to keep it out of his reach.

bits'ą́ą́' yichxǫǫh, to happen to it (a mechanism); something happens to it (to his disadvantage); to break down on him (as a car).

bits'ą́ą́' yoo disháah, to divorce her (him); to leave her (him). ·

bitsiiziz 'ájílééh, to scalp him; to take his scalp.

bitsíláhdeii, tassel (on corn).

biyaa hajiltaał, to spring out from under it.

biyaa hojiłeeh, to raise him; to bring him up.

biyaa hojooł'aah, to raise him; to bring him up.

bíyah 'azhniiłįįh, to put it in his mind; to put the notion in his mind; to give him the idea.

biyah hóyéé', to be burdensome; to be a fright.

biya'jiikaah, to scoop it up; to pick it up (with something flat).

bizaad níjiiláah, to pick up his language.

bizéé' jit'įįh, to cause his death.

bizéé' nji'á, to threaten his life.

bízhdígoh, to persist in one's attempts to; to keep trying (singular subject). (cp. bízhdínídah).

bízhdiigeeh, to bump into it; to bump against it. Hatsiits'iin bee —, to bump one's head on it.

bízhdiiłgis, to be incapable of it; to lack the ability to do it (because of laziness, lack of know-how, etc.).

bizhdiitsééh ('atsiniltł'ish—), to shock him; to give him a shock (with electricity).

bízhdínídah, to persist in one's attempts to; to keep trying (plural subjects). (cp. bízhdígoh).

bízhdíyish, to rub it; to rub a flexible object against it.

bizh'doolíiłii hoł bééhózin, to know what to do

bizhnidzin, to hex him; to cast a spell on him; to enchant him; to wish him evil.

bizhdiniłbįįh, to make them sit down; to seat them;

to have them take a seat (more than two objects).

bízhnítchééh, to compel him; to force him; to drive him to it.

bizhnítdaah, to make him sit down; to seat him.

bízhnítkad, to compel them; to force them; to drive them to it.

bizhnítkeeh, to make them (dual) sit down; to seat them (dual).

bízhnítááh, to try him out; to test him; to tempt him; to give him a trial.

booshk'iizh ńt'i'go, along with it; side by side with it.

— CH —

chąąmą'ii, youngster; "kid;" "squirt."

chazhdilwą́ą́', to whine; to whimper (as a dog, child, etc.).

chidí 'att'anihejeeh, to be a traffic jam.

chįį́h yee 'adilohiijí, Republican Party.

ch'at baa tóó'jitne', to become suddenly quiet; to suddenly quiet down.

ch'édeet, to move out (plural animate objects).

ch'íhóghááh, to begin; to start (an activity).

ch'í'iilkeed, to be a movie; to be a moving picture show.

ch'í'jiitkeed, to show a movie; to give a movie.

ch'íjiittt'iid, to throw them out; to "kick" them out; to "bounce" them; to oust them; to eject them; to expel them.

ch'íjiithan, to throw him out; to "kick" him out; to "bounce" him; to oust him; to eject him; to expel him.

ch'il bee da'iiltsxóhígíí, vegetable dye.

ch'įįgóó (ch'ínígóó), without success.
ch'osh njiyé, to have worms.

— D —

dágházhdilyeed, to take a run (an old custom, designed to harden one, especially a youth).
dah 'adiisóół, to rise (bread, dough). (cp. water-blister).
dah 'ajoodlį́į́ł, to drink continually; to drink heavily; to be a barfly.
dah 'azhdiilé, to be equipped (with tools, instruments, etc.).
dah dazdigiz, to be twisted out of shape.
dahizhdéjéé', to be hanging up; to be in a hanging position (more than two animate objects).
dahizhdétéézh, to be hanging up; to be in a hanging position (two animate objects).
dahizhdétį́, to be hanging up; to be in a hanging position; to hang (one animate object).
dahizhdiyiiłhan, to jerk him along; to force him to move by jerking him.
dah jiitł'ó, to tie it up; to suspend it; to hold it in abeyance.
dah jiłts'ǫ', to fight for it; to pull on it (as a bird on a worm).
dah joo'nééł, to be divided into factions; to be held up (delayed) while moving with one's belongings.
dah ná'ásoł, to swarm (bees); to be in a school (fish); to be in a flock (birds); to be in a pack (dogs); to be in a bevy or gang (children).
dah ńjiiłchah, to patch it up; to save it by temporary repair.
da'áhozhdiltsaah, to pretend to be sick; to feign illness; to "goldbrick."

dá'diiłtsxah, lockjaw; tetanus.
da'ílį yileeh, to become expensive; to become cost-ly.
da'níl'į bá hooghanígíí, theater.
da'nítiin, road system.
dajiztsą 'áhozhdeeshchį, to play dead.
dashdidiil'éés, to lift up one's foot.
dashdiilyéés, to stampede; to rush in a body (as people at quitting time, or people and animals in a panic).
dashdoozoh, to hold it in one's mouth (liquid); have one's mouth full of it (liquid).
dázhdiitsxah, to get lockjaw; to get a tetanus infection.
dé'ą, it hangs suspended; it is suspended (a round-ish bulky object).
deeteel, moose (originally a mythological animal or monster with broad horns, and now commonly identified as the moose).
deeteel haya'iikaah, to pass away; to die.
deeteel yááhó'iishééh, to pass away; to die.
de'éyóní, outsiders; outlanders; foreigners.
déjaa', they hang suspended; they are suspended (numerous animate or inanimate objects).
déjool, it hangs suspended; it is suspended (non-compact matter).
délá, it hangs suspended; it is suspended (a slender flexible object).
dénil, they hang suspended; they are suspended (several objects, animate or inanimate).
détą, it hangs suspended; it is suspended (a slender stiff object).
détį, it hangs suspended; it is suspended (an animate object).

dezhdileeh, to pull it up (with a string or rope, as water from a well).

dézhood, it hangs suspended; it is suspended (a massive object).

dih (ib. 'adih), more; better (in sense of do or accomplish more).

díí k'ad 'ájít'éhígíí bii' hajighááh, to get out of one's present mess; to get out of one's present condition; to get out of the rut one is in.

díí k'ad nagháí hoolzhishdéé', in the recent past.

díkwíjílt'eeh, how many of them? several of them.

diltłish, sword.

diné bitahgóó hane' 'ájílééh, to send word out among the people.

diné doo jooba'ii jílį́, to be merciless.

diníthéél, to be a black streak (of).

dinítąąd, (it is, they are) scattered along in a line.

dits'in, to ripen; to get hard (with maturity). (cp. to be expert in).

dízhníchééh, to escape; to run away; to retreat; to flee.

dį́'í, quadruplets.

dlooł naa'aníjímas, to roll with glee; to roll with laughter.

doo 'aaníinii baa njighá, to do wrong; to do something which one should not do; to misbehave.

doo 'ádił bééhojílzin da, to claim to have no knowledge of it; to disclaim any knowledge of it; to claim to be unable to recollect it.

doo 'ákǫ́ǫ́ 'áhánéeh da, to happen (something disagreeable); something terrible happens.

doo 'asohodibéesh da, to become unbearable.

doo 'asohodi'įįh da, to become unbearable.

doo 'ájít'éhé da, to be well; to be all right.

doo 'asht'é'égóó, awfully; terribly; extremely (ib.

doo 'asohodoobéézhgóó).

doo 'át'éhé da yileeh, to go away (as a pain); to become inactive, ineffective.

doo 'át'éhégóó njighá, to be nothing the matter with one; to have nothing wrong with one.

doo 'ázhdiilkóoh da, to be egotistical; to be "big-headed;" to be "swell-headed."

doo bá jíists'ą́ą́' da, to pay no attention to him; to give him no heed.

doo bééhoozįįh da, to be lost (as one's home or money as a result of catastrophe); to disappear.

doo bííchįįd da, to become hopeless, desperate, serious (conditions).

doo bik'izh'dootą́ą́' 'át'éégóó, to be unintelligible.

doo bik'izh'dootą́ą́' 'át'éégóó bik'e'eshchí, to be illegible; to be so written that it is unintelligible.

doochǫǫł ('át'éego), ridiculous; incomprehensible; intolerable; foolish.

dóó deigo hodees'áago, and up; and on up (in number, age, etc.).

doo––góogo, unless; if (not).

doo hąąh téeh da, to be in good health; to be healthy.

doo há 'achíígóó, sterile (a man).

doo hohodiit'i' da, to be trouble-free.

doo hoł 'aaníi da, to disagree with; to disapprove of.

doo hoł bééhózin da, to be ignorant of it; na'adlo'–– to be incapable of it (trickery); to be beyond suspicion of it (trickery, etc.).

doo hoł bihónéedzą́ą́ da, to seem impractical to one; to appear to one to be such that it would not work (succeed).

doo hoł 'ólta' da, to not count; to have no part; to be left out; to be disregarded; to be passed over.

doo hoł sih da, to be nothing to one; to amount to nothing in one's opinion.

doo hozhdiłkan da, to be not bad at it; to be pretty good at it; to be doing all right.

doo hozh'dólee 'át'ée da, to be hard to outwit; to be cagey; crafty.

doo hózhǫ 'íłį́įgóó, cheaply; at a low cost (or price) for very little (remuneration).

-dóó k'ee'ąą hodees'á, from (there) on out; thence; in the area of.

doo ła' nahdigóó, all alike; in the same way (none being slighted); none being considered as less important or inferior.

doo naaki nilį́įgóó, reliable; trustworthy.

doo nizhdilna' da, to act slowly; to be slow in acting; to be slow (in thinking, acting doing, etc.).

doo shóhoot'ée da, it's awfully far; it's too far.

doo shóhoot'éégóó ('ánéelt'e'; 'áneelą́ą́'; 'áníłnééz, etc.), there are too many (there's too much; it's too long, etc.).

doo shónéelą́ą' da, there's an awful lot of it; there's too much of it.

doo shóníłdáas da, it's awfully heavy; it's too heavy; it's heavier than ——.

doo shóníłdíil da, it's awfully big; it's too big.

doo shóníłnéez da, it's awfully long; it's too long.

doo shóníłtéel da, it's awfully wide; it's too wide, broad.

doo shóníłtsxoh da, it's awfully large; it's too large, big (as a hat).

doo shónízáad da, it's awfully far; it's too far.

doo ts'ídá le'dółt'e' góne' 'álnééh da, it (they) never strike a happy medium (there's always too much or too little).

doo ts'ííd 'ájít'ée da, to be tops; to be hard to beat.

-dóó wóshdę́ę́', from (then) on; from (that time) on; thereafter; ever since.

doo yíldinígóó, in plenty; in abundance.

doozáagi, how much longer? (with a tone denoting impatience).

dziilí bee, with all one's might; with all one's might and main.

— E —

'e'e'aah, to pass (a day); to spend (a day); to take (a day).

'ééhójíinił, to put dirt (back) on it; to replace the dirt on it (a hogan roof).

'éé' 'ałk'ihodé'nilgo, suit of clothing; full suit; dress suit.

'éézh'deetįįh, to guess rightly.

'éyóní, outsider; outsiders; outlander; foreigner.

— G —

gaal, transportation.

-gi le' 'át'é, could; could easily (with 3a. optative mode forms) (Jiyółhéłígi le' 'át'é, one could easily kill it).

-góó háni' 'íít'i', to be looking for a chance to go to —.

— H —

haa 'adiildééh, to be left behind.

haa 'adiniih, to hurt "there" (in the genitals); to have the gonorrhea.

haa 'anii'eeł, to sweat "there;" to sweat in one's private (genital) area.

haa 'atin, to get cold "there" (in genital region).

haa 'azhníł'į, to look at him "there"; to look at his genitals.

háábíyájíłtééh, to break the spell on him.

haachééh, to start to cry, weep.

haa dáá'diilyéés, to be left behind.

haa dááhodiildóóh, to get behind in it.

haa dááhodiildóóh, to get left behind (in progress, in school, culturally, etc.).

háadinshą', (I) don't know where.

haadzólní, to be handsome; to be well formed.

haa hinidééh, to receive; to get (income); to make (money).

haa hodiisííh, to have a feeling of revulsion; to get the creeps; to get goose-pimples.

haa'íyee', let's see.

háájiishééh, to sharpen it to a point; to put a point on it.

haalá jiníłch'įįdii, what is the matter with him? What the devil's wrong with him?

haánee' yit'éego, (I) don't know how (to what degree, how much).

haa nináhájeeh, to receive (mail) (customarily).

haa nízahdę́ę́' hoolzhiizh, how long? Since when?

haa nízh'diiłts'in, to hit him "there"; to hit him in the genitals (with fist or forefoot).

haashíyee', let's (do something and see what happens).

haa yílyeed, to receive (one's mail); to get (one's mail); to receive it; to get it (as a letter).

haa yit'éegoshą' njighá, How is he getting along? How is he?

hąąh 'áhádin, to be orphaned; to be an orphan; to be a survivor (in a family where death has taken the rest).

hąąh haitsééh, to owe him, go into debt to him.

hąąh ji'įįh, to deny it to one; to keep one from (getting or having something).

hąąh yiłk'áás, to get chilled.

hąąh yit'įįh, to be denied to one.

há'áhwiinít'į, to be generous; to be big-hearted.

ha'áłchíní nji'eesh, to take one's family; to go accompanied by one's family.

ha'át'éegoóńshą', (I) don't know how (why).

ha'ąądi, over the hill; on the other side of the hill. (ha'ąądi; ha'ąągóó; ha'ąąjí, etc.)

ha'ąą gó'ąą, over the hill.

ha'ąą 'iighááh (jóhonaa'éí), to set; to go down (the sun).

há 'adą́, to run a restaurant; to operate a cafe.

ha'oh 'aneełnééh, to run out; to become exhausted (a supply of something, before one's turn is reached).

ha'oh 'aniłnééh, to be left out.

habi'dikaał, to be wounded; to be hurt (by a missile that grazes or gouges one, but doesn't penetrate); to be struck a glancing blow.

habí'jiłjį́įsh, to force him off; to squeeze him out; to dispossess him; to displace him.

hachaan ntsaago, to be well-fed; to eat well.

hach'ijí 'aztą́, to be lucky.

hach'į' hodildóóh, to make pretty good time.

hach'ą́ą́h 'ííchííł, to be snowbound; to get snowed in.

hach'ąąh ni'íldééh, to be blocked (by plural people).

hach'ijí hódlǫ́, to have full support; to have everybody on one's side.

hach'ijí ni'níkę́ę́z, to have a lucky break.

hach'ijí 'oo'ááł, to be one's lucky day.

hach'ijí yoołkááł, to be one's lucky night.

hach'į' 'ąą 'át'é, to be legal for him; to be permitted; to be open to him.

hach'į' 'anáhóót'i', to be handicapped; to be troubled.

hach'į' haat'ééh, to be introduced to them (as a new custom etc.).

hadaa' jikad, to whoop; to make a war-whoop; to holler (placing one's hand intermittently over one's mouth).

hádą́ą́'ánshą, (I) don't know how long ago.

hádą́ą́'dą́ą́' shį́į, for some time; long since.

hadáhodik'ą́ą́h, to be cut off by fire; to have one's escape cut off by fire.

hadah jidilch'ąął, to come down (by parachute, rope or other means of suspension).

há da'ílį, to get a good price.

hadajíłt'é, to be entire; to be whole; to be perfect; to be "all there".

hódzíłteeł, to catch up with them (many people, moving as a mob or large group).

haghazh'dit'ááh, to convince him; to get him to.

hahaleeh, to come into existence; to come into being.

hahíí'ą, it hangs out; it sticks out (a single bulky roundish object).

hahííjéé', they hang out; they stick out (more than two animate objects).

hahíílá, it hangs out; it sticks out (a slender, flexible object).

hahííłtsooz, it hangs out; it sticks out (a flat, flexible object).

hahíínil, they hang out; they stick out (plural objects).

hahíítą, it hangs out; it sticks out (a slender, stiff object).

hahíítéézh, they hang out; they stick out (two animate objects).

hahíítį, it hangs out; it sticks out (an animate object; also said of a cloud of dust rising behind a moving vehicle).

hahizhdii'nííł, to take them off (clothes).

hahodidlaad, to be a racket; to be an uproar.

hahosiilts'įįh, to come out of (a sound, noise).

háínshą', (I) don't know who.

hajidzooł, to sigh; to heave a sigh.

hajiileeh, to catch fish; to go fishing.

hajileeh, to catch it (a fish); to pull it up out (suspended on a string).

hajiłdíís, to catch it (a rabbit) (v. ha'jiłdíís.)

hájít'į, to look for it; to be on the lookout for it (in the hope of acquiring it).

ha'jiłdíís, to hunt (catch) (rabbits) (by twisting a stick against the animal's body as it lies in its hole, and pulling it out).

ha'jólní, to be patient; to be able to stand, withstand.

hakázítah, in the woods; in the forest.

hakáa'jį' haleeh, to have a close call; to come out alive.

hakéé' 'ádahasdįįdgo, when they are gone; when their trails have disappeared.

hak'idé'ą, to have it on (a hat).

hak'idéką, to have it on (a pot, or a pot-shaped hat similar to some of those of a type worn by white women).

hak'idéłtsooz, to have it on (a shirt, dress clothing).

hak'idénil, to have them on (plural objects of clothing etc.).

hak'idétą, to have it on (a stiff hat).

hak'idétłéé', to have it on (a soft droopy hat).

hak'idézhóód, to have it on (a broad-brimmed hat).

hak'iildóóh, to envelop one (as fog, mist, smoke).

hak'ihooldóóh, to be relieved (emotionally); to breathe a sigh of relief.

hak'inaazdon, to be tight on one (one's clothing).

hálá, to be up to one; to be up to one's choice.

hála' bee jizį́, to stand on one's hands.

hála' jiłmaz (-go dooda ní), to refuse emphatically (by a gesture of twirling one's hand).

hálák'ee haadeeł, to fall from one's grasp; to fall out of one's hand; to drop (a single, slender, flexible object).

hálák'ee haajooł, to fall from one's grasp; to fall out of one's hand; to drop (non-compact matter, as wool).

hálák'ee haakaad, to fall from one's grasp; to fall out of one's hand; to drop (matter contained in an open vessel).

hálák'ee haakę́ę́s, to fall from one's grasp; to fall out of one's hand; to drop (a single, slender, stiff object).

hálák'ee haalts'íid, to fall from one's grasp; to fall out of one's hand; to drop (a single, bulky, roundish object).

hálák'ee haathę́ę́sh, to fall from one's grasp; to fall out of one's hand; to drop (a pack, load, burden, mushy matter).

hálák'ee haanééh, to fall from one's grasp; to fall out of one's hand; to drop (a single, flat, flexible object).

hálák'ee haatłíísh, to fall from one's grasp; to fall out of one's hand; to drop (a single animate object).

hálák'ee hanidééh, to fall from one's grasp; to fall out of one's hand; to drop (plural objects, animate or inanimate).

halbá, to be hazy; to be gray (the sky).

haleebee, thoroughly; one's best; vigorously; completely; without reserve.

hanáánát'ééh, to come up again for consideration.

haná, beside one; at one's side.

haná haazláii, those that are around one; neighboring; surrounding.

há nahojilt'i', to joke about him; to make wisecracks about him; to ridicule him.

hanáyaagi, right before one's eyes; right in front of one; in plain sight (of one).

haneetehee, promptly; quickly.

hane' bikází, highlights; main points; resume.

hane' haa yít'aah, to receive word; to get word; to be informed.

hane' nji'á, to pass the news around; to carry the news.

háni' beelt'é, to be satisfied with it; to agree to it.

háni' bidiit'ééh, to have one's mind set on it.

háni' haleeh, to get old enough to start remembering things; to become old enough to remember.

háni' 'iit'ééh, to worry about him; to think about him.

haniit'aa, because of one; because of one's backing.

háni' nilį, to be set on it; to have one's mind set on it.

háni yii'aah, to take offense; to have one's feelings hurt; to get one's heart broken.

hasht'e' nizhdeejááh, to set them aside; to store them; to store them up (plural separable objects).

hasht'e' nizhdeeltsóós, to set it aside; to store it (a flat flexible object).

hasht'e' nizhdeenííł, to set them aside; to store them (plural objects).

hasht'e' nizhdeet'aah, to set it aside; to store it; to store it up (a round, bulky object).

hasht'e' nizhdeetįįh, to set it aside; to store it; to store it up (slender flexible object).

hasht'e' njiinííł, to save it (money); to put it (them) aside. Béeso 'ádá hasht'e' nihizhdi'nííł, to save money for oneself; to have savings.

hasht'e'jilééh, to pack.

hasht'ejilééh, to pack it.

hasih, to be hope.

hatah doo hats'íí da, to feel ill; to be sick.

hatahgóó 'adahididlaad, to spread among them (a rumor, talk).

hatah hodii'nááh, to get nervous; to become nervous; to get jittery; to get the jitters.

hatah hodiiłná, to be nervous, jumpy, jittery.

hatah hoditłid, to be nervous, jumpy, jittery.

hatah hozhdiiłnááh, to make him nervous; to give him the jitters; to make him jittery.

hatah hwiiltǫ', to be smashed, mashed crushed (one's body, as in a wreck).

hat'ahdę́ę́' haji'nééh, to crawl out of bed with one's bedfellow

hat'aji'nééh, to crawl into bed with one's bedfellow; to get into bed with him or her.

hatí'ízini, one's relatives (by blood or maternal clan relationship).

hatsiits'iin bee jizį́, to stand on one's head.

hatsiits'iin bii' si'ą́, to be one's only desire; all one can think about is .....

hats'á'ídeeł, to cost one; to cost a person.

hats'áneedééh, to cost one; to cost a person (money).

hats'ą́ą́' bił n'jílnaad,   to waste it; to fritter it away.

hats'ą́ą́' bididzóóh,   to be out some (money etc.).

hats'ą́ą́' daaztsą́ (hwe'esdzáán or hahastiin——),   to lose one's wife or husband.

hats'ą́ą́' náhádlááh,   to deduct from one (as from one's check); to make a deduction from (one).

hats'ą́ą́' niiltééh,   to stall on one; to balk on one; to refuse to go for one (a car, horse, etc.).

hats'ą́ą́' niiltłááad,   to stall on one; to balk on one; to stop on one (a car, plane, horse, etc.).

hats'ą́ą́' t'áá 'ádzaagóó yileeh,   to lose its benefits; to lose out on the benefits from it.

hats'ą́ą́jí 'aztą́,   to be unlucky; to have no luck.

hats'ą́ą́jí ni'níkę́ę́z,   to have an unlucky break; to have a stroke or streak of bad luck.

hats'ą́ą́jí 'oo'áál,   to be one's unlucky day.

hats'ą́ą́jí yoołkááł,   to be one's unlucky night.

hats'ą́ą́jį' hooldoh,   to be losing; to be losing ground.

hats'ííd nááhodit'ééh,   to get better again (times, conditions).

hatsist'a,   from one's belt (as in the sense, hanging from one's belt).

hayaa 'ahaldóóh,   to be up (time); to be at the end of one's rope.

hayaa haleeh,   to grow up.

hayaa hoo'aah,   to grow up.

hayaa nizhdilniih,   to coddle him; to snuggle him.

hazábąąh dahashzhoh,   to have a full stomach; to be well-fed.

hazéé' si'ą́,   to harp on it; to talk about it incessantly.

házhánee',   he's lucky to ——.

hazhdiidlé,   to take them off (shoes).

hazhdiiltsóós,   to take it off (shirt).

hazhdiiłkaał, to split it (by chopping with an axe).
hazhdiit'aah, to take them off (trousers).
hazhdilééh, to put it on him; to dress him in it; to prepare it.
hazhdinééh, to put it on; to dress in it.
hazhdít'é, to have it on; to be dressed in it; to be adorned with it.
házhi' bik'i danít'i', their names are listed on it.
·hijoochah, to hop along (on one or on both feet).
hijoogááł, to walk along sidewise; to shuffle along sidewise.
hijoolghał, to move along on one's back, side or belly.
hizhdi'nááh, to move very slowly.
hizhdiłnááh, to move it very slowly.
hizhnílá, to exist; to be; to live.
hodeeldązh, wash-boardy; corrugated (a road).
hodidilzhíísh, to start; to begin; to commence.
hodileeh, to start to come into being, existence.
ho'diłniih, to be remedied; to be cured.
ho'iiníziin, one's malevolence; one's evil desires.
hojílchin, to smell like; to have the odor of.
hojiniih, to know; to know all about.
hajisííd, to keep one's eye on him; to watch him; to observe him; to examine him.
hojoołááł, to carry it on (a ceremony, policy, activity).
hoł 'ahaandajiilniih, to carry on trade with them.
hoł 'ałts'ą́ą́' 'ajíłk'iiz, to own it jointly with him; to share in it with him.
hoł baa hojoobá'í. to sympathize with him; to feel sorry for him.
hoł ch'aa haleeh, to be come comatose; to go under anesthetic; to become unconscious; to lose consciousness.

hoł ch'ízhní'aah, to bring it (a fact) out to him; to point it out to him.

hoł dah 'adiilyeed, to go; to start off (on a trip by train or car).

hoł dah diilyeed, to go; to start off (by train or car).

hoł hasih, to have hope.

hoł hatsoh, to be stingy; to be tight; to be a tight-wad.

hoł hazkééh, to be undecided; to be confused; to not know what to do next.

hoł honeezdo, to be drunk; to be intoxicated.

hoł hodiik'ąąh, to get lonely; to get homesick.

hoł honiidóóh, to get drunk; to become intoxicated.

hoł 'ílyeed, to arrive; to get there (by train or car).

hoł 'inééh, to move (one's residence and goods).

hoł 'ít'ááh, to arrive; to get there (by plane).

hoł łeeh yoot'íí', to be a runt; to be dwarfed.

hoł naaldloosh, to be drunk; to be intoxicated.

hoł náhodíznózbįį', to be confused; to be all "mixed up."

hoł ni'íłtłáád, to stop (with one, a train); to make a stop (when traveling by train or bus).

hoł niiłtłáád (kǫ' na'ałbąąsii—), to stop (a train, with one).

hoł t'áá 'áko, to agree; to meet with one's approval; to be all right with one.

hoł yílyeed, to arrive; to get there (by train or car).

hoł yít'ááh, to arrive; to get there by plane).

honaanish hótą', to keep one from; to hold one back; to prevent one (one's work).

honeestiin, haze.

honíło', one's drawback; what holds one back.

hoogááł, to progress; to be going (things).

hooghan da'jiidlish, to bless the hogan; to dedicate the hogan.

hook'eed,   deserted; empty; abandoned (a home).
hoolghał,   to cut a course; to follow a course (water).
hoot'ájíshjįzh,   to lie with one's back to the fire.
hótą',   to hold one back; to prevent one; to keep one from.
hóyoołkááł,   to lead a life; to live a life.
hwéédididla',   to oppose one (the masses or a mob).
hwééhéesht'eezhígíí,   dependents.
hwiih yilwod (atsiniltł'ish—),   to get shocked; to get a shock (with electricity).
hwiih yiłk'áás,   to catch cold.
hwii' dilk'áásh,   to have a squeaking sound in the throat (a bad omen).
hwii' hooldił,   to be jarred; to be shaken (by concussion).
hwíiltał,   to hit one (a missile).

— I —

'ídlįįgi,   how to be; at being (a silversmith, doctor, etc.).
'i'iilzóół,   to swarm; to go in droves, packs, flocks, gangs (10 or more men, animals, birds, insects).
'i'íízhníiłtááh,   to enter school; to start to school; to enroll in school; to begin to count, read.
'i'niichééh,   to start to cry; to begin to cry, weep.
'iideeł,   to move in; to move away (a single flexible object or plural people).
'iilkeed,   to mount (figures or totals, as casualties etc.).
-íín   (an exhortative suffix),   please.
'iiná dah joolééł,   to make a living.
'iizáanii,   wife-beater.

'íjółtą', to include it; to count it in.

'ił hóyéé' ho'niiłhį́, to be lazy.

'izh'niilzhíísh, to start to dance; to start dancing.

'ízhníldin, to get (be) used to things; to become acclimated; to become acclimatized

— J —

jideełdą́ą́sh, to pull him along whether he wants to come or not (as a balky horse or unwilling prisoner who pulls back and is forced along jerkily, a little at a time).

jidi'ní, to groan; to moan.

jidiiłtááh, to scatter them (by percussion, as pool balls at the break); to shatter it; to break it to pieces.

jidiłkeed, to move it; to push it; to shove it (by sliding, and with continued manual contact).

jidisįįh, to acquire faith in it; to get faith in it (as a religion or belief).

jidísin, to have faith in it (as a religion or belief).

ji'į́, to be unable to stand it; to be unable to stomach it; to dislike it intensely.

ji'į́, to tell him off; to criticize him severely.

jiighad, to empty it; to dump it out (by shaking it from a sack).

jiiltééh, to run (fast); to make a run.

jiiłkóóh, to talk mean about it; to say nasty things about it (out of jealousy, envy, etc.); to belittle it.

jiilzééh, to go fast; to rush; to hustle; to hurry; to dash; to go like a streak; to "zoom"; to be really moving.

jiłmaz, to roll it; to shake it (one's head); to twirl it.

jiłt'áh, to feather it; to fletch it (as an arrow).

jiní jiní dajiníigo t'áá hazéédéé', by hearsay; by word of mouth.

jinit'ááh, to think one was; to think that; to be under the delusion that.

jishjool, to cower; to lie or move dejectedly; to huddle.

jiyizh, to pick it; to harvest it (as corn, by breaking it off).

jiyoo'áál, to move it along by successive impulses; to move it by spurts; to move it by intervals (a single, roundish, bulky object).

jódziih, to curse him; to swear at him.

jó'ííł, to cohabit with her; to have sexual relations with her.

jó'ní, what is his reason? what is his feeling (attitude) toward it? why is it?

jóge'énee'dą́ą́', look and see for yourself (ib. jóge'-ánidą́ą́'; jóge'dó'; ge'dó').

jóleeh, to be fishing; to be holding (a pole and line).

— K —

ké ndoots'osii, work shoes (ankle high).

késhmish 'ajiłeeh, to give a Christmas party.

kéts'iiní, oxfords; low shoes.

kéyah bił k'íhwíínée'niił, Soil Conservation.

kináhálgaaídi, (at the) White House (in Washington).

kin bii' naaki 'ałdei hooghango, two-storied house.

kin bits'áhoní'ą́ądi, away from town; in the country; in a rural area.

kíjiighááh, to go up an incline; to ascend an incline.

k'áák'eh, wounded.

k'édlaad, to break (as a string); to be interrupted (as one's work).

k'ee'ǫǫ yilzhish, to be increasing (with time).

-k'eh, like. (Kiik'eh, like Kee).

k'eh jílį, to be grouchy (as a result of hunger, fatigue, etc.).

k'éhózdon, (it is) straight (not bent or crooked).

k'é'éltǫǫh, to break (a slender stiff object); to be interrupted (as work).

k'ézdon, (it is) straight (not bent or crooked).

k'éz'á, it sticks straight out; it protrudes straight out.

k'ídazhdées'eez, to outstretch one's legs.

k'ídazhdéesnii', to outstretch one's arms; to hold out one's arms.

k'íhizhnideeł, to flop down; to sprawl; to fall (in a relaxed position, as when one faints or falls dead).

k'íhizhniłtáád, to unroll it and spread it out (as a folded or rolled blanket).

k'í'jíltǫ', to be "broke"; to be bankrupt.

k'íjídǫǫh, to straighten up (one's body); to stand straight, erect.

k'íjíłdǫǫh, to straighten it out (something that is not straight); to put it out straight (one's arm, hand, finger).

k'íjíłhaał, to strike it off; to cut it off; to knock it off (with a blow of a club, sword, etc.).

k'íjítsééh, to stick it out straight; to hold it out one's arm, or finger).

k'ínjíłdǫǫh, to straighten it (back) out (an object that has become bent, or a personal problem).

k'íhwíízhnóo'niił, to conserve it; to make it last.

k'ishchxosh, cry-baby; hypochondriac; a person who is easily upset emotionally.

k'ízhdílnííh, to put one's arms out; to extend one's arms.

k'ízhníłdon, to be holding it out straight (one's arm, finger, etc.).

k'ízhníł'á, to be holding it out (one's arm, finger).

kódóone'é, such and such a clan; what clan.

kó'ąą, on this side of the hill.

kót'éego jiníł'į, to look at it this way.

ko̜'na'ałbąąsii ninádaałtli'ígi, depot; railroad station; train stop.

kwá'ásiní, loved ones; friends.

kwiidí (ib. kwe'é), right here.

— L —

laanaa jinízin, to wish (that).

lók'aah (lók'aa' dah), reeds up at an elevation (v. bik'iih).

lók'eeshchąą'í, the youngest; the baby of the family.

— Ł —

łáhágóó (+repetitive mode), in few places.

łahgo 'át'éego 'ájílééh, to change it; to alter it.

łą 'ájíní, to joke; to jest; to make wisecracks.

łą 'ájít'į, to clown; to act silly.

łeeh bíyájíłtééh, to cast a death spell on him.

łíjícháázh, to take unfair advantage of him; to short-change him; to cheat him; to "take" him; to "clean him out" (in gambling); to "hook" him.

łį̄į' hoł 'ahąąh dah njeeh, to dash off on horseback (more than two persons).

łį̄į' hoł 'ahąąh dah nteesh, to dash off on horse-

back (two persons).
łį́į' hoł dah yiiteeh, to dash off on horseback (one person).

— N —

náábał, to whirl; to spin; to turn (a wheel, propeller, saw blade, etc.).
naadeeł, to fall; to drop (a single, slender, flexible object).
naa'abíijiłdon, to knock it over (by shooting it).
naa'ajiłheed, to push it over (a slender stiff object, as a post). (V. to fall over stiffly.)
naa'ajiyeed, to fall over stiffly; to "keel over" (as a post, a tree, or a person falling over dead).
naa'i'jiłháásh, to fall over asleep.
nááʼjiiłniih, to make a sacrifice; to make an offering.
náájiiłniih, to sacrifice it; to offer it as a sacrifice.
naajooł, to fall; to drop (non-compact matter, as wool).
naakaad, to fall; to drop (matter contained in an open vessel).
Naakaii nááséél, praying mantis.
naakẹẹs, to fall; to drop (a single, slender, stiff object).
naaki ńláago, in pairs.
naakií, twin; twins.
naalk'į, to glide about (as an eagle or hawk).
naaltsoos 'aseezį́ bee hahinidéehii, newspaper.
naaltsoos 'atah 'ajiinííł, to vote; to take part in the voting.
naaltsoos bá 'ajiinííł, to vote for him (plural voters, casting their votes at different times).

409

naaltsoos bá 'ajiłtsóós, to vote for him (one voter).
naaltsoos bee niiltsóós, to be made (a resolution); to be submitted (a resolution).
naaltsoos bikáa'go bee si'ą́, to keep a record of it.
naaltsoos bik'ehgo 'ádee hazhdidziih, to be sworn in; to take an oath.
naaltsoos haa nináhályeed (or nináhájeeh), to get one's mail (at a certain place).
naaltsoos há 'aniidééh, to receive votes; to get votes.
naaltsoos hane' bee hahinidéhígíí, newspaper.
naaltsoos naagééh, postal service.
naaltsoos nehegeehégi, postoffice.
naaltsoos neiyéhé, postman; mail carrier.
naaltsoos njiyé, to carry the mail; to be a postman.
naalts'ííd, to fall; to drop (a single, bulky, roundish object).
naałhę́ę́sh, to fall; to drop (a load, pack, burden or mushy matter).
naanáhosoolts'įįł, to be noise; to be sounds; to move about (a sound or noise).
naanájídááh, to turn around while walking; to execute a "to the rear march."
naanééh, to fall; to drop (a single, flat, flexible object).
naanish bi'oh jinil'ąąh, to be unable to work; to be unfit for work; to be too old for work.
naanish t'áadoo ts'ídá bich'į' na'aldzilí, soft work; a soft job; a "snap"; white collar work.
náás jinoo'ah, to lead him on; to string him along (by trickery or fraud).
náás kójoonííł, to move forward; to progress; to advance.
náás yidiiską́ą́góó, as time goes on; as days pass;

410

as time goes by; in the future.

naat'i'í,   creature; living thing.

naatłíísh,   to fall; to drop (a single animate object).

nabíizh'diiłdon,   to knock it off (by shooting it).

nabijiiłá,   to walk him around.

nabijiił'aash,   to walk them (dual) around.

nabijiiłkai,   to walk them (plural) around.

nabik'ítsíjíłkees,   to take it into consideration; to ponder it; to give it thought; to consider it.

nábínibidiidi,   near the summit, crest or top (of a hill or mountain).

nábizhdiíł'nééh,   to stand it up on end; to raise it on end.

nádziih,   to heal; to heal up; to clear up (a pathological condition).

náhádleeh,   to regenerate; to come back into being.

nahdigo baa ntsíjíkees,   to slight him; to look down on him; to think less of him.

nahjį' kóho'dilnééh,   to be put aside; to be shelved; to be made inoperative; to be placed in abeyance.

nahiji'ná,   to move about very slowly.

nahíí'ą,   it hangs down, droops, dangles (a single bulky, roundish object). (also nahidé'ą).

nahííjéé',   they hang down, droop, dangle (more than two animate objects).

nahííjool,   it hangs down, droops, dangles (loose or non-compact matter).

nahíílá,   it hangs down, droops, dangles (a single flexible object).

nahííłtsooz,   it hangs down, droops, dangles (a flat flexible object).

nahíínil,   they hang down, droop, dangle (plural objects).

nahíítą,   it hangs down, droops, dangles (a single slender stiff object).

411

nahíítéézh, they two hang down, droop, dangle (two animate objects).

nahíítį, it hangs down, droops, dangles (a single animate objects; also said of a cloud of dust).

nahoji'á, to plan; to govern.

nahoneeshjéél, to bewilderingly rough and rugged.

nahoneestiin, haze.

nahwiiłka', to pass the night; to spend the night.

na'acha', sexual desire; heat.

na'acha' ho'niiłhį, to be in heat.

na'ádizhnitin, to teach oneself.

na'adlo' neiłt'i', to be crooked; to be dishonest; to be a scheming crook.

na'áhozdilziid, to pretend to be in a hurry; to fool around and deliberately be late.

na'ázhdílts'ǫǫd, to take exercise; to take calisthenics; to exercise.

nanidééh, to fall; to drop (plural objects, animate or inanimate).

nániiłtsǫ́ǫ́s, to go back down; to deflate (as a tire).

nahojile', to wander about; to go about.

náhojiłchįįh, to disturb the peace; to raise "heck."

náhojoo'nííh, to come back to life; to revive.

ná'oodlííd, to melt and run off (snow and ice, as from a mountain).

nátsóii danilíinii, generations of grand children.

názhnílyéés, to be unable to go through with it; to back out; "just can't do it."

nee'nijį', in the future.

ndeelt'ą', ridge; dyke.

ndeeztąąd, (they) lie scattered about; (they are) strewn about.

néidiił'įįh, to start to bark at it; to start barking at it.

neił'in, to bark at it.

ndik'ą', to rock.

ńdízh'níidį́į́h, to get a good start on one's eating; to be well along in one's meal.

ńdízh'níidlį́į́h, to get a good start on one's drinking; to be well in one's cups; to be well on one's way to intoxication.

ńdízh'níiłháásh, to get a good start on one's sleep; to get well asleep.

ńdízh'níiłtááh, to get a good start with one's reading; to just get well into a book.

ńdon (nídon), taut; tight; stretched tight (as a tight wire).

neestiin, haze.

neestiin bee halbá, to be hazy.

nidlí, to be killed by frost.

nihoníłįįdjį', every; all; every last (one of).

nihooghááh, to come to an end; to come to a close; to end; to close (an activity).

nihízhdiigeeh, to fall to the ground (and strike against it); hatsiits'iin bee nihízhdeezgoh, he fell on his head.

ni' nahojii'á, to balk at it (and refuse to).

ni' nahwii'á, to be balky; to not want to go (as a car, horse, etc.).

ni' nikijitłíísh, to fall to earth; to fall to the ground (a single animate object).

ni' nikéé'íldééh, to come back down to earth; to land (plural people).

ni' nikeelts'ííd, to land on the ground; to fall to the earth (a single bulky, roundish or heavy object).

niik'ehę́ę, and sure enough (there he was—it turned out as he said it would, etc.).

niiłtééh, to stall; to balk; to refuse to go (as a car).

niiłtłáád, to stall; to balk; to stop (car, horse, boat, plane, etc.).

413

nikidadiiłnííh, to spread (a disease; an epidemic).

nikidébéézh, (they) lie scattered about; (they are) strewn about.

nikidél'á, they lie scattered about; they are strewn about.

nikidiildóóh, to be in its early stages (a disease); to be just beginning to spread.

nikídílts'i', to bounce (as a ball).

nikízhdiiłniih, to bounce it (a ball, one time).

nikízhdíłniih, to bounce it (a ball, repeatedly).

nilk'įh, to clot; to clabber; to curdle; to coagulate; to get hard (a molten metal).

niłch'i bi'iiníziinii, evil spirit; devil; satan.

níwehédi (níwohádi), farther (from the speaker).

niya'áhozhdiłti', to joke; to jest; to say funny things.

niyájíłti', to go about giving talks.

niyé, to grow up; to grow to maturity.

niyiiłkaah dóó 'i'ii'aah, day and night.

nízaadgóó jiiná, to live long; to have a long life.

nízhdiilgą́ą́sh, to leap up in one's sleep (as from a nightmare).

nizhdilna', to act quickly; to react quickly; to have quick reaction time; to be quick (at thinking, acting, doing, etc.).

nízhdíníidááh, to well on one's way (going); to get a good start (on a journey) (one person). Nízhdíníi'aash (two persons); nízhdíníikááh (more than two persons).

nizhdizo', to use it (a liquid, liquor); to go about with one's mouth full of it (liquid).

nizh'diikaał, to chop it off.

nizhneet'aah, to place one's head; to lay one's head; to put one's head.

414

nizhónígo kééhojit'į, to get along well; to live nicely.

nizhónígo 'oo'áál, it's a nice day.

nizhónígo yoołkáál, it's a nice night.

njiiłniih, to trade; to trade with; to patronize.

n'jiichįįh, to defecate about.

ń'jiilááh, to go out pinyon picking; to go picking pinyons.

n'jíjááh, to strew (indefinite plural separable objects); to feed (fowls). (v. bá n'jijááh.)

n'jílzhíísh, to stop dancing; to quit dancing.

n'jiłgizh, to operate; to perform a surgical operation.

njichxǫ', to pout; to cause trouble; to raise "heck."

ńjídááh, to return; to come back. Baa ńjídááh; bíká ńjídááh, to come back for it; to return for it.

nji'aah, to lower it (a single, roundish, bulky object.

ńjiigháóh, to turn around (while walking or standing, one person).

njiit'e', to hop; to frisk; to gambol; to leap about.

njikaah, to lower it (matter contained in an open vessel).

njil'įdí, to be easily manageable; to be adaptable; to be flexible; to do anything one is told to do.

njiltééh, to refuse to budge; to stall; to balk; to refuse to go.

njiiltsaad, to move about on one's buttocks; to hop around (a rabbit). Shą́ą'jį' njiiltsaad, to sit in the sun, to bask in the sun (moving from time to time in a sitting position).

njiiłná, to move it about very slowly.

njijááh, to lower them (plural separable objects).

njiłgizh, to operate on him; to perform a surgical operation on him.

415

njíłkaad, to spread it out (as a blanket); to lay it flat.

njilé, to lower it (a single, slender, flexible object).

njiłjooł, to lower it (non-compact matter, as wool).

njiłteeh, to lower it (a single animate object).

njiłtsóós, to lower it (a flat flexible object).

njinííł, to lower them (plural animate or inanimate objects).

njitaz, to move; to make a movement (of one's hands, feet, body etc.).

njitįįh, to lower it (a single, slender, flexible object).

njitłeeh, to lower it (mushy matter).

njiyeeh, to lower it (a pack, burden, load).

ńjoołbał, to whirl it; to spin it; to turn it (a wheel, propeller, saw blade, etc.).

ńlááh, go ahead; proceed.

nooh, into a cache.

noo', in a cache.

nooh hojiłchí, to make a cache.

nooh jiłchí, to cache it; to hide it.

ntsijidá, to worry. Bá ntsijidá, he is worried about it; he has misgivings about it. Bik'ee ntsijidá, he is unable to stand it anymore.

— O —

'ólta' naaltsoos bił 'ałch'į' 'ájíł'įįgo bíhojiił'aah, to take a correspondence course in it.

'ólta' náhást'éídóó naakits'áadahjį' ni'iiltáhígíí, secondary school.

'ólta' baazhdiitííh, to get beyond school age.

'ólta' t'áálá'ídóó tseebíijį' ni'iiltáhígíí, elementary school.

'óolyé, it is called thus; it means; it signifies.

416

— S —

saad bee n'jizo, to be a scribe.

saad hajiłt'ééh, to start talk; to start the talk; to start talk going.

saad yee na'azoii, scribe.

są 'aghą́ą́góó yah 'aho'dilt'e', to be sentenced to the penitentiary for life; to get a life sentence.

są baa joogáál, to be getting old.

shá bíighah, all day.

shá bíighah 'oo'áál, all day; all day long; the whole day through.

shághąądídóó, part of the day.

shizhood, it is setting (a massive object, animate or inanimate).

shoh jiniizį́į́', to suddenly occur to one; to suddenly dawn on one.

siláagotahdę́ę́', from the armed forces.

— T —

tá'í, triplets.

taodááh, to scatter; to disperse; to separate (individually).

taokááh, to scatter; to disperse; to separate (in groups).

taolyeed, to scatter (running); to disperse (while running).

tázh'díyį́į́h, to eat here and there (as when one travels or eats away from home).

téliijí, Democratic Party; Democrat.

t'áá 'ahanah, quite a distance away; quite a ways.

t'áá 'ahideełnáago (ib. t'áá 'ahidinííłnáago), reciprocally; with each other, one another; back and forth to each other.

t'áá 'ahíłjį́, on the same day.

t'áá 'a'ohgo baa ntsíjíkees, to look down on him; to hold a low opinion of him; to view him as an inferior.

t'áá 'ákónéeheego, desirable; advantageous; beneficial; of value; a good thing; important.

t'áá 'ákónéehee 'át'é, it is really worthwhile; it is of real advantage.

t'áá 'ákónéehee há 'át'é, to be important to one; to need it; to require it.

t'áá 'ał'aanígíí, change (money).

t'áá 'ał'ąą 'ádanéelt'e'go, in varying amounts; in different quantities.

t'áá 'ałtsojį' 'ihónéedzą́, to get the fullest possible advantage of things.

t'áá 'ayáhágo, barely a thing; hardly anything; scarcely anything.

t'áá bąąhágóó t'éiyá 'ájít'į, to do it wrong.

t'áá bééhózínígo 'át'é, to be common knowledge; to be obvious.

t'áá bighąądídóó, part of it; a portion of it; a piece of it.

t'áá bihoniyázhí, small items; minor matters; notions.

t'áá bikee' góne' náájísdzį́, to be second in authority to him; to be second in command with relation to him; to be his assistant.

t'áá biłgo, just as; at the same instant when.

t'áá bíniik'eh, of one's own free will and accord; knowingly.

t'áá bíniik'eh 'ájít'į, to do something of one's own free will and accord.

t'áá chánahgo, spiritedly; vigorously; forcefully.

t'áá díkwíjílt'éhé, a few of them; several of them.

t'áadoo beelt'éhé da, to be nothing like it; to be

418

peerless; to be without equal.

t'áadoo bita' 'ahodeest'ání, without interruption; uninterruptedly; continuously; without pause.

t'áá díkwíígóó, several matters; several places.

t'áadoo háágóó da niyátéhé, without further discussion.

t'áadoo hóósihígi da, to be no out; to be "sunk;" to be out of luck.

t'áadoo 'aanídí, serious; of major importance.

t'áadoo 'ájiidzaaí da, to be unhurt; to be unscathed.

t'áadoo 'ájółʼįʼígóó jizdá, to sit around with nothing to do; to sit around idle.

t'áadoo ła' doodahí, without a single exception.

t'áadoo ła' dooda daaníní, unanimously; without a dissenting voice.

t'áadoo le'é da'dishah ndahalinígíí, touchy points; sore points.

t'áá dóonídí, really; there are no two ways about it; there's no question about it; believe it or not, it's a fact.

t'áá 'éshjée'go, included; being included.

t'áá hádin haleeh, to be left out on things.

t'áá hasht'e hodít'éego, peaceful and untroubled.

t'áá hatsxįįłgo, in a rush; hurriedly.

t'áá hóhí 'ájiidzaa, he is to blame; he did it.

t'áá hóhí 'ajisiih, he is to blame.

t'áá hó jinízingóó neijit'i, to go wherever one wants to go; to roam at will.

t'áá hoł ch'éé'dídlaad, to come to; to regain consciousness; to revive.

t'áá honítłóo'go, leisurely; in a leisurely manner; unhurriedly; at a leisurely rate.

t'áá 'ii' jishjaa'ígi bee, the best one can; to the best of one's ability.

t'áá 'íjóltą́', to be included; to be counted in.

t'áá káajį' (t'áá káágóó), unsheltered; unprotected; in the open.

t'áá kóhoníshéíígo, a little bit; a few (words).

t'áá kónígháni nahalingo, often; frequently.

t'áá kóódígo, leisurely; taking one's time.

t'áá k'ad dajiztsą́, to be unable to "make it;" to give out.

t'áá kéts'ósígo dabik'éíígíí, their distant relatives; distantly related to them.

t'ááłahjį', all at once; all at one time.

t'áá łahodit'ehee, without preparation.

t'áá ła' bizhi'ee, united; in a body; as one group; in a gang.

t'ááła' ałyóíjį', from one place to another (endlessly); from one to another; (—'ałyóígóó).

t'áálá'í nízínígo, each (person).

t'áálá'í níyínígo, each (pond, body of water).

t'áálá'í siłtsoozígíí, each (objects in a sack).

t'áálá'í sízínígo, each (person).

t'áálá'í síyínígo, each (pond, body of water).

t'áálá'í yilhęshígíí, each (soft objects, as sack of flour, potatoes, etc.).

t'áálá'í yilts'iłgo, each (bulky, solid object, bottles, boxes, packages).

t'ááła' 'óotł'éé', overnight; in one night.

t'áá nábinázláago, openly and publicly.

t'áá nayínéełt'ahí, it is adaptable; it is capable of adjustment to meet changed requirements.

t'áá nee'nijį'go, facing the direction of movement (as on a train); on one's way.

t'áá nííhąądí, shortly before; it won't be long before; it's nearly.

t'áá ńléídę́ę́', as far back as one can remember; way back.

t'áásh díí jį t'éiyá 'anáá'át'aah, tomorrow's another day.

t'áá shǫǫ, it's a good thing; luckily; fortunately.

t'áá tídzí'ahí da, to barely make it; to just manage (to accomplish something).

t'áá yigáál shįį, anyone who comes; all comers.

t'áá yílá bee, by hand.

t'áá yinéłee, with all of one's equipment; bag and baggage.

t'ą́ą́' ńdeeskid, to fall off; to diminish (as income).

t'ą́ą́' ńdílkeed, to start falling off; to start to diminish (as income).

t'ahádą́ą́', now before it's too late; while there's still time.

t'ahádóó, soon; pretty soon; before long; 'ere long.

t'ah bitł'áahdidą́ą́', right from the very beginning; from the very start; right from the first.

t'ah dit'ódígo, at an early age; in (their) formative years.

t'ah naghái yę́ędę́ę́', not too long ago; in the recent past.

t'ah nahdę́ę́', in former times; formerly; previous.

t'ah yówehgo, a little more; a little further.

t'ah yówehgo 'ájínééh, to get worse (morally or physically).

t'íįhí biláhágo, just a little bit more.

t'óó 'ákódzaaí silįį', that was the end; that was all.

t'óó baa 'ídzáhígo, on a visit; just to see (him).

t'óó bidááhání, it would be wonderful (if one could have something he envies as he sees them in the possession of others).

t'óó bidáahjį' ho'niitsá, to be dying for it; to want it badly; to long for it.

t'óó bida'deezdládígo bee bich'į' hajidziih, to give them the highlights on it; to hit the highpoints of it for them.

t'óó bíhodóshjéé', to be not so sure of it; to feel suspicious or uncertain toward it.

t'óó bíjíyééh, to fail.

t'óó bik'ee haa dahasxiih, to give one the shivers; to make one's blood run cold; to make one's skin crawl.

t'óó bik'ijigóó, on the chance that.

t'óó bił 'ájít'é, to disregard it; to just let it go; to pay no attention to it.

t'óó bił nááś hojoo'ááł, to put it off; to procrastinate on it.

t'óó bił nááś hoolzhish, to put it off; to procrastinate on it; to just let it go; to let it slide.

t'óó bił tsi'adildééh, to fall into disrespect; to lose its prestige.

t'óó biyaa joolwoł, to have designs on it; to scheme on ways to get it.

t'óó bízhdeezgoh, to try but fail; to make an attempt at it (singular subject).

t'óó bízhdínéezdah, to try but fail; to make an attempt at it (plural subject).

t'óó hach'į' nahodígees, to go wrong (things); things go wrong for one.

t'óó ha'oo'áłígo, just as the sun was coming up.

t'óó hat'áháji', right next to his (in quality); to be almost like his (in quality, appearance, value).

t'óó hoł hazkééh, to become confused; to get "mixed up."

t'óó 'íłįįgo baa ntsáhákees, people consider; people think.

t'óó jaa' dijoolee, without understanding; with mouths agape.

422

t'óó k'asídą́ą́', very nearly; come awfully close to.

t'óó náago, from a distance,.

t'óó yists'ihgo (t'óó yists'ih bíighahgo), a pinch of it; a negligible amount of it.

t'óó yists'ihígo, by snatches; in snatches; sporadically; in pinches; a little at a time.

t'óó tsé'édin (t'óó tsé'édiní), continuously; moreso; more than ever.

t'óó ts'ííd ńjídleeh, to get better; to improve.

tł'aanályéél (tł'aanáyéél), tomorrow evening.

tó'diisóół, to form a water blister.

tó łeeh sinitséés, to sink into the soil (water); to soak in.

tóń'jítsił, to play the moccasin game.

tsididiingóó ndahazt'i'go, after trouble and delay; after much red tape.

tsį́į́ł 'ázhdílchí, to hurry off; to get off in a hurry; to rush off; to get oneself off in a hurry.

tsį́į́ł jiłchí, .to get him off in a hurry; to hurry him off.

ts'ídá bíhólníihgo 'át'é, it is really important; it is essential.

ts'ídá bik'eetł'ání, to be (an) expert; to be accomplished at (a skill).

ts'ídá hwééhózínígo joogáál, to be well known.

ts'ííh niidóóh, sickness; ailment.

— W —

wehee, yeah; okay; all right.

wehee 'ajiłeeh, to approve it; to okay it (ib. lą́ 'ajiłeeh).

wóshch'ishídi, closer (to the speaker).

— Y —

yáábí'jiishééh, to flip it up in the air; to toss it up in the air (as a paper with a stick).

yáadida, something awful; something terrible.

yaa 'iiłch'osh, to be infested with; to throng; to pack; to be maggoty; to be wormy.

yaalkaal, it sticks up in the air (a horse's tail).

yaa ńdiidááh, to start to affect it (as with reference to a drug beginning to affect one's organs).

yaatł'oh (-yaateeł), sheepskin (bedding).

yah 'adizhnidááh, to go in and stay (for a long time).

yah 'ajiltaał, to dart inside.

yah 'iiłk'áás, to come in (a draft of cold air); to blow in cold.

yá'át'ééh njighá, he is getting along fine; he is well; he is fine.

ya'akodę́ę́' 'akéé', way behind; far behind (lagging).

yajii'aah, to dump it; to spill it (as water from a closed container).

yajiijááh, to dump them out; to pour them (a number of small separable objects, as kernels of corn, nuts, stones).

yajiikaah, to pour it; to spill it (from an open container, such as a pan, washtub, bucket — but not from a barrel or bottle).

yajiiłtsóós, to pour it; to spill it (beans, etc. from a sack or other flexible container).

yajiinííł, to pour it out; to dump it (as in pouring large quantities of water from a barrel, pouring out mush, potatoes, cement, etc.).

yajiiyeeh, to dump it; to spill it (a pack, burden or load).

yas 'ahisáál, to snow sparsely: to snow lightly.

yázhdíltih, to chatter.

yiisáál, to fall; to pile up by one falling here, one there (as snowflakes).

yiiyeeh, to collect (a pool of water).

yik'áííhdą́ą́' nízhdii'nééh, to get up at dawn.

yínee', while; although (what is referred to is inaccessible).

yíní 'ahąąh neelzhee', to be many opinions.

yíní 'át'éegi, wholly; fully; to completeness.

yisdah 'azhnigeeh, to get out of breath.

yítsoh, to become big; to get big.

yiyiits'ǫs, to soak it up; to absorb it.

yízhníits'in, to dig for it; to try to get it.

yóó' 'azhdii'aah, to forsake it; to give it up; to abandon it.

yót'ááh, in the sky; into the sky.

yówehédi (nówehédi), just a little bit further.

yówéé' 'ájít'é, to be remarkable; to be extraordinary; to be exalted; to be "something out of this world."

(The following entries were not compiled in time for inclusion alphabetically.)

BREAK OUT, TO (to be an outbreak of), **háálnii',** they broke out; there was an outbreak of.

F. hadoołnih I. haałnííh P. háálnii' R. hanałnih O. haołnííh

'Ániid ńdeezidę́ę́ biyi' tahoniigááh háálnii', Just last month there was an outbreak of influenza.

Naghái tooh biniit'aadę́ę'go nahachagii háálnii' dajiníigo baa dahojilne', They say a scourge of grasshoppers has broken out up by the river.

Ne'etsah shąąh háálnii', I've broken out in pimples.

FEEBLE, TO BE (to be weak), bik'ee doo shíík'al da, I am feeble due to it.

Hastiin sání yę́ę́ są bik'ee doo bíík'al da, The old man is feeble with age.

Dichin bik'ee doo shíík'al da, I'm weak with hunger.

PROTEST, TO (to take an opposite stand), bik'ijį' ńdiijah, we protested it.

N. bik'ijį' ńdísh-wo' (ńdíl, ńdíl, nízhdíl) D. bik'ijį' náhidí'níil-cheeh (náhidí'nół. náhidí'níl, náhidízh'níl) PL. bik'ijį' ńdii-jah (ńdóh, ńdí, nízhdí)

Diné lą'í 'áłah silį́į'go naaltsoos 'ííł'íní níyáago 'índa yádadootih 'éí ha'níigo diné t'óó 'ahayói dooda daaníigo yik'ijį' ńdíjah, There were many people present at the meeting but it was suggested that the meeting not start until the secretary arrived. Many people protested this suggestion.

REGRET, TO (to be sorry, chagrined, disappointed), t'óó bik'édí nishłį́, I regret it; I'm sorry; I'm disappointed.

F. t'óó bik'édí deesh-łeeł (díí, doo, jidoo, diid, dooh)
I. t'óó bik'édí yish-łeeh (ni, yi, ji, yiid, woh)
P. t'óó bik'édí sé-łį́į' (síní, si, jiz, siid, soo)
R. t'óó bik'édí násh-dleeh (náni, ná, ńjí, néii, náh)
O. t'óó bik'édí wósh-łe' (wóó, wó, jó, wood, wooh)
N. t'óó bik'édí nish-łį́ (ní, ni, jí, niid, noh)

'Adą́ą́dą́ą́' diné ła' diilzhah shiłníigo shaa níyá 'áko shibee'eldǫǫh 'ádingo biniinaa t'óó bik'édí sélį́į', Yesterday a man came to me and asked me to go hunting, but I had no gun so I lost the chance, much to my regret.

Nilééchąą'í nizhóní ńt'éé' shichidí yiyaa 'eelwodgo bik'i shił ch'į'ílwod 'éí k'ad t'óó ná bik'édí nishłį́, You had a nice dog, but he ran under my car and I ran over him. I'm sure sorry about it.

RESPONSIBILITY, TO BE ONE'S (to be responsible; to assume responsibility for it), bá ninánítłizh, I was responsible; I assumed responsibility for it (lit. to fall back in its place.)

F. bá ninádeesh-tłish (ninádii, ninádoo, ninázhdoo, ninádii, ninádooh)
I. bá ninánísh-tłiish (ninání, niná, ninájí, ninánii, ninánóh)
P. bá ninání-tłizh (ninéíní, ninání, ninázhní, ninánłí, ninánoo)
R. bá ninásh-tłish (ninání, niná, ninájí, ninéii, nináh)
O. bá nináoosh-tłiish (nináoo, nináoo, ninájó, nináoo, ninaooh)

Chidí na'nį́'ą́ągo sits'ą́ą́ yínítchxǫ'go t'áá ni bá ninádíítłish, I loaned you a car and you wrecked it, so it's your responsibility (to repair or replace it).

Naghái hastiin bá na'nishkaadgo mą'ii dibé ła' neistseed lá 'áko 'éí bá ninánítłizh, While I was herding sheep for that man I lost some of them to coyotes, so I was responsible and had to make good the loss.

WORSE, TO BE, tsík'eh. (CP. yáátsík'eh, "horsefeathers," "phooey"—disbelief.)

'Adą́ą́dą́ą́' doo hózhǫ́ níyol da ni'. K'ad 'éí tsík'eh, Yesterday it wasn't very windy. Now it's worse.

'Ahbínídą́ą́' sitsiits'iin díínii'. K'ad 'éí tsík'eh, This morning my head began to ache. Now it's worse.

STOP (stay away from it), Níwe.

Níwe níigo ba'áłchíní yich'į' yánáłtih, He repeatedly talks to his children telling them what they should not do.

Níwe, łééchąą'í t'áadoo náníthałí, Stop, don't beat the dog.

427

Appendix 1

NAVAHO PERSONAL NAMES

The personal name did not formerly function as an instrument for general identification among Navahos, as it does among Europeans. Shortly after birth one's grandmother, grandfather or other close relative would make a name for one. This name would have to do with war, and would be the property of the individual. He would not normally reveal it to others, and would use it for specific purposes other than mere identification, except perhaps within the family proper.

Through childhood one might be identified locally by means of a sobriquet, such as 'awéetsoh, Big Baby, kiitsoh, Big Boy, 'at'ééłgaii, White Girl, etc. Usually the childhood name would be dropped after the child reached puberty. As an adult a person would usually be locally identified either by a genealogical relationship term identifying him as the son, younger brother, etc. of a known person, or by a nickname descriptive of his personal appearance, his activities, his clan, his occupation, etc.

The personal name is important in white society, where it meets the need for individual identification. Thus, throughout the period of growing contact with European culture the Navahos have tended to adopt the European naming system used by white people in the area around the Navaho Reservation. In the pre-school era those Navahos who came into frequent contact with Spanish speaking people were dubbed with Spanish names, and with the advent of the white Americans they began to adopt English names. When schools were established for Navaho children the enrollees were given names by the school personnel. These were selected arbitrarily, some from the Bible, some from classical literature; and in some instances a child might be given the name of a famous man, such as Abe Lincoln, John Pershing, etc.

In some instances a Navaho term would be anglicized or translated. A teacher might ask the name of a new enrollee, and would be informed that the child was identified as béésh łigaiitsidii biye', the son of the silversmith. Being familiar with neither the Navaho language nor the naming pattern used by The People, the teacher would perhaps assume that béésh łigaiitsidii was the father's "first name," and biye' the family name. If she could not find a "given name" she might decide to call the child John Begay, and biye' 'his son' written as Begay, would thus become established as the young pupil's family name. If the child were left-handed he might be known locally as tł'aaí, left-handed one, in Navaho, which is often found in anglicized form as Claw, or Cly.

Again, a child might be identified in Navaho as bilį́į́' daalbáhí biye', the son of the one who has roan horses. The first element of this name might be translated to English as the child's family name, with the result that he might be known in school as Joseph Roanhorse.

In some instances attempts at anglicization of Navaho terms have resultd in a variety of remote approximations. For example, a boy whose childhood name was 'ashkiiłgaii, white boy, became John Guy Uskilith. Apparently Uski- represents 'ashkii-, boy; -lith- is the -ł-, and -gaii, the one who is white, became misplaced to function as a middle name. 'Ayóí 'áníldílí, very corpulent person, became Uintillie, and tábąąhá, water's edge clan, is found written as Taba or Tapa.

As we know, certain English names have acquired connotations which make them sound somewhat ridiculous, and we tend to avoid them in naming our children. Minnie, Nellie, Percival, Bessie and a host of Hebrew names taken from the Bible were widely used formerly, but are sparingly chosen at present. In general, Navaho children named at the time they entered school have received currently popular names, or have been named after famous personages, but in some instances odd names have been given, Navaho terms have been miswritten, or ridiculous translations have been adopted as a child's name. But for the most part school children have fared better in this connection than adults who have been given names while employed off the reservation. There is no excuse for such names as Pipeline, Popeye, Old Lady Charlie, Angel Whiskers, Trixie Calamity, Big Cigar Horseherder, Tinhorn, Jim Slim Jim, Bogus Check, Jim Soda Pop, and the like. Such designations are apparently given by people with a sadistic, distorted sense of humor, and they work a great hardship on the uneducated people who must expose themselves to ridicule every time they make known their names.

To give a clearer understanding of the nature of Navaho 'war names' and sobriquets, we append representative lists of each type with English translation. If it falls to your lot to provide a name for a Navaho youngster or adult you may well begin by ascertaining how he or she is identified in Navaho. If there is no established family name, and the father is a silversmith as indicated by the name béésh łigaiitsidii, you may well translate this as Silversmith, or anglicize it to Atsiddy. If the Navaho name is such that it cannot be suitably anglicized or spelled in English to produce something attractive a suitable family and given name should be invented for the child.

Nicknames describing a person, identifying him in terms of occupation, possessions, attire and the like, as well as clan identifications used to distinguish individuals, are commonly used in conjunction with genealogical relationship terms, adjectivals referring to age or body size etc. Thus, sání, old; yázhí, little; nééz, tall; ts'ósí, slender; tsoh, big; dííl, corpulent; biye', his son; binálí, his paternal grandchild, grandfather, or grandmother; bik'is, his brother, her sister, etc. (See "one's relations.")

430

I. CHILDHOOD NAMES.

Childhood names are often descriptive terms based on 'a-wéé', baby; 'ashkii, boy; or 'at'ééd, girl.

'ashkii nééz (kii nééz), tall boy.
'ashkiishch'ilí (kiishch'ilí), curly boy.
'ashkiistł'inii (kiistł'inii), freckled boy.
'ashkiidlohí (kiidlohí), laughing boy.
'at'ééłgaii, white girl; light complexioned girl.
'at'éétsoh, big girl.
'at'ééyázhí, little girl.
'awééłgaii, white baby; fair baby.
'awééyázhí, little baby.
'awéétsoh, big baby.
chíí' (⟨ łichíí'), red.
kii (⟨ 'ashkii), boy.
kii nééz, tall boy.
kiitsoh, big boy.
kiits'ósí, slender boy.
kii yázhí, little boy.

II. FEMALE WAR NAMES.

Female war names are usually descriptive phrases based on a verb (perf. stem -baa') meaning to raid, to war. A noun dlį́, dlíní, naadlį́, or baa' often forms part of the phrase. We have translated these terms as warrior girl. The term dlį́ may possibly have denoted a transvestite. Its meaning is obscure.

'ádeezbaa', she is going to lead on the raid.
'ahééníbaa', she raided in a circle.
'ałch'į' níbaa', they went raiding toward each other.
'ałkéé' yibah, they are raiding along behind each other.
'ałkéé' hanáábaa', they came raiding back up behind each other.
'ałk'i naazbaa', they went raiding upon each other.

'ałnáábaa', they passed each other in opposite directions while on a raid.

'átsé deezbaa', she is going first on a raid.

baa', war; raid; warrior-girl.

baa' yázhí, little warrior-girl.

bíjiibaa', she was joined by others on the raid.

bił deezbaa', she is going with her on the raid.

binídzízbaa', they encircled her on the raid.

ch'íníbaa', she came horizontally out raiding.

deezbaa', she is going on a raid.

dlį́, warrior-girl; amazon.

dlį́baa', warrior-girl; amazon.

dlį́chíí', red warrior-girl.

dlį́ naabaah, the warrior-girl who goes raiding.

háábaa', she came up raiding.

haazbaa', she ascended raiding.

hádeezbaa', she is going on the raid to find or get them.

jí naabaah, she goes on raids in the daytime.

kéé' naazbaa', she went last on the raid.

náábaa', she came down raiding.

náádeezbaa', she is going again on a raid.

naadlį́, warrior girl; (transvestite?).

naadlį́łbáhí, gray warrior-girl.

naadlį́łchíí', red warrior-girl.

naadlį́ náábaa', the warrior-girl descended raiding.

naadlį́ naazbaa', the warrior-girl went on a raid.

naadlį́ nééz, tall warrior-girl.

naadlį́tsoh, big warrior-girl.

naadlį́ts'ósí, slender warrior-girl.

naadlį́ yaa níbaa', she came raiding to the warrior-girl.

naadlį́ yázhí, little warrior-girl.

naadlį́ yich'į' deezbaa', she is on her way to the warrior-girl, raiding.

432

naadlį yich'į' háábaa', she came up toward the warrior-girl, raiding.

naadlį yíká deezbaa', she is going on a raid to get the warrior-girl.

naadlį yił ch'íníbaa', she started out on the raid with the warrior-girl.

naadlį yił deezbaa', she is going on a raid with the warrior-girl.

naadlį yił háábaa', she ascended raiding with the warrior-girl.

naadlį yił náábaa', she descended raiding with the warrior-girl.

naadlį yił naazbaa', she went on a raid with the warrior-girl.

naadlį yił náníbaa', she returned from the raid with the warrior-girl.

naadlį yitaazbaa', she went raiding among the warrior-girls.

naanázbaa', she turned around as she went along on the raid.

naazbaa', she went raiding.

náníbaa', she returned from the raid.

taazbaa', she raided among.

yaa náníbaa', she came raiding back to them.

yaa diibaa', she passed them while raiding.

yaa níbaa', she came to them raiding.

yąąh deezbaa', she is going along on it raiding.

yąąh naazbaa', she went on a raid on it (as on a mountainside).

yąąh náníbaa', she came raiding back on it (as on a mountainside).

yąąh níbaa', she went raiding on it (as on a mountainside).

yich'į' deezbaa', she is on her way raiding toward it.

yich'į' háábaa', she came raiding up toward them.

433

yich'į' 'ííbaa', she went away on a raid toward them.
yíkaazbaa', she went on a raid to hunt them down.
yíká deezbaa', she is going on a raid to get them.
yíká yił deezbaa', she is going with them on a raid
    to get them.
yikéé' deezbaa', she is going on a raid behind them.
yikéé' náníbaa', she followed them back from the
    raid.
yikéé' yił deezbaa', she is following them on a raid
    with them.
yikéé' yił náníbaa', she followed them back from
    the raid with them.
yik'i haazbaa', she ascended upon it raiding.
yił.ch'íníbaa', she set out with them on a raid.
yił deezbaa', she is going on the raid with them.
yił háábaa', she ascended with them raiding.
yił náábaa', she descended with them raiding.
yił naazbaa', she went on a raid with them.
yił náníbaa', she returned from the raid with them.
yináábah, she goes raiding around and around them.
yitaazbaa', she raided amongst them.

III. MALE WAR NAMES.

Male war names are usually descriptive phrases based on
the verb (perf. stem -wod) to run. A warrior or a chief is des-
cribed as "running" under varied circumstances, as the Eng-
lish translations indicate. Naat'á (naat'ááh, he is a leader;
he makes speeches) or hashké, he is mean; he is angry; war-
rior, are usual constituents of male war names. Meanings
are sometimes ambiguous, since these terms can function
either verbally or as nouns. With yił and a verb of running or
walking with a stem referring to one person, naat'á and hash-
ké are translated adverbially. In some instances they could
be translated either adverbially or nominally.

434

hashké, he is angry, fierce; warrior.
hashké dilwo'ii, fleet warrior.
hashké haaswod, the warrior ascended running.
hashkéłbáhí, gray warrior.
hashké haayá, the warrior ascended.
hashkéłchíí', red warrior.
hashkéłgaii, white warrior.
hashké naabaah, the warrior is on a raid.
hashké náábah, the warrior is returning from war.
hashké náádááł, the warrior is returning.
hashké naalwod, the warrior descended running.
hashké náálwoł, the warrior is running back.
hashké nááyá, the warrior descended.
hashké nééz, tall warrior.
hashkétsoh, big warrior.
hashkéts'ósí, slender warrior.
hashké yaa yílwodí, he who ran to the warrior.
hashké yaa níyáhí, he who went to the warrior.
hashké yázhí, little warrior .
hashké yich'į' yilwoł, he is running toward the warrior.
hashké yich'į' yigááł, he is advancing toward the warrior.
hashké yich'į' haayá, he ascended toward the warrior.
hashké yich'į' haaswod, he ran up toward the warrior.
hashké yíkaaswod, he ran after the warrior.
hashké yíkaayá, he went after the warrior.
hashké yíká deeyá, he is going after the warrior.
hashké yíká deeswod, he is going to run after the warrior.
hashké yił haaswod, he ran up in anger.
hashké yił haayá, he ascended in anger.
hashké yił ch'élwod, he ran out in anger.

435

hashké yił ch'íníyá,   he went out in anger.
hashké yił deeswod,   he is going to run in anger.
hashké yił deeyá,   he is going to go in anger.
hashké yił 'eelwod,   he ran off in anger .
hashké yił 'ííyá,   he went away in anger .
hashké yił náábah,   he is returning from the raid
   with the warriors.
hashké yił náádááł,   he is returning in anger.
hashké yił naaghá,   he goes about in anger.
hashké yił náálwoł,   he is running back in anger.
hashké yił nááyá,   he descended in anger.
hashké yił nádzá,   he returned in anger.
hashké yił nálwod,   he ran back in anger.
hashké yináábah,   he raids around and around the
   warriors.
hashké yił sidá,   he sits in anger.
hashké yił yah 'eelwod,   he ran inside in anger.
hashké yił yah 'ííyá,   he went inside in anger.
hashké yił yigááł,   he is walking along angrily.
hashké yił yilwoł,   he is running along angrily.
hashké yił yóó' 'ííyá,   he disappeared in anger.
hashké yił yóó' 'eelwod,   in anger he disappeared
   running.
hashké yitah yigááł,   he is walking along amongst
   the warriors.
hashké yitah yilwoł,   he is running along amongst
   the warriors.
hashké yitaaswod,   he ran amongst the warriors.
hashké yitaayá,   he walked amongst the warriors.
naabaahii,   the raider.
naabaah,   he goes raiding.
naat'ááh,   he makes speeches; he is a leader, chief.
naat'á dilwo'ii,   fleet leader.
naat'á naabaah,   the chief goes raiding.
naat'ááleeł,   he will become a chief.

naat'áanii, chief; orator; leader.
naat'áłbáhí, gray chief.
naat'áłchíí', red chief.
naat'áłgaii, white chief.
naat'á náábah, the chief is returning from war.
naat'á nééz, tall chief.
naat'átsoh, big chief.
naat'áts'ósí, slender chief.
naat'á yich'į' deeswod, he is going to run toward the chief.
naat'á yich'į' deeyá, he is going to go toward the chief.
naat'á yich'į' haayá, he ascended toward the chief.
naat'á yich'į' haaswod, he ran up toward the chief.
naat'á yaa yílwodí, he who ran to the chief.
naat'á yaa níyáhí, he who went to the chief.
naat'á yázhí, little chief.
naat'á yíká deeswod, he is going to run after the chief.
naat'á yíká deeyá, he is going to go after the chief.
naat'á yíká naaswod, he ran after the chief.
naat'á yíká naayá, he went after the chief.
naat'á yił ch'élwod, he ran out making a speech.
naat'á yił ch'íníyá, he went out making a speech.
naat'á yił deeswod, he is going to run along making a speech.
naat'á yił deeyá, he is going to go along making a speech.
naat'á yił náádááł, he is returning making a talk.
naat'á yił náábah, he is returning from war with the chief (or making a speech).
naat'á yił naaghá, he goes about making speeches.
naat'á yił naalwod, he descended at a run making a speech.
naat'á yił náálwoł, he is coming back at a run mak-

ing a speech.

naat'á yił nááyá,   he descended making a speech.

naat'á yił nádzá,   he returned making a speech.

naat'á yił nálwod,   he ran back making a speech.

naat'á yił haayá,   he ascended making a speech.

naat'á yił 'eelwod,   he ran off making a speech.

naat'á yił 'ííyá,   he went away making a speech.

naat'á yił sidá,   he sits making a speech.

naat'á yił yah 'eelwod,   he ran inside making a talk.

naat'á yił yah 'ííyá,   he walked inside making a talk.

naat'á yił yáłti',   he talks with orations (or he talks with the chief).

naat'á yił yigááł,   he walks along making a speech.

naat'á yił yilwoł,   he is running along making a talk.

naat'á yił yóó' 'ííyá,   he disappeared making a talk.

naat'á yináábah,   he is raiding around and around the chief (or making a speech).

naat'á yitaaswod,   he ran amongst the chiefs (or he ran amongst them making a speech).

naat'á yitaayá,   he went amongst the chiefs (or, he went amongst them making a speech).

naat'á yits'áníyá,   he quit being a chief.

IV. SOBRIQUETS

The sobriquet is a term which describes some characteristic so peculiar to the individual concerned that it serves, at least locally, to single him out and identify him. To these terms may be added biye', his son; binálí, his grandson, etc., to identify the individual as bearing such and such a relationship to the person described by the sobriquet proper.

'adika'í,   the gambler; the card-player.

'adókeedí,   the beggar.

'agodii,   the stumpy one; the amputee.

'akał bistłee'ii,   the cowboy; the one with leather stockings (chaps).

'anádlohí, the laugher.
'asdzą́ą́łtsoii, yellow woman.
'asdzą́ą́łchíí', red woman.
'asdzą́ą́ nééz, tall woman.
'asdzą́ą́tsoh, big woman.
'asdzą́ą́ yázhí, little woman.
'aseezíinii, gossiper.
'atsidii, the smithy.
bááh 'ííł'íní, the bread-maker; the baker.
ba'áłchíní łání, the one with many children.
béésh łigaii bich'ah bináz'áhí, the one with a silver
    hatband.
béésh łigaii, silver.
béésh łigaiitsidii, silversmith.
béésh łitsoii biwoo'ii, the one with a gold tooth.
bidághaa' nineezii, the one with a long mustache.
bi'disziih, the one who turned up missing.
bi'éé' dinilchí'í, the one with a pink shirt.
bijishii, the one with a medicine bag.
bíla' 'agodii, the one with stubby fingers.
bíla' łikizhii, the one with spotted hands.
bíla' táa'ii, the one with three fingers.
bilį́į́' daalbáhí, the one with the gray horses.
bilį́į́' daalchíi'ii, the one with the red horses.
bilį́į́' daalkizhii, the one with the spotted horses.
bilį́į́' daalzhiní, the one with the black horses.
bilį́į́' dijádí, the one with the swift horses.
bilį́į́' łibáhí, the one with the gray horse.
bilį́į́' łitsoii, the one with the yellow horse.
bilį́į́' yishǫǫhii, the one who tames his horse.
bilį́į́' yistł'inii, the one with the speckled horse.
bilį́į́' yízhǫǫdii, the one whose horse is tame.
bináá' dootł'izhí, the one whose eyes are blue.
bine'nii, the people from the other side of the mtn.
bitsii' k'íinígizhí, the one who cut his hair.

bitsii' łibáhí (or tsiiłbáhí), the one with gray hair.
bitsii' łichíi'ii, the one with red hair.
bitsii' łitsoii, the one with yellow hair.
bitsiiyéél ntsaii, the one with a big hair knot.
bitsóí, his grandchild.
biye', his son.
biyooch'ídí, the liar.
bizaadii, the wordy one; the gabby one.
bizahaláanii, the one of many words (talkative).
bizahóchi̜'ítsoh, big cusser.
chíshí, Chiricahua Apache.
cháala, Charlie.
cháala nééz, tall Charlie.
cháalatsoh, big Charlie.
cháalats'ósí, slim Charlie.
cháala yázhí, little Charlie.
ch'ah ditł'oii, fuzzy hat; fur hat.
ch'ahii, the one characterized by his hat.
chiishch'ilí, the one with curly hair.
dághaałbáhí, the one with a gray mustache.
dághaałchíí', the one with a red mustache.
dághaashch'ilí, the one with a curly mustache.
dághaashzhiin, the one with a black mustache.
dághaats'ósí, the one with a slender mustache.
dághá dah sikaad, the one with a bunchy mustache.
dághá dah shijaa', the one with a bunchy mustache.
dágháhii, the one with a large mustache or with
    much beard (ib. dághaałání).
dágháhiitsoh, the big one with a mustache.
deez (⟨ yideez), he has been singed.
dííl, big; broad; corpulent.
dilwoshii, the one who shouts.
dinéchilí, dwarfish man.
dinédííl, stockily built man.
diné dijoolí, short fat man.

diné nééz,   tall man.
dinétł'aaí,   the left-handed man.
dinétsoh,   big man.
dinéts'ósí,   slender man.
dinéłtsoii,   yellow man.
diné yázhí,   little man.
diné yázhíłbáhí,   the little gray man.
dloníziní,   the jolly one.
doo yáłti'í,   the mute.
dzání (⟨ 'asdzání),   woman.
dzáníłbáhí,   gray woman.
dzą́ą́tsoh,   big woman.
gaaní (⟨ bigaan, his arm),   the one with an arm.
gą́ą́'agodí,   the one with the stump of an arm.
gish díílidí,   the one with the burnt cane or planting
   stick.
gishí (or gishii),   the one with a cane or planting
   stick.
háá'diijaa',   the one who put on his clothes and took
   .them off.
ha'asídí,   the watchman.
ha'diłch'ałí,   the boisterous, loud-mouthed one.
hataałii,   the medicine man.
hataałii 'anádlohí,   the laughing medicine man.
hastiin 'adiits'a'í,   the man who can hear (interpret).
hastiin béégashii,   the cattleman.
hastiin bigodii,   the man characterized by a (defect-
   ive) knee.
hastiin bijééhkałí,   the deaf man.
hastiin bináá' 'ádiní,   the blind man.
hastiin biwógiizhí,   the man with a missing tooth.
hastiin chxǫ'í,   the ugly man.
hastiin dííl,   big man.
hastįįgaaní,   the man characterized by a (defective)
   arm.

441

hastįįłtsoii, the yellow man.
hastįįłtsoii nééz, the tall yellow man.
hastįįłtsoiits'ósí, the slender yellow man.
hastįįłtsoii yázhí, the little yellow man.
hastiin nééz, tall man.
hastiin sání, old man.
hastiin sání biye', the old man's son.
hastiintsoh, big man.
hastiints'ósí, slender man.
hastiin yázhí, little man.
hastįįsgą'í, the skinny, dried-up man.
hastįįstł'inii, the freckled man.
'iizáanii, the wife-beater.
k'elwod, he kept on running after an interruption
   that nearly halted him.
k'osnézí, the long-neck.
naakaii, the Mexican.
naaltsoos nééz, long paper.
naaltsoos yázhí, little paper.
naalzheehí, the hunter.
na'niłhodii, the limper.
nák'ee'aznilii, the one who wears glasses.
neesk'ahí, the fat one.
ni'iizhíhí, the sawyer.
niiłtsǫǫzii, the deflated one; the flat one.
nitł'aaí, the left-handed one.
nóóda'í, the Ute.
siláago, soldier; policeman.
tł'aaí, left-handed.
tł'ógí, hirsute; Zia Indian.
tł'ízí łání, many goats.
tł'ízíłgaii, white goat.
tł'ízí łizhiní, black goat.
tólí (⟨ niłtólí, clean, clear), light complexioned.
tséłbáhí, the gray rock.

442

tséłgaii, the white rock.

tsii' dah shizhóodii,. the one with bushy hair.

tsiiłchíí', red hair.

tsiiłgaii, white hair.

tsii' yishbizhii, the one with braided hair.

tsoh, big.

yąąh bíni', he is worried about it; he regrets it.

yáłti'í, the talker.

yáłti'í nééz, tall talker.

V. CLAN DESIGNATIONS AS COMPONENTS OF PERSONAL NAMES

Individuals are not uncommonly identified with reference to their clan, especially if they happen to be the only representative of a particular clan in the locality where they reside. Thus, a person may be known locally as tábąąhá, the water's edge clansman; tábąąhá nééz, the tall water's edge clansman; or tábąąhá nééz biye', the son of the tall water's edge clansman, etc.

A number of clan designations are listed below, but these are not each the name of a distinct clan. Many are merely the names applied locally to a given clan — clan nicknames, so to speak. The original Navaho clans are said to be the tó 'áhání, the hashtł'ishnii, the tó dích'íi'nii, and the kin yaa'-áanii. These, with a few other principal clans, form the basis of the Navaho clan system, the subsidiary clans being more or less closely related to one or another of the principal clans. The chief clans with their subsidiaries are exogamous, although such eminent authorities as Albert Sandoval and Scott Preston are not entirely in agreement regarding the question of inter-clan relationship.

Translations of clan names are somewhat arbitrary in many instances, since the meaning of some terms is obscure, and many of the Navaho explanations are in the realm of folk-etimologies.

443

'áshįįhí, the salt people.
'áshįįhnii, the salt people (extinct).
bįįh dine'é, the deer people.
bįįh bitoodnii, the deer spring people.
bįįhtsoh dine'é, big deer people.
bit'ahnii, the within-his-cover people.
bit'ąą'nii (extinct).
deeshchii'nii, the start of the red streak people.
dichin dine'é, the hunger people.
dibé łizhiní, the black sheep people.
dzaanééz łání, the many burros people.
dziłtł'ahnii, the mountain recess people.
dził ná'oodiłnii, the turning mountain people.
gah dine'é táchii'nii, the rabbit people (division of
   the táchii'nii).
haltsooí dine'é,   the meadow people.
hashk'ąą hadzohó, the yucca fruit strung out in a
   line people.
hashtł'ishnii, the mud people.
honágháahnii, the he-walks-around-one people.
hooghan łání, the many hogans people.
'iich'ah dine'é, the people that have fits.
jaa' yaalóolii, the sticking-up-ears people.
k'aahanáanii, the living arrow people.
k'ai' ch'ébáanii, the line-of-willows-extend-out-gray
   people.
kin łichíi'nii, the red house people.
kin łitsonii, the yellow house people.
kin yaa'áanii (kiyaa'áanii), the towering house
   people.
lók'aa' dine'é, the reed people.
mą'ii deeshgiizhnii, the coyote pass people; the
   Jemez clan.
naaneesht'ézhí táchii'nii, the charcoal streaked di-
   vision of the táchii'nii clan.

naakaii dine'é,   the Mexican clan.
naashashí,   the bear enemies;   the Tewa clan.
naashgalí dine'é,   the Mescalero Apache clan.
naasht'ézhí dine'é,   the Zuni clan.
naayízí dine'é,   the squash people.
nát'oh dine'é,   the tobacco people.
nihoobáanii,   the gray-streak-ends people.
nóóda'í dine'é,   the Ute clan.
nóóda'í dine'é táchii'nii,   the Ute people division of
   the táchii'nii clan.
séí bee hooghanii,   the sand-hogan people.
tábąąhá,   the water's edge people.
táchii'nii,   the red running into the water people.
ta'neeszahnii,   the tangle people.
tó 'áhání,   the near to water people.
tó 'aheedlíinii,   the water-flows-together people.
tó 'ázólí,   the light water people.
tó baazhní'ázhí,   the two-came-to-water people.
tó dích'íi'nii,   the bitter water people.
tótsohnii,   the big water people.
tł'ááshchí'í,   the red bottom people.
tł'ízí łání,   the many goats people.
tł'ógí,   the hairy ones (?); the weavers (?); the Zia.
ts'ah yisk'idnii,   the sage brush hill people.
tsé deeshgizhnii,   the rock gap people.
tsé nahabiłnii (or tsé nahadiłnii),   (mg. ?)
tsé ńjíkiní,   the honey combed rock people.
tsé táá'áanii,   the rock-extends-into-water people.
tsézhin ndii'aaí,   the slanted lava spire people.
tséikeehé,   the two-rocks-sit people.
tsi'naajinii,   (mg. ?).
tsin sikaadnii,   the clumped tree people.
yé'ii dine'é,   the monster people.
yoo'ó dine'é,   the bead people.

445

APPENDIX 2

The following sentences are provided for the use of white personnel on the reservation. Miss Marie E. Curry, a Public Health Nurse with considerable experience in the field and a deep interest in the people supplied the questions and answers referring to health matters. The questions submitted by her are those which she most commonly has occasion to ask in the course of her everyday activities in the field, and the answers are those which she most commonly receives. Miss Curry also supplied the portion entitled Environment.

Q. Did it snow last night in the mountains out your way?

A. The snow came down, but it's melting now and the roads are slippery.

A. There's a lot of snow in the mountains, and the roads are no good for a car.

Q. Can you plant squash and beans on your land, as well as corn?

A. We have beans already planted.

A. Last year we planted beans and squash, but the grasshoppers ate them as fast us they came up.

Q. Is your home a hogan or a cabin?

A. There is a hogan, a small cabin and a brush shelter.

A. We have one old-type hogan and a new stone hogan.

Q. Is the road passable for a car?

A. Last year a truck came over that road. We saw it.

A. If there is no water in the wash the car can make it.

Q. How can I get back on the main road?

A. You'll have to turn around and go back the way you came. The road is washed out beyond here.

A. If you don't get stuck on the high center, you can drive to those red rocks. You can see the main road from there.

Q. Will you send your team over to pull this car out of the sand?

A. The team is up in the mountains where my brother is hauling wood.

Q. Da' tł'éédą́'ash yidzaaz 'aajigo dziłjí?

A. Yidzaaz ndi t'áá 'ákǫ́ǫ́ nályį́į́h bąągo 'ayóo nahateeł 'atiingóó.

A. Yas ntsaa ńléí dziłjí, 'ako 'atiin doo yá'át'ééh da chidí bá.

Q. Naadą́ą́' k'éédídléehgiísh naayízí dóó naa'ołí t'áá k'ididíílééł?

A. Naa'ołí t'áá 'íídą́ą́' k'idadiilyá.

A. Kóhoot'éédą́ą́' naa'ołí dóó naayízí k'idadiilyáá ńt'éé' nahachagii 'ałtso nihits'ą́ą́' dayííłchozh, t'áá deitsóóhgóó.

Q. T'áá hooghanígíísh bii' nighan, kin daats'í?

A. Hooghan dóó kin 'áłts'íísígíí dóó chaha'oh dó' sinil.

A. T'áá 'ałk'idą́ą́' hooghanę́ę ła' si'ą́ą́ dóó tsé bee hooghan 'ániid 'ályaago dó' ła'.

Q. T'áásh yá'át'éehgo 'atiin chidí bee?

A. Kóhoot'éédą́ą́' chidítsoh ła' 'áádę́ę́' ch'élwodgo deiiltsą́.

A. Bikooh góyaa tó 'ádingo t'éiyá chidí ha'naa ninádaalwo'.

Q. Ha'át'éego lá 'íiyisíí 'atiinjí 'ańdeeshdááł lá?

A. T'áá yíníyáháągóó nát'ą́ą́' nił ń'dólyeed. Kodóó 'atiin dahóóchxǫ'.

A. Kodóó dó' ńléí tsé łichíí' hadaaz'áhíjį' 'atiingo 'át'é. 'Ako ndi łahgóó 'ayóo łeeyaada'diitiin. T'áadoo chidí nił dahidiilts'ídí 'áajį' nił ni'ílwodgo 'áádóó 'íiyisíí 'atiinígíí yidííłtséél.

Q. Nilį́į́' na'ałbąąsii daats'í 'áádę́ę́' díí'ishgo díí chidí séí yiih dinoolwodígíí bee shá háádíídzį́į́s?

A. Shilį́į́' na'ałbąąsii hólǫ́ǫ ndi ńléí dziłgóó sik'is yee 'i'ííłbą́ąz chizh bíká.

A. I can give you a pull with my rope and my saddle horse.

Q. Since I can't get in with a car, will you rent me a saddle horse?

A. You may use the horse, but my father has borrowed the only saddle.

A. All the horses are out in the pasture.

Q. How much do I owe you for the use of the team?

A. Whatever you wish to pay.

A. I won't charge you anything. Please give me some aspirin.

Q. Can you bring the sick man to the edge of the wash to meet my car?

A. It's too far and too cold for him in the wagon. He might catch cold.

A. I'll meet you there tomorrow about noon.

Q. Where do you go to haul water?

A. We get our water by digging a hole in the sand wash and waiting until it fills up.

A. Twice a week we take the wagon to the trader's for water.

Q. Will you take this little bottle and bring me a sample of the d r i n k i n g water from your spring?

A. The water is good. My family has been using it for years.

A. Perhaps the water is bad. No wonder my children got sick last summer.

Q. Can you tell me the best way to get to the home of Hosteen Tso Bidani?

A. Take the first road south. His place is on this side of the windmill.

A. Díí łį́į́' nashiyéhígíí bee ndisdzį́į́s.

Q. 'Ak'égo łį́į́' sha'níłteeh, jó chi dí doo náás náádódza' 'ádzaa da.

A. Łį́į́' 'éí na'nishteeh. Łį́į́' biyéél 'éí t'ááłá'í ńt'éé' shizhé'é 'ayíijaa'.

A. Łį́į́' t'áá 'ałtso ńláh 'iná'ázt'i' góne' naakai.

Q. Díkwíí lá shaa yisíníłbą́ nilį́į́' na'ałbąąsii chooz'į̄įdígi?

A. T'áá ni níhólnííh.

A. Doo naa yiséłbání da. T'óó tsiits'iin diniih 'azee' ła' shaa nínííł.

Q. Díí diné daatsaahígíí daats'í ńléí cháshk'ehdáa'jį̄ shidááh bił díí'ash.

A. Tsinaabąąs beego t'áá hazhó'ó nízaad dóó deesk'aaz. Biih doołk'as sha'shin.

A. Yiską́ągo 'ałní'ní'ą́ągo shidááhdi dooleeł.

Q. Háádę́ę'shą' tó ndahoheeh?

A. Ńláh cháshk'eh góyaa tó háádahii'nił, 'áko 'iilts'ąąhgo 'índa háádahiikááh.

A. Naakidi tó ninádeiigéehgo Damíįgo ná'ádleeh, naalyéhé bá hooghandę́ę'.

Q. Díí tózis bee tó ła' shá ńdii-'aah, ńléí tó háálį̄igo tó ninádahohkaahídę́ę'.

A. Díí tó yá'át'ééh. T'áá ńléídę́ę' t'áá 'éí t'éiyá danihito'go hoolzhish.

A. Tó daats'í doo yá'át'éeh da. 'Áyaańda shį́įdą́ą́' sha'áłchíní yik'ee bitah dahoniigaii.

Q. Háá góne' lá Hastiintsoh Baadaaní yá'át'éehgo bich'į̄' 'atiin?

A. Díí kóyaa 'atiinígíí t'ah naghaídóó shádi'áahjigo ła' dah 'adiitiin. 'Éí ts'ídá 'áłtsé 'áajigo dah 'adiitiinígíí nił dah 'adidoolwoł. T'ah náasdi béésh

450

A. He has moved to winter quarters and we don't know where his place is.

Q. How far is it from your place to the trading post?

A. It is across the wash, not very far.

A. It takes three hours on horseback, and four hours by wagon.

Q. How high is the water in the big wash?

A. We came through this morning with the horses. It was going down.

A. The water is as high as the horse's belly. The car wouldn't get through.

Q. I'm stuck in the mud. Will you pull me out with your horses?

A. Yes, but first I'll have to look for my horses.

Q. My car is b r o k e n down. Where's the nearest telephone?

A. At Keams Canyon.

A. I don't know how far it is to a telephone.

Q. Will you take me to Ganado?

A. Yes, get in.

A. Yes, I'll take you to Ganado for ten dollars.

Q. Will you help me?

A. Yes, what's the matter?

Q. Is this water good to drink?

A. Yes, we drink it all the time.

A. No, it's dirty.

Q. May I stay in your hogan tonight?

A. Yes, it's all right with us.

Q. How are the roads now?

A. The sand is drifting over the road now.

A. The road is muddy.

A. The road has a high center.

náábałígíí ła' 'íí'á. 'Éí t'áá bich'i̜'gi t'áá 'atiin bo̜o̜hgóó bighan.

A. Keehaigóó 'anáá'ná. Hóla, haa'í shį́į́ bighan sha'shin k'ad.

Q. Naalyéhé bá hooghan dóó haa nízahdi nighan?

A. T'áá 'ákǫ́ǫ́ cháshk'eh wónaańjígo shighan.

A. Łį́į́ beego táadi 'ahéé'ílkid bíighah. Tsinaabo̜o̜s beego 'éí dį́į́'di 'ahéé'ílkid bíighah.

Q. Bikooh góyaa tó haa néelą́ą́' ńlį́?

A. 'Ahbínídą́ą́' 'áádę́ę́' łį́į́' bee ha'naa niniikai. 'Áko yaa ná'-nool'o̜o̜ł ni'.

A. Łį́į́' bichxo̜o̜go tó ńlį́. Chidí beego 'éí doo bíighah da.

Q. Hashtł'ish biih dineesdzá. Nilį́į́' daats'í bee hááshidíídzíįs?

A. 'Aoo, 'áko ndi 'áltsé shilį́į́' hadínéeshtaał.

Q. Chidí sits'ą́ą́' k'é'éltǫ'. Háádóó lá béésh bee dahane'?

A. Lók'a'deeshjindi lą́ą.

A. Hóla. Háádóó shį́į́ béésh bee dahane'.

Q. Lók'aah Nteelgóó daats'í shił díí'ash?

A. 'Aoo', 'aadę́ę́' 'iih nínááh.

A. 'Aoo', neeznáá béeso bik'é Lók'aah Nteelgóó nił deesh'ash.

Q. Shíká daats'í 'adíílwoł?

A. 'Aoo', daa hóót'įįd?

Q. Da' díísh tó t'áá yá'át'éehii 'át'é yidlą́ągo?

A. Aoo', nihí 'áłahji deiidlá.

A. Dooda, 'eii doo yá'át'éeh da.

Q. Nighan góne' daats'í shiidoołkááł díí tł'éé'.

A. 'Aoo' nihił t'áá 'áko.

Q. 'Atiin haa dahoot'é k'ad?

A. K'ad shį́į́ níyol 'atiin ha'naa séí niinítsih.

A. 'Atiingóó hashtł'ish.

A. 'Atiingóó łeeyada'diitiingo 'atiin.

451

Q. Where do all these roads go?
A. The one to the right goes to Kayenta. The one to the left goes to Kaibeto. The other ones just go to different people's hogans.

Q. Which is the road to Tuba City?
A. It's that one right there.
A. Just go straight ahead.

Q. In which direction is Teec Nos Pos?
A. It's over in that direction.
A. It's north of here.

Q. By what road did you come?
A. I came by the Ganado road.

Q. Where can I get some gasoline?
A. There's a trading post about ten miles down this road.

A. I don't know. There's no place near here.

Q. Is this the road to Kayenta?

A. Yes, this is the Kayenta road.

A. No, the Kayenta road is over that way.
A. Follow this road until you come to a fork. Then turn right.

A. It's right down there, around the corner from that trading post.

Q. How is the road?
A. The road is good.
A. The road is very rough.
A. The road is sandy.

Q. What's the matter?
A. I'm hungry.
A. I'm thirsty.
A. I'm cold.
A. I'm wet.
A. I'm sick.
A. I'm not feeling well.

Q. Dííshą' t'áá 'át'é háágóó 'ada-'iiztiin?
A. Nish'náajigo dah 'adiitiinígíí 'éí ńléí Tódínéeshzhee'góó 'atiin. Nishtł'ajigo dah adiitiinígíí 'éí K'ai' Bii' Tóógóó 'atiin. Ła' 'éí dahooghangóó 'ada'iiztiin.

Q. Háidíígíí lá Tó Naneesdizígóó 'atiin?
A. 'Eii łáą, 'éí 'át'é ni.
A. T'áá náás yínááł.

Q. Háajigo lá T'iis Názbąs hoolyé?
A. Nahjigo ńléígó'ąą.
A. Kodóó náhookǫsjigo.

Q. Háádéé' 'atiinígííshą' yíníyá?
A. Lók'aah Nteeldéé'go 'atiinígíí níyá.

Q. Háadi lá chidí bitoo' ła' hóló̧?

A. Kodóó neeznáadi tsin sitáadi díí 'atiin góyaa naalyéhé bá hooghan.
A. Hóla. 'Ádin kó̧ó̧ t'áá 'áhánígi.

Q. Da' díísh Tódínéeshzhee'góó 'atiin?
A. 'Aoo', díí lá Tódínéeshzhee'góó 'atiin ni.
A. Dooda, Tódínéeshzhee'góó 'atiinígíí 'éí ńléíjí 'atiin.
A. T'áá díí 'atiinígíí bąąh yínááł doo, ts'ídá ńléí 'ats'á-'atiiníji', 'áádóó nish'náajigo dah 'adiitiinígíí dah didíínááł.
A. Nagháígóó naalyéhé bá hooghaní bizánághahdóó dah 'adiitiin.

Q. Haa yit'éego 'atiin?
A. Yá'át'éehgo 'atiin.
A. 'Ayóigo hodiwolgo 'atiin.
A. 'Ayóo séigo 'atiin.

Q. Haalá ńt'é k'ad?
A. Dichin nisin; dichin shi'niiłhį.
A. Dibáá' nisin; dibáá' shi'niiłhį.
A. Yishdlóóh; shi'niidlí.
A. Nísístłéé'; dinishtłéé'.
A. Shitah honeezgai; daastsaah.
A. Shitah doo hats'íi da.

A. I'm tired.
A. I'm lost.
A. I'm turned around.
Q. How far is it to your place from here?
A. It's about a half day's walk from here.
A. It's about ten miles from here.

TUBERCULOSIS

Q. Did you have an x-ray of your chest last year when the x-ray truck came by?

A. Yes, but I never heard whether or not my lungs were sick.

A. I was away working in Utah at that time.

Q. Do you know the cause of your mother's death?
A. We do not like to talk about such things.
A. She died when I was very young. They say she had a bad cough—pneumonia perhaps.

Q. Have you been getting thinner this past year?
A. My clothes seem to be too big for me now.
A. Yes, until I had a sing. Then I felt better and could eat more.

Q. Will you get another x-ray taken next week at Fort Defiance?
A. I've had two x-ray pictures already and they do not make me feel any better.
A. There's no use if I can't get into the hospital anyway.

Q. Do you spit up anything when you cough?
A. Yes, especially in the morning.
A. Not so much since the warm weather.

A. Ch'ééh déyá; dínéłna'.
A. Yóó' 'ííyá.
A. Shił náházyiz lá.
Q. Haash nízah kodóó ńléí nighanjį'?
A. T'áá ni' 'oodáałgo ts'ídá hanii shįį shághąądgo bíighaah.
A. Ts'ídá neeznáá tsin sitą́ą́ sha'sin, kodóó.

TUBERCULOSIS

Q. Da' kóhoot'éédą́ą́'ísh nidzééts'iinjį' nighá'deeldláád, kwe'é 'agháda'diłdlaadí bił na'anéhę́ędą́ą́'?
A. 'Aoo', 'áko ndi t'áadoo bee shił náhóone' da, shijéí daats'í bąąh dahaz'ą́.
A. Kwe'é na'anéhę́ędą́ą́' ńléí Utah hoolyéedi naashnish ńt'éé'.

Q. Nimá biisxíiniísh nił bééhózin?

A. 'Ákódaat'éii doo baa ńdeiit'įį da, doo nihił yá'át'éeh da.
A. T'ah 'ánísts'íísígo 'ájídin jiní, áko 'ayóigo jidilkos ńt'éé' daaní. Dikos ntsaaígíí sha'shin.

Q. Nits'iinísh yíleeł kóhoot'éédą́ą́'dóó wóshdę́ę́'?
A. Shi'éé' shilááh 'ádaniłtsxo daazlį́į' k'ad.
A. 'Aoo', shik'i nahayáá dóó 'índa shitah yá'át'ééh silį́į' dóó łą 'ashą́ą́' nísísdlį́į'.

Q. Damíigo náá'ásdlį́įgo daats'í nighá nááti'doolttat ńléí Tséhootsooídi?
A. Naakidi shighá'deeldláád, 'áko ndi t'áá 'ákónísht'é.

A. T'áadoo biniiyéhé da. Jó 'azee'ál'į́į́ góne' doo haz'ą́ą da lá.

Q. T'áadoo le'ésh bił hahidílkees łeh?
A. 'Aoo', 'ahbínígo 'agháago.

A. Doo hózhǫ́ da, díí deesdoi hazlį́į'dóó wóshdę́ę́'.

453

Q. Have you ever spit up any blood?
A. Last winter I spit up a lot of blood, but there was no room for me in the hospital.

A. Yesterday I started to spit up blood. That's why I want to go to the hospital.

Q. Do you understand now where tuberculosis comes from?
A. It's carried in the spit of sick persons.

MATERNAL AND CHILD CARE

Q. When is your baby expected?
A. I first felt the baby move about twenty eight days ago.
A. The baby should be born at corn-planting time.

Q. Have you had your blood tested yet?
A. My blood was tested at Fort Defiance.
A. I don't know what you mean.

Q. Do you plan to have your baby at home or will you go to the hospital?
A. All my babies were born at home.
A. I have no way to get to the hospital in time when my pains start.

Q. Can you lie down and rest every afternoon?
A. I can't because I have too much work to do taking care of the small children.
A. How long should I lie down each day?

Q. Do you have a birth certificate for the baby?
A. The District Supervisor called Spotted Cow made one out for us.
A. None of our children have those papers.

Q. Hádą́ą'daásh dił ła' habídíínílkééz?
A. Haidą́ą' dił shiyi'dę́ę́' bił hahidiskees n̕t'éé' ndi t'áadoo 'azee'ál'į́ígóó déyáa da, háálá doo haz'ą́ą da ha'níigo.
A. 'Adą́ą́dą́ą́' shiyi'dę́ę́' dił n̕t'éé', 'áko k'ad t'áá 'íiyisíí 'azee'ál'į́ígóó deesháał nisin.

Q. Da' k'ad nił bééhózin díí jéí'ádįįh bits'ą́ą́dóó hodilnahii?
A. Diné bąąh dahaz'ą́ągo hadahidizheehígíí bits'ą́ą́dóó hóló̧.

MATERNAL AND CHILD CARE

Q. Hahgo lá ne'awéé' neínílí?
A. Naadiin tseebíí yiskánídą́ą́' 'áłtsé 'awéé' shídii'na'.
A. Ts'ídá k'ida'dilye' góne' 'i'niiłchį́.

Q. T'ah doósh nidił ná 'álnéeh da (or ná níl'įį da)?
A. Shidił shá 'ályaa (or shá néél'įį') nléí Tséhootsooídi.
A. Hóla, ha'át'íí shį́į 'ábidiní.

Q. T'áásh hooghandi 'in'niłchį́, 'azee'ál'į́idi daats'í?
A. Sha'áłchíní t'áá 'ałtso t'áá hooghandi ndahaazhchí̧.
A. 'Awéé' shídii'na'go t'áá bi'oh neesh'ą́ą łeh, dóó 'azee'ál'į́ígóó t'áadoo bee hodót'éhí da.

Q. 'Ałné'é'ááh dóó daats'í haninánílyįh dooleeł?
A. Shinaanish t'óó 'ahayóí 'áłchíní yázhí baa 'áháshyą́ago, 'éí baa doo yá'áshóǫ da.
A. Haa nízahji'shǫ hanínáshyįh dooleeł t'áá 'ákwíí jį́?

Q. Da' 'awéé' bi'dizhchínę́ę́dą́ą́' binaaltsoosígíísh hóló̧?
A. Naat'áaniishchíín Béégashii Łikizhii wólyéhígíí naaltsoos ła' nihá 'áyiilaa ni'.
A. Niha'áłchíní ndahaazhchínę́ę́dą́ą́' t'áá 'ałtso t'áadoo naaltsoos bá 'ádaalyaa da.

454

Q. Did the baby have any discharge from her eyes?
A. The baby's eyes had a watery discharge three days after birth.
A. We used the drops you left with us and the baby's eyes have been well since birth.

Q. Do you nurse your baby?
A. Of course I do.
A. I do not have enough milk, so my mother told me to give the baby Eagle Brand condensed milk.

Q. Have you been giving the baby a sunbath every day as I told you?
A. I'm afraid that my baby will take cold.
A. The sun hasn't been shining through the smokehole for many days—too many clouds.

Q. Do you boil the drinking water for your children?
A. We do not see why we should boil the drinking water.

Q. Who was with your wife when the baby was born?
A. I was alone with her, except for her mother.
A. There was no one with her.

Q. What is the baby eating now, besides your milk?
A. Food, of course.
A. The baby has a little oatmeal, fried potatoes, coffee and cookies.

Q. What did you put on the baby's navel?
A. A native medicine—a ground up herb.
A. We used the gauze pad that you left with us for that purpose.

Q. Da' 'awéé'ísh hádą́ą́' da binák'eeshchąą' ńt'éé'.
A. 'Awéé' yizhchį́įdóó binák'eeshto'go díkwíí shį́į́ yiską́.
A. Nák'ee nádzi'í nihaa yíní'ánę́ę́ choisiil'įid dóó 'awéé' bináá' yá'át'ééh t'áá ńléí yizhchį́į́dę́ę́'.

Q. Da' 'awéé'ísh niłt'o'?
A. Shiłt'o' łą́ą.
A. Shibe' doo hózhǫ́ hólǫ́ǫ da silį́į'go biniinaa shimá díí 'abe' yadiizíní bee naazniłígíí Eagle Brand wolyéhígíí bá 'ánéiil'įįhgo biyiłdlą́ą doo shiłní.

Q. 'Awéé' t'áá 'ákwíí jį́ shą́ą'jį' ch'ééníłtééh dooleeł ndishníí ni 'éísh t'ah t'áá 'ákóníł'į?
A. 'Eii shį́į́ biih doołk'as nisingo doo 'ash'įi da.
A. K'osgo biniinaa ch'íláyi'dę́ę́ t'áadoo nihił yah 'ańdídla'í díkwíí shį́į́ yiską́.

Q. Da' tóísh nániłbishgo 'índa na-'áłchíní deidlá?
A. Ha'át'íísh dó' biniiyé tó deiilbéezhgo deiidlą́ą dooleeł.

Q. Háishą' bináál ne'esdzáán 'ashchį?
A. Shí t'éiyá, dóó hamá dó' bináál 'ajishchį́.
A. Doo bíínáłí da, t'áá sáhí jizdáago 'ajishchį́.

Q. 'Awéé' bi'iyíłt'o' lá, 'áádóó ha'át'íísh 'ałdó' biyísą́?
A. Ch'iyáán łą́ą.
A. Taaskaal dóó nímasii 'ásaaninaasdziidgo dóó gohwéí dóó bááh łikaní yiyą́.

Q. 'Awéé' bits'ee'shą' ha'át'íí bąąh 'ánéiil'įįh ńt'éé'?
A. T'áá dinéjí 'azee'ígíí yik'ą́ągo bik'ínásh'nił ńt'éé'.
A. Biníí' gónaa bináoT'i'ígíí kwe'é nihá nííníláhą́ą binínásht'ih ńt'éé'.

Q. Do you know why you should have a blood test every six months?

A. The doctor in Albuquerque told me all about it.

A. I feel well, and I see no reason for having a blood test.

Q. Do you remember how long ago it was that you had a small sore on your genitals?

A. I don't remember ever having one.

A. It was about two years ago, but it was cured quickly with Navajo medicine.

Q. How long ago did you receive shots in the arm or thigh?

A. It is now three years ago.

A. Last month in Albuquerque I received the last one.

Q. Do you understand now why you must go for treatment right away?

A. Yes, in fourteen days I'll go to a doctor.

A. I feel well and I see no reason for being treated by a doctor.

Q. Was your wife given a blood test before this baby was born?

A. She had a blood test at Ganado and never heard if her blood was good or not.

A. My wife felt sick before the baby was born, so we had a sing for her.

Q. Will you bring your wife to me for a blood test?

A. She was tested at the same time as I.

A. My wife left me. I don't know where she is.

Q. How many of your babies were born too soon?

Q. Da' díí hastą́ą́ nínádízi'go nidił ná níl'įįhígíí biniinaaniísh nił bééhózin?

A. 'Azee'ííł'íní Be'eldíilahsinildi 'ałtso yee shił hoolne'.

A. Shitah yá'áhoot'ééh. Ha'át'íísh dó' biniiyé dił shá dínóol'įįł?

Q. Hádą́ą́'shą' nijáágiizhgi łóód dah yists'id ńt'éé'? 'Éísh béénílniih?

A. Doo bénáshniih da. Hádą́ą́' da łóód shąąh dah yists'idígíí.

A. Naaki nááhaiídą́ą́' łóód shąąh dah yists'id ńt'éé' ndi t'áá 'íídáá' t'áá dinéjí 'azee'ígíí bee yá'át'ééh nísísdlį́į́'.

Q. Hádą́ą́'shą' 'azee' nił baa 'aná'átsih ńt'éé', nigaangi doodaii' nitsoosk'idgi da?

A. K'ad táá' nááhaiídą́ą́'.

A. 'Ániid ńdeezidę́ę bini Be'eldíilahsinildi 'akée'di shaa 'o'ootsi.

Q. T'áá tsįiłgo 'azee' nąąh 'ál'įį dooleeł n'di'níí lá biniinaaniísh k'ad nił bééhózin?

A. 'Aoo', díį'ts'áadah yiską́ągo 'azee'ííł'íní ła' bich'į' deeshááł.

A. Jó shitah yá'áhoot'ééh. Ha'át'íísh dó' biniiyé 'azee'ííł'íní 'azee' shąąh 'ííł'įį dooleeł.

Q. 'Asdzání bił nani'aashígíísh bidił bá néél'įį́' díí 'awéé' t'ah doo yichíhę́ę́dą́ą́'?

A. Lók'aah Nteeldi bidił bá néél'į́į́', 'áko ndi t'áadoo bee nihił náhóone' da.

A. 'Awéé' k'adę́ę bi'niichínę́ę́dą́ą́' she'esdzáán bitah honiigaii, 'áko t'áá dinéjí bik'i nahayá.

Q. 'Asdzání bił nani'aashígíí 'áádę́ę' kwii bił díí'ash bidił bá dínóol'į́į́ł?

A. T'áá 'ahąąh nihidił nihá néél'į́į́'.

A. 'Asdzání sits'ą́ą́' yóó' 'eelwod. Háájí shį́į́ 'ííyáa sha'shin—hóla

Q. Na'ałchíní díkwíí t'áadoo 'aaji' 'iiłkaahí shíníłchį?

456

A. My first three babies came too soon and did not live.

A. This will be my first baby.

Q. Do you have any discharge between your periods?

A. Yes, ever since the last baby was born.

A. No, it stopped after I took treatment at Fort Defiance hospital.

Q. Will you give the name of the girl who gave you this sickness so she can be treated too?

A. She would be angry.

A. I don't know her name. I met her in Gallup.

Q. Do you have a pus discharge and pain when you pass water?

A. Yes, I did until the doctor at Fort Defiance gave me that shot.

A. I'd rather not tell such things to a woman.

Q. Will you tell me the names of any other people to whom you may have given this sickness?

A. If I tell you, you might tell my wife.

A. There is no one else, except my wife's younger sister who lives with us.

Q. Do you understand the danger to your baby if you refuse to have treatment?

A. Perhaps that's why my last baby did not live.

A. I can't see why treating me will do anything for my baby. I feel perfectly well.

A. T'óó hahoolzhiizhdą́ą́' táadi 'ałkéé' 'ashéłchį́į ndi t'áá 'ałtso t'áadoo 'áajį' 'iiłkaahí ndahaazhchí̧, 'áko 'éí t'áá táa'go t'áadoo dahiina' da.

A. Haa 'át'ée sha'shin. Díí 'índa 'i'niiłchí̧.

Q. Náhidizíidgo t'áadoo le'é nánídleehígíí t'áá bita'giísh 'ałdó' t'áadoo le'é nighánánah?

A. 'Aoo', 'akée'di 'ashéłchínę́ę́dóó wóshdę́ę́' 'ákót'į silį́į'.

A. Tséhootsooídi 'azee' shąąh 'ál-'į́í ńt'éé' yá'át'ééh nisísdlį́į'.

Q. Díí bee nąąh dahaz'ánígíí háilá 'asdzání shį́į bits'ą́ą́dóó biih yíníyáá lá. 'Éí baa hodíílnih, 'áko 'áájí dó' 'azee' bąąh 'ádoolnííł?

A. Yik'ee bá hodoochį́įł.

A. Bízhi' doo bééhasin da. T'óó Na'nízhoozhídi bił 'ałk'ínísht'áázh.

Q. Ná'ídlishgoósh his hanánah dóósh neezgaigo ná'ídlish?

A. 'Aoo', 'ákót'į́į ńt'éé' Tséhootsooídi 'azee'ííł'íní 'azee' shił yaa 'ada'aztsigo 'índa doo 'át'į́į da silį́į'.

A. 'Asdzání jílį́įgo bee hoł hodeeshnihígíí baa yánísin.

Q. Díí bee nąąh dahaz'ánígíí hái bináá'díínítna' sha'shin, bił 'ahaa nínáádasínít'įįdii?

A. Nił hweeshne'go 'asdzání bił naash'aashígíí bił hodíílnih sha'shin.

A. 'Asdzání bił sékéhígíí bideezhí t'éiyá baa nísíst'įid, 'éí t'áá bił danihighan.

Q. T'áadoo 'azee' nąąh 'ályaa dago na'áłchíní kodóó náádahodoodleełígíí bee bich'į' ndahwii'náa dooleełígíí shį́į nił bééhózin.

A. 'Éí daats'í bąąh 'akée'di 'ashéłchínę́ę t'áadoo hiina' da.

A. Ha'át'íísh dó' biniiyé 'awéé' bee yá'át'ééh dooleeł ha'níigo 'azee' shąąh 'ál'į́į dooleeł. Shí yee' doo 'ánísht'éhé da.

457

Q. Where does it hurt? Show me.
A. Right here in my abdomen.

Q. Is it a steady pain, or does it come and go?
A. It's a steady pain, but sometimes it's worse.

A. It just comes and goes.

Q. How long have you had this swelling here?
A. I've had it for about six months.

Q. What's the matter with you?
A. I have a fever and a headache.
A. I have a fever and chills.

Q. You have appendicitis. Will you let us operate on you?
A. Yes. How long must I stay here?

Q. Have you been a patient at this hospital before?
A. Yes, I was here last year.

A. No, I've never been here before.

Q. What's your name?
A. My name is Yellowman.

Q. Do you have a temperature?
A. Yes, I feel hot.

A. No, I do not have a temperature.

Q. Will you let me take your pulse?

Q. Do you speak English?
A. No, I do not speak English.

Q. Are you constipated?
A. Yes, I am constipated.

Q. Are your bowels loose?
A. Yes, they are very loose.

Q. Haa'í lá neezgai. Kwe'é diní.
A. Kwe'é shibidgi.

Q. T'áásh 'áłahájí' diniih? Łahdaásh doo 'át'ée da nádleeh?
A. 'Aoo', t'áá 'áłahájí' diniih, 'áko ndi łahda t'áá 'íiyisíí nááneezgai łeh.
A. Łahda doo náádíniih da łeh.

Q. Hádą́ą́'shą' niichaad díí kwii neezhchádígíí?
A. Hastą́ą́ ńdeezidę́ę́dą́ą́' 'ádzaa ni'.

Q. Daa lá ńt'é?
A. Shitah honeezgai, sitsiits'iin dó' diniih.
A. Shitah honeezgai dóó 'ayóo shą́ą́h yiłk'as.

Q. Nich'íí' bits'ánini'nísą́ą́ lá. Nighádoogish, t'áásh 'áko?
A. 'Aoo', t'áá shį́í 'áko. Díkwíishą' yiłkááh t'áá kóne' dizidáago?

Q. Łahásh kóne' 'azee' nąąh 'ál'į́í ńt'éé'?
A. 'Aoo', kóhoot'éédą́ą́' kwii 'azee' shąąh 'ályaa.
A. Dooda, t'ah doo kwii nisháah da ńt'éé'.

Q. Daash yinílyé?
A. Hastįįłtsoi yinishyé.

Q. Nitahásh honeezgai.
A. 'Aoo', daa shį́í nisht'éego t'óó shitah honeezdo.
A. Dooda, doo shitah honeezgai da.

Q. Nits'oos dah ndaaltalígíí ná kóshłééh, t'áásh 'áko?

Q. Bilagáana bizaadísh dinits'a'?
A. Dooda, Bilagáana bizaad doo shił bééhózin da.

Q. Nichaanísh néé'ni'?
A. 'Aoo', ch'ééh biniiyé nánishdaah.

Q. Nichaanísh nigháńłį́?
A. 'Aoo', shichaan shigháńłį.

Take off your clothing and put on this robe.

Lie down on this table here.

Sit down here, lay your head back and hold your mouth open.

Come back again in three days.

You will have to wait your turn with those other people.

There is not much hope for your grandfather.

I think there is a good chance that he will get well.

He is in a serious condition.

His condition is not serious.

He should be well and out of here in four days.

You can leave now. You're well.

You shouldn't leave here until I say you can go.

If you leave now you will probably get sick again.

How do you feel today?

You're looking fine today.

You'll soon be well.

You're getting better fast.

You're a very good patient.

This is an x-ray. I want to take a picture of your chest.

This won't hurt a bit.

This may hurt you a little.

This is going to hurt.

Take a teaspoonful of this medicine every two hours.

Take one of these pills with a glass of water every four hours.

That is all. I hope you'll feel fine tomorrow.

If you do not feel better in the morning come back to see me.

Ni'éé' 'ałtso hahidii'níiłgo díí biih nináóh.

Díí kwii dah siténígíí bikáá' dah ńteeh.

Kwii dah ńdaahgo nitsiits'iin deg kóníléén dóó diich'ééh.

Táá' yiskággo náádíídááł.

Naa hoolzhiizhgo 'índa yah 'adíínáół, 'áłtsé 'eii diné naháaztánígíí bitah dah sínídá.

Nichaii doo chohoo'įįdi ninítłizh lá.

T'áá yá'át'ééh ńdoodleeł sha'shin nisin.

T'áá 'íiyisíí t'áá yéigo 'át'é.

Doo yéigo 'át'ée da.

Díí' yiskággo yá'át'ééh ńdoodleeł sha'shin dóó ch'éédzídzáa dooleeł.

K'ad ńláóh náádááł. Jó náádinidzá.

Nikinínááh ndííniidgo 'índa nikidíínááł.

T'áá k'ad nikééínídzáago nąąh dah nááhwiidoo'aał sha'shin.

K'ad daa ńt'é?

K'ad 'índa yá'ánít'ééh nahonílin.

T'áá shįį doo hodina'í náádidíídááł.

T'ahaa'go yá'át'ééh yíleeł.

Ni t'éiyá yá'át' éehgo t'áá 'ándi'nínígi 'át'éego 'azee' nąąh 'ál'į.

'Agháda'diłdlaadgo bee 'ida'alne'ígíí 'át'é díí. Bee nidzééts'iin gónaa be'eshłééh.

Díí doo bik'e'neezgai da.

Díí bik'e'neezgai ndi doo yéigo da.

Díí t'áá yéigo bik'e'neezgai.

Díí 'azee' naakidi 'ahénínáálki'go béésh 'adee' yázhí t'ááłáhádi hadeezbingo 'análnah.

Díidi 'ahénínáálki'go díí 'azee' t'ááłá'í 'ananíłnah dooleeł tó bił.

K'ad t'áá 'ákót'éhé. T'ah ńt'éé' yiskággo yá'ánít'ééh łeh.

Yiskággo, t'áadoo yá'ánáánít'ééhdąą' 'áádéé shaa náádíídááł.

459

What is your name?
What's your father's name?
What's your mother's name?
Where do you live?
How old are you?
How many brothers do you have?
How many sisters do you have?
What grade were you in last year?
What grade are you in now?
How far have you gone in school?
Sit down.

Stand up.

Form a line, single file.

Form a line, double file.

Raise your hand when you want to ask a question.
What can I do for you?
Do you want to see your child?
Do you want to use the sewing machine?
Do you want to use the laundry?
Do you people want to hold a meeting here?
If you want to send your child to Inter-Mountain you'll have to fill out an application at once.
What is your first and your second choice for an off-reservation school?

Come in?

Don't spit on the floor.
You cannot smoke in here.
You can smoke in here.
That is the men's toilet.

That is the women's toilet.
May I haul my water from the school?
Clean your shoes before you come in.

Daash yinílyé?
Nizhé'ésh daa wolyé?
Nimásha' daa wolyé?
Háadish nighan (Pl. danihighan)?
Díkwíí ninááhai k'ad?
Nínaaí dóó nitsilíké díkwíí?
Nádí dóó nideezhíké díkwíí?
Kóhoot'éédą̄ą'shą' díkwíígíí yíníłta'?
K'adshą' 'éí díkwíígíí yíníłta'?
'Iíníłta'go díkwíiji' nííníyá?
Ndaah (Sgl.), nohkeeh (D.), dinohbįįh (Pl.)
Yiizįįh (Sgl.), woohsįįh (D.), daoohsįįh (DPL).
'Ałkéé' doht'ééh, t'ááłá'í noot'i'go.
'Ałkéé' dohtééh, naaki 'ahąąh noot'i'go.
Na'ídídéeshkił nohsingo yáádadidoołnih.
Ha'át'íí lá nínízin?
Ne'awéé'ish baa yíníyá?
Béésh ná'áłkadíísh bee ńdinilnish?

'In'nigisísh?
Kóne'ésh 'áłah wohłeeh biniiyé nihisoohkai?

Inter-Mountain hoolyéégóó sha-'áłchíní ła' da'iídóołtah danohsinii t'áá k'ad naaltsoos bá hadadohłe'.
Ńléí tł'óó'góó da'ólta'góó háadi 'ólta' shįį na'áłchíní bá nił yá'át'ééh? 'Aláąjį' bee háinídzí'ígíí nihi'oh ha'déébįįdgo 'éí háadi dooleeł nínízin?

Wóshdę́ę́' yah 'aninááh (Sgl.), yah 'ooh'aash (D.), yah 'oohkááh Pl.)

T'aadoo ni'góó 'ahidízheehé.
Kóne' t'aadoo ná'íłt'ohí.
Kóne' t'áá ńda'at'oh.
Kóne' diné t'éiyá yah 'andaajah.
Kóne' diné da'achxį'
Kóne' 'éí 'asdzání t'éiyá bá haz'ą́.
'Ólta'dóó tó neheshheeh doo, t'áásh 'áko.
Nihikee' hashtł'ish bąąh daałdéehgo yah 'ahohjeeh.

Brush your teeth.

When are you going to bring your child back to school?

Why do you want to take your child out of school?

Your child is doing very well in school.

Your child needs another pair of shoes.

Don't take any pencils outdoors.

Niwoo' nánich'ish (Sgl.), náhch'ish (D.), ńdaahch'ish (Pl.)

Hahgoshą' ne'ółta'í bił ńdíít'ash?

Ha'át'íísh biniinaa ne'ółta'í t'óó bił nikééínít'áázh?

Ne'awéé' yá'át'ééhgo 'ółta'—ya-'át'ééhgo 'íhooł'aah.

Ne'ółta'í ké ła' bá nínáádííléét.

Bee 'ak'e'elchíhí t'áadoo ch'ídahohjáhí.

LIVESTOCK

Let me see your stock permit.
How much stock are you allowed on your present permit?

How many sheep do you have?
How many goats do you have?
How many horses do you have?
How many cattle do you have?
Where do you herd your stock in the winter.
Where do you herd your stock in the summer?
You have too much stock for the feed on this land.
I think you should cull out the unproductive animals from your herd.

How many horses do you really need?
Tell your neighbors that we'll start branding next week.

Be sure to tie your fleeces when you shear your sheep.

How many sheep pelts did you sell last winter?
Whose horses are those down there by the fence?

Who is herding for you?
Bring your sheep in for dipping at Jeddito next week.
Where are you going to sell your lambs this year?

LIVESTOCK

Dibé binaaltsoos ná nísh'į.
Dibé binaaltsoos k'ad naniłtsoosígíí lá díkwíí bikáa'go naniłtsoos?
Dibé díkwíí nilį́į́'?
Tł'ízí díkwíí nilį́į́'?
Łį́į́' díkwíí nilį́į́'?
Béégashii díkwíí nilį́į́'?
Háadishą' nilį́į́' ńdabeehah?

Háadishą' nilį́į́' ńdabeeshį́į́h?

Kwii ch'il 'ádin ndi nilį́į́' t'óó 'ahayói lá.
Na'aldloosh naníyoodígíí doo 'ádíná'iilt'e'ii bits'áhíníiłgo yá'át'ééh—kót'éego ná baa ńtséskees.
Łį́į́' díkwíigoshą' 'íiyisíí ná yá'át'ééh?
Damį́į́go náá'ásdlį́į́' dóó bikéédéé' łį́į́' bída'diidlidígíí baa ndiikah.
Bił kééhót'íinii bił dahodíílnih.
Táníná'dígishgo 'aghaa' t'áálá'í naazhjoolígíí t'áá sahdii beda-'ítł'o'go yá'át'ééh.
Haidą́ą́' 'asgą' díkwíí kinjį' nahíníłnii'?
Háíshą' bilį́į́' ńléí ná'ázt'i' bitsį́įdi naakai (Pl.), naa'aash (D.), naaghá (Sgl.)
Háíshą' ná na'niłkaad?
Damį́į́go náá'ásdlį́į́' dóó bikéédéé' Jádítóodi ná ta'doo'nił.
Dibé yázhí dahideeznii'go háadi dibé yázhí kįįh díníłkał?

461

DICTIONARY & PHRASEBOOK SERIES

AUSTRALIAN DICTIONARY AND PHRASEBOOK
131 pp • 4 3 ¾ x 7 • 1,500 entries • 0-7818-0539-2 • W • $11.95pb • (626)

BASQUE-ENGLISH/ ENGLISH-BASQUE DICTIONARY AND PHRASEBOOK
240 pages • 3 ¾ x 7 • 1,500 entries • 0-7818-0622-4 • W • $11.95pb • (751)

BOSNIAN-ENGLISH/ENGLISH-BOSNIAN DICTIONARY AND PHRASEBOOK
175 pp • 3 ¾ x 7 • 1,500 entries • 0-7818-0596-1 • W • $11.95pb • (691)

BRETON-ENGLISH/ENGLISH-BRETON DICTIONARY AND PHRASEBOOK
131 pp • 3 ¾ x 7 • 1,500 entries • 0-7818-0540-6 • W • $11.95pb • (627)

BRITISH-AMERICAN/AMERICAN-BRITISH DICTIONARY AND PHRASEBOOK
160 pp • 3 ¾ x 7 • 1,400 entries • 0-7818-0450-7 • W • $11.95pb • (247)

CHECHEN-ENGLISH/ENGLISH-CHECHEN DICTIONARY AND PHRASEBOOK
160 pp • 3 ¾ x 7 • 1,400 entries • 0-7818-0446-9 • NA • $11.95pb • (183)

GEORGIAN-ENGLISH/ENGLISH-GEORGIAN DICTIONARY AND PHRASEBOOK
150 pp • 3 ¾ x 7 • 1,300 entries • 0-7818-0542-2 • W • $11.95pb • (630)

ENGLISH-ILOCANO DICTIONARY AND PHRASEBOOK
174pp • 5 x 8 • 0-7818-0642-9 • $11.95pb • (718)

IRISH-ENGLISH/ENGLISH-IRISH DICTIONARY AND PHRASEBOOK
160 pp • 3 ¾ x 7 • 1,400 entries/phrases • 0-87052-110-1 NA • $7.95pb • (385)

LINGALA-ENGLISH/ENGLISH-LINGALA DICTIONARY AND PHRASEBOOK
120 pp • 3 ¾ x 7 • 0-7818-0456-6 • W • $11.95pb • (296)

MALTESE-ENGLISH/ENGLISH-MALTESE DICTIONARY AND PHRASEBOOK

pp 3 ¾ x 7 • 1,500 entries • 0-7818-0565-1 • W • $11.95pb • (697)

POLISH DICTIONARY AND PHRASEBOOK

pp • 5 ½ x 8 ½ • 0-7818-0134-6 • W • $11.95pb • (192)
Cassettes—Vol I: 0-7818-0340-3 • W • $12.95 (492); Vol II: 0-7818-0384-5 • W • $12.95 • (486)

RUSSIAN DICTIONARY AND PHRASEBOOK, Revised

pp • 5 ½ x 8 ½ • 3,000 entries • 0-7818-0190-7 • W • $9.95pb • (597)

UKRAINIAN DICTIONARY AND PHRASEBOOK

pp • 5 ½ X 8 ½ • 3,000 entries • 0-7818-0188-5• $11.95pb • (28)

From Our Beginner's Series. . . .

Hippocrene's Beginner's Series...

Do you know what it takes to make a phone call in Russia? Or how to get through customs in Japan? This new language instruction series shows how to handle oneself in typical situations by introducing the business person or traveler not only to the vocabulary, grammar, and phrases of a new language, but also the history, customs, and daily practices in a foreign country.

The Beginner's Series consists of basic language instruction, which also includes vocabulary, grammar, and common phrases and review questions, along with cultural insights, interesting historical background, the country's basic facts and hints about everyday living-driving, shopping, eating out, and more.

ARABIC FOR BEGINNERS

6 pages • 5 ¼ x 8 ¼ • 0-7818-01141 • $9.95pb • (8)

BEGINNER'S ASSYRIAN

5 pages • 5 x 9 • 0-7818-0677-1 • $11.95pb • (763)

BEGINNER'S CHINESE

0 pages • 5 ½ x 8 • 0-7818-0566-x • $14.95pb • (690)

BEGINNER'S BULGARIAN

7 pages • 5 ½ x 8 ½ • 0-7818-0300-4 • $9.95pb • (76)

BEGINNER'S CZECH

200 pages • 5 ½ x 8 ½ • 0-7818-0231-8 • $9.95pb • (74)

BEGINNER'S ESPERANTO

400 pages • 5 ½ x 8 ½ • 0-7818-0230-x • $14.95pb • (51)

BEGINNER'S HUNGARIAN

200 pages • 5 ½ x 7 • 0-7818-0209-1 • $7.95pb • (68)

BEGINNER'S JAPANESE

200 pages • 5 ½ x 8 ½ • 0-7818-0234-2 • $11.95pb • (53)

BEGINNER'S LITHUANIAN
230 pages • 6 x 9 • 0-7818-0678-X • $14.95pb •
(764)

BEGINNER'S MAORI
121 pages • 5 ½ x 8 ½ • 0-7818-0605-4 • $8.95pb •
(703)

BEGINNER'S PERSIAN
150 pages • 5 ½ x 8 • 0-7818-0567-8 • $14.95pb •
(696)

BEGINNER'S POLISH
200 pages • 5 ½ x 8 ½ • 0-7818-0299-7 • $9.95pb •
(82)

BEGINNER'S ROMANIAN
200 pages • 5 ½ x 81/2 • 0-7818-0208-3 • $7.95pb
• (79)

BEGINNER'S RUSSIAN
200 pages • 5 ½ x 8 ½ • 0-7818-0232-6 • $9.95pb •
(61)

BEGINNER'S SICILIAN
158 pages • 5 ½ x 8 ½ • 0-7818-0640-2 •
$11.95pb • (7 16)

BEGINNER'S SWAHILI
200 pages • 5 ½ x 8 ½ • 0-7818-0335-7 •
$9.95pb • (52)

BEGINNER'S UKRAINIAN
130 pages • 5 ½ x 8 ½ • 0-7818-0443-4 •
$11.95pb • (88)

BEGINNER'S VIETNAMESE
517 pages • 7 x 10 • 30 lessons • 0-7818-04
6 • $19.95pb • (253)

BEGINNER'S WELSH
210 pages • 5 ½ x 8 ½ • 0-7818-0589-9 •
$9.95pb • (712)

About out Mastering Series...

These imaginative courses, designed for both individual and classroom use, assume no
previous knowledge of the language. The unique combination of practical exercises and
step-by-step grammar emphasizes a functional approach to new scripts and their vocabul
ies. Everyday situations and local customs are explored variously through dialogues,
newspaper extracts, drawings and photos. Cassettes are available for each language.

MASTERING ARABIC
320 pp • 5 ¼ x 8 ¼ • 0-87052-922-6 • USA •
$14.95pb • (501)
2 cassettes: 0-87052-984-6 • (507)

MASTERING FINNISH
278 pp • 5 ½ x 8 ½ • 0-7818-0233-4 • W •
$14.95pb • (184)
2 Cassettes: 0-7818-0265-2 • W • $12.95 • (231)

MASTERING FRENCH
288 pp • 5 ½ x 8 ½ • 0-87052-055-5 • $14.95pb •
(511)
2 Cassettes: • 0-87052-060-1 USA • $12.95 • (512)

MASTERING ADVANCED FRENCH
348 pp • 5 ½ x 8 ½ • 0-7818-0312-8 • W •
$14.95pb • (41)
2 Cassettes: • 0-7818-0313-6 • W • $12.95 • (54

MASTERING GERMAN
340 pp • 5 ½ x 8 ½ • 0-87052-056-3 • $11.95pb
(514)
2 Cassettes: 0-87052-061-X USA • $12.95 •
(515)

MALTESE-ENGLISH/ENGLISH-MALTESE DICTIONARY AND PHRASEBOOK
pp 3 ¾ x 7 • 1,500 entries • 0-7818-0565-1 • W • $11.95pb • (697)

POLISH DICTIONARY AND PHRASEBOOK
pp • 5 ½ x 8 ½ • 0-7818-0134-6 • W • $11.95pb • (192)
cassettes—Vol I: 0-7818-0340-3 • W • $12.95 • (492); Vol II: 0-7818-0384-5 • W • $12.95 • (486)

RUSSIAN DICTIONARY AND PHRASEBOOK, Revised
pp • 5 ½ x 8 ½ • 3,000 entries • 0-7818-0190-7 • W • $9.95pb • (597)

UKRAINIAN DICTIONARY AND PHRASEBOOK
pp • 5 ½ X 8 ½ • 3,000 entries • 0-7818-0188-5• $11.95pb • (28)

From Our Beginner's Series. . . .

Hippocrene's Beginner's Series...

Do you know what it takes to make a phone call in Russia? Or how to get through customs in Japan? This new language instruction series shows how to handle oneself in typical situations by introducing the business person or traveler not only to the vocabulary, grammar, and phrases of a new language, but also the history, customs, and daily practices in a foreign country.

The Beginner's Series consists of basic language instruction, which also includes vocabulary, grammar, and common phrases and review questions, along with cultural insights, interesting historical background, the country's basic facts and hints about everyday living-driving, shopping, eating out, and more.

ARABIC FOR BEGINNERS
6 pages • 5 ¼ x 8 ¼ • 0-7818-01141 • $9.95pb •
(8)

BEGINNER'S ASSYRIAN
5 pages • 5 x 9 • 0-7818-0677-1 • $11.95pb •
(63)

BEGINNER'S CHINESE
0 pages • 5 ½ x 8 • 0-7818-0566-x • $14.95pb •
(90)

BEGINNER'S BULGARIAN
7 pages • 5 ½ x 8 ½ • 0-7818-0300-4 • $9.95pb •
(6)

BEGINNER'S CZECH
200 pages • 5 ½ x 8 ½ • 0-7818-0231-8 • $9.95pb
• (74)

BEGINNER'S ESPERANTO
400 pages • 5 ½ x 8 ½ • 0-7818-0230-x • $14.95pb
• (51)

BEGINNER'S HUNGARIAN
200 pages • 5 ½ x 7 • 0-7818-0209-1 • $7.95pb •
(68)

BEGINNER'S JAPANESE
200 pages • 5 ½ x 8 ½ • 0-7818-0234-2 • $11.95pb
• (53)

BEGINNER'S LITHUANIAN
230 pages • 6 x 9 • 0-7818-0678-X • $14.95pb • (764)

BEGINNER'S MAORI
121 pages • 5 ½ x 8 ½ • 0-7818-0605-4 • $8.95pb • (703)

BEGINNER'S PERSIAN
150 pages • 5 ½ x 8 • 0-7818-0567-8 • $14.95pb • (696)

BEGINNER'S POLISH
200 pages • 5 ½ x 8 ½ • 0-7818-0299-7 • $9.95pb • (82)

BEGINNER'S ROMANIAN
200 pages • 5 ½ x 81/2 • 0-7818-0208-3 • $7.95pb • (79)

BEGINNER'S RUSSIAN
200 pages • 5 ½ x 8 ½ • 0-7818-0232-6 • $9.95pb • (61)

BEGINNER'S SICILIAN
158 pages • 5 ½ x 8 ½ • 0-7818-0640-2 • $11.95pb • (7 16)

BEGINNER'S SWAHILI
200 pages • 5 ½ x 8 ½ • 0-7818-0335-7 • $9.95pb • (52)

BEGINNER'S UKRAINIAN
130 pages • 5 ½ x 8 ½ • 0-7818-0443-4 • $11.95pb • (88)

BEGINNER'S VIETNAMESE
517 pages • 7 x 10 • 30 lessons • 0-7818-04■ 6 • $19.95pb • (253)

BEGINNER'S WELSH
210 pages • 5 ½ x 8 ½ • 0-7818-0589-9 • $9.95pb • (712)

About out Mastering Series...

These imaginative courses, designed for both individual and classroom use, assume no previous knowledge of the language. The unique combination of practical exercises and step-by-step grammar emphasizes a functional approach to new scripts and their vocabulies. Everyday situations and local customs are explored variously through dialogues, newspaper extracts, drawings and photos. Cassettes are available for each language.

MASTERING ARABIC
320 pp • 5 ¼ x 8 ¼ • 0-87052-922-6 • USA • $14.95pb • (501)
2 cassettes: 0-87052-984-6 • (507)

MASTERING FINNISH
278 pp • 5 ½ x 8 ½ • 0-7818-0233-4 • W • $14.95pb • (184)
2 Cassettes: 0-7818-0265-2 • W • $12.95 • (231)

MASTERING FRENCH
288 pp • 5 ½ x 8 ½ • 0-87052-055-5 • $14.95pb • (511)
2 Cassettes: • 0-87052-060-1 USA • $12.95 • (512)

MASTERING ADVANCED FRENCH
348 pp • 5 ½ x 8 ½ • 0-7818-0312-8 • W • $14.95pb • (41)
2 Cassettes: • 0-7818-0313-6 • W • $12.95 • (54■

MASTERING GERMAN
340 pp • 5 ½ x 8 ½ • 0-87052-056-3 • $11.95p■ (514)
2 Cassettes: • 0-87052-061-X USA • $12.95 • (515)

ASTERING ITALIAN
pp • 5 ½ x 8 ½ • 0-87052-057-1 • USA •
.95pb • (517)
assettes: 0-87052-066-0 • USA • $12.95 • (521)

ASTERING ADVANCED
ALIAN
pp • 5 ½ x 8 ½ • 0-7818-0333-0 • W • $14.95pb •
0)
assettes: 0-7818-0334-9 • W • $12.95 • (161)

ASTERING JAPANESE
pp • 5 ½ x 8 ½ • 0-87052-923-4 • USA •
.95pb • (523)
assettes: • 0-87052-983-8 • USA • $12.95 • (524)

ASTERING NORWEGIAN
pp • 5 ½ x 8 ½ • 0-7818-0320-9 • W • $14.95pb •
2)

MASTERING POLISH
288 pp • 5 ½ x 8 ½ • 0-7818-0015-3 • W •
$14.95pb • (381)
2 Cassettes: • 0-7818-0016-1 • W • $12.95 • (389)

MASTERING RUSSIAN
278 pp • 5 ½ x 8 ½ • 0-7818-0270-9 • W •
$14.95pb • (11)
2 Cassettes: • 0-7818-0271-7 • W • $12.95 • (13)

MASTERING SPANISH
338 pp • 5 ½ x 8 ½ • 0-87052-059-8 USA • $11.95
• (527)
2 Cassettes: • 0-87052-067-9 USA • $12.95 • (528)

MASTERING ADVANCED
SPANISH
326 pp • 5 ½ x 8 ½ • 0-7818-0081-1 • W •
$14.95pb • (413)
2 Cassettes: • 0-7818-0089-7 • W • $12.95 • (426)

ractical Dictionaries From Hippocrene:

FRIKAANS-ENGLISH/
NGLISH AFRIKAANS
RACTICAL DICTIONARY
0 pages • 4 ½ x 6 ½ • 14,000 entries • 0-7818-
52-8 • $11.95pb • (134)

LBANIAN-ENGLISH/
NGLISH-ALBANIAN
RACTICAL DICTIONARY
0 pages • 4 3/8 x 7 • 18,000 entries • 0-7818-
19-1 • $14.95pb • (483)

ULGARIAN-ENGLISH/
NGLISH-BULGARIAN
RACTICAL DICTIONARY
3 pages • 4 3/8 x 7 • 6,500 entries • 0-87052-
5-4 • $14.95pb • (331)

DANISH-ENGLISH/ ENGLISH-
DANISH PRACTICAL
DICTIONARY
601 pages • 4 3/8 x 7 • 32,000 entries • 0-7818-
0823-8 • NA • $14.95pb • (198)

FRENCH-ENGLISH/ ENGLISH-
FRENCH PRACTICAL
DICTIONARY, with larger print
386 pages • 5 ½ x 8 ¼ • 35,00 entries • 0-7818-
0355-1 • $9.95pb • (499)

FULANI-ENGLISH PRACTICAL
DICTIONARY
264 pages • 5 x 7 ¼ • 0-7818-0404-3 • W •
$14.95pb • (38)

GERMAN-ENGLISH/ ENGLISH-GERMAN PRACTICAL DICTIONARY, with larger print

400 pages • 5 ½ x 8 ¼ • 35,000 entries • 0-7818-0355-1 • $9.95pb • (200)

HINDI-ENGLISH/ ENGLISH-HINDI PRACTICAL DICTIONARY

745 pages • 4 3/8 x 7 • 25,000 entries • 0-7818-0084-6 • $19.95pb • (442)

ENGLISH-HINDI PRACTICAL DICTIONARY

399 pages • 4 3/8 x 7 • 15,000 entries • 0-87052-978-1 • $11.95pb • (362)

INDIONESIAN-ENGLISH/ ENGLISH-INDONESIAN PRACTICAL DICTIONARY

289 pages • 4 ¼ x 7 • 17,000 entries • 0-87052-810-6 • $11.95pb • (127)

ITALIAN -ENGLISH/ ENGLISH-ITALIAN PRACTICAL DICTIONARY, with larger print

488 pages • 5 ½ x 8 ¼ • 35,000 entries • 0-7818-0354-3 • $9.95p • (201)

KOREAN-ENGLISH/ ENGLISH KOREAN PRACTICAL DICTIONARY

365 pages • 4 x 7 ¼ • 8,500 entries • 0-87052-092-x • 414.95pb • (399)

LATVIAN-ENGLISH/ ENGLISH-LATVIAN PRACTICAL DICTIONARY

474 pages • 4 3/8 x 7 • 16,000 entries • 0-7818-0059-5 • $16.95pb • (194)

POLISH-ENGLISH/ ENGLISH POLISH PRACTICAL DICTIONARY

703 pages • 5 ¼ x 8 ½ 31,000 entries • 0-7818-0085-4 • $11.95pb • (450)

SERBO-CROATIAN-ENGLISH ENGLISH-SERBO-CROATIAN PRACTICAL DICTIONARY

400 pages • 5 3/8 x 7 • 24,000 entries • 0-7818-0445-0 • $16.95pb • (130)

UKRAINIAN-ENGLISH/ ENGLISH-UKRAINIAN PRACTICAL DICTIONARY, Revised edition with menu terms

406 pages • 4 ¼ x 7 • 16,000 entries • 0-7818-0306-3 • W • $14.95pb • (343)

YIDDISH-ENGLISH/ ENGLISH YIDDISH PRACTICAL DICTIONARY, Expanded edition

215 pages • 4 ½ x 7 • 4,000 entries • 0-7818-043 6 • W • $9.95pb • (431)

All prices are subject to change. To order Hippocrene Books, contact your local bookstore, call (718) 454-2366, or write to : Hippocrene Books, 171 Madison Ave. New York, NY 10016. Please enclose check or money order adding $5.00 shipping (UPS) for the first book and $.50 for each additional title.